Wörlen · Metzler-Müller | Schuldrecht BT

Schuldrecht BT

Begründet von

Dr. iur. Rainer Wörlen †

ehemals Professor an der Fakultät Wirtschaftsrecht
der Fachhochschule Schmalkalden

unter Mitarbeit sowie seit der 10. Auflage fortgeführt von

Dr. iur. Karin Metzler-Müller

Professorin an der
Hessischen Hochschule für Polizei und Verwaltung

12., völlig überarbeitete und verbesserte Auflage

Verlag Franz Vahlen München 2016

Zitiervorschlag: *Wörlen/Metzler-Müller* SchuldR BT Rn.

www.vahlen.de

ISBN 978 3 8006 5145 0

Wilhelmstraße 9, 80801 München
Druck: Druckhaus Nomos
In den Lissen 12, 76547 Sinzheim

Satz: R. John + W. John GbR, Köln
Umschlaggestaltung: Martina Busch Grafikdesign, Homburg Saar

Gedruckt auf säurefreiem, alterungsbeständigem Papier
(hergestellt aus chlorfrei gebleichtem Zellstoff)

Natürlich achte ich das Recht.
Aber auch mit dem Recht darf man nicht so pingelig sein.*

* *Konrad Adenauer* (Jurist, von 1949–1963 Bundeskanzler) – aus: *Zimmermanns* Zitatenlexikon für Juristen, 1998.

Vorwort zur 12. Auflage

Dieses Buch bietet die ideale Arbeitsgrundlage für alle, die den Einstieg in das Besondere Schuldrecht oder eine auf das Wesentliche komprimierte Wiederholung vor Prüfungen suchen. Es richtet sich vor allem an Studierende der Rechts- und Wirtschaftswissenschaften an Universitäten, (Fach-)Hochschulen und Berufsakademien.

Mit dem darin umgesetzten didaktischen Konzept des »Lernens im Dialog« – das von *Rainer Wörlen* begründet und in seinen zahlreichen Lernbüchern umgesetzt worden ist – sollen die Leser Spaß am Lernen haben und damit einen leichteren Einstieg in ein Rechtsgebiet erhalten. Die Zielsetzung sowie das inhaltliche und didaktische Konzept dieses Werks wurden von Rainer Wörlen in seinem nachfolgend abgedruckten **»Vorwort zur ersten Auflage«** umfassend erläutert. Es vermittelt den **Studierenden**, wie sie mit diesem Lehrbuch besonders effektiv arbeiten – und das Sie daher **unbedingt lesen** sollten.

In der Neuauflage wurden vor allem die Änderungen im Verbrauchervertragsrecht durch das am 13.6.2014 in Kraft getretene Gesetz zur Umsetzung der Verbraucherrechterichtlinie v. 20.9.2013 (BGBl. 2013 I 3642) sowie das seit 1.6.2015 geltende »Gesetz zur Dämpfung des Mietanstiegs auf angespannten Wohnungsmärkten und zur Stärkung des Bestellerprinzips bei der Wohnungsvermittlung« (Mietrechtsnovellierungsgesetz, BGBl. 2015 I 610) eingearbeitet.

Außerdem sind Prüfungsschemata und Übersichten sowie Lernhinweise eingefügt worden.

Frau Dr. iur. *Sabrina Leinhas*, Hochschule Fulda, danke ich für die zahlreichen Anregungen und Verbesserungsvorschläge sowie die kritische Durchsicht des Manuskripts.

Von Lesern der Vorauflagen habe ich wertvolle Hinweise erhalten und zum Teil eingearbeitet. Konstruktiv-kritische Anregungen und »Fehlermeldungen« nehme ich dankbar und gerne entgegen.

Meine Anschrift lautet: Hessische Hochschule für Polizei und Verwaltung, Abteilung Mühlheim, Tilsiter Str. 13, 63165 Mühlheim, Fax: 06108/603509, E-Mail: karin.metzler-mueller@hfpv-hessen.de.

Mühlheim, im September 2015 *Karin Metzler-Müller*

Aus dem Vorwort zur ersten Auflage* – zugleich eine Arbeitsanleitung

Der in meinem »BGB AT« und in meinem »Schuldrecht AT« behandelte Stoff wird in diesem Buch als bekannt vorausgesetzt.[1] Im Übrigen gilt für das **didaktische** Konzept und das Lernen mit allen meinen Bänden dasselbe:

»Einführungen«, »Grundzüge« und dergleichen haben gemeinsam, dass sie niemals vollständig sein können. So ist es nicht Ziel dieses Buchs, die Vielzahl der auf dem Markt befindlichen, zum Teil vorzüglichen und viel umfassenderen Einführungswerke nur um eine andersartige Stoffauswahl zu ergänzen.

Der Zweck dieses Grundrisses ist vielmehr ein »didaktisch-pädagogischer«: Den Studierenden soll der Stoff nicht in einem vortragsähnlichen Monolog nahe gebracht werden, sondern – wie es zB in der praxis- und anwendungsbezogenen Lehre an Fachhochschulen üblich ist – in Form eines »Lehrgesprächs«. Ihnen soll anhand von zur Thematik hinführenden Fragen oft Gelegenheit gegeben werden, sich zunächst eigene Gedanken zu machen, bevor sie die Antworten lesen, die den Stoff lehrbuchartig darbieten.

Bei der Darstellung des Stoffes wird weitgehend die sog. »Fall-Methode« angewandt: »Das Recht« wird in der Praxis des täglichen Lebens von Rechtsfällen (Rechtsstreitigkeiten) beherrscht; so liegt es nahe, eine praxis- und anwendungsbezogene Lehre am »Fall« zu orientieren. Ein solcher Fall endet regelmäßig mit einer Frage, und zu dieser Frage sollten die Studierenden bei der Durcharbeitung dieses Buches wiederum – **auch ohne besondere Aufforderung – zunächst eigene Überlegungen** anstellen, bevor sie weiterlesen.

Erfolgreiches Lernen bedeutet schließlich nicht nur **Lesen** und **Nachdenken**, sondern immer und immer wieder: **Wiederholen!** Um den Studierenden Gelegenheit zu geben, zu überprüfen, was von dem zuvor im Lehrgespräch Erarbeiteten (bzw. hier Gelesenen) im Gedächtnis haften geblieben ist, werden ihnen am Ende von Teilabschnitten Stoffgliederungsübersichten, Merksätze und Prüfungsschemata dargeboten. Sollte man bei der Lektüre dieser Übersichten feststellen, dass man der Zusammenfassung nicht ohne Schwierigkeiten folgen kann, so sollte man tunlichst zurückblättern, um den Stoff nachzuarbeiten! Gegebenenfalls mache man sich Notizen, um einem »Problem« anhand von vertiefender Literatur nachzugehen.

Juristische »Probleme« werden in diesem Buch ohnehin bewusst nicht vertieft erörtert – dies bleibe den Juristen »unter sich« überlassen! Wer sich an der Fachhochschule (aber auch an der Universität) als Wirtschaftswissenschaftler mit »Recht« (gemeint ist dann überwiegend »Privat-« bzw. »Wirtschaftsrecht«) befassen muss, soll nur einen Blick über die Grenze seiner (Wirtschafts-)Wissenschaft werfen; nicht mehr und nicht weniger!

---

* Mit notwendigen Aktualisierungen.

1 Die früher von mir publizierte Reihe »Grundzüge des Privatrechts« wurde durch Einzelbände ersetzt.

Damit die Studierenden durch die Fußnoten in diesem Buch nicht unnütz vom Lernen abgelenkt werden, empfehle ich, wie folgt zu verfahren:

Betrachten Sie nur die fett gedruckten Fußnotentexte als Pflichtlektüre! Den in Normalschrift gedruckten Fußnoten sollten Sie nur nachgehen, wenn Sie Zeit und Interesse haben, etwas mehr zu erfahren als in den Prüfungen von Ihnen verlangt wird. Ein Teil davon sind Quellenangaben (= »Belege/Zitierwahrheit«).

Schließlich sollen diese »Grundzüge« bei der Stoffvermittlung auch ein wenig an die zivilrechtliche, gutachtliche Denkweise heranführen, deren Beherrschung für die Anfertigung von Prüfungsklausuren geboten ist. Bisweilen wird der Stoff, den ein Fall vermitteln soll, daher in gutachtenähnlicher Form »klausurmäßig« aufbereitet.

Zur Perfektionierung ihrer Klausurentechnik sollten die Studierenden das Buch von *Wörlen/Schindler* »Anleitung zur Lösung von Zivilrechtsfällen« (vgl. Literaturverzeichnis) durcharbeiten.

Es ist kein Zufall, dass in diesem Vorwort so häufig vom »**Arbeiten**« (**Durch**arbeiten, **Nach**arbeiten – auch **Vor**arbeiten kann nicht schaden!) die Rede ist. Es soll ja zugleich eine **Arbeits**anleitung sein!

»Ohne Arbeit kein Erfolg!« oder »Ohne Fleiß kein Preis!« sind nicht etwa Allgemeinplätze, sondern reine Wahrheit, »nichts als die Wahrheit«! Das **Arbeiten** (Synonym: Studieren!) kann dieses Buch, wie auch andere, nicht ersetzen. Es kann und soll die Arbeit aber erleichtern und auflockern!

Bevor Sie mit der Lektüre beginnen, noch ein letzter Ratschlag, der, obwohl eigentlich selbstverständlich, nicht oft genug wiederholt werden kann: **Lesen Sie jede zitierte Vorschrift (= §!) sorgfältig durch**; wenn Sie dieses Buch durcharbeiten, ist die ständige Benutzung (Lektüre) eines Textes des BGB unerlässlich. Ausreichend und empfehlenswert ist die Anschaffung der neuesten Auflage von »BGB mit wichtigen Nebengesetzen«, »Beck-Texte im dtv« Nr. 5001, mit einer lesenswerten Einführung von *Köhler*. Gleiches gilt für die NWB-Textausgabe »Wichtige Gesetze des Wirtschaftsprivatrechts« mit der Einführung von *Güllemann*. Den Hinweis »Lesen!« werden Sie im Text dieses Buches immer wieder finden. Wenn ich die Wichtigkeit der Gesetzeslektüre in meiner »Anleitung zur Lösung von Zivilrechtsfällen« noch mit dem Satz »Die halbe Juristenwahrheit steht im Gesetz« unterstrichen habe, so möchte/muss ich dem noch hinzufügen: »**Die Hälfte aller Fehler in juristischen Anfängerklausuren könnte vermieden werden, wenn die Bearbeiter die zitierten Vorschriften (genauer) lesen würden.**«

Köln, im März 1991 *Rainer Wörlen*

Inhaltsverzeichnis

Verzeichnis der Übersichten

Verzeichnis der Prüfungsschemata

Abkürzungsverzeichnis

aA	anderer Ansicht
ABl.	Amtsblatt
Abs.	Absatz
Abschn.	Abschnitt
AcP	Archiv für die civilistische Praxis (Zeitschrift)
aE	am Ende
AEUV	Vertrag über die Arbeitsweise der Europäischen Union
aF	alte Fassung
AG	Aktiengesellschaft/Amtsgericht
AGB	Allgemeine Geschäftsbedingungen
AGBG	Gesetz zur Regelung des Rechts der Allgemeinen Geschäftsbedingungen
AGG	Allgemeines Gleichbehandlungsgesetz
AKB	Allgemeine Bedingungen für die Kraftverkehrsversicherung
AktG	Gesetz über Aktiengesellschaften und Kommanditgesellschaften auf Aktien (Aktiengesetz)
AMG	Gesetz über den Verkehr mit Arzneimitteln (Arzneimittelgesetz)
Anl.	Anlage
Anm.	Anmerkung
ArbR	Arbeitsrecht
arg.	argumentum (Argument)
Art.	Artikel
AT	Allgemeiner Teil
AtomG	Gesetz über die friedliche Verwendung der Kernenergie und dem Schutz gegen ihre Gefahren (Atomgesetz)
Aufl.	Auflage
BB	Betriebsberater (Zeitschrift)
BayObLG	Bayerisches Oberstes Landesgericht
BayObLGZ	Sammlung des BayObLG in Zivilsachen
BBergG	Bundesberggesetz
Bd.	Band
BeckOK	Beck'scher Onlinekommentar (Literaturverzeichnis)
BeckRS	Beck-Rechtsprechung
Beil.	Beilage
Bek.	Bekanntmachung
Bekl.	Beklagte
Beschl.	Beschluss
BGB	Bürgerliches Gesetzbuch
BGBl.	Bundesgesetzblatt
BGH	Bundesgerichtshof
BGHZ	Entscheidungen des Bundesgerichtshofs in Zivilsachen
BJagdG	Bundesjagdgesetz
BR	Bürgerliches Recht
BT	Besonderer Teil/Bundestag
II. BV	Verordnung über wohnungswirtschaftliche Berechnungen nach dem Zweiten Wohnungsbaugesetz (Zweite Berechnungsverordnung – II. BV)
BVerfG	Bundesverfassungsgericht
bzw.	beziehungsweise
c.i.c.	culpa in contrahendo
CISG	United Nations Convention on Contracts for the International Sale of Goods

CR . . . . Computer und Recht (Zeitschrift)

d. . . . . der
DB . . . . Der Betrieb (Zeitschrift)
dh . . . . das heißt
DRiZ . . . . Deutsche Richterzeitung
Drs. . . . . Drucksache
dtv . . . . Deutscher Taschenbuch Verlag

EG . . . . Europäische Gemeinschaften
EGBGB . . . . Einführungsgesetz zum Bürgerlichen Gesetzbuch
EGHGB . . . . Einführungsgesetz zum Handelsgesetzbuch
EGV . . . . Vertrag zur Gründung der Europäischen Gemeinschaft
Einf. . . . . Einführung
Einl. . . . . Einleitung
etc. . . . . et cetera
EU . . . . Europäische Union
EuGH . . . . Europäischer Gerichtshof
EuZW . . . . Europäische Zeitschrift für Wirtschaftsrecht
evtl. . . . . eventuell
EWG . . . . Europäische Wirtschaftsgemeinschaft
EZB . . . . Europäische Zentralbank

f. . . . . folgende (Seite)
FamRZ . . . . Zeitschrift für das gesamte Familienrecht mit Betreuungsrecht, Erbrecht, Verfahrensrecht, Öffentlichem Recht
FernAbsG . . . . Fernabsatzgesetz
ff. . . . . folgende (Seiten)
FHZivR . . . . Fundheft für Zivilrecht
Fn. . . . . Fußnote

GBO . . . . Grundbuchordnung
gem. . . . . gemäß
GenTG . . . . Gesetz zur Regelung der Gentechnik (Gentechnikgesetz)
GF . . . . Geschäftsführer
ggf. . . . . gegebenenfalls
GH . . . . Geschäftsherr
GOA . . . . Gebührenordnung für Architekten
GoA . . . . Geschäftsführung ohne Auftrag
GOÄ . . . . Gebührenordnung für Ärzte
GOI . . . . Gebührenordnung für Ingenieure

HandelsR . . . . Handelsrecht
HausTWG . . . . Gesetz über den Widerruf von Haustürgeschäften und ähnlichen Geschäften
HGB . . . . Handelsgesetzbuch
HK . . . . Handkommentar
hL . . . . herrschende Lehre
hM . . . . herrschende Meinung
HPflG . . . . Haftpflichtgesetz
Hrsg. . . . . Herausgeber
Hs. . . . . Halbsatz

idR . . . . in der Regel
iHv . . . . in Höhe von
inkl. . . . . inklusive
IPR . . . . Internationales Privatrecht
iSd . . . . im Sinne der/des
iSv . . . . im Sinne von

iVm	in Verbindung mit
JA	Juristische Arbeitsblätter (Zeitschrift)
JR	Juristische Rundschau (Zeitschrift)
JURA	Juristische Ausbildung (Zeitschrift)
JuS	Juristische Schulung (Zeitschrift)
JZ	Juristenzeitung
Kfz	Kraftfahrzeug
KfzPflVV	Verordnung über den Versicherungsschutz in der Kraftfahrzeug-Haftpflichtversicherung (Kraftfahrzeug-Pflichtversicherungsverordnung)
Kl.	Kläger
KWG	Kreditwesengesetz
L	Lernbogen
lat.	Lateinisch
lit.	litera (= Buchstabe)
LPartG	Lebenspartnerschaftsgesetz
LSK	Leitsatzkartei des deutschen Rechts
LuftVG	Luftverkehrsgesetz
MDR	Monatsschrift für Deutsches Recht (Zeitschrift)
mE	meines Erachtens
MietRÄndG	Gesetz über die energetische Modernisierung von vermietetem Wohnraum und über die vereinfachte Durchsetzung von Räumungstiteln (Mietrechtsänderungsgesetz)
MietNovG	Gesetz zur Dämpfung des Mietanstiegs auf angespannten Wohnmärkten und zur Stärkung des Bestellerprinzips bei der Wohnungsvermittlung (Mietrechtsnovellierungsgesetz)
MMR	Multi Media und Recht (Zeitschrift)
MiLoG	Gesetz zur Regelung des allgemeinen Mindestlohns (Mindestlohngesetz)
MüKo	Münchener Kommentar (Literaturverzeichnis)
mwN	mit weiteren Nachweisen
n. Chr.	nach Christus
nF	neue Fassung
NJOZ	Neue Juristische Online-Zeitschrift
NJW	Neue Juristische Wochenschrift
NJW-RR	NJW-Rechtsprechungs-Report Zivilrecht
NK	Nomos Kommentar (Literaturverzeichnis)
Nr.	Nummer(n)
NZM	Neue Zeitschrift für Miet- und Wohnungsrecht
obj.	objektiv
PAngV	Preisangabenverordnung
PIN	Persönliche Identifikationsnummer
PK	Praxiskommentar (Literaturverzeichnis)
Pkw	Personenkraftwagen
ProdHaftG	Gesetz über die Haftung für fehlerhafte Produkte (Produkthaftungsgesetz)
RE	Regierungsentwurf
RL	Richtlinie
Rn.	Randnummer/n

r + s	Recht und Schaden (Zeitschrift)
Rspr.	Rechtsprechung
RÜ	Rechtsprechungsübersicht (Zeitschrift)
RVG	Rechtsanwaltsvergütungsgesetz
S.	Satz/Seite/Siehe
SachenR	Sachenrecht
Schriftltg.	Schriftleitung
SchuldR	Schuldrecht
SGB V	Sozialgesetzbuch Fünftes Buch – Gesetzliche Krankenversicherung
sog.	sogenannt/e/r/en
StGB	Strafgesetzbuch
StVG	Straßenverkehrsgesetz
StVO	Straßenverkehrsordnung
TzWrG	Gesetz über die Veräußerung von Teilzeitnutzungsrechten an Wohngebäuden (Teilzeit-Wohnrechtegesetz)
ua	und andere
UAbs.	Unterabsatz
Überbl.	Überblick
UmweltHG	Umwelthaftungsgesetz
UN	United Nations
Urt.	Urteil
usw	und so weiter
v.	von/vom/vor
Var.	Variante
VDE	Verband der Elektrotechnik Elektronik Informationstechnik e.V.
VerbrKrG	Verbraucherkreditgesetz
VerbrKrRL-UG	Gesetz zur Umsetzung der Verbraucherkreditrichtlinie, des zivilrechtlichen Teils der Zahlungsdiensterichtlinie sowie zur Neuordnung der Vorschriften über das Widerrufs- und Rückgaberecht
VersR	Versicherungsrecht (Zeitschrift)
v.g.	vorgenannte/r
vgl.	vergleiche
Vol.	Volume (= Bd.)
Vorb/Vorbem.	Vorbemerkung
VuR	Verbraucher und Recht (Zeitschrift)
VVG	Gesetz über den Versicherungsvertrag (Versicherungsvertragsgesetz)
WiStG	Wirtschaftsstrafgesetz
WHG	Gesetz zur Ordnung des Wasserhaushalts (Wasserhaushaltsgesetz)
WiVerw	Zeitschrift für Wirtschaftsverwaltungsrecht
WM	Wertpapier-Mitteilungen (Zeitschrift)
WoVermRG	Gesetz zur Regelung der Wohnungsvermittlung
WuM	Wohnungswirtschaft und Mietrecht (Zeitschrift)
ZAG	Gesetz über die Beaufsichtigung von Zahlungsdiensten (Zahlungsdiensteaufsichtsgesetz)
zB	zum Beispiel
ZDL	Zahlungsdienstleister
ZDN	Zahlungsdienstnutzer
ZGS	Zeitschrift für Vertragsgestaltung, Schuld- und Haftungsrecht
ZIP	Zeitschrift für Wirtschaftsrecht
ZPO	Zivilprozessordnung
ZR	Zivilrecht (bei Gerichtsurteil: Zivilrechts-Senat)

Literaturverzeichnis

Die weniger als fünfmal zitierten Werke sind aufgrund von Verlagsvorgaben nicht mehr im Literaturverzeichnis aufgeführt, sondern in den jeweiligen Fußnoten vollständig genannt.

Aufsätze ...erscheinen mit vollem Titel nur in der jeweiligen »Literatur zur Vertiefung« am Ende von Kapiteln und Unterabschnitten und werden in den Fußnoten nur mit den Fundstellen zitiert.

Alpmann/Krüger/Wüstenbecker, Brockhaus Studienlexikon Recht, 4. Aufl. 2014 (zit.: *Alpmann* Brockkaus)

Alpmann und Schmidt Schuldrecht BT 1, 18. Aufl. 2015; Schuldrecht BT 2, 16. Aufl. 2013; Schuldrecht BT 3, 18. Aufl. 2015; Schuldrecht BT 4, 19. Aufl. 2015 (zit.: SchuldR BT I, II, III oder IV)

Bamberger H. G./Roth, H. (Hrsg.), Beck'scher Online-Kommentar BGB, Stand: 1.5.2015, Edition 35 (zit.: BeckOK BGB/*Bearbeiter*)

Benning, A./Oberrath, J.-D., Computer- und Internetrecht, 2. Aufl. 2008 (zit.: *Benning/Oberrath* Computer/InternetR)

Brox, H./Walker, W.-D., Besonderes Schuldrecht, 39. Aufl. 2015 (zit.: *Brox/Walker* SchuldR BT)

Creifelds, C., Rechtswörterbuch, 21. Aufl. 2014 (zit.: *Creifelds*)

Dauner-Lieb, B./Heidel, T./Ring, G., Nomos Kommentar BGB, Bd. 2 Schuldrecht, 2. Aufl. 2012 (zit.: NK-BGB/*Bearbeiter*)

Deutsch, E./Ahrens, H.-J., Deliktsrecht, 6. Aufl. 2014 (zit.: *Deutsch/Ahrens* DeliktsR)

Esser, J./Weyers, H.-J., Schuldrecht, Bd. II, Besonderer Teil, TeilBd. 1, 8. Aufl. 1998, TeilBd. 2, 8. Aufl. 2000 (zit.: *Esser/Weyers* SchuldR BT I)

Fikentscher, W./Heinemann, A., Schuldrecht, 10. Aufl. 2006 (zit.: *Fikentscher/Heinemann* SchuldR)

Führich, E., Wirtschaftsprivatrecht, 12. Aufl. 2014 (zit.: *Führich* Wirtschafts-PrivR)

Güllemann, D., Internationales Vertragsrecht, 2. Aufl. 2014 (zit.: *Güllemann* IntVertragsR)

Herberger, M. ua (Hrsg.), juris Praxiskommentar BGB, Bd. 2 – Schuldrecht, 7. Aufl. 2015 (zit.: jurisPK-BGB/*Bearbeiter*)

Hirsch, C., Besonderes Schuldrecht, 3. Aufl. 2014 (zit.: *Hirsch* SchuldR BT)

Jauernig, O. (Hrsg.), Bürgerliches Gesetzbuch, Kommentar, 15. Aufl. 2014 (zit.: Jauernig/*Bearbeiter*)

Larenz, K., Lehrbuch des Schuldrechts, Bd. II: Besonderer Teil, 1. HalbBd., 13. Aufl. 1986 (zit.: *Larenz* SchuldR II 1)

Looschelders, D., Schuldrecht Besonderer Teil, 10. Aufl. 2015 (zit.: *Looschelders* SchuldR BT)

Medicus, D./Lorenz, S., Schuldrecht II, Besonderer Teil, 17. Aufl. 2014 (zit.: *Medicus/Lorenz* SchuldR BT)

Medicus, D./Petersen, J., Bürgerliches Recht, 25. Aufl. 2015 (zit.: *Medicus/Petersen* BürgerlR)

Medicus, D./Petersen, J., Grundwissen zum Bürgerlichen Recht, 10. Aufl. 2014 (zit.: *Medicus/Petersen* Grundwissen)

Metzler-Müller, K., Wie löse ich einen Privatrechtsfall? – Aufbauschemata – Mustergutachten – Klausurschwerpunkte, 7. Aufl. 2015 (zit.: *Metzler-Müller* PrivatRFall)

Münchener Kommentar zum Bürgerlichen Gesetzbuch
Bd. 1: Allgemeiner Teil, §§ 1–240, ProstG, AGG,
Bd. 2: Schuldrecht, Allgemeiner Teil, §§ 241–432,
Bd. 3: Schuldrecht, Besonderer Teil, §§ 433–610, jeweils 6. Aufl. 2012
Bd. 5: Schuldrecht, Besonderer Teil III, §§ 705–853, PartG, ProdHaftG, 5. Aufl. 2013 (zit.: MüKoBGB/*Bearbeiter*)

Münchener Kommentar zum Handelsgesetzbuch Bd. 7: Viertes Buch, Handelsgeschäfte, §§ 407–619, 3. Aufl. 2014 (zit.: MüKoHGB/*Bearbeiter*)

Oetker, H./Maultzsch, F., Vertragliche Schuldverhältnisse, 4. Aufl. 2013 (zit.: *Oetker/Maultzsch* VertraglSchuldverh)

Palandt, O. (Hrsg.), Bürgerliches Gesetzbuch, Kommentar, 74. Aufl. 2015 (zit.: Palandt/*Bearbeiter*)

Reinicke, D./Tiedtke, K., Kaufrecht, 8. Aufl. 2008 (zit.: *Reinicke/Tiedtke* KaufR)

Richter, T., Vertragsrecht, 2. Aufl. 2013 (zit.: *Richter* VertragsR)

Schade, F., Wirtschaftsprivatrecht – Grundlagen des Bürgerlichen sowie des Handels- und Wirtschaftsrechts, 3. Aufl. 2013 (zit.: *Schade* WirtschaftsPrivR)

Schmidt-Futterer, W., Großkommentar des Wohn- und Gewerberaummietrechts, 12. Aufl. 2015 (zit.: Schmidt-Futterer/*Bearbeiter*)

Schulze, R. ua, Bürgerliches Gesetzbuch – Handkommentar, 8. Aufl. 2014 (zit.: HK-BGB/*Bearbeiter*)

Steckler, B./Tekidou-Kühlke, D., Kompendium Wirtschaftsrecht, 8. Aufl. 2015 (zit.: *Steckler/Tekidou-Kühlke* WirtschaftsR)

Vogel, H. W., Mandatspraxis: Mietrecht, 2002 (zit.: *Vogel* MietR)

Wandt, M., Gesetzliche Schuldverhältnisse, 7. Aufl. 2015 (zit.: *Wandt* GesetzlSchuldverh)

Wörlen, R./Kokemoor, A., Handelsrecht mit Gesellschaftsrecht, 12. Aufl. 2015 (zit.: *Wörlen/Kokemoor* HandelsR)

Wörlen, R./Kokemoor, A., Sachenrecht, 9. Aufl. 2014 (zit.: *Wörlen/Kokemoor* SachenR)

Wörlen, R./Kokemoor, A., Arbeitsrecht, 11. Aufl. 2014 (zit.: *Wörlen/Kokemoor* ArbR)

Wörlen, R./Metzler-Müller, K., BGB AT, Einführung in das Recht und Allgemeiner Teil des BGB, 13. Aufl. 2014 (zit.: *Wörlen/Metzler-Müller* BGB AT)

Wörlen, R./Metzler-Müller, K., Schuldrecht AT, 12. Aufl. 2015 (zit.: *Wörlen/Metzler-Müller* SchuldR AT)

Wörlen, R./Schindler, S., Anleitung zur Lösung von Zivilrechtsfällen – Methodische Hinweise und Bearbeitungs-Muster –, 9. Aufl. 2009 (zit.: *Wörlen/Schindler* Anleitung)

Das Besondere Schuldrecht des Bürgerlichen Gesetzbuchs

I. Einleitung

Das »Besondere Schuldrecht«, das vom Gesetzgeber nicht als solches bezeichnet wird, ist bekanntlich[2] in Abschnitt 8 von Buch 2 (»Einzelne Schuldverhältnisse«) des BGB[3] (§§ 433–853) geregelt.

1. Rechtsgeschäftliche Schuldverhältnisse

Bei den dort typisierten »einzelnen Schuldverhältnissen« handelt es sich größtenteils 1
um rechtsgeschäftliche Schuldverhältnisse.

■[4] Wissen Sie (noch?), wie rechtsgeschäftliche Schuldverhältnisse in der Regel entstehen und in welcher Vorschrift des BGB darüber etwas zu finden ist?[5]

▶ Rechtsgeschäftliche Schuldverhältnisse entstehen in der Regel durch einen Vertrag (vgl. § 311 I). § 311 I bestimmt ausdrücklich, dass »zur Begründung eines Schuldverhältnisses durch Rechtsgeschäft … ein Vertrag zwischen den Beteiligten erforderlich ist, soweit nicht das Gesetz ein anderes vorschreibt.«

Ausnahmsweise entstehen rechtsgeschäftliche Schuldverhältnisse also auch durch ein einseitiges Rechtsgeschäft.

■ Kennen Sie dafür Beispiele?[6]

▶ Beispiele für einseitige Rechtsgeschäfte sind die Auslobung (§ 657) oder das Testament (§ 1937).

Einseitige Gestaltungsrechte, wie zB die Anfechtung, der Widerruf, die Kündigung, die Aufrechnung, begründen hingegen kein Schuldverhältnis, sondern ändern lediglich den Inhalt eines bereits bestehenden Schuldverhältnisses.

Das Entstehen von »vertraglichen Schuldverhältnissen« ist vom Willen der beteiligten 2
Parteien abhängig. Wie Sie im »Allgemeinen Schuldrecht« zur »Vertragsfreiheit«[7] gelernt haben, steht es den Parteien weitgehend frei, die im Besonderen Schuldrecht normierten typischen Rechte und Pflichten durch Vereinbarung zu modifizieren, da die meisten Vorschriften dispositives Recht enthalten. Die Bestimmungen über die »gesetzlichen Schuldverhältnisse«, deren Entstehung nicht vom Willen der Beteiligten, sondern allein von der Verwirklichung des gesetzlich umschriebenen Tatbestands abhängt,[8] unterliegen nicht der freien Gestaltung durch die Parteien!

---

2 Vgl. zur Systematik von Buch 2 des BGB: *Wörlen/Metzler-Müller* SchuldR AT Rn. 2–4 sowie *Wörlen/Metzler-Müller* BGB AT Rn. 62–65.

3 Alle §§ ohne Bezeichnung sind in diesem Buch solche des BGB.

4 »■« bedeutet im Folgenden immer, auch wenn das nicht ausdrücklich erwähnt wird: »Achtung, erst selbst nachdenken! Dann weiterlesen!« Der Pfeil (»▶«) weist auf die Antwort hin.

5 Falls nicht mehr gewusst: In *Wörlen/Metzler-Müller* SchuldR AT unter Rn. 9 nachlesen!

6 Ggf. in *Wörlen/Metzler-Müller* BGB AT unter Rn. 116 und Rn. 125 nachlesen!

7 Vgl. *Wörlen/Metzler-Müller* SchuldR AT Rn. 17–27.

8 *Wörlen/Metzler-Müller* SchuldR AT Rn. 110–112.

3 Die vertraglichen Schuldverhältnisse kann man nach der Art der Leistung in folgende Gruppen von Vertragstypen einteilen:[9]

a) Veräußerungsverträge: Diese sind auf die dauerhafte Übertragung einer Sache, eines Rechts oder eines sonstigen Gegenstandes gerichtet.

Beispiele: Kaufvertrag (§§ 433 ff.), Tausch (§ 480), Schenkung (§§ 516 ff.), Teilzeit-Wohnrechtsverträge (§§ 481 ff.).

b) Überlassungsverträge: Sie beinhalten die vorübergehende Überlassung eines Gegenstandes.

Beispiele: Mietvertrag (§§ 535 ff.), Pachtvertrag (§§ 581 ff.), Leihvertrag (§§ 598 ff.), Sachdarlehensvertrag (§§ 607 ff.).

c) Tätigkeitsverträge: Sie sind auf die Ausführung einer Tätigkeit gerichtet.

Beispiele: Dienst-/Arbeitsvertrag (§§ 611 ff.), Werkvertrag (§§ 631 ff.), Reisevertrag (§§ 651a ff.), Maklervertrag (§§ 652 ff.), Auftrag (§§ 662 ff.), Geschäftsbesorgungsvertrag (§§ 675 ff.), Verwahrung (§§ 688 ff.).

d) Vertragliche Schuldverhältnisse, die durch das Zusammenwirken mehrerer Personen zustande kommen.

Beispiele: BGB-Gesellschaft (§§ 705 ff.).[10]

e) Verträge über ein Risiko (»gewagte Verträge«[11]).

Beispiele: Leibrente (§§ 759 ff.), Spiel, Wette (§ 762), Lotterie- und Ausspielvertrag (§ 763). Hierzu zählt auch – der nicht im BGB geregelte – Versicherungsvertrag.

f) Verträge zur Sicherung und Feststellung von Forderungen.

Beispiele: Bürgschaft (§§ 765 ff.), Vergleich (§ 779), Schuldversprechen (§ 780), Schuldanerkenntnis (§ 781).

g) Verträge, die dem Wertpapierrecht zugeordnet werden.

Beispiele: Anweisung (§§ 783 ff.), Inhaberschuldverschreibung (§§ 793 ff.).

2. Gesetzliche Schuldverhältnisse

4 Wenn Sie bei der Lektüre meines oben zitierten (Fn. 2, 5 f.) »Schuldrecht AT« gelernt haben, dass das Besondere Schuldrecht gesetzliche Schuldverhältnisse kennt (insbesondere § 311 II = Geschäftlicher Kontakt, §§ 677 ff. = GoA, §§ 701 ff. = Haftung des Gastwirts, §§ 812 ff. = Ungerechtfertigte Bereicherung, §§ 823 ff. = Unerlaubte Handlungen), war diese Aussage insofern unvollständig, als hinzuzufügen ist, dass die »Haftung des Gastwirts« gewissermaßen eine Zwischenstellung[12] einnimmt.

9 So auch *Looschelders* SchuldR BT Rn. 3 ff.

10 Die Gemeinschaft nach Bruchteilen (§§ 741 ff.) zählt zu den gesetzlichen Schuldverhältnissen. Hierzu *Looschelders* SchuldR BT Rn. 6 mwN.

11 So *Klunzinger*, Einführung in das Bürgerliche Recht, 16. Aufl. 2013, § 55 – Lernhinweis.

12 Vgl. *Medicus/Lorenz* SchuldR II BT Rn. 2, wo auch die §§ 741 ff. und die §§ 809–811 als gesetzliche Schuldverhältnisse eingereiht werden.

■ Warum ist das der Fall? Überlegen Sie zunächst und schauen sich dann § 701 I an.

▶ Voraussetzung dafür, dass die Haftungsregeln der §§ 701 ff. eingreifen, ist selbstverständlich ein Vertrag: der Beherbergungsvertrag zwischen Gast und Wirt! Wurde ein solcher geschlossen, wird der Gastwirt nach Maßgabe der §§ 701 ff. ohne seinen Willen Beteiligter des dort geregelten (gesetzlichen) Schuldverhältnisses!

II. Gemischte, atypische und verkehrstypische Verträge

5 Die im »Besonderen Schuldrecht« geregelten Schuldverhältnisse sind nur typische Beispiele. Die Parteien eines Schuldverhältnisses sind nicht auf die im BGB ab den §§ 433 ff. genannten »**typischen Verträge**«[13] festgelegt. Sie können vielmehr im Rahmen der Privatautonomie die gesetzlich geregelten Vertragstypen mischen (sog. **gemischter Vertrag**) oder andere als die dort normierten Verträge abschließen (sog. **atypischer Vertrag**). Darüber hinaus haben sich im Wirtschaftsleben weitere Verträge herausgebildet, die im BGB nicht geregelt sind (sog. **verkehrstypische Verträge**).

6 Beim **gemischten Vertrag** ist es möglich, einen typischen Vertrag mit einer andersartigen Nebenleistung zu verbinden.

Beispiel: Miete eines Zimmers (§ 535) mit Bedienung.

Es können aber auch die Hauptleistungen aus mehreren Vertragstypen kombiniert werden.

Beispiele:
- Eigenheimerwerbsvertrag = Kaufvertrag (§ 433) und Werkvertrag (§ 631)
- Krankenhausaufnahmevertrag = Dienstvertrag (§ 630a – Behandlung), Mietvertrag (§ 535 – Bett), Werklieferungsvertrag (§ 651 – Verpflegung) usw.

Leistungen aus den verschiedenen typischen Verträgen können auch gekoppelt werden, indem die Parteien die Leistungen austauschen, die verschiedenen typischen Verträgen entsprechen.

Beispiel: Warenlieferung gegen Werkleistung.[14]

7 Ein **atypischer Vertrag** liegt vor, wenn der Vertrag weder einem gesetzlich normierten noch einem verkehrstypischen Vertragstyp zugeordnet werden kann – er ist vielmehr »individuell geprägt«. Sein Inhalt richtet sich in erster Linie nach dem, was die Parteien vereinbaren. Daneben können auch die Vorschriften des Allgemeinen Teils des BGB und des Allgemeinen Schuldrechts herangezogen werden.[15]

Beispiele: unentgeltliche Theaternutzung[16] oder Sponsorzahlung.[17]

8 **Verkehrstypische Verträge** haben sich im Laufe der Zeit aufgrund wirtschaftlicher Notwendigkeit entwickelt. Es handelt sich um Vertragsformen, die zum Zeitpunkt

13 Diese werden auch als »benannte Verträge« bezeichnet; s. Palandt/*Grüneberg* Überbl. v. § 311 Rn. 11. Weitere typische Verträge finden sich auch außerhalb des BGB, wie zB in §§ 383 ff. HGB (Kommissionsgeschäft) und im VVG (Versicherungsvertrag).

14 Bei Interesse an weiteren Beispielen und der rechtlichen Behandlung dieser gemischten Verträge: MüKoBGB/*Emmerich* § 311 Rn. 28 f.; Palandt/*Grüneberg* Überbl. v. § 311 Rn. 16 ff.

15 HK-BGB/*Schulze* Vorbem. zu §§ 311–319 Rn. 18.

16 BGH NJW 1992, 496.

17 Jauernig/*Stadler* § 311 Rn. 25 mwN.

des Inkrafttretens des BGB am 1.1.1900[18] noch nicht existierten, da ihnen keinerlei wirtschaftliche Bedeutung zukam. Einige von ihnen sind zwischenzeitlich ins BGB eingefügt worden, wie zB der Reisevertrag oder der Teilzeit-Wohnrechtevertrag. Andere allerdings (noch) nicht.

Beispiele:
- Leasingvertrag[19] (entgeltliche Gebrauchsüberlassung, in der Regel kombiniert mit der Einräumung einer Erwerbsposition),
- Factoring-Vertrag (Ankauf von Forderungen gegen Gewinn-, Kosten- und Bonitätsabschlag),
- Baubetreuungsvertrag (umfasst die einem Bauherren zufallenden Dienstleistungen – meist bei Erstellung von Eigentumswohnungen),
- Franchisevertrag[20] (Benutzungsüberlassung eines Warenzeichens in Verbindung mit Lizenzen, Know-how).

9 Die Einteilung und Darstellung der »Besonderen Schuldverhältnisse« in diesem Buch berücksichtigt zunächst die Unterscheidung von »vertraglichen und »gesetzlichen Schuldverhältnissen«[21] und ist innerhalb der »vertraglichen Schuldverhältnisse« im Wesentlichen nach der Art der versprochenen Leistung – sei sie unentgeltlich oder gegen Entgelt – ausgerichtet.[22] Die Reihenfolge der Darstellung lehnt sich dabei, unabhängig davon, ob es sich um einseitig, unvollkommen zweiseitig oder gegenseitig verpflichtende vertragliche Schuldverhältnisse handelt, weitgehend an die gesetzliche Reihenfolge an. Dass dabei nicht lückenlos alle Schuldverhältnisse des Besonderen Schuldrechts behandelt werden, liegt an der Eigenart eines »Grundrisses«[23], in dem nur eine Auswahl möglich und nötig ist.

Auf den folgenden Seiten wollen wir zunächst die Veräußerungsverträge (1. Kapitel) kennenlernen, anschließend die Gebrauchsüberlassungsverträge (2. Kapitel), Dienstleistungsverträge und ähnliche Verträge (3. Kapitel) sowie weitere rechtsgeschäftliche Schuldverhältnisse (4. Kapitel). Anschließend beschäftigen wir uns mit den gesetzlichen Schuldverhältnissen.

---

18 Zur Entstehungsgeschichte des BGB vgl. *Wörlen/Metzler-Müller* BGB AT Rn. 36 ff.

19 Mehr dazu → Rn. 214 f.

20 → Rn. 219. Dieser wird auch als gemischter Vertrag angesehen; vgl. Palandt/*Weidenkaff* Einf v. § 581 Rn. 22.

21 Zur Information vgl. *Wörlen/Metzler-Müller* SchuldR AT Übersicht 4 Rn. 113.

22 **Vgl. *Wörlen/Metzler-Müller* SchuldR AT Übersicht 5 Rn. 151 f.; außerdem: Sofern noch nicht geschehen, sollte nun das Inhaltsverzeichnis zu Buch 2 des BGB gelesen werden!**

23 Dazu *Wörlen/Metzler-Müller* BGB AT Rn. 70.

1. Teil. Vertragliche Schuldverhältnisse

1. Kapitel. Veräußerungsverträge (Vermögensverschaffung)

A. Kaufvertrag

I. Wesen und Inhalt des Kaufvertrags

Den Kaufvertrag haben wir bisher[24] so häufig als Beispiel für ein vertragliches Schuldverhältnis genannt, dass Sie die in § 433 genannten »vertragstypischen Pflichten beim Kaufvertrag« eigentlich schon auswendig können müssten – lesen Sie § 433 trotzdem noch einmal! 10

Bevor den Verkäufer und den Käufer die in § 433 geregelten Pflichten und Rechte treffen können, muss ein Kaufvertrag aufgrund des freien, rechtsgeschäftlichen Willens beider Parteien zustande gekommen (§§ 145 ff.) sein.

Dabei steht es den Parteien aufgrund der Vertragsfreiheit frei, den Leistungsgegenstand und den Preis sowie die Abwicklungsmodalitäten zu bestimmen. Haben sie das getan, bestimmen sich die Rechte und Pflichten der Parteien nach den §§ 433 ff. Jede Partei kann gegenüber der anderen Erfüllungsansprüche geltend machen.

Wird der Vertrag von beiden Seiten ordnungsgemäß erfüllt, ist das Schuldverhältnis nach § 362, wie Sie wissen,[25] erloschen. 11

Wird dagegen **nicht** ordnungsgemäß erfüllt, wird also die Abwicklung des Vertrags **gestört**, können je nach Art der Leistungsstörung Ersatzansprüche nach den Regeln des allgemeinen Schuldrechts entstehen, auf die § 437 Nr. 3 ausdrücklich verweist. Da § 437 verlangt, dass die **Voraussetzungen** der dort genannten Vorschriften erfüllt sein müssen, handelt es sich hier um eine sog. »Rechtsgrundverweisung«.

Beachte: Dass in vielen Vorschriften des BGB Verweisungen auf andere Vorschriften vorgenommen werden, haben Sie bereits öfter erfahren. Mit diesen Verweisungsnormen sollen Wiederholungen im Gesetzestext vermieden werden. Der Rechtsanwender wird »auf eine Reise durch das Gesetz« geschickt und aufgefordert, eine andere, genau bezeichnete Rechtsnorm (Zielnorm) anzuwenden. Man unterscheidet zwischen »**Rechtsgrundverweisungen**« und »**Rechtsfolgenverweisungen**«:
Bei einer **Rechtsfolgenverweisung** enthält die Verweisungsnorm einen eigenen, nicht notwendig mit den Voraussetzungen der Zielnorm deckungsgleichen Tatbestand. Die Ausgangsnorm liefert den zu prüfenden Tatbestand. Die Zielnorm enthält die Rechtsfolge, die an die Erfüllung dieses Tatbestands zu knüpfen ist. Deren Tatbestandsvoraussetzungen sind **nicht** relevant. Bei der **Rechtsgrundverweisung** hingegen gibt die Verweisungsnorm keine eigenständige Anspruchsgrundlage. Der Sachverhalt muss auch unter den Tatbestand der Zielnorm subsumiert werden. Mit anderen Worten: Es müssen bei der Rechtsgrundverweisung sowohl der (unvollständig geregelte) Tatbestand der Ausgangsnorm als auch der (diesen ergänzende) Tatbestand der Zielnorm erfüllt sein. Die Bezeichnung

24 Nicht nur in *Wörlen/Metzler-Müller* SchuldR AT, sondern auch schon in *Wörlen/Metzler-Müller* BGB AT.
25 Vgl. *Wörlen/Metzler-Müller* SchuldR AT Rn. 173.

Rechtsgrundverweisung ist insofern missverständlich, denn es wird bei dieser auch auf die Rechtsfolgen der Zielvorschrift verwiesen.[26]

Da wir in diesem »Grundriss« nicht sehr ins Detail gehen können, möchte ich mich mit dieser Feststellung begnügen und gleich zu den Regeln des Kaufrechts kommen, die für die nicht ordnungsgemäße Erfüllung des Vertrags durch den Verkäufer gelten.

12 Merken Sie sich zum Kaufvertrag vorab nochmals unbedingt das, was Sie schon wissen sollten:[27] Der Kaufvertrag ist ein schuldrechtliches **Verpflichtungs**geschäft, durch das für den Verkäufer gem. § 433 I zunächst nur die Pflicht begründet wird, dem Käufer die Sache frei von Sach- und Rechtsmängeln zu übergeben und das Eigentum daran zu verschaffen. »Nach § 433 I 1« kann der Käufer also niemals Eigentümer der Kaufsache bzw. Inhaber eines verkauften Rechts werden.

■ Nach welcher Vorschrift wird vielmehr dem Käufer vom Verkäufer das Eigentum an einer verkauften beweglichen Sache übertragen? (Überlegen Sie!)

▶ Die Vorschrift ist im Sachenrecht[28] angesiedelt! Lesen Sie nochmals § 929 S. 1, unterstreichen Sie sich in § 433 I 1 das Wort »Eigentum« und schreiben Sie »§ 929« rechts an den Rand des Gesetzestextes!

13 Mit der Übergabe der Sache geht übrigens gem. § 446 I (lesen) die Gefahr[29] des zufälligen Untergangs bzw. einer zufälligen Verschlechterung auf den Käufer über. Für den Gefahrübergang beim Versendungskauf gilt § 447 (lesen). Maßgeblicher Zeitpunkt ist danach der der ordnungsgemäßen Absendung.

Wenn der Verkäufer die Kaufsache liefert, kann es vorkommen, dass es sich um eine »Schlechterfüllung«[30] handelt, weil die Kaufsache bei der Übergabe einen Sach- oder Rechtsmangel (vgl. § 433 I 2) hat. Damit sind wir bei der:

II. Mängelhaftung

1. Mängel der Kaufsache

14 Gemäß § 433 I 2 gehört es beim Kaufvertrag zu den **vertragstypischen Pflichten** des Verkäufers, dem Käufer die Sache frei von Sach- und Rechtsmängeln zu verschaffen. Somit stellt jede Lieferung einer mangelhaften Sache eine **Pflichtverletzung** des Verkäufers iSv § 280 I dar. Die Haftung für Sach- und Rechtsmängel richtet sich einheitlich nach dem allgemeinen Leistungsstörungsrecht.

a) Sachmängel

15 Was ein Sachmangel ist, ergibt sich aus § 434 (lesen Sie die recht umfangreiche Vorschrift zunächst einmal ganz durch!).

Möglicherweise waren Sie nach der Lektüre von § 434 I 1 und 2 Nr. 1 und 2 etwas überrascht: Dort erfahren wir zunächst, wann **kein** Sachmangel vorliegt!

Nach § 434 I 1 liegt also **kein** Sachmangel vor, wenn die Sache bei Gefahrübergang (vgl. §§ 446, 447) die (vertraglich) vereinbarte Beschaffenheit (»Sollbeschaffenheit«) hat.

26 *Wörlen/Leinhas* JA 2006, 22 (23).
27 Vgl. *Wörlen/Metzler-Müller* BGB AT Rn. 268–276.
28 Dazu *Wörlen/Kokemoor* SachenR Rn. 102 ff.
29 Vgl. *Wörlen/Metzler-Müller* SchuldR AT Übersicht 16 Rn. 327.
30 *Wörlen/Metzler-Müller* SchuldR AT Rn. 334–357.

Beispiele: »Werkstattgeprüft« bei einem Gebrauchtwagen oder Sportfahrwerk bei einem Pkw.[31]

Eine **vertragliche Vereinbarung** iSd § 434 I 1 liegt vor, wenn der Inhalt des Kaufvertrags die Pflicht des Verkäufers enthält, die gekaufte Sache in dem vertraglich festgelegten Zustand zu übereignen. Es genügt hierfür auch eine konkludente Erklärung, indem zB der Verkäufer die Sache vor Vertragsschluss beschreibt und dabei auf ein Muster oder einen Prospekt verweist.[32] Den Begriff der **Beschaffenheit** hat der Gesetzgeber nicht definiert. Darunter sind sämtliche den Wert und die Verwendungseignung der Sache ausmachenden Eigenschaften, wie zB die Größe, das Alter, das Gewicht, das Material der Kaufsache, sofern diese Faktoren auf die Verwendungseignung oder den Wert Einfluss haben, zu verstehen.[33]

Damit hat sich der Gesetzgeber den bisher von der hM vertretenen »subjektiven Fehlerbegriff« zu eigen gemacht, indem in erster Linie auf den Inhalt der getroffenen **Vereinbarung** abgestellt wird.[34] Falls der Vertrag einer Form bedarf, so gilt diese auch für die Beschaffenheitsvereinbarung.[35] Hat ein Muster oder eine Probe vor oder bei Vertragsschluss zur Darstellung der Eigenschaften der Kaufsache vorgelegen, so handelt es sich ebenfalls um eine Beschaffenheitsvereinbarung. Weicht die Kaufsache in ihrer Beschaffenheit von dem Muster oder der Probe ab, dann stellt dies einen Sachmangel nach § 434 I 1 dar. **16**

Wie sich aus der Formulierung des § 434 I 2 (»soweit … nicht«, … »sonst«) ergibt, sind die genannten Tatbestände der Reihe nach zu prüfen.[36] **17**

Wenn die Beschaffenheit nicht (vertraglich) ausdrücklich vereinbart ist, kommt es subsidiär auf die vertraglich vorausgesetzte Verwendung an (vgl. § 434 I 2 Nr. 1). Man könnte die gewöhnliche Verwendung der Kaufsache als stillschweigend vertraglich vorausgesetzt betrachten. Die Eignung für die gewöhnliche Verwendung ist jedoch in § 434 I 2 Nr. 2 eigenständig geregelt, sodass § 434 I 2 Nr. 2 überflüssig wäre, wenn man eine stillschweigende Vereinbarung der gewöhnlichen Verwendungseignung bereits in § 434 I 2 Nr. 1 »hineinlesen« würde. § 434 I 2 Nr. 1 kommt also nur zum Tragen, wenn dem Vertrag nach eine besondere Verwendung vorausgesetzt wird.[37]

Beispiel:[38] Der von K bei V gekaufte Pkw wird nicht zugelassen, weil die Fahrzeug-Identifikationsnummer nicht mit der Eintragung im Kraftfahrzeugbrief (Zulassungsbescheinigung Teil II) übereinstimmt.
Die Zulassungsfähigkeit eines Fahrzeugs gehört (mangels abweichender Vereinbarung) zu der nach dem Vertrag vorausgesetzten Verwendungseignung.

In letzter Linie werden die gewöhnliche Verwendung der Sache und die übliche Beschaffenheit anderer Sachen der gleichen Art (also »Konkurrenzprodukte«), die der Käufer nach der Art der Sache erwarten kann, als objektive Maßstäbe herangezogen (§ 434 I 2 Nr. 2). Damit wird auf den objektiven Fehlerbegriff abgestellt, bei dem es

---

31 Weitere Beispiele bei *Richter* VertragsR 454.
32 *Brox/Walker* SchuldR BT § 4 Rn. 9.
33 Palandt/*Weidenkaff* § 434 Rn. 10.
34 Vgl. *Brox/Walker* SchuldR BT § 4 Rn. 9.
35 Palandt/*Weidenkaff* § 434 Rn. 18.
36 *Fikentscher/Heinemann* SchuldR Rn. 844.
37 Vgl. auch Palandt/*Weidenkaff* § 434 Rn. 20 ff.
38 Nach *Brox/Walker* SchuldR BT § 4 Rn. 1 und Rn. 12. Weitere Beispiele bei MüKoBGB/*Westermann* § 434 Rn. 19 und Palandt/*Weidenkaff* § 434 Rn. 22.

auf die Vorstellungen der Vertragsparteien nicht ankommt, sondern auf diejenigen Vorstellungen eines Durchschnittskäufers.

Beispiel:[39] V verkauft dem K einen zwei Jahre alten gebrauchten Mercedes für 40.000 EUR. Bereits eine Woche nach Übergabe des Pkw stellt K einen erhöhten Ölverbrauch fest. Bei einer Überprüfung des Wagens wird festgestellt, dass der Motor einen Riss hat.
Nach der Verkehrsanschauung ist ein zwei Jahre alter, normal beanspruchter Mercedes zum Preis von 40.000 EUR verkehrssicher und verkehrstüchtig. Er weist außer den gewöhnlichen, seinem Alter und seiner Fahrleistung entsprechenden Verschleißerscheinungen keine besonderen Mängel auf. Der Riss im Motor stellt einen solchen besonderen Mangel dar. Folglich weicht das Auto von der üblichen Beschaffenheit ab.

Klausurtipp: § 434 immer in folgender Reihenfolge prüfen:

§ 434 I 1 → § 434 I 2 Nr. 1 → § 434 I 2 Nr. 2

In § 434 I 3 wird der Stärkung des Verbraucherschutzes Rechnung getragen und die Relevanz öffentlicher Äußerungen des Verkäufers oder auch des Herstellers über bestimmte Eigenschaften der Sache – insbesondere der Werbung oder Kennzeichnung für die übliche Beschaffenheit – festgeschrieben. Da Werbeaussagen des Verkäufers meist schon als Beschaffenheitsvereinbarungen nach § 434 I 1 gelten, hat Satz 3 vor allem bei Äußerungen Dritter (zB des Herstellers iSd § 4 I und II ProdHaftG oder dessen Gehilfen) Bedeutung. Grund dieser Haftung ist die Tatsache, dass auch der Verkäufer von diesen Äußerungen Dritter profitiert. Der **Verkäufer** hat die Möglichkeit des **Entlastungsbeweises**. Er muss dann beweisen, dass er die Äußerung nicht kannte und auch nicht kennen musste oder die unzutreffende Äußerung für die Willensbildung des Käufers nicht maßgeblich sein konnte, etwa weil sie für die vom Käufer beabsichtigte Verwendung nicht relevant war (§ 434 I 3 Hs. 2).

■ Versuchen Sie nach diesen »Negativbeschreibungen« selbst herauszufinden, wann danach tatsächlich ein Sachmangel vorliegt (machen Sie sich Notizen, bevor Sie weiterlesen!).

18 ▶ Ihr »Ergebnis« sollte Folgendes enthalten:

39 Nach *Alpmann und Schmidt* SchuldR BT I Rn. 28.

Ein Sachmangel

liegt vor, wenn die Kaufsache bei Gefahrübergang (§§ 446 f.)			liegt darüber hinaus vor, wenn		
nicht die vereinbarte Beschaffenheit hat **§ 434 I 1**	sich nicht für die vertraglich vorausgesetzte Verwendung eignet **§ 434 I 2 Nr. 1**	sich nicht für die gewöhnliche Verwendung eignet und nicht die Beschaffenheit aufweist, die der Käufer üblicherweise erwarten konnte **§ 434 I 2 Nr. 2**	die vereinbarte Montage durch den Verkäufer unsachgemäß durchgeführt worden ist **§ 434 II 1**	die Montageanleitung bei einer zur Montage bestimmten Sache mangelhaft ist, es sei denn, die Sache ist fehlerfrei montiert worden **§ 434 II 2**	der Verkäufer »falsch«, dh eine andere Sache (»aliud«) oder zu wenig geliefert hat **§ 434 III**
		Bei der Feststellung der »üblichen Beschaffenheit« ist zu berücksichtigen • die Verkehrsanschauung • öffentliche Äußerungen des Verkäufers, Herstellers oder seines Gehilfen **§ 434 I 3**		»IKEA-Klausel«*	
Vereinbarte Beschaffenheit	**Vertragliche Verwendung**	**Gewöhnliche Verwendung/Werbung**	**Montagefehler**	**Fehlerhafte Montageanleitung**	**Lieferung anderer Sache/geringerer Menge**

* BeckOK BGB/*Faust* § 434 Rn. 93; jurisPK-BGB/*Pammler* § 434 Rn. 118 f. mwN.

b) Rechtsmängel

19 Ein **Rechtsmangel** liegt gem. § 435 S. 1 (bzw. im Umkehrschluss aus dessen Formulierung!) vor, wenn Dritte irgendwelche Rechte in Bezug auf die Kaufsache gegen den Käufer geltend machen können.

Beispiele: Dingliche Rechte eines Dritten, wie Nießbrauch, Dienstbarkeit, Hypothek.[40]

Einem (solchen) Rechtsmangel »steht es« nach § 435 S. 2 »gleich«[41], wenn im Grundbuch ein Recht eingetragen ist, das nicht besteht. Kein Rechtsmangel, um es einfacher zu sagen, liegt also vor, wenn die Kaufsache beim Erwerb (Eigentumsübertragung) durch den Käufer frei von Rechten Dritter ist! Maßgeblicher Zeitpunkt ist also nicht der Abschluss des Kaufvertrags, sondern der Zeitpunkt, in dem der **Erwerb** durch den Käufer **vollzogen** werden soll. Bei beweglichen Sachen ist dies der Eigentumsübergang gem. §§ 929 ff., nicht die Besitzverschaffung; bei Grundstücken der Zeitpunkt, in dem der Eigentumserwerb durch Auflassung und Eintragung im Grundbuch vollendet wird (§§ 873, 925).[42]

c) Haftungsausschluss

20 Hat man festgestellt, dass der Käufer aufgrund eines Mangels der Kaufsache Ansprüche gegen den Verkäufer haben kann, ist zu erwägen, ob die Haftung des Verkäufers im jeweiligen Fall möglicherweise ausgeschlossen ist.

■ Wodurch könnte Ihrer Meinung nach die Haftung des Verkäufers ausgeschlossen sein? (Denken Sie nach, bevor Sie weiterlesen!)

▶ Zu denken ist zunächst an einen **vertraglichen Ausschluss** der Haftung, sei es durch eine Individualvereinbarung oder durch eine AGB-Klausel.[43]

Aufgrund der im Schuldrecht bestehenden Vertrags(gestaltungs)freiheit ist dieser grundsätzlich möglich. Eine Ausnahme gilt allerdings für den Verbrauchsgüterkauf (→ Rn. 96 ff.): Gemäß § 475 sind die meisten kaufrechtlichen Vorschriften zugunsten des Verbrauchers (einseitig) zwingend (→ Rn. 102).

Auch aus § 444, der Ihnen schon bekannt sein sollte,[44] ergibt sich die Zulässigkeit vertraglicher Haftungsbeschränkungen. Lesen Sie diese Vorschrift (nochmals?).

§ 444 umschreibt negativ die Grenzen einer vertraglichen Haftungsbeschränkung: Der Verkäufer, der den Mangel arglistig verschwiegen oder eine Garantie für die Beschaffenheit der Sache übernommen hat, kann sich auf einen Haftungsausschluss nicht berufen.

■ Wie kann ein Verkäufer den Mangel arglistig verschweigen?

▶ In Betracht kommt aktives Tun oder Unterlassen des Hinweises auf den vorhandenen Mangel. Dies muss arglistig geschehen, der Verkäufer muss also den Mangel kennen oder für möglich halten.[45]

---

40 Hierzu *Wörlen/Kokemoor* SachenR Rn. 315 ff. und Rn. 345 ff.

41 Gesetzgeberisches Juristendeutsch! Vgl. dazu *Wörlen/Metzler-Müller* BGB AT Rn. 1 f.

42 Vgl. Palandt/*Weidenkaff* § 435 Rn. 7. Mit diesen Vorschriften beschäftigen Sie sich im Sachenrecht. Wenn Sie jetzt schon mehr wissen wollen: Nachschlagen bei *Wörlen/Kokemoor* SachenR Rn. 102 ff. und Rn. 186 ff.

43 Dazu *Wörlen/Metzler-Müller* SchuldR AT Übungsfall 2 Rn. 59 ff.

44 *Wörlen/Metzler-Müller* SchuldR AT Rn. 62.

45 BGH NJW 2011, 1280 (1281); Palandt/*Weidenkaff* § 444 Rn. 11 mwN.

Beispiele:[46] Geringe Fahrleistung eines Kfz durch Verstellen des Tachometers; oberflächliche Renovierung von Immobilien durch kurzfristiges Übertünchen von mit Schimmelpilz belegten Wänden oder von Feuchtigkeitsschäden, wodurch der Eindruck eines qualitativ hochwertigen Zustandes der Kaufsache erweckt werden soll.

Das **arglistige Verschweigen** muss für den Kaufentschluss des Käufers nicht ursächlich gewesen sein. Denn § 444 schützt – anders als § 123 – nicht die Freiheit der Willensentschließung des Vertragspartners. Vielmehr wird die Unredlichkeit des Verkäufers beim vertraglichen Haftungsausschluss sanktioniert. Dieser hat sein Recht, sich auf den Haftungsausschluss zu berufen, verwirkt.[47]

Die **Garantie für die Beschaffenheit** der Sache ist – ebenso wie die in § 276 – eine sog. **Zusicherungsgarantie.** Es wird damit vor allem der Fall erfasst, dass der Verkäufer das Vorliegen einer bestimmten Eigenschaft oder aber das Fehlen des Mangels zugesichert und somit eine unbedingte Einstandspflicht übernommen hat.[48]

Beispiel:[49] Der Verkäufer erklärt bei den vorvertraglichen Verhandlungen auf ausdrückliche Frage des Käufers, dass die Gesamtfahrleistung eines gebrauchten Pkw mit dem Tachostand übereinstimme.
Hier liegt eine Beschaffenheitsgarantie vor. Ein vertraglicher Gewährleistungsausschluss greift daher nicht.

Nach § 444 können nur Haftungsbeschränkungen für umfassende Garantien ausgeschlossen werden. Hingegen sind dem Umfang nach von vornherein beschränkte Garantien möglich,[50] was sich aus der Formulierung »soweit« ergibt.

Des Weiteren kann die Haftung des Verkäufers für einen Mangel der Kaufsache aus- 21
geschlossen sein, wenn ein **gesetzlicher Ausschlussgrund** vorliegt.

Lesen Sie dazu § 442! Wenn der Käufer den Mangel bei Vertragsschluss kennt, ist er nicht schützenswert (§ 442 I 1). Hat der Käufer den Mangel wegen grober Fahrlässigkeit nicht erkannt, haftet der Verkäufer nur, wenn er den Mangel arglistig verschwiegen oder eine Garantie übernommen hat (§ 442 I 2).

Für im Grundbuch eingetragene Rechte, die den Grundstückskäufer belasten, gilt dieser Haftungsausschluss nicht (§ 442 II).

Nach § 445, der beim **Verbrauchsgüterkauf** (→ Rn. 101 ff.) keine Anwendung findet (vgl. § 474 V 2), entfällt die Privilegierung des Pfandgläubigers bei Arglist und Garantieübernahme. Zweck dieser Regelung ist: Dem Verkäufer ist bei einer öffentlichen Versteigerung die gewöhnliche Sachmängelhaftung nicht zumutbar, da er beim Pfandverkauf die in der Regel fremde Sache nicht so kennt wie der Verkäufer einer eigenen Sache.[51] Dafür zahlt der Käufer meist einen niedrigeren Preis als beim frei vereinbarten Kauf.

Wenn beide Vertragspartner Kaufleute im Sinne des Handelsrechts[52] sind, besteht für den Käufer gem. § 377 HGB die Pflicht, die Sache sofort zu untersuchen und einen

46 Nach NK-BGB/*Büdenbender* § 444 Rn. 17.
47 *Brox/Walker* SchuldR BT § 4 Rn. 32.
48 *Looschelders* SchuldR BT Rn. 148 mwN. Das Verhältnis zwischen Haftungsausschluss und Garantie spielt vor allem beim Unternehmenskauf eine große Rolle. Bei Interesse: *Brox/Walker* SchuldR BT § 4 Rn. 32.
49 Nach OLG Koblenz NJW 2004, 1670 = MDR 2004, 1182.
50 NK-BGB/*Büdenbender* § 444 Rn. 22 mwN.
51 Vgl. HK-BGB/*Saenger* § 445 Rn. 1.
52 Dazu *Wörlen/Kokemoor* HandelsR Rn. 7–31.

Mangel unverzüglich anzuzeigen. Kommt er dieser Verpflichtung nicht nach, gilt die Ware als genehmigt, und er verliert seinen Mängelanspruch bzw. die Haftung des Verkäufers ist ausgeschlossen.

2. Nacherfüllung

a) Anspruch des Käufers

22 Sofern die Sache mangelhaft und die Haftung nicht ausgeschlossen ist, hat der Käufer gegen den Verkäufer gem. § 437 Nr. 1 zunächst einen Anspruch auf Nacherfüllung nach § 439 (ganz lesen!).

Die Priorität dieses Nacherfüllungsanspruchs vor Rücktritt und Minderung (vgl. § 437 Nr. 2) und Schadensersatz (§ 437 Nr. 3) folgt daraus, dass die Lieferung einer mangelfreien Sache als Inhalt des Erfüllungsanspruchs eine Hauptleistungspflicht des Verkäufers darstellt.

Da der Vertrag noch nicht erfüllt ist, sollen der Käufer das Recht und der Verkäufer die Möglichkeit zur Nacherfüllung erhalten.

23 Gemäß § 439 I kann der Käufer nach seiner **Wahl** entweder die Beseitigung des Mangels (= **Nachbesserung – 1. Var.**) **oder** die **Ersatzlieferung** einer mangelfreien Sache (= **Nachlieferung – 2. Var.**) verlangen.

> **Beispiel:** K kauft bei V ein Fahrrad und muss einige Tage später feststellen, dass der Gepäckträger angebrochen ist. Da ihm das Fahrrad ansonsten sehr gut gefällt, möchte er einen neuen Gepäckträger, also Nachbesserung.
> Aus § 437 Nr. 1 iVm § 439 I, 1. Var. folgt, dass K gegen V einen Anspruch auf Beseitigung des Mangels hat. Er hätte nach § 439 I, 2. Var. grundsätzlich auch ein ganz neues, mangelfreies Fahrrad verlangen können, wobei allerdings § 439 III zu beachten ist (→ Rn. 26).

24 Die Kosten der Nacherfüllung hat gem. § 439 II der Verkäufer zu tragen.

Beachte: § 439 II stellt eine eigenständige verschuldensunabhängige Anspruchsgrundlage dar.[53]

Das betrifft alle Aufwendungen, die für die Arbeiten an der Kaufsache, unter Umständen den Weg der mit der Nachbesserung befassten Personen zum Käufer, anfallen, ferner Transportkosten, insbesondere für den Rücktransport sowie die Kosten für eine Ersatzbeschaffung.[54] Der Anspruch umfasst nach Ansicht des BGH[55] auch die **Sachverständigenkosten,** die der Käufer zur Feststellung der Ursache von Mangelerscheinungen aufwenden musste. Dies auch für den Fall, dass der Käufer später nicht Nacherfüllung verlangt, sondern zur Minderung übergeht.[56]

Die Frage, ob der Verkäufer auch die **Kosten für den Ausbau** und den Abtransport der vom Käufer bereits eingebauten mangelhaften Kaufsache **und für den Einbau** der – im Wege der Nacherfüllung gelieferten – mangelfreien Ersatzsache tragen muss, war umstritten.[57]

53 BGHZ 189, 196 (210) = NJW 2011, 2278; BGH NJW 2014, 2351 (2352); Palandt/*Weidenkaff* § 439 Rn. 11; Jauernig/*Berger* § 439 Rn. 37; jurisPK-BGB/*Pammler* § 439 Rn. 54; *Reinking/Eggert*, Der Autokauf, 12. Aufl. 2013, Rn. 757 f.; aA BeckOK BGB/*Faust* § 439 Rn. 15.

54 MüKoBGB/*Westermann* § 439 Rn. 15 mit weiteren Beispielen.

55 BGH NJW 2014, 2351.

56 Krit. hierzu *Looschelders* SchuldR BT Rn. 86 mwN.

57 Bei Interesse: *Brox/Walker* SchuldR BT § 4 Rn. 41a; *Looschelders* SchuldR BT Rn. 90 f., jurisPK-BGB/*Pammler* § 439 Rn. 65 ff.

Beispiele hierfür: Der Käufer hatte Parkettstäbe[58] gekauft und diese eingebaut. Erst danach entdeckte er den Mangel. Die fehlerhafte Ware musste deshalb wieder ausgebaut und fehlerfreie Parkettstäbe mussten erneut verlegt werden.
Im »Bodenfliesenfall«[59] erwarb der Käufer beim Verkäufer, der einen Baustoffhandel betreibt, 45,36 m^2 polierte Bodenfliesen zum Preis von 1.382,27 EUR. Er ließ rund 33 m^2 der Fliesen im Flur, im Bad, in der Küche und auf dem Treppenpodest seines Hauses verlegen. Danach zeigten sich auf der Oberfläche Schattierungen, die mit bloßem Auge zu erkennen sind. Ein Sachverständiger kam zu dem Ergebnis, dass es sich bei den bemängelten Schattierungen um feine Mikroschleifspuren handele, die nicht beseitigt werden könnten, so dass Abhilfe nur durch einen kompletten Austausch der Fliesen möglich sei. Die Kosten dafür bezifferte der Sachverständige mit 5.830,57 EUR.

■ Testen Sie Ihr bereits erworbenes Wissen und überlegen Sie, welche Anspruchsgrundlage für den Anspruch des Käufers gegen den Verkäufer auf Lieferung mangelfreier Parkettstäbe bzw. Fliesen in Betracht kommt!

▶ Ihre Antwort lautet hoffentlich: § 437 Nr. 1 iVm § 439 I, 2. Var.?

■ Umfasst dieser Anspruch auch die Kosten für den Ausbau der mangelhaften und den Einbau der mangelfreien Ware? Wie würden Sie entscheiden?

▶ Das müssen Sie jetzt nicht entscheiden, zumal der EuGH mit Urteil v. 16.6.2011[60] ein »Machtwort« gesprochen hat: Er hat entschieden, dass der Verkäufer nach der Verbrauchsgüterkaufrichtlinie[61] verpflichtet ist, entweder selbst den Ausbau der vertragswidrigen Kaufsache vorzunehmen und die als Ersatz gelieferte Sache einzubauen oder die hierfür erforderlichen Kosten zu tragen. Nicht relevant sei, ob der Verkäufer sich im Kaufvertrag verpflichtet habe, die ursprünglich gekaufte Sache einzubauen. Denn nach Art. 3 III UAbs. 3 der Verbrauchsgüterkaufrichtlinie müsse die Nacherfüllung ohne erhebliche Unannehmlichkeiten für den Verbraucher erfolgen.[62] Der Käufer ist also im Wege der Nacherfüllung unentgeltlich so zu stellen, wie er im Falle vertragsgemäßer Lieferung stehen würde. Dann wären ihm die Ausbaukosten und die Kosten für den erneuten Einbau nicht entstanden. Könnte er diese Kosten nicht vom Verkäufer ersetzt verlangen, könnten diese mit der Ersatzlieferung verbundenen zusätzlichen finanziellen Belastungen ihn davon abhalten, seinen Nacherfüllungsanspruch überhaupt geltend zu machen. Das soll verhindert werden.

Der Wortlaut der geltenden Regelungen des BGB zur Nacherfüllung des Verkäufers ist teilweise unvereinbar mit der Entscheidung des Europäischen Gerichtshofs. Dem BGH war deshalb eine Umsetzung dieser Entscheidung nur im Wege der Rechtsfortbildung des geltenden Rechts möglich.[63]

Diese **richtlinienkonforme Auslegung des § 439 I, 2. Var.** (»Lieferung einer mangelfreien Sache«) ist auf den **Verbrauchsgüterkauf beschränkt**. Der Anspruch erfasst

---

58 Der BGH hat mit Urt. v. 15.7.2008 entschieden, dass der Verkäufer fehlerhafter und vom Käufer schon verlegter Parkettstäbe nach § 439 II zwar die Kosten für die Anlieferung mangelfreier Parkettstäbe, nicht aber die Kosten für deren Verlegung (= Einbau) tragen muss. Für diese Kosten hafte der Verkäufer nur unter dem Gesichtspunkt des Schadensersatzes statt der Leistung nach §§ 437 Nr. 3, 280 I und III, 281 ff., also nur dann, wenn er die Pflichtverletzung zu vertreten habe (NJW 2008, 2837 [2839]). Ausführlich zum Meinungsstreit MüKoBGB/*Westermann* § 439 Rn. 14.

59 BGH NJW 2009, 1660.

60 EuGH NJW 2011, 2269 – aufgrund einer Vorlage des BGH v. 14.1.2009 (NJW 2009, 1660).

61 RL 1999/44/EG des Europäischen Parlaments und des Rates 1999 zu bestimmten Aspekten des Verbrauchsgüterkaufs und der Garantien für Verbrauchsgüter v. 25.5.1999, ABl. 1999 L 171, 12.

62 Krit. hierzu *Looschelders* SchuldR BT Rn. 90a und b, der deshalb eine entsprechende Ergänzung des § 439 aus Gründen der Rechtssicherheit vorschlägt.

63 BGH NJW 2012, 173.

– wie beschrieben – den Ausbau der mangelhaften Sache und den Einbau der Ersatzsache. Allerdings hat nach der Rechtsprechung des BGH[64] der Käufer in diesem Fall kein Wahlrecht, sondern muss dem Verkäufer zunächst die Möglichkeit geben, den Aus- und Einbau selbst vorzunehmen.

Vorgenannte richtlinienkonforme Auslegung gilt nicht für Kaufverträge zwischen Unternehmern oder zwischen Verbrauchern.[65] (Die Kaufverträge zwischen Unternehmern werden auch mit »b2b«, die zwischen Verbrauchern mit »c2c«, die Verbrauchsgüterkaufverträge mit »b2c« abgekürzt.)

Aus Gründen der Rechtssicherheit sollte das BGB entsprechend geändert werden, was noch nicht erfolgt ist. Der Gesetzgeber hat bei der Umsetzung der Verbraucherrechte-Richtlinie (RL 2011/83/EU) durch Gesetz v. 20.9.2013[66] darauf bewusst verzichtet. Es wird noch gründlich und ohne Zeitdruck geprüft, ob und ggf. wie die Bodenfliesen-Entscheidung des EuGH umgesetzt werden soll.[67]

b) Rechtsfolgen der Nacherfüllung

25 Sofern der Verkäufer je nach Wahl des Käufers zum Zwecke der Nacherfüllung eine mangelfreie Sache liefert oder mangelfrei nachbessert, erlischt seine Leistungspflicht nach §§ 433 I, 437 Nr. 1, 362. Außerdem hat der Verkäufer gegen den Käufer einen Anspruch auf Rückgewähr der zuvor gelieferten mangelhaften Sache nach § 439 IV iVm §§ 346–348 (= Rechtsfolgenverweisung, → Rn. 11).

Beachte: § 439 IV ist eine Anspruchsgrundlage!

Der Käufer muss gem. § 346 I, II auch die gezogenen Nutzungen sowie die Gebrauchsvorteile (§ 100) herausgeben bzw. deren Wert ersetzen. Denn er erhält durch die Ersatzlieferung eine neue Sache und muss deshalb für die zwischenzeitige Nutzung der mangelhaften Sache ein Entgelt zahlen.[68] Dies gilt nach § 474 V 1 allerdings nicht für den Verbrauchsgüterkauf, wenn also ein Verbraucher von einem Unternehmer eine bewegliche Sache kauft (vgl. die Definition in § 474 I 1). Die Kosten der Rückgewähr, insbesondere des Transports, fallen unter § 439 II und sind vom Verkäufer zu tragen.[69]

c) Verweigerungsrecht des Verkäufers

26 ■ Lesen Sie § 439 III 1 (nochmals) sowie die Verweisungen auf § 275 und versuchen Sie, die drei Möglichkeiten des Verkäufers, die Nacherfüllung zu verweigern, aufzulisten!

▶ **Der Verkäufer kann die Nacherfüllung gem. § 439 III 1 verweigern:**

(1) gem. § 275 II (unangemessener Aufwand),
(2) gem. § 275 III (Unzumutbarkeit) und
(3) wenn die Nacherfüllung nur mit unverhältnismäßig hohen Kosten möglich ist (§ 439 III 1 Hs. 2).

64 BGH NJW 2012, 1073 (1076).
65 BGH NJW 2013, 220 (221).
66 BGBl. 2013 I 3642.
67 BT-Drs. 14/6040, 232 f.
68 BT-Drs. 14/6040, 232 f.
69 Palandt/*Weidenkaff* § 439 Rn. 26.

»Selbstverständlich« ist, dass der Verkäufer die Nacherfüllung auch verweigern kann, wenn seine Leistungspflicht gem. § 275 I ausgeschlossen ist, dh wenn er weder nachbessern noch einen mangelfreien Ersatz liefern kann. Beide Formen der Nacherfüllung müssen ihm unmöglich sein. 27

Das Verweigerungsrecht des Verkäufers ist – sofern der konkret zu lösende Fall (!) dazu Anlass gibt – für jede Art der Nacherfüllung gesondert zu prüfen.

Wie Sie gerade gelesen haben, kann der Verkäufer gem. § 439 III 1 die vom Käufer gewählte Art der Nacherfüllung verweigern, wenn sie nur mit **unverhältnismäßigen Kosten** möglich ist. Bei dieser Vorschrift handelt es sich um eine Ausprägung des Grundsatzes von Treu und Glauben.[70] Nach § 439 III 2 ist hierbei insbesondere der Wert der Sache in mangelfreiem Zustand und die Bedeutung des Mangels (sog. **absolute Unverhältnismäßigkeit**) sowie die Frage zu berücksichtigen, ob auf die andere Art der Nacherfüllung ohne erhebliche Nachteile für den Käufer zurückgegriffen werden kann (sog. **relative Unverhältnismäßigkeit**). Es handelt sich hierbei um Abwägungskriterien.

Beispiele für die relative Unverhältnismäßigkeit:[71] Bei einer Armbanduhr für 10 EUR ist eine Nachbesserung in der Regel mit unverhältnismäßigen Aufwendungen verbunden, so dass in diesem Fall nur eine Nachlieferung in Betracht kommt.
Wenn der Mangel an der Waschmaschine durch ein einfaches Auswechseln einer Schraube behoben werden kann, kann der Verkäufer, sofern der Käufer die Lieferung eines neuen Geräts verlangt, diese Art der Nacherfüllung wegen der damit verbundenen unverhältnismäßigen Kosten verweigern.

Für die **absolute Unverhältnismäßigkeit** werden verschiedene Prozentgrenzen vorgeschlagen. In der Regel wird diese angenommen, wenn die Nacherfüllungskosten 150% des Werts der Sache in mangelfreiem Zustand oder 200% des mangelbedingten Minderwerts übersteigen.[72]

Merke: Unter mangelbedingtem bzw. merkantilem Minderwert ist die Wertminderung zu verstehen, die sich als Folge des Mangels ergibt. In Betracht kommt ein merkantiler Minderwert infolge einer geringeren Wertschätzung, die die Kaufsache am Markt infolge des Mangels durch die maßgeblichen Verkehrskreise erfährt.[73] Der merkantile Minderwert ist vor allem bei einer durch einen Unfall beschädigten Sache relevant: Er bezeichnet die Wertminderung, die dieser Sache auch nach vollständiger und erfolgreicher Reparatur anhaftet.

■ Fällt Ihnen nach dem bisher Gelesenen ein Beispiel für die absolute Unverhältnismäßigkeit ein?

▶ Richtig geraten oder wussten Sie es sofort? Der vorgenannte Bodenfliesenfall (→ Rn. 24) ist **das** Beispiel für die absolute Unverhältnismäßigkeit.

Der EuGH hat im Rahmen seiner oben genannten Entscheidung zum »Bodenfliesenfall« auch ausgeführt, dass die Anknüpfung des Leistungsverweigerungsrechts des Verkäufers an die absolute Unverhältnismäßigkeit beim **Verbrauchsgüterkauf** (→ Rn. 101 ff.) nicht mit Art. 3 III UAbs. 3 der Verbrauchsgüterkaufricht-

70 *Brox/Walker* SchuldR BT § 4 Rn. 45.
71 Vgl. BT-Drs. 14/6040, 232.
72 BeckOK BGB/*Faust* § 439 Rn. 49 f. mwN. Der BGH nimmt jedenfalls bei Überschreitung dieser Grenzwerte absolute Unverhältnismäßigkeit an, hält jedoch eine Bewertung aller Umstände des Einzelfalls für maßgeblich; vgl. BGH NJW 2009, 1660.
73 NK-BGB/*Raab* § 636 Rn. 5 mwN.

linie[74] vereinbar ist. Danach ist die Unverhältnismäßigkeit nur durch einen Vergleich zwischen den beiden Nacherfüllungsmöglichkeiten der Nachbesserung und der Nachlieferung zu ermitteln. Der Verkäufer darf deshalb beim Verbrauchsgüterkauf die Nacherfüllung nur bei relativer Unverhältnismäßigkeit (sowie bei Unmöglichkeit) verweigern. Da eine Nachbesserung im »Bodenfliesenfall« unmöglich war, durfte eine Nachlieferung einschließlich der damit verbundenen Aus- und Einbaukosten vom Verkäufer nicht allein wegen der absoluten Höhe dieser Kosten verweigert werden. Allerdings verbietet es die Verbrauchsgüterkaufrichtlinie nach Ansicht des EuGH nicht, den Anspruch des Verbrauchers auf Ersatz der Ein- und Ausbaukosten auf einen Betrag zu begrenzen, der dem Wert der Kaufsache in vertragsgemäßem Zustand und der Bedeutung der Vertragswidrigkeit angemessen ist.[75] Vorgenannte Entscheidung des EuGH ist auch für das deutsche Recht verbindlich.

Der BGH hält eine richtlinienkonforme Rechtsfortbildung durch teleologische Reduktion für möglich.[76] Er hat das in § 439 III 3 Hs. 2 vorgesehene Recht des Verkäufers, die Nacherfüllung in Form der Ersatzlieferung wegen absoluter Unverhältnismäßigkeit zu verweigern, auf das Recht beschränkt, den Käufer wegen des Ausbaus der mangelhaften Sache und des Einbaus der Ersatzsache auf die Kostenerstattung in Höhe eines angemessenen Betrags zu verweisen. Hierbei sollen die Bedeutung des Mangels und der Wert der Sache in mangelfreiem Zustand berücksichtigt werden.

Beispiel: Der BGH hat im Bodenfliesenfall (→ Rn. 24) den Erstattungsanspruch des Käufers auf 600 EUR festgelegt. In Anbetracht der Bedeutung der Vertragswidrigkeit (optischer Mangel ohne Funktionsbeeinträchtigung) und des Werts der mangelfreien Sache sei dieser Betrag angemessen.[77]

Vorgenannte Grundsätze kommen – mangels gesetzlicher Regelung – nur für Verträge zwischen einem Unternehmer und einem Verbraucher, also den **Verbrauchsgüterkauf,** in Betracht.[78]

28 Nach § 439 III 3 Hs. 1 beschränkt sich der Anspruch des Käufers in solchen (von § 439 III 2 erfassten) Fällen auf die von ihm nicht gewählte andere (= verhältnismäßigere) Art der Nacherfüllung. Satz 3 dieser Vorschrift enthält also eine Klarstellung des Verhältnisses der beiden Arten der Nacherfüllung zueinander. Die in § 439 III 1 vorgesehene Verhältnismäßigkeitsprüfung bezieht sich (→ Rn. 26 f.) allein auf die vom Käufer gewählte Art der Nacherfüllung. Ist sie zu Recht vom Verkäufer verweigert worden, hat dies nicht einen Ausschluss des Nacherfüllungsanspruchs des Käufers insgesamt zur Folge. Der Nacherfüllungsanspruch beschränkt sich dann nur auf »die andere Art der Nacherfüllung«, falls der Verkäufer nicht auch diese verweigern kann (vgl. § 439 III 3 Hs. 2). Erst dann kann der Käufer vom Vertrag zurücktreten **oder** Minderung verlangen **und** ggf. seinen Anspruch auf Schadensersatz oder auf Ersatz vergeblicher Aufwendungen geltend machen. Eine Fristsetzung ist hierfür nicht erforderlich (§ 440 S. 1).

■ Versuchen Sie abschließend, die Fälle, in denen der Nacherfüllungsanspruch auf **eine Art der Nacherfüllung beschränkt** ist, herauszuarbeiten!

74 RL 1999/44/EG des Europäischen Parlaments und des Rates zu bestimmten Aspekten des Verbrauchsgüterkaufs und der Garantien für Verbrauchsgüter v. 25.5.1999, ABl. 1999 L 171, 12.

75 EuGH NJW 2011, 2269 (2274).

76 BGH NJW 2012, 1073 (1076 ff.). Krit. hierzu *Looschelders* SchuldR BT Rn. 95b und Rn. 95c.

77 BGH NJW 2012, 1073 (1079).

78 So auch Palandt/*Weidenkaff* § 439 Rn. 21a.

Der Nacherfüllungsanspruch ist auf **eine Art der Nacherfüllung beschränkt:**	
Wenn die gewählte Art der Nacherfüllung gem. § 275 I unmöglich ist.	Wenn sich der Verkäufer hinsichtlich der gewählten Art der Nacherfüllung auf ein Leistungsverweigerungsrecht beruft: • falls die Nacherfüllung in einem groben Missverhältnis zu dem Leistungsinteresse des Käufers steht (§§ 439 III 1, 275 II), • falls der Verkäufer die Nacherfüllung persönlich zu erbringen hat und ihm dies nicht zumutbar ist (§§ 439 III 1, 275 III), • falls die Nacherfüllung mit unverhältnismäßigen Kosten verbunden ist (§ 439 III 1).

Nach alledem ergibt sich für den Nacherfüllungsanspruch des Käufers folgendes Prüfungsschema.

Prüfungsschema 29

Anspruch des Käufers auf Nacherfüllung gem. § 437 Nr. 1 iVm § 439

Voraussetzungen:

1. Wirksamer Kaufvertrag (iSd § 433)
2. Lieferung einer mangelhaften Kaufsache (§§ 434 f.) durch den Verkäufer (= Pflichtverletzung)
3. Sachmangel bei Gefahrübergang (§§ 446 f.) oder Rechtsmangel bei Eigentumsübertragung (§ 435)
4. Kein Haftungsausschluss durch Vertrag (vgl. § 444) oder Gesetz (§§ 442, 445 oder § 377 HGB)

Rechtsfolgen: Diese verdeutlicht die Übersicht 1

Übersicht 1

30

Rechtsfolgen des Anspruchs des Käufers auf Nacherfüllung

– § 437 Nr. 1 iVm § 439 –

Rechtsfolgen

Nach Wahl des Käufers

Beseitigung des Mangels
= **Nachbesserung**
(§ 439 I, 1. Var.)

Ersatzlieferung
einer mangelfreien Sache
(§ 439 I, 2. Var.)
beachte § 439 IV

Verkäufer hat die zur Nacherfüllung erforderlichen Aufwendungen zu tragen
(§ 439 II = Anspruchsgrundlage),

es sei denn:

Verweigerungsrecht des Verkäufers

Verkäufer kann die vom Käufer gewählte Art der Nacherfüllung gem. § 439 III 1 verweigern, wenn

- die Voraussetzungen von § 275 II (unangemessener Aufwand),
- die Voraussetzungen von § 275 III (Unzumutbarkeit)

vorliegen oder

- die Nacherfüllung unverhältnismäßig teuer wäre

Übungsfall 1 31

Karl Kaufmann (K) hatte von dem Kraftfahrzeughändler Volker Vauweh (V) am 1.2. einen bei diesem als »fabrikneu« ausgestellten Personenkraftwagen gegen Barzahlung gekauft. Auf einer längeren Fahrt, die er am nächsten Tag unternahm, hatte K mit dem Wagen Schwierigkeiten und musste zu einer Reparaturwerkstatt. Dort wurde festgestellt, dass der Motor einen schweren Schaden hatte und zudem zwei Reifen auf der Innenseite stark abgefahren waren. Der Motorschaden wurde behelfsmäßig behoben, damit K wenigstens nach Hause fahren konnte.
K schrieb daraufhin an V, dass er wegen der erwähnten Mängel den Wagen zur Verfügung stelle und um Rückzahlung des Kaufpreises sowie um Erstattung der in der Reparaturwerkstatt entstandenen Kosten bitte.

Welche Ansprüche hat K gegen V?

Anmerkung: Sonderregelungen für den Verbrauchsgüterkauf (§§ 474 ff.) sind in diesem Fall nicht zu beachten.

Es ist nach mehreren Ansprüchen gefragt, die wir unterscheiden und getrennt prüfen müssen.

■ Was will K von V?
▶ (1) Er will den Wagen zurückgeben und den Kaufpreis zurückgezahlt haben sowie
(2) Erstattung (Ersatz) der entstandenen Reparaturkosten.

Wir prüfen zunächst den Anspruch des K gegen V auf Rückzahlung des Kaufpreises.

Als Anspruchsgrundlage brauchen wir eine Vorschrift, aus der sich ergibt, dass ein Vertragspartner von dem anderen etwas, das er aufgrund eines Vertrags bereits geleistet hat, wieder zurückverlangen kann.

■ Welche Vorschrift könnte das sein?
Überfliegen Sie die amtlichen Überschriften der §§ 433 ff.!
▶ Wenn Sie das getan haben, ist Ihr Blick sicher bei der Überschrift »Rechte des Käufers bei Mängeln«, also bei § 437 (Vorschrift ganz lesen!) haften geblieben, die bereits oben (→ Rn. 11 und → Rn. 22) erwähnt wurde. 32

■ Können Sie aus dem Wortlaut dieser Vorschrift entnehmen, dass K gegen V einen **Anspruch** auf Rückzahlung des Kaufpreises hat?
▶ Wenn Sie sich erinnern,[79] dass eine Anspruchsgrundlage eine Norm ist, aus deren Wortlaut man herauslesen kann, dass einer vom anderen etwas verlangen kann (vgl. § 194 I), müssen Sie diese Frage bezüglich des **Rückzahlungsanspruchs** verneint haben.

Zwar gewährt § 437 Nr. 1, 1. Var. (unter den Voraussetzungen von § 439) dem Käufer einen Anspruch auf Nacherfüllung, und § 437 Nr. 3, 1. Var. gewährt ihm unter den Voraussetzungen der dort genannten Vorschriften einen Anspruch auf Schadensersatz, aber nicht einen Anspruch auf Rückzahlung des Kaufpreises.

Allerdings stellt § 437 Nr. 2 die **Gestaltungsrechte** des Rücktritts und der Minderung zur Verfügung. Wenn Sie sich an das erinnern, was Sie im Allgemeinen Schuldrecht zum Rücktritt gelernt haben,[80] könnte Ihnen § 346 als mögliche Anspruchsgrundlage eingefallen sein.

79 Vgl. *Wörlen/Metzler-Müller* BGB AT Rn. 205.
80 *Wörlen/Metzler-Müller* SchuldR AT Rn. 237 ff. (Verzug), Rn. 306 ff. (Unmöglichkeit) und Rn. 351 ff. (Schlechterfüllung).

3. Rücktritt

33 Ein Anspruch des K gegen V auf Rückzahlung des Kaufpreises (verbunden mit der Rückgabe des Kfz) könnte sich also aus § 346 I (lesen!) iVm den §§ 437 Nr. 2, 1. Var., 440, 323 sowie § 434 I 1 ergeben.

34 § 346 I Hs. 1 setzt zunächst voraus, dass der Gläubiger ein vertragliches oder gesetzliches Rücktrittsrecht hat. Hier kommt das gesetzliche Rücktrittsrecht des K gem. § 437 Nr. 2, 1. Var. unter den Voraussetzungen der §§ 440, 323 und ggf. § 326 V in Betracht.

Außerdem muss der Gläubiger das Rücktrittsrecht ausüben. Dies folgt aus der Formulierung, dass die empfangenen Leistungen »im Fall des Rücktritts« zurück zu gewähren sind. Die Ausübung erfolgt durch Erklärung des Rücktritts gem. § 349.

In unserem Fall ist daher zu prüfen, ob dem K ein gesetzliches Rücktrittsrecht zusteht. In Betracht kommt das Rücktrittsrecht nach §§ 437 Nr. 2, 1. Var., 323 I. Dies setzt voraus:

Lernhinweis: Die folgende Nummerierung der Tatbestandsvoraussetzungen entspricht dem unter → Rn. 39 abgedruckten Prüfungsschema.

a) Voraussetzungen für das Bestehen des Rücktrittsrechts nach §§ 437 Nr. 2, 1. Var., 323 I

(1) Wirksamer Kaufvertrag

Diese Voraussetzung haben V und K durch Abschluss eines Kaufvertrags iSv § 433 am 1.2. erfüllt.

(2) Pflichtverletzung des Schuldners durch Lieferung mangelhafter Kaufsache

35 Gemäß § 433 I 2 hatte V dem K das Auto frei von Sachmängeln zu verschaffen. Dies setzt gem. § 434 I 1 voraus, dass die Sache bei Gefahrübergang (vgl. § 446) die vereinbarte Beschaffenheit hat. Da V ein »fabrikneues« Auto liefern sollte und stattdessen ein mangelhaftes Fahrzeug lieferte, hat V eine nicht vertragsgemäße Leistung erbracht, sodass auch diese Voraussetzung erfüllt ist.

(3) Gefahrübergang

Da das Auto dem K von V bereits übergeben wurde, ist die Gefahr des zufälligen Untergangs gem. § 446 auf K übergegangen.

(4) Angemessene und erfolglose Fristsetzung zur Nacherfüllung

36 Mit der Fristsetzung (§ 323 I) soll der Verkäufer grundsätzlich Gelegenheit zur Nacherfüllung gem. § 439 I (→ Rn. 20–29) erhalten. Aus ihrer Notwendigkeit folgt daher das Prioritätsverhältnis zwischen dem vorrangigen Nacherfüllungsanspruch und dem Rücktritt. Zwar hat K dem V hier keine Frist gesetzt, doch bei Lieferung einer mangelhaften Sache ist in Ausnahmefällen ein sofortiger Rücktritt möglich:

- § 440 (lesen)

oder

- § 323 II Nr. 1–3 (lesen)

■ Überlegen Sie, auf welche dieser Vorschriften sich K berufen könnte!

▶ Hier kommen zugunsten des K sowohl die speziellere Vorschrift des § 440 S. 1, 3. Var. als auch die allgemeine Regelung von § 323 II Nr. 3 in Betracht.

Zwar ist eine Nacherfüllung in Form von Ersatzlieferung eines neuen Autos gleichen Typs grundsätzlich noch möglich. Da aber V dem K ein »fabrikneues« Auto offenbar ungeprüft mit erheblichen Mängeln verkauft hat, ist das Vertrauensverhältnis von K zu V derart gestört, dass dem K eine Nacherfüllung gem. § 440 S. 1, 3. Var. unzumutbar ist.

Wenn ein »fabrikneues« Auto einen schweren Motorschaden und abgefahrene Reifen aufweist, liegen auch besondere Umstände vor, die unter Abwägung der beiderseiti gen Interessen den sofortigen Rücktritt rechtfertigen (§ 323 II Nr. 3).

(5) Kein Haftungsausschluss
Ein grundsätzlich möglicher Haftungsausschluss (vgl. § 444) wurde zwischen V und K nicht vereinbart. Gesetzliche Ausschlussgründe (§§ 442, 445) sind nicht ersichtlich.

(6) Kein Ausschluss gem. § 323 V oder VI
§ 323 V 1 greift nicht ein, da keine Teilleistung vorliegt.

Wenn ein als »fabrikneu« verkauftes Auto einen schweren Motorschaden und abgefahrene Reifen aufweist, ist auch die Erheblichkeit des Mangels bzw. der Pflichtverletzung durch V zu bejahen (§ 323 V 2). 37

K hat die Sachmängel des Autos weder zu vertreten noch befand er sich im Annahmeverzug (§ 323 VI).

(7) Erklärung des Rücktritts
K müsste den Rücktritt gem. § 349 erklärt haben. Ausdrücklich hat er den Rücktritt nicht erklärt. K hat dem V aber geschrieben, dass er wegen der erwähnten Mängel den Wagen zur Verfügung stelle und um Rückzahlung des Kaufpreises bittet. Damit er den Rücktritt konkludent erklärt.

b) Rechtsfolgen des Rücktritts
Nach § 346 I Hs. 2 hat V dem K den Kaufpreis für den Pkw herauszugeben, während 38
K das Auto herausgeben muss (bzw. zurückgeben darf, was seinem Verlangen sehr entgegenkommt).

Weitere Rechtsfolgen ergeben sich aus § 346 II und § 347.

Merken Sie sich das folgende …

Prüfungsschema 39

Rücktrittsrecht des Käufers bei mangelhafter Kaufsache gem. § 437 Nr. 2, 1. Var. iVm §§ 440, 323, 326 V

I. Voraussetzungen:
1. Wirksamer Kaufvertrag (iSd § 433)
2. Lieferung einer mangelhaften Kaufsache (§§ 434 f.) durch den Verkäufer (= Pflichtverletzung)
3. Sachmangel bei Gefahrübergang (§§ 446 f.) oder Rechtsmangel bei Erwerb (§ 435)
4. Angemessene Fristsetzung zur Nacherfüllung und erfolgloser Fristablauf (§ 323 I), es sei denn: Fristsetzung entbehrlich
   - gem. § 440
   - gem. § 323 II
   - gem. § 326 V

5. Kein Haftungsausschluss durch Vertrag (vgl. § 444) oder Gesetz (§§ 442, 445 oder § 377 HGB)
6. Kein Ausschluss des Rücktrittsrechts gem. § 323 V oder VI
7. Erklärung des Rücktritts gem. § 349

II. **Rechtsfolgen:**
1. Anspruch aus § 346 I: Herausgabe der empfangenen Leistungen und ggf. gezogenen Nutzungen (Beendigung des Vertrags und Umwandlung in Rückgewährschuldverhältnis)
2. Eventuell Wertersatz nach § 346 II, falls nicht § 346 III
3. Nutzungen und Verwendungen nach Rücktritt: § 347

4. Minderung

40 Da in Fall 1 auch nach dem Anspruch auf Ersatz der Reparaturkosten für das Auto gefragt war, müssten wir nun, nachdem wir den Anspruch auf Rücktritt bejaht haben, eigentlich diesen zweiten Anspruch (= Schadensersatz) des K gegen V prüfen. Wir stellen dies aber zunächst zurück, da in § 437 Nr. 2 dem Käufer außer der Möglichkeit, vom Vertrag zurückzutreten, auch das Recht, den Kaufpreis nach § 441 zu mindern, gegeben wird. Bevor wir die zweite Fallfrage von Übungsfall 1 beantworten,[81] zunächst ein Fall zur **Minderung**.

Übungsfall 2

Kurt Kungel (K) kauft am 1.2. im Antiquitätenladen von Victor Various (V) einen englischen Schreibtisch »Queen-Victorian-Style« für 6.200 EUR. Die Zahlung des Kaufpreises soll nach Lieferung an K erfolgen. V versichert, dass es sich um ein echtes antikes viktorianisches Stück handelt, das von einem Fachmann »restauriert« wurde. Nach der Lieferung am 14.2. stellt K fest, dass die Schubladeneinlagen aus einfachem neuem Sperrholz sind, die »antiken Messingbeschläge« an Türen und Schubladen aus Blech. Unter der Lederoberfläche zeigt das Holz irreparable Risse. K bittet V, den Schreibtisch wieder abzuholen und die Mängel bis zum 28.2. zu beseitigen. Nachdem V auf das Ersuchen des K nicht reagiert hat, möchte K den Schreibtisch trotzdem behalten, aber erheblich weniger zahlen. Der tatsächliche Wert des mangelhaften Schreibtischs beträgt nur 4.000 EUR. Der Wert eines gleichaltrigen unversehrten antiken Schreibtischs beträgt – nach einer Expertise (Sachverständigengutachten) – 7.500 EUR.

Kann K die Herabsetzung des Kaufpreises verlangen? Wenn ja, wieviel muss er bezahlen?

41 ■ Was will K – juristisch ausgedrückt – von V?
▶ Herabsetzung des Kaufpreises bedeutet »Minderung«! Welches Recht könnte K deshalb gegen V geltend machen?

■ Versuchen Sie, bevor Sie weiterlesen, das Begehren des K im Gutachtenstil zu formulieren!
▶ »K könnte gegenüber V den Kaufpreis gem. § 437 Nr. 2, 2. Var. iVm § 441 mindern.«

■ **Zivilrechtliche Methodik**: Warum wurde hier nicht formuliert: »K könnte gegen V einen »Anspruch auf Minderung« haben«? Was eine »Anspruchsgrundlage« ist, haben Sie (→ Rn. 32) soeben (wieder) gelernt (nachdenken!).
▶ Aus § 437 Nr. 2, 2. Var. iVm § 441 ergibt sich nicht, dass K von V etwas »verlangen«, sondern dass K etwas »tun« kann!

81 Falls Sie auf die Lösung »neugierig« sind: Unter → Rn. 51 ff. werden Sie fündig.

Diese Vorschriften gewähren dem Käufer **Gestaltungsrechte**: entweder Rücktritt oder Minderung.

Dass die Minderung ein Gestaltungsrecht ist, wird in § 441 I 1 durch die Formulierung »kann durch Erklärung gegenüber dem Verkäufer mindern« verdeutlicht.

Gemäß § 437 Nr. 2 kann der Käufer **unter den Voraussetzungen** der §§ 440, 323 42
und 326 V »von dem Vertrag zurücktreten« oder nach § 441 den Kaufpreis mindern. Das bedeutet, dass die **Voraussetzungen für den Rücktritt** (→ Rn. 34 ff.) auch für die Minderung vorliegen müssen. Demnach kann der Käufer auch nur mindern, wenn er eine Frist zur Nacherfüllung gesetzt hat, sofern diese nicht entbehrlich ist. § 441 I lässt die Minderung »**statt**« des Rücktritts zu!

■ Lesen Sie § 441 I 2 und § 323 V 2! Was bedeutet diese Verweisung für die Minderung im Hinblick auf die Erheblichkeit des Mangels?

▶ Daraus ergibt sich, dass die Minderung – im Gegensatz zum Rücktritt – auch bei unerheblichen Mängeln möglich ist.

a) Voraussetzungen

Für die Minderung nach § 437 Nr. 2, 2. Var. iVm § 441 müssen demnach folgende 43
Voraussetzungen erfüllt sein:

Lernhinweis: Die folgende Nummerierung der Tatbestandsvoraussetzungen entspricht dem unter → Rn. 47 abgedruckten Prüfungsschema.

(1) Wirksamer Kaufvertrag

Diese Voraussetzung ist in Übungsfall 2 dadurch erfüllt, dass K mit V in dessen Laden am 1.2. einen Kaufvertrag schließt.

(2) Pflichtverletzung des Verkäufers durch Lieferung einer mangelhaften Sache

Indem der antike Schreibtisch mit Schubladenböden aus einfachem Sperrholz, Blech- 44
beschlägen und Rissen auf der Arbeitsfläche versehen ist, weist er einen Sachmangel iSv § 434 I 2 Nr. 2 auf. Zwar eignet sich ein Schreibtisch mit Rissen unter der Lederoberfläche grundsätzlich noch für die gewöhnliche Verwendung, doch ist es bei antiken Schreibtischen nicht üblich, dass die Schubladenböden aus einfachem, neuem Sperrholz und die »Messingbeschläge« aus Blech sind.

(3) Gefahrübergang

Lesen Sie § 446: Indem der Schreibtisch geliefert wurde, wurde er an K übergeben. Die »Gefahr« ist somit auf den Käufer übergegangen.

(4) Angemessene und erfolglose Fristsetzung zur Nacherfüllung

Indem K dem V 14 Tage Zeit zur Nacherfüllung (in Form der Nachbesserung) gesetzt hat, ist auch diese Voraussetzung (§ 323 I) erfüllt. Da V auf das Ersuchen des K nicht reagiert hat, ist diese Frist auch erfolglos abgelaufen.

(5) Kein Haftungsausschluss

Ein Haftungsausschluss liegt nicht vor: Lesen Sie nochmals § 444 sowie §§ 442 und 445 (Selbstkontrolle!).

(6) Kein Ausschluss nach § 323 V 1 oder VI

Da keine Teilleistung vorliegt, kommt § 323 V 1 nicht zur Anwendung. Der Ausschlussgrund des § 323 V 2 findet nach § 441 I 2 keine Anwendung.

K hat die Mängel an dem Schreibtisch weder zu vertreten noch befand er sich im An- 45
nahmeverzug (vgl. § 323 VI).

Somit sind alle Voraussetzungen für die Ausübung des Gestaltungsrechts Minderung erfüllt.

(7) Erklärung der Minderung

Gemäß § 441 I 1 erfolgt die Minderung durch Erklärung des Käufers gegenüber dem Verkäufer.

Die Voraussetzungen zur Geltendmachung der Minderung sind – wie Sie bemerkt haben werden – im Wesentlichen dieselben wie für den Rücktritt mit dem Unterschied, dass die Minderung auch bei unerheblichen Mängeln möglich ist. Wie bereits angedeutet, findet § 323 V 2 bei der Minderung keine Anwendung (§ 441 I 2).

Der maßgebliche Unterschied der Minderung zum Rücktritt liegt bei den Rechtsfolgen.

b) Rechtsfolgen

46 Rechtsfolge der Minderung ist die Herabsetzung des Kaufpreises nach Maßgabe von § 441 III (lesen!), wobei der Vertrag, anders als beim Rücktritt, gültig bleibt. Soweit erforderlich – falls zB keine Berechnung möglich ist, weil der wirkliche Wert der Sache nicht bekannt ist – ist die Minderung gem. § 441 III 2 durch Schätzung (vgl. § 287 ZPO) zu ermitteln.

Lesen Sie nun zur Minderung das folgende Prüfungsschema. Die Voraussetzungen (1)–(5) sind identisch mit den Voraussetzungen für den Rücktritt des Käufers bei einem Mangel der Kaufsache (vgl. Prüfungsschema, → Rn. 39).

47

Prüfungsschema

Minderungsrecht des Käufers bei mangelhafter Kaufsache gem. § 437 Nr. 2, 2. Var. iVm § 441

I. Voraussetzungen: §§ 437 Nr. 2, 2. Var., 440, 323, 326 V

1. Wirksamer Kaufvertrag (iSd § 433)
2. Lieferung einer mangelhaften Kaufsache (§§ 434 f.) durch den Verkäufer (= Pflichtverletzung)
3. Sachmangel bei Gefahrübergang (§§ 446 f.) oder Rechtsmangel bei Eigentumsübertragung (§ 435)
4. Angemessene Fristsetzung zur Nacherfüllung und erfolgloser Fristablauf (§ 323 I), es sei denn: Fristsetzung entbehrlich
   - gem. § 440
   - gem. § 323 II
   - gem. § 326 V
5. Kein Haftungsausschluss durch Vertrag (vgl. § 444) oder Gesetz (§§ 442, 445 oder § 377 HGB)
6. Kein Ausschluss des Minderungsrechts gem. § 323 V 1 oder VI (Minderungsrecht ist auch bei unerheblichem Mangel möglich, § 441 I 2)
7. Erklärung der Minderung (§ 441 I 1)

Beachte: Der Ausschlussgrund des § 323 V 2 findet keine Anwendung (§ 441 I 2)

II. Rechtsfolgen:

- Herabsetzung des Kaufpreises gem. § 441 III (ggf. Schätzung)
- Berechnungsformel: → Rn. 48
- ggf. Rückforderungsanspruch des Käufers nach §§ 441 IV, 346

c) Berechnung

Die Berechnung des verminderten Kaufpreises gem. § 441 III 1 nimmt man am besten mit einer »mathematischen« Gleichung vor, die sich aus folgender Analyse dieser Vorschrift ergibt. § 441 III 1 enthält vier Posten: 48

(1) »Minderung« = herabgesetzter Preis (= **unbekannt!**),
(2) »Kaufpreis« = vereinbarter Preis (= bekannt),
(3) »Wert der Sache in mangelfreiem Zustand« zur Zeit des Vertragsabschlusses = Wert ohne Mangel (= bekannt),
(4) »wirklicher Wert« = Wert mit Mangel (= bekannt).

Der herabgesetzte Preis, den wir als unbekannte Größe mit »x« bezeichnen, muss sich zu dem vereinbarten Preis verhalten wie der wirkliche Wert mit Mangel zu dem Wert ohne Mangel. Das bedeutet »mathematisch«:

$$\frac{x}{\textbf{vereinbarter Preis}} = \frac{\textbf{Wert mit Mangel}}{\textbf{Wert ohne Mangel}}$$

Daraus folgt:

$$x = \frac{\textbf{Wert mit Mangel x vereinbarter Preis}}{\textbf{Wert ohne Mangel}}$$

Diese Gleichung sollten Sie am besten auswendig lernen!

■ Wenn Sie die Zahlen aus Fall 2 in die Gleichung einsetzen, wozu Sie hiermit aufgefordert sind, bevor Sie – zur Kontrolle – weiterlesen, müssten Sie das folgende Ergebnis unseres Falls gefunden haben:

► K kann gegenüber V gem. § 437 Nr. 2, 2. Var. iVm § 441 I 1 den Kaufpreis mindern.

Berechnung nach § 441 III: $x = \frac{4.000 \text{ EUR} \times 6.200 \text{ EUR}}{7.500 \text{ EUR}} = 3.306{,}67 \text{ EUR}$

K muss anstelle der ursprünglich vereinbarten 6.200 EUR nur noch 3.306,67 EUR bezahlen.

Hat der Käufer den vollen Kaufpreis bereits bezahlt, hat er gem. § 441 IV iVm § 346 I einen Rückforderungsanspruch über den Mehrbetrag zwischen dem gezahlten Kaufpreis und dem geminderten Kaufpreis.

5. Schadensersatz

Wie beim Rücktritt wegen Lieferung einer mangelhaften Sache verweist das Kaufrecht auch beim Schadensersatz wegen Lieferung einer mangelhaften Sache außer auf § 440 auf die Vorschriften des allgemeinen Leistungsstörungsrechts; hier nun zunächst auf die §§ 280, 281, 283 und 311a (§ 437 Nr. 3, 1. Var. und alle dort genannten Vorschriften lesen!). 49

Die Pflichtverletzung durch den Verkäufer iSv § 280 I 1 besteht auch hier in der Verletzung seiner Pflicht aus § 433 I 2, die Sache frei von Sach- und Rechtsmängeln zu liefern.

50 Dabei bezieht sich die Schadensersatzhaftung auf **jeden** Mangel der Kaufsache, den der Verkäufer zu vertreten hat. Die Verantwortlichkeit des Verkäufers als Schuldner richtet sich nach § 276.

Gemäß § 276 I 1 hat der Schuldner (Verkäufer) Vorsatz und Fahrlässigkeit (§ 276 II) zu vertreten, wenn eine strengere oder mildere Haftung weder bestimmt noch aus dem sonstigen Inhalt des Kaufvertrags – insbesondere aus der Übernahme einer Garantie (vgl. § 443) oder eines Beschaffungsrisikos (zB bei einer Gattungsschuld) – zu entnehmen ist.

Beispiel: K lässt sich von V beim Kauf eines Gebrauchtwagens ausdrücklich die Unfallfreiheit des Autos zusichern. Damit hat V eine Garantie für die Beschaffenheit des Autos erklärt.[82]

■ Was bedeutet dies für die Haftung des V, wenn K in dem eben genannten Beispiel mit dem Auto einen Unfall erleidet, dessen Ursache ein aus einem früheren Unfall herrührender Defekt des Autos war, und Schaden nimmt? (Überlegen Sie, lesen Sie § 443 I und § 276 I 1 nochmals!)

▶ Aus der Übernahme dieser (Beschaffenheits-)Garantie folgt eine »strengere Haftung« des V iSv § 276 I 1. Das heißt, in diesem Fall haftet V dem K für den entstandenen Schaden aufgrund der Garantieerklärung – unabhängig davon, ob V den Mangel (hier: die nicht vorhandene Unfallfreiheit) zu vertreten hat oder nicht!

a) Schadensersatz statt der Leistung (»kleiner Schadensersatz«)

51 Lesen Sie nun nochmals Übungsfall 1 (→ Rn. 31), der nicht vollständig gelöst wurde. Es fehlt noch die Antwort auf die Frage, ob K gegen V einen Anspruch auf Ersatz der Reparaturkosten hat.

■ Nehmen Sie an, Sie müssten diese Fallfrage in einer Klausur lösen und den ersten Satz des Gutachtens formulieren, der die mögliche Anspruchsgrundlage voranstellt. Wie könnte dieser Satz sinngemäß lauten?

▶ K könnte gegen V einen Anspruch auf Ersatz der Reparaturkosten gem. §§ 437 Nr. 3, 1. Var. iVm 280 I und III, 281 I 1, 2. Var. haben.

Lernhinweis: Die folgende Nummerierung der Tatbestandsvoraussetzungen entspricht dem unter → Rn. 57 abgedruckten Prüfungsschema.

aa) Voraussetzungen

52 (1) Damit die §§ 280 und 281 über § 437 Nr. 3, 1. Var. zur Anwendung kommen können, muss zunächst ein wirksamer Kaufvertrag vorliegen, den K und V am 1.2. geschlossen haben.

(2) Weiterhin muss eine Pflichtverletzung des Verkäufers durch Lieferung einer mangelhaften Sache vorliegen (§§ 433 I 2, 434 iVm § 280 I 1).
Da V dem K ein mit Mängeln behaftetes Auto als »fabrikneu« lieferte, liegt ein Sachmangel nach § 434 I 1 (→ Rn. 35) vor.

---

82 Andere mögliche Argumentation: Es handelt sich um eine Beschaffenheitsvereinbarung iSd § 434 I 1.

(3) Dies war bereits bei Gefahrübergang (§ 446) der Fall.
(4) Grundsätzlich muss der Gläubiger dem Schuldner gem. § 281 I 1 erfolglos eine angemessene Frist zur Nacherfüllung setzen, falls diese nicht nach § 440 S. 1 oder § 281 II entbehrlich ist.
Angesichts der erheblichen Mängel, die das »fabrikneue« Auto aufwies, ist dem K eine Nacherfüllung unzumutbar, sodass die Fristsetzung gem. § 440 S. 1, 3. Var. entbehrlich war.
(5) Da V die vorhandenen Mängel an dem als »fabrikneu« ausgestellten Auto nicht bemerkt hat, handelte er fahrlässig iSv § 276 II, sodass er die Pflichtverletzung gem. § 280 I 2 iVm § 276 I 1 zu vertreten hat.
(6) Da K Reparaturkosten aufwenden musste, ist ihm ein Schaden entstanden.
(7) Ein vertraglicher (§ 444) oder gesetzlicher (§§ 442, 445; § 377 HGB) Haftungsausschluss ist nicht ersichtlich.

bb) Rechtsfolgen

Da alle Voraussetzungen vorliegen, kann K von V Schadensersatz statt der Leistung 53
(§ 281 I 1) verlangen.

Für den Umfang des Schadens gilt § 249 (lesen[83]). Danach hat der Schuldner, der zum Schadensersatz verpflichtet ist, den Zustand herzustellen, der bestehen würde, wenn der zum Ersatz verpflichtende Umstand nicht eingetreten wäre. Für unseren Fall bedeutet das: Wenn V ein mangelfreies Kfz geliefert hätte, hätte K die unmittelbar durch den Mangel verursachten Reparaturkosten (= »Mangelschaden«) nicht aufwenden müssen. Er kann diese Kosten daher im Rahmen der §§ 437 Nr. 3, 1. Var. iVm §§ 280 I und III, 281 I 1 als sog. »**kleinen Schadensersatz**« geltend machen.

Dass K bereits zurückgetreten ist (→ Rn. 33–38), steht dem nicht entgegen: Die 54
Rechte aus § 437 Nr. 2 (Rücktritt **oder** Minderung) können **neben** dem Schadensersatzanspruch geltend gemacht werden, wie sich aus dem letzten Wort »**und**« von § 437 Nr. 2 vor Nr. 3 ergibt! Damit wird in der speziellen Kaufrechtsvorschrift das wiederholt, was sich grundsätzlich schon aus der allgemeinen Vorschrift des § 325 (lesen) ergibt: Das Rücktrittsrecht und der Schadensersatzanspruch bestehen nicht alternativ, sondern kumulativ!

Dieser »kleine Schadensersatz«[84], bei dem der Käufer die Kaufsache grundsätzlich 55
behält, umfasst also den Schaden, der aus der Mangelhaftigkeit der Sache selbst entsteht, und den damit verbundenen sog. »allgemeinen Vermögensschaden«, der – wie in unserem Übungsfall 1 – durch die Reparaturkosten zur Beseitigung des Mangels entstanden ist.

Des Weiteren kann dieser Anspruch nicht nur auf den Ersatz der Kosten für die Beseitigung des Mangels, sondern auch auf Ersatz solcher Vermögensschäden gerichtet sein, die in unmittelbarem Zusammenhang mit der Mangelhaftigkeit der Kaufsache stehen, zB mangelbedingter Nutzungsausfall und mangelbedingter entgangener Gewinn, etwa bei Weiterveräußerung der Kaufsache.

83 Lesen Sie dazu möglichst auch (nochmals?) *Wörlen/Metzler-Müller* SchuldR AT Rn. 367 ff. (= »Exkurs« zu § 249).

84 Vgl. zum »kleinen« und »großen Schadensersatz« *Wörlen/Metzler-Müller* SchuldR AT Rn. 337–342.

Der Anspruch tritt insofern an die Stelle der Leistung. Im Übrigen wird der Vertrag – anders als beim »großen Schadensersatzanspruch« – abgewickelt.

56 In unserem Übungsfall 1 hat K nun den gem. § 325 (und § 437 Nr. 2, 1. Var. **und** Nr. 3, 1. Var.) **neben** dem »kleinen Schadensersatzanspruch« zulässigen Rücktritt geltend gemacht und damit insgesamt »großen Schadensersatz« verlangt. Denn der Vertrag wird ja aufgrund des Rücktritts gerade nicht mehr abgewickelt, sondern wurde aufgelöst und hat sich in ein Rückgewährschuldverhältnis umgewandelt. Unser Übungsfall 1 ist also ein »Zwitter«: K kann sozusagen gleichzeitig den »kleinen« und »großen Schadensersatz« beanspruchen, die eigentlich nicht zusammen passen: Beim »kleinen Schadensatz« besteht der Vertrag grundsätzlich weiter, beim »großen Schadensersatz« hingegen nicht.

Im Ergebnis bleibt unsere Lösung richtig:

Die Rücktrittsvoraussetzungen, die Voraussetzungen des kleinen Schadensersatzes (Mangelschaden) und auch die Voraussetzungen des großen Schadensersatzes (»statt der ganzen Leistung« – dazu → Rn. 60 ff.) – »erhebliche Pflichtverletzung« (»fabrikneues« Auto mit gravierenden Mängeln) – liegen vor.

Als **Prüfungsschema** für den »kleinen Schadenersatzanspruch« im Kaufrecht können wir somit Folgendes festhalten:

57

Prüfungsschema

(Kleiner) Schadensersatz statt der Leistung des Käufers bei mangelhafter Kaufsache gem. § 437 Nr. 3, 1. Var. iVm §§ 280 I und III, 281 I 1, 2. Var.

I. Voraussetzungen: §§ 437 Nr. 3, 434, 440, 280 I und III, 281 I 1, 2. Var.

1. Wirksamer Kaufvertrag
2. Pflichtverletzung des Verkäufers:
   Lieferung mangelhafter Kaufsache (§§ 433 I 2, 434 iVm § 280 I 1)
3. Sachmangel bei Gefahrübergang (§§ 446 f.)
4. Angemessene Fristsetzung zur Nacherfüllung und erfolgloser Fristablauf (§ 281 I 1),
   es sei denn
   Fristsetzung entbehrlich:
   - gem. § 440 S. 1
   - gem. § 281 II
5. Vertretenmüssen (§ 280 I 2 iVm § 276 oder § 278)
6. Schaden beim Gläubiger
7. Kein Haftungsausschluss (§ 444 oder §§ 442, 445 oder § 377 HGB)

II. Rechtsfolgen:

(Kleiner) Schadensersatz statt der Leistung gem. § 437 Nr. 3, 1. Var. iVm §§ 280 I und III, 281 I 1.
Umfang des Schadensersatzanspruchs: §§ 249 ff.

b) Schadensersatz statt der ganzen Leistung (»großer Schadensersatz«)

Bleiben wir beim Lieblingskind des (deutschen) Verbrauchers, dem Auto. Lesen Sie den folgenden Fall (ähnlich unserem Übungsfall 1):[85] **58**

Übungsfall 3

Gebrauchtwagenhändler Viktor Vauweh (V) verkauft dem Kunden Karlo Kaufgut (K) einen fünf Jahre alten »Audi A 8« für 20.000 EUR. An dem Pkw, der auf dem Betriebsgelände von V steht, befindet sich ein Schild im Fenster mit dem Vermerk: »TÜV- und werkstattgeprüft«. Auf seiner ersten Fahrt, nachdem ihm der Wagen übereignet wurde, verursacht K einen Unfall, weil die Bremsen versagen. Das Auto hat einen Totalschaden, K nicht ganz, sondern wird verletzt und muss für zwei Wochen ins Krankenhaus. K verlangt von V Schadensersatz: 20.000 EUR Kaufpreis, 800 EUR für das Kfz-Sachverständigengutachten, 2.000 EUR für Arzt- und Krankenhauskosten und 4.000 EUR Verdienstausfall für vier Wochen, da er nach dem Krankenhausaufenthalt noch zwei Wochen arbeitsunfähig war (K ist weder Angestellter noch Beamter, sondern Freiberufler!).

Sind die Ansprüche des K berechtigt?

Anmerkung: Vorschriften über den Verbrauchsgüterkauf (§§ 474 ff.) sind hier belanglos.

Der Fall ist lang, die Lösung relativ kurz und »einfach«:

Da K den Kaufpreis zurückverlangt und weitere (inkl. Mangelfolge-)Schäden geltend macht, verlangt er offenbar den »großen Schadensersatz«.

Sowohl der kleine als auch der große Schadensersatzanspruch sind auf die Zahlung von Geld gerichtet, großer Schadensersatz ist aber ausschließlich bei **erheblichen Mängeln** (bzw. allgemeiner: **erheblichen Pflichtverletzungen**) möglich (vgl. § 281 I 3).

K könnte gegen V einen Anspruch auf (»großen«) Schadensersatz statt der ganzen Leistung gem. § 437 Nr. 3, 1. Var. iVm §§ 280 I und III, 281 I 3 haben.

aa) Voraussetzungen

(Ausnahmsweise im Urteilsstil[86]) **59**

(1) Zwischen K und V wurde ein wirksamer Kaufvertrag abgeschlossen (§ 433).
(2) V hat eine Pflichtverletzung iSv §§ 433 I 2, 280 I 1 begangen, indem er mit dem defekten Auto eine mangelhafte Kaufsache geliefert hat. Wenn ein Kaufvertrag über ein »TÜV- und werkstattgeprüftes« Fahrzeug geschlossen wird, liegt außerdem eine Beschaffenheitsvereinbarung iSd § 434 I 1 vor.
(3) Gefahrübergang (§ 446): Das mangelhafte Auto wurde K übergeben.
(4) Aus § 437 Nr. 3, 1. Var. iVm § 281 I 1 ergibt sich, dass K erfolglos eine angemessene Frist zur Nacherfüllung setzten muss, falls diese nicht nach § 440 S. 1 oder § 281 II entbehrlich ist. Letzteres ist hier – ebenso wie unter → Rn. 52 beim »kleinen Schadensersatz« – der Fall (lesen Sie – nochmals – §§ 440 S. 1, 281 II).
(5) Gemäß § 280 I 2 iVm § 276 I 1 und II hat V diese Pflichtverletzung auch zu vertreten: Wer als Gebrauchtwagenhändler behauptet, dass das Auto »werkstattgeprüft« ist, hat eine Garantie dahingehend übernommen, dass keine Mängel vorhanden sind, die bei einer sorgfältigen äußeren Untersuchung ohne Zerlegen der

85 Vgl. auch *Wörlen/Metzler-Müller* SchuldR AT Übungsfall 21 Rn. 351.
86 Vgl. dazu *Wörlen/Metzler-Müller* BGB AT Rn. 132 ff.

einzelnen Fahrzeugteile hätten erkannt und behoben werden müssen.[87] Für diese Beschaffenheitsgarantie sieht § 276 I 1 eine strengere, verschuldensunabhängige Haftung vor.

(6) »Großer Schadensersatz« ist aber ausschließlich bei **erheblichen** Mängeln (bzw. Pflichtverletzungen) möglich (§ 281 I 3).
Wenn ein Gebrauchtwagenhändler ein »werkstattgeprüftes« Auto anpreist, geht man als »Otto-Normal-Verbraucher« davon aus, dass er es auf Mängel überprüft hat. Wenn er eine defekte Bremsanlage nicht bemerkt, liegt darin eine **erhebliche** Pflichtverletzung iSv § 281 I 3.

(7) Da K (vergeblich) den Kaufpreis gezahlt hat sowie Kosten für Arzt und Krankenhaus aufwenden musste, hat er einen Schaden erlitten.

(8) Haftungsausschlussgründe (§ 444 bzw. §§ 442, 445) sind nicht ersichtlich.

Der Anspruch des K gegen V aus §§ 437 Nr. 3, 1. Var. iVm 280 I und III, 281 I 3 ist somit begründet.

60 Das Prüfungsschema der Voraussetzungen für den großen Schadensersatzanspruch entspricht dem unter → Rn. 57 für den kleinen Schadensersatz mit dem Unterschied, dass als zusätzliche Voraussetzung die Erheblichkeit der Pflichtverletzung nach § 281 I 3 hinzukommen muss.

bb) Rechtsfolge

61 Da K Schadensersatz statt der ganzen Leistung verlangen kann, ergibt sich für den Umfang des Schadens aus §§ 249 ff. Folgendes: K kann sowohl den Ersatz des Kaufpreises, die Kosten für das Sachverständigengutachten sowie die Arztkosten und den Verdienstausfall von V verlangen. Ökonomisch (nicht rechtlich) liegt darin eine Kombination von Rücktritt und Schadensersatz – in der besonderen Form der Schadensberechnung als großer Schadensersatz.[88]

c) Ersatz von Mangelfolgeschäden

62 Nehmen Sie an, die Pflichtverletzung des V in Übungsfall 3 war **unerheblich** und das Auto des K trug nur leicht reparable Beulen und Kratzer davon. Ansonsten hat K dieselben Schäden.

Da K wegen § 281 I 3 nicht »Schadensersatz statt der ganzen Leistung« verlangen kann, kommt der »große Schadensersatzanspruch« nicht in Betracht.

Bezüglich der Reparaturkosten (für die Behebung des reinen **Mangelschadens**) hat K den »kleinen Schadensersatzanspruch« statt der Leistung nach § 437 Nr. 3, 1. Var. iVm §§ 280 I und III, 281 I 1, 2. Var. (→ Rn. 55, → Rn. 57).

Durch diesen Anspruch werden jedoch nicht die sog. **Mangelfolgeschäden**, dh Schäden an anderen Rechtsgütern des Käufers als der Kaufsache, erfasst. Den Ersatz solcher Mangelfolgeschäden kann der Käufer aber als »einfachen« Schadensersatz wegen Pflichtverletzung nach den § 437 Nr. 3, 1. Var. iVm § 280 I verlangen. Dies folgt aus einem Umkehrschluss zu § 280 III: Dort ist geregelt, dass der (kleine) Schadensersatz statt der Leistung, also der reine Mangelschaden, nur unter den **zusätzlichen** Voraussetzungen von § 281 (oder § 282 oder § 283) verlangt werden kann. Daher muss der

87 MüKoBGB/*Westermann* § 437 Rn. 41.
88 NK-BGB/*Büdenbender* § 437 Rn. 62.

Schadensersatz des § 280 I gerade andere Schäden erfassen als den reinen Mangelschaden.[89]

Aufgrund der Pflichtverletzung »Lieferung einer mangelhaften Sache« sind dem K Mangelfolgeschäden in Form von Sachverständigen- und Arztkosten sowie Verdienstausfall entstanden.

Diese Mangelfolgeschäden kann K von V gem. §§ 437 Nr. 3, 1. Var., 280 I iVm §§ 249 ff. ersetzt verlangen.

Für die Mangelfolgeschäden ergibt sich also das folgende

Prüfungsschema

Schadensersatz neben der Leistung bei Mangelfolgeschaden aufgrund einer mangelhaften Kaufsache gem. § 437 Nr. 3, 1. Var. iVm § 280 I

I. Voraussetzungen:
1. Wirksamer Kaufvertrag (iSd § 433)
2. Pflichtverletzung des Verkäufers: Verstoß gegen § 433 I 2
3. Sachmangel (§ 434) bei Gefahrübergang (§§ 446 f.) oder Rechtsmangel (§ 435)
4. Vertretenmüssen, § 280 I 2 iVm §§ 276 ff.
5. Schaden beim Gläubiger (Käufer)
6. Kein Haftungsausschluss (§ 444 oder §§ 442, 445 oder § 377 HGB)

II. Rechtsfolge:
Schadensersatz
Umfang des Schadensersatzanspruchs: §§ 249 ff.

Beachte: Im Beispielsfall rückt der Ersatz dieses Schadens nicht an die Stelle eines mangelfreien Wagens, sondern stellt sich als **Schadensersatz neben der Leistung** dar. Mit Ersatz der dem K entstandenen Sachverständigen- und Arztkosten sowie des Verdienstausfalls ist nicht der Anspruch auf einen mangelfreien Pkw ausgeschlossen.

■ Können Sie abschließend – zur Wiederholung – den Unterschied zwischen Mangelschaden und Mangelfolgeschaden sowie dem kleinen und großen Schadensersatzanspruch zusammenfassend skizzieren und mit Beispielen erläutern?

▶ Ihr »Ergebnis« ist hoffentlich wie die folgende

89 *Brox/Walker* SchuldR BT § 4 Rn. 108.

Übersicht 2

63 **Schadensersatzarten bei Lieferung einer mangelhaften Sache**

Mangelschaden an der Sache selbst	Mangelfolgeschaden an anderen Rechtsgütern als der Kaufsache
§ 437 Nr. 3, 1. Var. iVm §§ 280 I, III, 281 I	**§ 437 Nr. 3, 1. Var. iVm § 280 I**
Käufer hat **Wahlrecht**: **kleiner Schadensersatzanspruch (§ 281 I 1)** (»Schadensersatz statt der Leistung«) Beispiele: • Ersatz des Minderwerts • Aufwendungen für Mängelbeseitigung • Nutzungsausfallschaden • Ausgleich des entgangenen Gewinns für Weiterveräußerung oder **großer Schadensersatzanspruch (§ 281 I 3)** (»Schadensersatz statt der ganzen Leistung«) Beispiele: • Rückzahlung geleisteter Kaufpreis[90] (= Mindestschaden) • entgangener Gewinn für den infolge des Mangels gescheiterten Weiterverkauf • Kosten der Ersatzbeschaffung	Beispiele: • Körper-/Gesundheitsschaden • Eigentumsschaden • Nutzungsausfall
Schadensersatz <u>statt</u> der Leistung	**Schadensersatz <u>neben</u> der Leistung**

d) Ersatz vergeblicher Aufwendungen

64 Aus der Verweisung in § 437 Nr. 3, 2. Var. folgt, dass der Käufer vom Verkäufer anstelle des Schadensersatzanspruchs – also alternativ – gem. § 284 den Ersatz vergeblicher (»frustrierter«) Aufwendungen verlangen kann.[91] Dazu gehören zB auch die Vertragskosten (wie Notargebühren), Kosten für Werbung, für Anmietung einer Lagerhalle oder Zinsen für eine Darlehensaufnahme.[92] Dies betrifft die Fälle, in denen der Gläubiger aus dem Geschäft keine materielle, kostendeckende und damit »rentable« Gegenleistung, sondern immaterielle Vorteile erhofft hatte. Der Käufer muss gegen den Verkäufer einen Anspruch auf Schadensersatz nach Maßgabe der § 437

90 Zug um Zug gegen Rückgabe der Kaufsache.
91 Dazu *Wörlen/Metzler-Müller* SchuldR AT Rn. 378–381
92 Weitere Beispiele bei Palandt/*Grüneberg* § 284 Rn. 5.

Nr. 3, 1. Var. iVm §§ 440, 280, 281, 283 bzw. § 311a haben. Dies folgt aus der Formulierung, dass der Ersatz vergeblicher Aufwendungen nur »anstelle des Schadensersatzes« verlangt werden kann. Es müssen also sämtliche Voraussetzungen eines Schadensersatzanspruchs des Käufers vorliegen. Dieser Anspruch setzt folglich auch ein – vermutetes – Verschulden des Verkäufers voraus (§ 284 iVm § 280 I 2).

Beispiel: K kauft von V ein Grundstück; der Kaufvertrag wird notariell beurkundet; die Vertragskosten werden von K übernommen. Als K feststellt, dass sich Altlasten im Erdboden befinden (was dem V bekannt war), tritt er vom Kaufvertrag zurück. Die Notarkosten kann K von V gem. § 437 Nr. 3, 2. Var. iVm §§ 280 I, III, 440, 281 I 1 iVm § 284 verlangen.

Für den Ersatzanspruch des Käufers wegen vergeblicher Aufwendungen ergibt sich folgendes

Prüfungsschema

Aufwendungsersatz statt der Leistung wegen mangelhafter Kaufsache gem. §§ 437 Nr. 3, 2. Var., 440, 280 I, III, 281 I 1 iVm § 284

I. Voraussetzungen:

1. Wirksamer Kaufvertrag (iSd § 433)
2. Sachmangel bei Gefahrübergang (§ 434)
3. Vertretenmüssen, § 280 I 2 iVm §§ 276 ff.
4. Angemessene Fristsetzung zur Nacherfüllung und erfolgloser Fristablauf (§ 281 I 1),
   Frist ggf. entbehrlich nach § 440 S. 1 oder § 281 II
5. Gläubiger (Käufer) hatte Aufwendungen (§ 284)

II. Rechtsfolge:

Aufwendungsersatz iRd § 284

Bei einer unbehebbaren mangelhaften Kaufsache ist v.g. Prüfungsschema ebenfalls anzuwenden, allerdings sind die Fristsetzung und deren Ablauf (Prüfungspunkt 4) entbehrlich.

Die Gewährleistungsansprüche bei Mängeln der Kaufsache (vgl. §§ 434 und 435) und ihr Konkurrenzverhältnis verdeutlicht die folgende Übersicht 3.

Übersicht 3

65

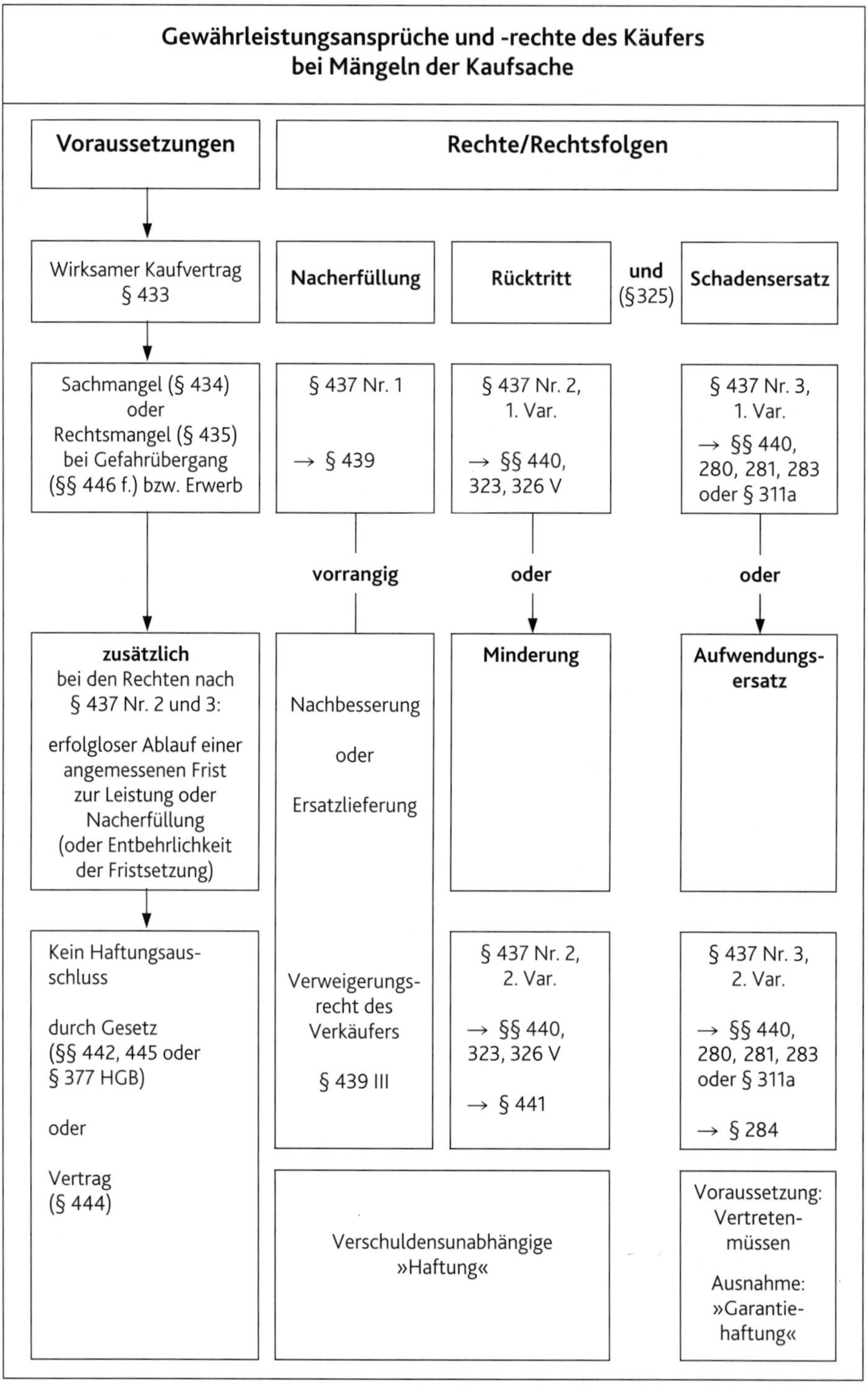

6. Verjährung der Mängelansprüche und -rechte

a) Regeltatbestand

Gemäß § 438 I Nr. 3 beträgt die regelmäßige kaufrechtliche Verjährungsfrist der in § 437 Nr. 1 und Nr. 3 genannten Mängelansprüche an beweglichen Sachen zwei Jahre (lesen Sie § 438 einmal ganz durch!). 66

Sofern der Verkäufer den Mangel arglistig verschwiegen hat, gilt die regelmäßige Verjährungsfrist von drei Jahren (§ 438 III 1 iVm § 195), sofern nicht eine längere Verjährungsfrist bestimmt ist.

b) Kauf von Bauwerken und Baumaterialien

Mängelansprüche beim Kauf von mangelhaften Bauwerken (§ 438 I Nr. 2a) oder Baumaterialien – zB Fensterrahmen oder Badewannen (§ 438 I Nr. 2b) –, die die Mangelhaftigkeit des Bauwerks verursacht haben, verjähren in fünf Jahren. 67

c) Besondere Mängel der Kaufsache

Wenn der Mangel der Kaufsache in einem dinglichen Recht eines Dritten (zB Eigentum, Pfandrecht),[93] aufgrund dessen Herausgabe der Sache verlangt werden kann, oder in einem sonstigen Recht besteht, das im Grundbuch eingetragen ist (zB Nießbrauch),[94] verjähren die Ansprüche aus § 437 Nr. 1 und Nr. 3 in 30 Jahren, vgl. § 438 I Nr. 1a und b. Der Rückgriffsanspruch des Käufers gegen den Verkäufer soll nicht über einen kürzeren Zeitraum verjähren als der Anspruch, der von dem Dritten gem. § 197 I Nr. 1 gegen den Käufer geltend gemacht werden kann. 68

d) Verjährungsbeginn

Die Verjährung beginnt bei beweglichen Sachen mit der Ablieferung der Sache, bei Grundstücken mit der Übergabe (§ 438 II). 69

Statt »mit der Übergabe« hätte man hier besser »mit der Eintragung ins Grundbuch« (vgl. § 873 I iVm § 925 I 1 – lesen!) formuliert, da man Grundstücke schlecht »übergeben« kann.

e) Rücktritt und Minderung

Da Rücktritt und Minderung keine Ansprüche, sondern Gestaltungsrechte sind, bedurfte es hier der Sonderregelungen von § 438 IV und V; denn gem. § 194 unterliegen nur Ansprüche der Verjährung (zur Erinnerung: alle zitierten Vorschriften immer wieder lesen!). Für den Rücktritt und die Minderung gilt durch die Verweisungen in § 438 IV und V auf § 218 – insbesondere § 218 I 1 –, wonach der Rücktritt (und entsprechend die Minderung) einer Art »Quasi-Verjährung« unterliegt, Folgendes: Rücktritt und Minderung wegen nicht vertragsgemäß (mangelhaft) erbrachter Leistung sind unwirksam, wenn der Anspruch auf die Leistung oder der Nacherfüllungsanspruch verjährt ist und der Schuldner sich hierauf beruft. 70

> **Beispiel:** K und V schließen einen Kaufvertrag über ein Auto, der von beiden Seiten erfüllt wird. Da das Auto einen Sachmangel aufweist, wandelt sich der Erfüllungsanspruch des K in einen Nacherfüllungsanspruch (§ 437 Nr. 1 iVm § 439) um. Zwei Jahre später (nach Eintritt der Verjährung des Nacherfüllungsanspruchs) stellt K den Mangel fest und setzt dem V eine Frist zur Nacherfüllung nach § 323 I. Nach erfolglosem Fristablauf erklärt K den Rücktritt und verlangt Rückerstattung des Kaufpreises.

93 Vgl. *Wörlen/Kokemoor* SachenR Rn. 255 ff.

94 *Wörlen/Kokemoor* SachenR Rn. 366 ff.

■ Was kann V dagegen einwenden?
▶ V kann sich auf die Unwirksamkeit des Rücktritts gem. § 218 I berufen!

f) Ausschluss der Anfechtung nach § 119 II

71 Die kurzen Verjährungsfristen haben zur Folge, dass nach Rechtsprechung und Lehre die Anfechtung gem. § 119 II wegen eines Irrtums über eine »verkehrswesentliche Eigenschaft«, der vorliegen kann, wenn der auf die Lieferung einer mangelfreien Sache vertrauende Käufer eine mangelhafte Sache geliefert bekommt, nicht zulässig ist.[95] Andernfalls wäre die kurze Verjährungsfrist von zwei Jahren nach »Ablieferung« sinnlos, da die Anfechtungsfrist des § 121 I (nachlesen!) erst »unverzüglich« nach Kenntnisnahme vom Irrtum (bzw. vom Mangel der Kaufsache), welche durchaus später als zwei Jahre nach Ablieferung erfolgen kann, beginnt. Sofern das Fehlen einer verkehrswesentlichen Eigenschaft nicht mit einem Mangel der Kaufsache im Sinne des Gewährleistungsrechts identisch ist, ist eine Anfechtung aus anderen Gründen selbstverständlich möglich.

7. Besonderheiten beim Computerkauf

72 Grundsätzlich ist der Computerkauf ein Sachkauf – wie der Kauf von anderen Geräten oder Maschinen auch –, auf den die Gewährleistungsvorschriften der §§ 434 ff. Anwendung finden. Die Benutzung der Maschine »Computer« als sog. »Hardware« ist jedoch nur möglich und sinnvoll, wenn man mit dem Computer auch Computerprogramme, dh »Software«, erwirbt.

Spätestens bei der Software wird die ungeheure Bandbreite der modernen Technik sichtbar. Kaum ein Produkt besteht aus so vielen austauschbaren und individuell auf den Erwerber zugeschnittenen (nicht aus Zufall ist allgemein vom »PC«, vom »Personal Computer«, die Rede) Komponenten, und kaum ein Produkt hat so kurze Innovationszyklen.

Handelt es sich um sog. »**Standardsoftware**«, dh für eine Vielzahl von Anwendern vorgefertigte Software, die nicht auf spezielle Bedürfnisse eines bestimmten Konsumenten zugeschnitten ist, ist das Kaufrecht mit seinen §§ 434 ff.[96] anwendbar.

Wird indessen die Software nach besonderen Instruktionen des Bestellers gefertigt (sog. »**Individualsoftware**«), liegt ein Werkvertrag iSd § 631 zugrunde, für den die Gewährleistungsvorschriften der §§ 633 ff. (→ Rn. 286 ff.) gelten.[97]

Zu einem komplizierten technischen Gerät wie einem PC gehört neben Hard- und Software auch eine für den Laien verständliche **Bedienungsanleitung**.[98] Fehlt sie oder fehlt ihr die Verständlichkeit, zB weil die Anleitung in einer schwierigen Fremdsprache gehalten ist, stellt dies einen Sachmangel dar.[99]

Darüber hinaus treffen den PC-Lieferanten angesichts seines Wissensvorsprungs besondere **Informations-, Aufklärungs- und Nachfragepflichten**[100], deren Verletzung einen Schadensersatzanspruch aus § 280 I iVm § 241 II begründen kann.

---

95 Ausführlich hierzu BeckOK BGB/*Faust* § 437 Rn. 200 f. mwN.
96 BGH NJW 2000, 1415. Hierzu *Benning/Oberrath* Computer/InternetR 33 ff.
97 BGH NJW 1990, 3008; OLG Karlsruhe CR 1995, 397; S. auch *Benning/Oberrath* Computer/InternetR 41 ff.
98 Vgl. dazu *Wörlen/Metzler-Müller* SchuldR AT Fall 7 Rn. 141.
99 So schon OLG Stuttgart NJW-RR 1986, 1245 = BB 1986, 1675.
100 OLG Celle CR 1995, 152.

Zur Software gehören nicht nur die Programme selbst, sondern vor allem auch Installationsdisketten oder CDs und DVDs. Liegt die Fehlerhaftigkeit eines Programms in einem Mangel des Datenträgers, steht dem Käufer auch ein **Nacherfüllungsanspruch** aus § 437 Nr. 1 iVm § 439 zu.

Sofern dem Käufer wegen mangelhafter Standardsoftware[101] ein Recht zum Rücktritt oder zur Minderung zusteht, kann sich das Rücktrittsrecht ggf. auf den gesamten Computerkaufvertrag erstrecken. Dies richtet sich danach, ob der PC mit dem Programm als einheitliche Kaufsache verkauft worden ist.

Einzelheiten zu diesem Thema würden den Rahmen dieses Kurzlernbuchs sprengen, sodass ich auf die angegebene »Literatur zur Vertiefung« verweisen darf, in der Sie weitere Nachweise finden können.

Literatur zur Vertiefung (→ Rn. 1–72): *Alpmann und Schmidt* SchuldR BT I, 1. Teil, 1.–4. Abschn.; *Arnold*, Die eigenmächtige Mängelbeseitigung durch den Käufer, ZIP 2004, 2412; *Bauerschmidt/Harnos*, Die Reichweite der Nacherfüllung bei fortschreitender europäischer Privatrechtsangleichung, JA 2012, 256; *Benning/Oberrath* Computer/InternetR 33 ff.; *Braunschmidt/Vesper*, Die Garantiebegriffe des Kaufrechts – Auslegung von Garantieerklärungen und Abgrenzung zur Beschaffenheitsvereinbarung, JuS 2011, 393; *Brox/Walker* SchuldR BT §§ 1–7; *Chiusi*, Modern, alt und neu: Zum Kauf nach BGB und römischem Recht, JURA 2003, 217; *Dauner-Lieb*, Die Falschlieferung beim Stückkauf, JuS 2002, 1175; *Derleder/Sommer*, Die Nacherfüllung nach arglistiger Täuschung, JZ 2007, 338; *Döll/Rybak*, Schadensersatz wegen Verzögerung bei mangelhafter Leistung im Kaufrecht, JURA 2005, 582; *Dubischar*, Der fehlgeschlagene Grundstückskauf, JuS 2002, 131 und 231; *Eichel*, Minderung und kleiner Schadensersatz im Kauf- und Werkrecht, JuS 2011, 1064; *Eichelberger/Gruschinske*, Tiere im Kaufrecht, JuS 2009, 201; *Fervers*, Das System der schuldrechtlichen Anspruchsgrundlagen im Kaufrecht, JURA 2015, 1064; *Fikentscher/Heinemann* SchuldR §§ 68 ff.; *Führich* WirtschaftsPrivR Rn. 468 ff.; *Grigoleit/Herresthal*, Grundlagen der Sachmängelhaftung im Kaufrecht, JZ 2003, 118; *Grigoleit/Riehm*, Der mangelbedingte Betriebsausfallschaden im System des Leistungsstörungsrechts, JuS 2004, 745; *Gsell*, Grenzen der Nutzungsentschädigung bei Rückgabe einer mangelhaften Kaufsache, JuS 2006, 203; *Gsell*, Beschaffenheitsnotwendigkeit und Ersatzlieferung beim Stück- und Vorratskauf, JuS 2007, 97; *Jäckel/Tonikidis*, Der kaufrechtliche Ausbesserungsanspruch – Ein ungeschriebenes Rechtsinstitut im Gefüge der Sachmängelhaftung, JuS 2013, 302; *Hampel*, Der praktische Fall – Bürgerliches Recht: Kaufrechtliche Probleme beim Gebrauchtwagenkauf, JuS 2003, 465; *Hirsch*, Schadensersatz statt der Leistung, JURA 2003, 289; *Hirsch* SchuldR BT §§ 1–8; *Hofmann*, Klausur Zivilrecht: »Der Pferdekauf«, JA 2013, 16 ff.; *Jaensch*, Die Störung der Nacherfüllung im Kaufrecht, JURA 2005, 649; *Jost*, Klassiker in neuem Licht – Besonderheiten der kaufrechtlichen Mängelgewährleistung, JURA 2005, 750; *Jud*, Das Recht der Zurückweisung im Kaufrecht, JuS 2004, 841; *Keiser*, Letztverkäufer- und Werkunternehmerregress wegen Kosten für den Aus- und Einbau mangelhafter Sachen im Wege der Nacherfüllung, JuS 2014, 961; *Klinck*, Der Anspruch des Käufers auf Ersatz mangelbedingt nutzloser Aufwendungen, JURA 2006, 481; *Köster*, Konkurrenzprobleme im neuen Kaufmängelrecht, JURA 2005, 145; *Lehmann-Richter*, Die Anwendbarkeit von § 320 I 1 BGB im Kaufrecht bei vereinbartem Ausschluss der Mängelrechte des Käufers, JURA 2002, 585; *Looschelders* SchuldR BT Rn. 89 ff.; *Lorenz*, Grundwissen Zivilrecht: Der Nacherfüllungsanspruch, JuS 2014, 7; *Mankowski*, Die Anspruchsgrundlagen für den Ersatz von »Mangelfolgeschäden« (Integritätsschäden), JuS 2006, 481; *Medicus/Lorenz* SchuldR BT §§ 74–80; *Medicus/Petersen* BürgerlR § 14 I, 1–8; *Metzler-Müller* PrivatRFall 216 ff. sowie Fall 8; *Niemann/Reipen*, Zur Übung – Bürgerliches Recht: Abgrenzung von Sach- und Rechtsmangel, JuS 2003, 654; *Oetker/Maultzsch* VertraglSchuldverh § 2 Rn. 1–421; *Pahlow*, Der Rechtsmangel beim Sachkauf, JuS 2006, 289; *Pahlow*, Grundfragen der Gewährleistung beim Rechtskauf, JA 2006, 385; *Samhat*, Der Kostenvorschussanspruch des Käufers zur Mängelbeseitigung, JURA

101 Dazu *Brox/Walker* SchuldR BT § 1 Rn. 7 sowie insbesondere *Dauner-Lieb/Konzen/Schmidt/Hoeren*, Das neue Schuldrecht in der Praxis, 2002, Gewährleistung bei Softwareüberlassungsverträgen, 493 ff., unter Hinweis auf BGHZ 110, 130.

2014, 455; *Schade* WirtschaftsPrivR Rn. 287 ff.; *Schollmeyer/Utlu*, Die Nacherfüllung im Kauf, JURA 2009, 712 ff.; *Schur*, Schadensersatz wegen Verzögerung der Leistung und Schlechterfüllung im Kaufrecht, JA 2006, 223; *Steckler/Tekidou-Kühlke* WirtschaftsR C/043; *Sutschet*, Probleme des kaufrechtlichen Gewährleistungsrechts, JA 2007, 61; *Tiedtke/Schmitt*, Ersatzlieferung beim Stückkauf, JuS 2005, 583; *Traut*, Selbstvornahmerecht durch den Verkäufer?, JURA 2013, 12 ff.; *Tröger*, Grundfälle zum Sachmangel nach neuem Kaufrecht, JuS 2005, 503; *Wertenbruch*, Gefahrtragung beim Versendungskauf nach neuem Schuldrecht, JuS 2003, 625; *Wörlen/Leinhas*, Rechtsfolgen- und Rechtsgrundverweisungen im BGB, JA 2006, 22; *Zurth*, Die Selbstvornahme in der kaufrechtlichen Klausur, JA 2014, 494.

III. Besondere Kaufverträge

Die schuldrechtliche Vertragsfreiheit und einige Spezialvorschriften des BGB bzw. seiner Nebengesetze ermöglichen eine Vielzahl von Kaufvertragstypen, die vom gesetzlichen Grundtyp des in § 433 umschriebenen Vertrags abweichen.

1. Kauf unter Eigentumsvorbehalt

a) Einfacher Eigentumsvorbehalt

73 Beim »Eigentumsvorbehalt« handelt es sich um eine Vereinbarung zwischen dem Verkäufer und dem Käufer einer beweglichen Sache, wonach das Eigentum an der Sache trotz (Besitz-)Übergabe an den Käufer bis zur vollständigen Zahlung des Kaufpreises beim Verkäufer verbleiben soll. Das setzt voraus, dass der Verkäufer dem Käufer gestattet hat, den Kaufpreis für die Sache nicht sofort (»Zug um Zug«) zu bezahlen, sondern einen Kredit (ratenweise Zahlung des Kaufpreises) gewährt hat.

Lesen Sie § 449 I. Sofern Sie bei der »aufschiebenden Bedingung« nicht sogleich an § 158 gedacht haben, unterstreichen Sie diesen Begriff im Gesetzestext und notieren »§ 158 I« (nachlesen!) am Rand!

74 Zweck des Eigentumsvorbehalts ist in erster Linie, Lieferantenkrediten (Warenkrediten) als Sicherungsmittel zu dienen. Die rechtliche Konstruktion des Eigentumsvorbehalts zeigt, wie wichtig es ist, das Abstraktionsprinzip[102] zu beherrschen: Nicht die Kaufpreisforderung wird dadurch gesichert, sondern der Herausgabeanspruch des Verkäufers.[103] Anders ausgedrückt: Der Kaufvertrag, das schuldrechtliche Verpflichtungsgeschäft, wird sofort wirksam, während das sachenrechtliche Verfügungsgeschäft, die Übertragung des Eigentums gem. § 929 S. 1, noch nicht vollständig vollzogen wird. Auch wenn der Eigentumsvorbehalt im Kaufrecht in § 449 angesiedelt ist, handelt es sich primär um ein sachenrechtliches Rechtsinstitut.[104] Zwar erhält der Käufer die Sache schon zu Besitz (Übergabe iSv § 929 S. 1), doch die Einigung über den Eigentumsübergang erfolgt unter der aufschiebenden Bedingung (§ 158 I), dass das Eigentum erst mit Zahlung des vollständigen Kaufpreises (der letzten Rate) vom Verkäufer auf den Käufer übergehen soll. Nicht »der Kaufvertrag« (was von Anfängern leider häufig verwechselt wird, obwohl der Wortlaut von § 449 I eindeutig ist) ist »aufschiebend bedingt«, sondern »die Übertragung des Eigentums«! Das ist so wichtig, dass wir uns die rechtliche Konstruktion des Eigentumsvorbehalts anhand von Übersicht 4 (Teil 1) verdeutlichen wollen, bevor wir mehr dazu erfahren:

102 *Wörlen/Metzler-Müller* BGB AT Rn. 268 ff.
103 *Reinicke/Tiedtke* KaufR Rn. 1274.
104 Vgl. *Medicus/Lorenz* SchuldR BT Rn. 284.

Übersicht 4 (Teil 1)

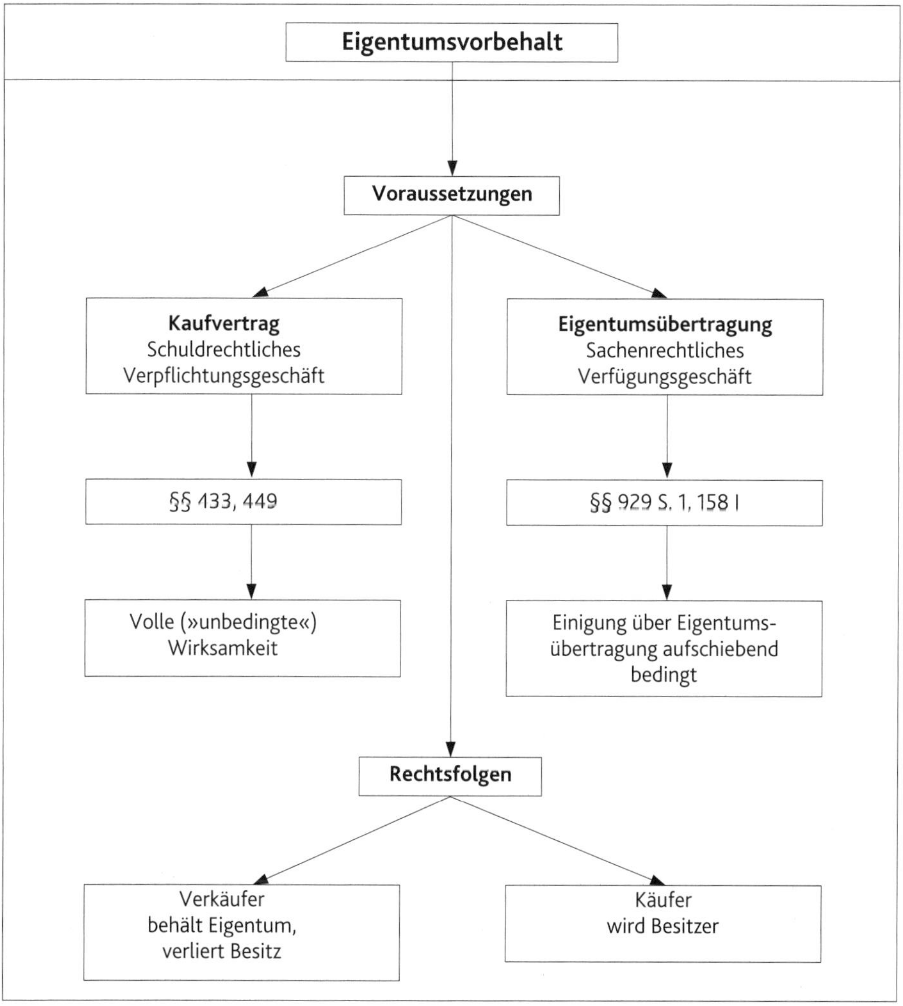 75

■ Wenn wir uns die rechtliche Konstruktion des Eigentumsvorbehalts klar gemacht haben, liegt es nahe zu fragen: »Worin liegen die wirtschaftlichen und rechtlichen Vorteile eines Eigentumsvorbehalts, und zwar zunächst aus der Sicht des Verkäufers?« Den wirtschaftlichen Vorteil zu erkennen, dürfte (angehenden) Juristen und Wirtschaftswissenschaftlern kaum Schwierigkeiten bereiten (überlegen Sie!). 76

▶ Der wirtschaftliche Vorteil aus der Sicht des Verkäufers liegt vor allem darin, dass durch die mit dem Zahlungsaufschub verbundene Kreditgewährung die Kaufbereitschaft seiner Kunden gefördert wird. Der rechtliche Vorteil bestand vor der Schuldrechtsreform (§ 455 aF) darin, dass der Verkäufer sofort ohne Fristsetzung zurücktreten konnte, wenn der Käufer in Zahlungsverzug kam. Dieser Vorteil ist durch die Neufassung von § 449 II entfallen.

Danach kann der Verkäufer die Sache aufgrund des Eigentumsvorbehalts erst herausverlangen (§ 449 II), wenn die Voraussetzungen des Rücktrittsrechts nach § 323 oder § 324 vorliegen.

77 ■ Wiederholungsfrage: Welche Vorschriften fallen Ihnen beim Stichwort »Gesetzliches Rücktrittsrecht« ein? Denken Sie nach und notieren Sie die Vorschriften auf einem Blatt Papier, bevor Sie die folgenden Fußnoten lesen!

▶ Wir haben diese Rücktrittsrechte bei der Behandlung des Schuldnerverzugs,[105] der Schlechterfüllung[106] und beim Ausschluss der Leistung wegen Unmöglichkeit[107] sowie bei § 437 Nr. 2 kennen gelernt. Außerdem gibt § 324 dem Gläubiger ein Rücktrittsrecht wegen Verletzung einer Pflicht nach § 241 II.[108]

Für die Ausübung dieser Rücktrittsrechte ist grundsätzlich (sofern nicht ausnahmsweise entbehrlich) Voraussetzung, dass der Gläubiger dem Schuldner erfolglos eine angemessene Frist zur Nachholung der Leistung setzt (vgl. nur § 323 I).

Somit muss auch der Eigentumsvorbehaltsverkäufer dem Käufer, der mit der Abzahlung des Kaufpreises in Verzug gekommen ist, eine Frist setzen und deren erfolglosen Ablauf abwarten, bevor er sein Rücktrittsrecht ausüben darf. Die Ausübung des Rücktritts und seine Rechtsfolgen sind in §§ 346 ff. geregelt.

78 Für den Käufer hat der Eigentumsvorbehalt ebenfalls Vorteile.

■ Worin liegt wohl der wirtschaftliche Vorteil?

▶ Darin, dass der Käufer über die Sache bereits verfügen und sie nutzen (= damit wirtschaften) kann, obwohl er sie noch nicht bezahlt hat. Der erwirtschaftete Gewinn erleichtert ihm in der Regel die Kreditrückzahlung.

Die rechtlichen Vorteile des Eigentumsvorbehalts für den Käufer wollen wir anhand des nächsten Falls untersuchen.

Übungsfall 4

Karl Keule (K) hat sich bei Volker Voth (V) einen Farbfernseher unter Eigentumsvorbehalt gekauft und von dem Kaufpreis von 1.000 EUR bereits 900 EUR bezahlt. Er will diesen Farbfernseher, da er plötzlich dringend Geld braucht, an Darius Dohm (D) für 900 EUR weiterverkaufen. Er tritt an D »alle Rechte bezüglich des Fernsehers ab« und verpflichtet sich, die letzten 100 EUR an V selbst zu bezahlen.

Wie kann D, der von dem Eigentumsvorbehalt weiß, Eigentum an dem Fernseher erwerben?

b) Anwartschaftsrecht

79 An der Fallfrage erkennen Sie, dass wir uns ein weiteres Mal mit dem Sachenrecht beschäftigen müssen. Dass der Erwerb des Eigentums im Sachenrecht, nämlich in den §§ 929 ff., geregelt ist, wissen Sie schon.

■ Überlegen Sie vorab, auf welche Weise D das Eigentum erwerben könnte, wenn K ihm den Eigentumsvorbehalt verschwiegen hätte?

▶ Die Antwort gibt § 932 I 1 (lesen!), der natürlich nicht »passt«, da dem D der Eigentumsvorbehalt bekannt ist.

105 § 323 I Hs. 1, 1. Var. (vgl. dazu *Wörlen/Metzler-Müller* SchuldR AT Rn. 240 ff.).
106 § 323 I Hs. 1, 2. Var. (vgl. dazu *Wörlen/Metzler-Müller* SchuldR AT Rn. 351 ff.).
107 § 326 V (vgl. dazu *Wörlen/Metzler-Müller* SchuldR AT Rn. 306).
108 Vgl. *Wörlen/Metzler-Müller* SchuldR AT Rn. 355 ff.

Beim Eigentumsvorbehalt räumt, wie Sie gelesen haben, der Verkäufer dem Käufer die Chance ein, durch Zahlung des vollen Kaufpreises Eigentümer zu werden. Da die Sache bereits übergeben ist, hängt die Verwirklichung dieser Chance nur noch vom Käufer ab.

■ Wieso? Überlegen Sie wieder selbst, bevor Sie weiterlesen!

▶ Je mehr er schon von dem Kaufpreis bezahlt hat, desto naher ruckt er dem Eigentumserwerb. Mit anderen Worten: Sein Recht auf den Eigentumserwerb wird mit jeder Zahlung stärker.

Man bezeichnet dieses Recht als »Anwartschaftsrecht«[109]. Das Anwartschaftsrecht ist 80
einerseits erst ein im Wachsen begriffenes Eigentum, wird aber andererseits in vielen Beziehungen schon dem Eigentum gleichgestellt. Manche bezeichnen es gegenüber dem Eigentum als ein »wesensgleiches Minus«[110]. Andere[111] ordnen es als ein »Erwerbsrecht eigener Art« ein. Das Anwartschaftsrecht ist jedenfalls ein dingliches, selbstständiges Recht wie das Vollrecht Eigentum und kann unter entsprechender Anwendung der §§ 929 ff. übertragen werden. So kann der Käufer sein Anwartschaftsrecht zB auch verpfänden oder abtreten. Letzteres hat auch K in unserem Fall getan, indem er alle Rechte bezüglich des Fernsehers an D abgetreten hat. Damit müssten Sie eigentlich auch schon unsere Fallfrage beantworten können.

■ Wie kann D das Eigentum an dem Fernseher erwerben? (Wie hätte K selbst das Eigentum erworben?)

▶ Mit Zahlung der letzten Kaufpreisrate durch K an V wird D automatisch Eigentümer. Das Anwartschaftsrecht, aufgrund dessen K selbst mit Zahlung der letzten Rate Eigentümer geworden wäre, hat K wirksam an D abgetreten. D ist in die Stellung des K als Anwartschaftsberechtigter eingerückt.

Was passiert mit dem Anwartschaftsrecht, wenn zB der Verkäufer, dem aufgrund des 81
Eigentumsvorbehalts vorerst noch das Eigentum zusteht, über dieses Eigentum nochmals verfügt? Dass dies nicht nur eine theoretische Überlegung, sondern auch praktisch möglich ist, verdeutlicht der nächste Fall.

Übungsfall 5

Die Volta-Computertechnik-AG (V) liefert an die Kara-Filmgesellschaft mbH (K) eine Kamera-Drohne (fernsteuerbarer Helikopter) unter Eigentumsvorbehalt. K verwendet die Drohne für die Fernsehwerbung und macht sie daher weit bekannt. Unter anderem interessiert sich die Polizei von Dummhausen (D) für das Gerät. Es kommt zu Kaufverhandlungen zwischen V und D, bei denen V vorgibt, sie habe die Drohne an K nur kurzfristig vermietet und könne diese sofort liefern. Daraufhin kauft D die Drohne und lässt sich die Herausgabeansprüche der V gegen K abtreten. Alsdann verlangt D die Drohne von K heraus.

Ist sie dazu berechtigt, wenn K ihre Kaufpreisrate an V bisher immer pünktlich gezahlt hat?

109 Zur Einordnung des Begriffs vgl. *Medicus/Petersen* BürgerlR Rn. 456 sowie *Wörlen/Kokemoor* SachenR Rn. 291a.

110 So BGHZ 28, 16 (21) = NJW 1958, 1133; s. auch MüKoBGB/*Westermann* § 449 Rn. 2 mwN.

111 Palandt/*Ellenberger* Einf v. § 158 Rn. 9 – mwN zum Meinungsstreit, auf den hier nicht eingegangen wird.

82 D wäre berechtigt, die Drohne heraus zu verlangen, wenn V ihr wirksam das Eigentum an der Drohne übertragen hätte, da D als neuer Eigentümer gegen K einen Herausgabeanspruch nach § 985 (lesen!) hätte.

■ Was ist zur Eigentumsübertragung grundsätzlich erforderlich?
▶ § 929 S. 1: Einigung und Übergabe!

■ Die Einigung zwischen V und D liegt vor. Wie aber steht es mit der Übergabe? Die Drohne ist im Besitz der K. Konnte V trotzdem über das Eigentum verfügen?
▶ Die Antwort gibt § 931 (lesen): Danach kann, wenn ein Dritter (hier: K) im Besitz der Sache ist, die von § 929 S. 1 für den Eigentumsübergang geforderte Übergabe grundsätzlich durch die Abtretung des **schuldrechtlichen** Herausgabeanspruchs[112] ersetzt werden. Demnach konnte V an D gem. § 929 S. 1 iVm § 931 durch Einigung und Abtretung des schuldrechtlichen Herausgabeanspruchs das Eigentum übertragen, sodass der Herausgabeanspruch der D gegen K aus § 985 begründet sein könnte.

83 ■ Was könnte dem Herausgabeanspruch aber entgegenstehen? Was würden Sie anstelle von K der D entgegenhalten, wenn diese die Herausgabe der Drohne verlangt?
▶ Dass K aufgrund des vereinbarten Eigentumsvorbehalts zum Besitz berechtigt ist; solange K die Raten pünktlich zahlte, hatte V kein Recht zum Rücktritt. Der zwischen dem Verkäufer und Käufer abgeschlossene Eigentumsvorbehaltskauf gewährt dem Käufer ein Recht zum Besitz und zur Benutzung der Sache, solange der Kaufvertrag zwischen den Parteien Bestand hat und der Käufer seine Raten pünktlich zahlt. K könnte daher gegenüber V die Herausgabe verweigern. Dies ist im Gesetz ausdrücklich geregelt, und zwar in § 986 (lesen Sie § 986 I 1 und II).

■ Was folgt daraus, wenn Sie wissen, dass K die Herausgabe gegenüber V verweigern könnte?
▶ K kann die Herausgabe auch gegenüber D verweigern! Aufgrund ihres erworbenen Anwartschaftsrechts wird K mit Zahlung der letzten Rate Eigentümer.

Die Übereignung der Kamera-Drohne von V an D ist unwirksam. Dies ergibt sich übrigens auch ausdrücklich aus einer Vorschrift des Allgemeinen Teils des BGB, aus § 161 I 1 (lesen!).

§ 161 I 1 schützt, ohne dass dies ausdrücklich formuliert ist, auch den Eigentumsvorbehaltskäufer[113], der ein Anwartschaftsrecht erworben hat.

84 Was wir bisher über den Eigentumsvorbehalt gehört haben, betraf den sog. »einfachen Eigentumsvorbehalt«, den der Gesetzgeber in § 449 geregelt hat. Daneben gibt es noch einige Sonderformen[114] des Eigentumsvorbehalts, von denen ich Ihnen – ohne in diesem begrenzten Rahmen ausführlicher darauf einzugehen – nur drei der häufigsten noch kurz vorstellen möchte, den **verlängerten**, den **weitergeleiteten** sowie den **erweiterten Eigentumsvorbehalt.**[115]

112 **Anspruch aus § 546 oder § 812! Der sachenrechtliche Anspruch aus § 985 ist nach hM nicht abtretbar;** vgl. Palandt/*Bassenge* § 931 Rn. 3.

113 HK-BGB/*Dörner* § 161 Rn. 2; BeckOK BGB/*Faust* § 449 Rn. 8.

114 Ausführlich dargestellt bei *Reinicke/Tiedtke* KaufR Rn. 1344 ff. – dort auch sehr interessant der nachfolgende Abschnitt »Pool-Vereinbarungen«, Rn. 1409 ff.

115 *Reinicke/Tiedtke* KaufR Rn. 1361 ff.

c) Verlängerter Eigentumsvorbehalt

Beim verlängerten Eigentumsvorbehalt gestattet der Verkäufer (V) dem Käufer (K), 85
die unter Eigentumsvorbehalt gelieferte Ware weiterzuverkaufen und dem Zweiterwerber (Z) das Eigentum zu übertragen, indem er in die Eigentumsübertragung nach § 185 I (lesen!) einwilligt (zur Erinnerung: Die Legaldefinition der Einwilligung befindet sich in § 183 S. 1). Da V so die Sicherheit verliert, die er sich durch den Eigentumsvorbehalt verschafft hatte, »verlängert« er seinen Eigentumsvorbehalt, indem er sich die Kaufpreisforderung des K gegen Z aus dem Weiterverkauf abtreten lässt. Zur Verdeutlichung eine kleine Skizze:

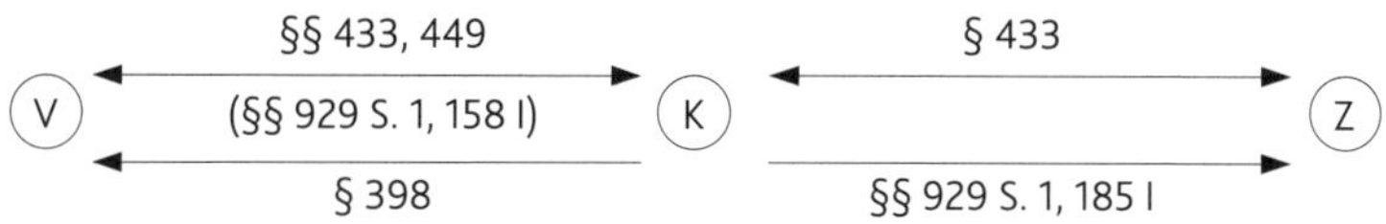

d) Weitergeleiteter Eigentumsvorbehalt

Beim weitergeleiteten Eigentumsvorbehalt verkauft der Eigentumsvorbehaltskäufer 86
(K) die Sache weiter, übergibt sie und teilt seinem Abkäufer (A) mit, dass er die Sache vom Verkäufer V unter Eigentumsvorbehalt iSv § 449 erworben hat. A wird erst dann Eigentümer der Sache, wenn K gegenüber V seine Verbindlichkeiten aus dem Eigentumsvorbehaltskauf erfüllt hat:

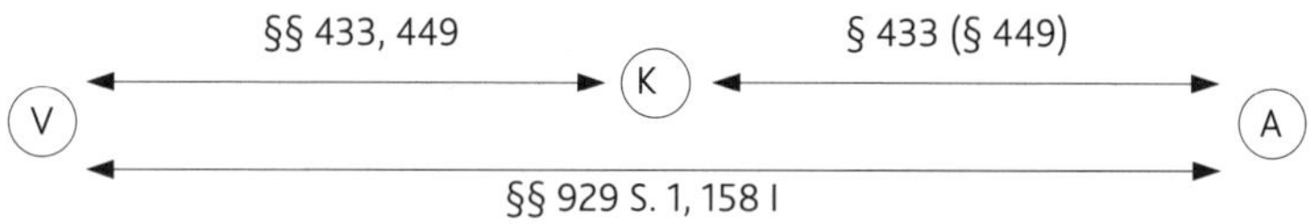

e) Erweiterter Eigentumsvorbehalt

Beim erweiterten Eigentumsvorbehalt vereinbaren Verkäufer und Käufer, dass das 87
Eigentum an der Kaufsache nicht schon bei Zahlung der letzten Kaufpreisrate übergehen soll, sondern erst dann, wenn der Käufer sämtliche aus der Geschäftsverbindung mit dem Verkäufer herrührenden Verbindlichkeiten getilgt hat.

Wenn der Eigentumsübergang auch von der Bezahlung künftiger offener Forderungen des Verkäufers gegen den Käufer abhängig gemacht wird, liegt ein sog. **Kontokorrenteigentumsvorbehalt** vor.[116]

Sofern nicht nur die Forderungen des Vorbehaltsverkäufers gegen den Vorbehaltskäufer gesichert sind, sondern auch die anderer Lieferanten des Vorbehaltskäufers, die dem gleichen Konzern angehören wie der Vorbehaltsverkäufer, spricht man von einem **Konzern(eigentums)vorbehalt**[117]. Eine solche Vereinbarung des Eigentumsvorbehalts ist gem. § 449 III nichtig.

Wiederholen Sie das zum Eigentumsvorbehalt Gelernte anhand der folgenden Übersicht 4 (Teil 2).

---

116 Vgl. dazu *Brox/Walker* SchuldR BT § 7 Rn. 32 mit Hinweis auf die Bedenken, die gegen diese Art des den Käufer benachteiligenden Eigentumsvorbehalts geltend gemacht werden.
117 Hierzu MüKoBGB/*Westermann* § 449 Rn. 85 f.

Übersicht 4 (Teil 2)

88 **Eigentumsvorbehalt**

I. Inhalt (Voraussetzungen und Rechtsfolgen)

1. Wirksamer Kaufvertrag über bewegliche Sache gem. § 433; Zahlung des vollen Kaufpreises folgt später (ggf. Raten).
2. Eigentumsübertragung gem. § 929 S. 1 unter aufschiebender Bedingung gem. § 158 I (§ 449 I).
3. Bedingung betrifft Einigung nach § 929 S. 1: Eigentum soll erst an den Käufer übergehen, wenn Kaufpreis vollständig bezahlt ist (Verkäufer gewährt Kredit!).
4. Übergabe nach § 929 S. 1 erfolgt sofort: Käufer wird Besitzer und kann die Sache nutzen.

II. Vorteile für den Verkäufer

1. Durch Kreditgewährung Förderung der Kaufbereitschaft (= wirtschaftlicher Vorteil)
2. Bei Zahlungsverzug des Käufers (§ 449 II)

nach Fristsetzung → **Rücktritt** § 323 → möglich (= rechtlicher Vorteil)

↓

§§ 346 ff.

III. Vorteile für den Käufer

1. Käufer kann die Sache nutzen, ohne schon bezahlt zu haben (= wirtschaftlicher Vorteil)
2. Käufer erwirbt → **Anwartschaftsrecht** → auf Eigentumserwerb (= rechtlicher Vorteil)

»Werdendes Eigentum«

»Wesensgleiches Minus« zum Eigentum

Selbstständiges, dingliches Recht

↓

Kann entsprechend §§ 929 ff. wie Eigentum übertragen (auch verpfändet) werden.

Schutz des Anwartschaftsrechts:

↓

§ 161 I 1

↓

Nochmalige Verfügungen des Verkäufers über sein Eigentum (zB gem. § 931) sind unwirksam!

IV. Sonderformen des Eigentumsvorbehalts

Verlängerter Eigentumsvorbehalt:
Verkäufer gestattet Weiterverkauf der Ware durch Käufer (Einwilligung in die Eigentumsübertragung gem. § 185 I) und lässt sich die Kaufpreisforderungen im Voraus zur Sicherung abtreten (vgl. §§ 398 ff.).
Weitergeleiteter und erweiterter Eigentumsvorbehalt: → Rn. 86 und → Rn. 87.

2. Kauf als Teilzahlungsgeschäft

Wie Sie an den Fällen zum Eigentumsvorbehalt gesehen haben, gewährt der Eigentumsvorbehaltsverkäufer dem Käufer regelmäßig einen (Waren-)Kredit, indem er ihm die Ware bereits zur Nutzung überlässt, ihm aber die Zahlung des Kaufpreises stundet, ihm also gestattet, den Kaufpreis später zu zahlen. Erfolgt diese Zahlung in mehreren Raten, spricht man grundsätzlich von einem »Abzahlungskauf« bzw. »Teilzahlungskauf«. Dieser gehört zu den Teilzahlungsgeschäften, die seit 11.6.2010 in § 506 III definiert sind. Es gelten für diese besondere Regelungen, vor allem zum Schutz des Verbrauchers. 89

Da der Verkäufer sich nicht sicher sein kann, ob die Raten pünktlich oder überhaupt gezahlt werden, geht er ein nicht unerhebliches Risiko ein, zumal er befürchten muss, im Falle des Rücktritts (§ 323) die noch in seinem Eigentum stehende Kaufsache in mehr oder minder stark abgenutztem Zustand zurückzubekommen. Der Verkäufer versucht deshalb oft, sich durch harte Vertragsbedingungen vor Verlusten zu schützen. So zum Beispiel, dass alle geleisteten Teilzahlungen verfallen, wenn der Käufer mit einer geringen Kaufpreisrate im Rückstand ist.

Um zu verhindern, dass der Verkäufer im Vertrag die mit dem Teilzahlungsgeschäft verbundenen Risiken umfassend auf den Käufer abwälzt, hat der Gesetzgeber sehr frühzeitig (1894) das Abzahlungsgesetz geschaffen.

Das Abzahlungsgesetz[118] hatte in erster Linie den Zweck, den in der Regel sozial- und finanzschwächeren Käufer zu schützen. An die Stelle des Abzahlungsgesetzes trat das Verbraucherkreditgesetz v. 17.12.1990.[119] Mit Wirkung v. 1.1.2002 ist das Verbraucherkreditgesetz im Zuge der Schuldrechtsreform außer Kraft getreten und in das BGB integriert worden (unter anderem: §§ 491 ff.).

Die Teilzahlungsgeschäfte sind gesetzessystematisch nicht bei den besonderen Arten des Kaufs, sondern neben dem Darlehensvertrag und den Ratenlieferungsverträgen als eine Art der Finanzierungshilfe eingeordnet (§§ 506 III, 507 und 508 lesen!). Im Gegensatz zum alten Abzahlungsgesetz erfassen diese Vorschriften nicht nur **Kaufverträge**, die mit einer Kreditgewährung verbunden sind, sondern alle Arten von Finanzierungshilfen. Einige dieser neuen Vorschriften werden daher erst im Anschluss an den allgemeinen (Geld-)**Darlehensvertrag** erläutert.[120]

3. Kauf auf Probe

Lesen Sie zunächst § 454 ganz!

Beim Kauf auf Probe (oder auf Besichtigung) wird zwischen Verkäufer und Käufer vereinbart, dass die Billigung des gekauften Gegenstands[121] im Belieben des Käufers steht (§ 454 I 1). Die Wirksamkeit des Kaufvertrags ist also von einer zusätzlichen Willenserklärung des Käufers in Form der Billigung abhängig. Im Zweifel ist der Kaufvertrag unter einer aufschiebenden Bedingung (§ 158 I) geschlossen (§ 454 I 2). 90

118 Mit seinen Novellen von 1969 und 1974.
119 BGBl. 1990 I 2840.
120 → Rn. 239 ff.
121 Zum Begriff des »Gegenstands« iSd BGB vgl. zur Erinnerung *Wörlen/Metzler-Müller* BGB AT Rn. 95 f.!

Beispiel: K hat von V ein Notebook »auf Probe« gekauft und zur Besichtigung mit nach Hause genommen. Ohne jegliches Verschulden (»Zufall«) wird das Notebook am nächsten Tag durch einen elektrischen Kurzschluss vernichtet. K teilt dem V daraufhin sofort mit, dass er den Kauf nicht billige. V verlangt Bezahlung des Kaufpreises.

■ Wie würden Sie entscheiden?

▶ Da K das Notebook ausdrücklich »auf Probe« gekauft hat, ist die aufschiebende Bedingung der Billigung noch nicht eingetreten, sodass der Kaufvertrag noch nicht wirksam war. Somit ist trotz der Übergabe des Notebooks die »Gefahr des zufälligen Untergangs« (§ 446 S. 1 – noch gewusst?) noch nicht auf K übergegangen. K muss nicht den Kaufpreis zahlen!

91 Sofern eine Vereinbarung zwischen Verkäufer und Käufer Zweifel aufkommen lässt, ob tatsächlich ein »Kauf auf Probe« (oder ein sog. »Prüfungskauf« oder ein »Kauf mit Umtauschvorbehalt«[122]) vorliegt, muss dies durch Auslegung (§§ 133, 157)[123] ermittelt werden.

92 Gemäß § 455 S. 1 muss sich der Käufer innerhalb der vereinbarten oder – falls nichts vereinbart wurde – innerhalb einer angemessenen Frist erklären. Sein Schweigen »gilt« gem. § 455 S. 2 als Billigung. Wie lange der Käufer »angemessen schweigen« darf, wird leider nicht geregelt. In Analogie[124] zu §§ 108 II 2 und 177 II 2 können wir von zwei Wochen ausgehen.

4. Wiederkauf

93 Beim Wiederkauf wird vereinbart, dass der Verkäufer unter bestimmten Voraussetzungen und Bedingungen berechtigt ist, den Kaufgegenstand zurück zu erwerben (lesen Sie § 456 I). Der Verkäufer behält sich also das gesetzlich geregelte Recht vor, von dem Käufer, der die Sache erneut verkaufen will, diese sozusagen »privilegiert« zurückzukaufen. Für diesen neuen Kaufvertrag[125] gilt gem. § 456 II derselbe Preis, zu dem der Käufer zuvor erworben hat. Der Wiederkauf ist mithin der vorbehaltene Rückkauf des verkauften Gegenstands (!) durch den Verkäufer. Die Parteien des Wiederkaufs entsprechen demnach grundsätzlich denen des vorausgegangenen Kaufvertrags.[126] Lesen Sie bei Bedarf die §§ 456–462 einmal ganz durch. Die Praxis- und Klausurrelevanz des Wiederkaufs ist relativ gering.[127] Der Wiederkauf ähnelt, aber unterscheidet sich vom

5. Vorkauf

94 Lesen Sie § 463!

■ **Fragen dazu:** Wer ist »Berechtigter« im Sinne dieser Vorschrift, wer ist »Verpflichteter«, und worin besteht ein Unterschied zum Wiederkauf?

122 Zur Abgrenzung: *Brox/Walker* SchuldR BT § 7 Rn. 44.
123 Vgl. dazu *Wörlen/Metzler-Müller* BGB AT Rn. 160 ff.
124 Hierzu *Wörlen/Metzler-Müller* BGB AT Rn. 173, 176.
125 Vgl. *Medicus/Lorenz* SchuldR BT Rn. 317.
126 Jauernig/*Berger* § 456 Rn. 1.
127 Bei Mehrwissensbedarf vgl. *Brox/Walker* SchuldR BT § 7 Rn. 45 ff.; *Medicus/Lorenz* SchuldR BT Rn. 317 ff.

- Berechtigter ist der Käufer, Verpflichteter ist der Verkäufer, und der Unterschied zum Wiederkauf besteht darin, dass der Verkäufer inzwischen »in Ansehung eines« Gegenstands mit einem **Dritten** einen Kaufvertrag geschlossen hat: Das Vorkaufsrecht hat der Käufer; das Wiederkaufsrecht der frühere Verkäufer!

Der Vorkauf ist also eine Befugnis, einen Gegenstand(!) von einem anderen (dem vorkaufsverpflichteten ehemaligen Verkäufer) käuflich zu erwerben, sobald dieser den Gegenstand[128] an einen Dritten verkauft.

Worin liegt nun die praktische Bedeutung dieses Vorkaufsrechts iSd §§ 463–473? Dazu ein 95

Beispiel:[129] Vermieter V vermietet ein Haus an den Mieter M. In dem Mietvertrag wird ein Vorkaufsrecht nach § 463 für M vereinbart. Später muss M erfahren, dass V das Haus für 200.000 EUR an K verkauft hat, der inzwischen als Eigentümer im Grundbuch eingetragen worden ist. Welchen Anspruch hat M?

Beim **schuldrechtlichen** Vorkauf hat der Vorkaufsberechtigte (Käufer) gegenüber dem **Dritten**, mit dem der Verkäufer den neuen Kaufvertrag geschlossen hat, **keinen Anspruch**:

Bei den §§ 463 ff. handelt es sich um ein **persönliches** Vorkaufsrecht, das sich nur gegen den Vorkaufsverpflichteten (Verkäufer) richtet. Bei einem Grundstück kommt jedoch auch ein **dingliches** Vorkaufsrecht (§§ 1094 ff.) in Betracht, das durch Einigung und Eintragung im Grundbuch (§§ 873, 1094 – lesen) entsteht und auch gegen den **Dritten** wirkt.[130]

Beim **schuldrechtlichen** Vorkaufsrecht iSd §§ 463 ff. kann sich der vorkaufsberechtigte Käufer also nicht darauf verlassen, dass er den Kaufgegenstand erwirbt, wenn der Vorkaufsverkäufer diesen auf einen Dritten überträgt.

In dem beschriebenen Beispiel kann M nicht mit Erfolg gegen K vorgehen. Um dies zu vermeiden, hätte M das schuldrechtliche Vorkaufsrecht durch die Eintragung einer Vormerkung iSv § 883 im Grundbuch absichern müssen.[131]

In diesem Fall wäre der Erwerb des K ihm gegenüber unwirksam (vgl. § 883 II). Er könnte von V die Auflassung (§ 925) und von K die Zustimmung verlangen, dass er (M) im Grundbuch als Eigentümer eingetragen wird (vgl. § 888).

Eine andere Möglichkeit der Sicherung wäre die Eintragung eines **dinglichen** Vorkaufsrechts ins Grundbuch (§ 1098), das eine unmittelbare Belastung des Grundstücks zur Folge hat.[132]

IV. Verbrauchsgüterkauf

Die Vorschriften der §§ 474–479 wurden im Rahmen der Schuldrechtsreform aufgrund der 96
»Richtlinie 1999/44/EG des Europäischen Parlaments und des Rats v. 25.5.1999 zu bestimmten Aspekten des Verbrauchsgüterkaufs und der Garantien für Verbrauchsgüter«[133] ins BGB über-

128 Zum dinglichen Vorkaufsrecht vgl. *Wörlen/Kokemoor* SachenR Rn. 378 ff.
129 Nach *Brox/Walker* SchuldR BT § 7 Rn. 49 Fall i.
130 *Brox/Walker* SchuldR BT § 7 Rn. 55.
131 Vgl. *Wörlen/Kokemoor* SachenR Rn. 239 ff.
132 Palandt/*Weidenkaff* Vorb v. § 463 Rn. 7.
133 Sog. Verbrauchsgüterkaufrichtlinie, ABl. 1999 L 171, 12, unter anderem abgedruckt in NJW 1999, 2421.

nommen. Diese Richtlinie war vom deutschen Gesetzgeber zum 1.1.2002 – also zeitgleich mit der Einführung des Euro als Bargeld – in nationales Recht umzusetzen. Das Europäische Verbraucherschutzrecht greift immer tiefer in die gewachsenen Strukturen der nationalen Zivilrechtsordnungen ein, um die Harmonisierung des Europäischen Privatrechts zu beschleunigen. Möglicherweise kann es als »Speerspitze« oder »Katalysator« eines Europäischen Zivilgesetzbuchs (EZGB) dienen.[134]

1. Begriff und Anwendungsbereich

97 Ein Verbrauchsgüterkauf liegt gem. § 474 I 1 (lesen!) vor, wenn ein Verbraucher von einem Unternehmer eine bewegliche Sache kauft. Kaufverträge über Grundstücke oder Rechte werden nicht erfasst. Es spielt allerdings keine Rolle, ob die Kaufsache zum Verbrauch bestimmt ist. Deshalb wäre ein besserer Ausdruck als »Verbrauchsgüterkauf« der Begriff »Verbraucherkauf«.[135]

Durch Gesetz vom 20.9.2013[136] wurde § 474 mit Wirkung v. 13.6.2014 neu gefasst. Es liegt gem. § 474 I 2 auch dann ein Verbrauchsgüterkauf vor, wenn der Vertrag neben dem Verkauf einer beweglichen Sache die Erbringung einer Dienstleistung durch den Unternehmer zum Gegenstand hat.

Beispiele:[137] Der Unternehmer übernimmt die Montage oder Installation der Kaufsache beim Verbraucher (= Käufer) bzw. passt diese Sache an; sonstige Handreichungen.

Verbraucher (Normalfall des alltäglichen Kaufvertrags) ist nach § 13 jede natürliche Person, die ein Rechtsgeschäft zu einem Zweck vornimmt, der überwiegend[138] weder ihrer gewerblichen noch ihrer selbstständigen beruflichen Tätigkeit zugerechnet werden kann. Aus der negativen Formulierung der Ausschlussgründe »weder ... noch« leitet der BGH ab, dass die Verbrauchereigenschaft bei einer natürlichen Person im Zweifel zu bejahen ist.[139]

Im Sinne der Definition von § 14 ist **Unternehmer** jede natürliche und juristische Person oder rechtsfähige Personengesellschaft (zB KG; OHG), die am Markt planmäßig und dauerhaft Leistungen gegen ein Entgelt anbietet.[140] Dazu gehören der Einzelhandelskaufmann, Wissenschaftler, Künstler, Landwirte, Freiberufler (Ärzte, Rechtsanwälte), Bauunternehmer, Autovermieter, Werbeagenturen.[141]

Liegt ein Verbrauchsgüterkauf iSv § 474 I 1 vor, so gelten nach § 474 II 1 die Sondervorschriften der §§ 474–479 ergänzend, also neben den »allgemeinen« kaufrechtlichen Vorschriften der §§ 433 ff.

98 ■ Welche Kaufverträge fallen sowohl hinsichtlich des sachlichen als auch des persönlichen Anwendungsbereichs **nicht** unter den Begriff des Verbrauchsgüterkaufs iSv § 474 I 1?

▶ Ein Verbrauchsgüterkauf liegt danach **nicht** vor, wenn
(1) ein Grundstück Gegenstand des Kaufvertrags ist,

134 *Schäfer,* Studienbuch Europarecht – Das Wirtschaftsrecht der EG, 3. Aufl. 2006, § 16 (vor I).
135 So auch *Brox/Walker* SchuldR BT § 7 Rn. 3.
136 BGBl. 2013 I 3642, 3652 f.
137 BT-Drs. 17/12637, 69; Palandt/*Weidenkaff* § 474 Rn. 3.
138 Die Einfügung von »überwiegend« erfolgte ebenfalls mit Gesetz v. 20.9.2013, BGBl. 2013 I 3642, mit Wirkung v. 12.6.2014.
139 BGH NJW 2009, 3780 (3781).
140 BGH NJW 2006, 2250.
141 jurisPK-BGB/*Martinek* § 14 Rn. 7 mwN.

(2) ein Unternehmer mit einem Unternehmer einen Kaufvertrag schließt,
(3) ein Verbraucher mit einem Verbraucher einen Kaufvertrag schließt
oder wenn
(4) ein Verbraucher eine bewegliche Sache an einen Unternehmer verkauft.

■ Wenn Sie die zitierten Legaldefinitionen des Verbrauchers und des Unternehmers in den §§ 13 und 14 nochmals lesen, werden Sie allerdings feststellen können, dass die Ausnahmen vom Anwendungsbereich der §§ 474 ff. von relativ geringer Bedeutung sind. Warum wohl?

▶ Bei der weit überwiegenden Zahl der Kaufverträge des täglichen Lebens handelt es sich um Verbrauchsgüterkäufe, da meistens ein Verbraucher eine bewegliche Sache von einem Unternehmer kauft.

Eine weitere Einschränkung des Anwendungsbereichs der §§ 474 ff. findet sich in § 474 II 2. Die §§ 474 ff. finden keine Anwendung, wenn **gebrauchte** Sachen in öffentlichen Versteigerungen (vgl. § 383 III) veräußert werden, an denen der Verbraucher persönlich teilnehmen kann. Bei solchen Versteigerungen – wie etwa von Fundsachen – erscheint der Verbraucherschutz dem Gesetzgeber entbehrlich. 99

■ Wie würden Sie entscheiden? Ist ein sechs Monate altes Fohlen »gebraucht« iSd § 474 II 2?

▶ Sie wissen hoffentlich noch, dass Tiere zwar keine Sachen und demzufolge auch keine »Verbrauchsgüter« sind, jedoch die dafür geltenden Vorschriften auf Tiere entsprechend anzuwenden sind (§ 90a S. 3).[142] Die Unterscheidung zwischen »neuen« und »gebrauchten« Tieren – in der Praxis handelt es sich meist um Pferde – ist für die Frage von Bedeutung, ob beim Verkauf eines Tieres durch einen Unternehmer an einen Verbraucher die zweijährige Verjährungsfrist für Mängelansprüche des Käufers (§ 438 I Nr. 3, II BGB) auf ein Jahr abgekürzt werden kann, was nur beim Verkauf gebrauchter Sachen oder Tiere möglich ist (§§ 475 II).
Der BGH[143] hat entschieden, dass Tiere, die verkauft werden, nicht generell als »gebraucht« anzusehen sind. Ein Tier, das im Zeitpunkt des Verkaufs noch jung (sechs Monate altes Hengstfohlen) und bis zum Verkauf nicht benutzt (als Reittier oder zur Zucht verwendet) worden ist, ist nicht »gebraucht«.

Allerdings soll der Verbraucherschutz bei öffentlichen Versteigerungen, in denen eine Sache aufgrund eines Pfandrechts als Pfand verkauft wird, wieder aufleben, wenn die Haftung des Verkäufers (Unternehmers) wegen Mangelhaftigkeit der Sache auf Arglist beschränkt wäre. Daher gilt § 445, der eine solche Haftungsbeschränkung enthält, gem. § 474 V 2 für den Verbrauchsgüterkauf nicht.

Das wird verständlicher, wenn man sich den Zweck der Haftungsbeschränkung des § 445 verdeutlicht: Dem Verkäufer ist bei einer öffentlichen Versteigerung die gewöhnliche Sachmängelhaftung nicht zumutbar, da er beim Pfandkauf die regelmäßig fremde Sache nicht so kennt, wie es beim normalen Kauf sonst vorausgesetzt wird.[144]

Da diese Haftungsbeschränkung den Schutz des Käufers gegen Sachmängel vermindert, soll beim Verbrauchsgüterkauf der erweiterte Schutz des Käufers als Verbraucher wiederhergestellt werden, indem § 445 gem. § 474 V 2 keine Anwendung findet.

---

142 Falls nicht mehr gewusst: *Wörlen/Metzler-Müller* BGB AT Rn. 45 lesen.
143 BGH NJW 2007, 674.
144 Palandt/*Weidenkaff* § 445 Rn. 2.

2. Nutzungsersatz

100 Sofern der Verkäufer einer mangelhaften Sache dem Käufer zum Zwecke der Nacherfüllung eine mangelfreie Sache liefert, kann er von diesem nach den §§ 346–348 die Rückgabe der mangelhaften Sache verlangen (vgl. § 439 IV). Nach § 346 I ist der Käufer dann nicht nur verpflichtet, die mangelhafte Sache zurückzugewähren, sondern er muss auch die gezogenen Nutzungen herausgeben. Allerdings ist der Käufer beim Verbrauchsgüterkauf entgegen der Vorschrift des § 346 I (lesen!) nicht zur Herausgabe oder zum Ersatz der bisher gezogenen Nutzungen (Definition: § 100) verpflichtet. Dies regelt § 474 V 1, der durch Art. 3 II–IV der unter → Rn. 96 genannten sog. Verbrauchsgüterrichtlinie vorgegeben wurde.

»Anlass« für diese Gesetzesänderung war folgender Fall:

Die Käuferin K bestellte für ihren privaten Gebrauch beim Händler V ein sogenanntes »Herd-Set« zum Preis von 524,90 EUR. Innerhalb der Gewährleistungsfrist stellte K fest, dass sich aufgrund eines Herstellungsfehlers an der Innenseite des zu dem »Herd-Set« gehörenden Backofens die Emaille-Schicht abgelöst hatte. Da eine Reparatur des Gerätes nicht möglich war, tauschte V den Backofen vereinbarungsgemäß aus. Das ursprünglich gelieferte Gerät gab die K zurück. Für dessen Nutzung verlangte V eine Vergütung von 69,97 EUR.

Nach bis zum 15.12.2008 geltendem Recht hätte K diesen Betrag gem. § 346 I zahlen müssen. Auch hier hat der EuGH ein »Machtwort« gesprochen und einen Verstoß dieser Vorschrift gegen die Verbrauchsgüterrichtlinie festgestellt,[145] was schließlich den deutschen Gesetzgeber zu einer Gesetzesänderung veranlasste ...[146]

Sofern allerdings der Verbraucher keine Nacherfüllung verlangt, sondern vom Vertrag zurücktritt, muss er im Rahmen der Rückabwicklung auch die Nutzungen an den Verkäufer nach § 346 I herausgeben.[147]

3. Sonderregelungen für den Versendungskauf

101 Beim Versendungskauf geht die Gefahr des zufälligen Untergangs der Kaufsache entgegen § 446 nicht erst mit Übergabe der Sache auf den Käufer über, sondern grundsätzlich schon mit deren Absendung (§ 447 I). Die Anwendbarkeit des § 447 I wird durch § 474 IV beim Verbrauchsgüterkauf eingeschränkt: Die Gefahr des zufälligen Untergangs und der zufälligen Verschlechterung geht beim Verbrauchsgüterkauf nur dann bereits mit der Auslieferung an die zur Versendung bestimmte Person auf den Käufer über, wenn dieser die vorgenannte Person oder Anstalt mit der Ausführung beauftragt hat und der Unternehmer dem Käufer diese Person oder Anstalt nicht zuvor benannt hat. In diesem Fall ist der Beförderer der Sphäre des Verbrauchers (= Käufers) zuzurechnen. Ansonsten bleibt es bei der in § 446 getroffenen Regel. Danach tritt der **Gefahrübergang erst mit** der **Übergabe** der Sache an den Käufer (oder wenn dieser im Annahmeverzug ist) ein und nicht bereits mit der Auslieferung an die zur Versendung bestimmte Person.

---

145 EuGH NJW 2008, 1433.

146 Art. 5 des Gesetzes v. 10.12.2008, BGBl. 2008 I 2399.

147 Der Nutzungswertersatz steht bei Rücktritt im Einklang mit EU-Recht, vgl. BGHZ 182, 241 = NJW 2010, 148.

Ist der Käufer, was überwiegend der Fall sein wird, Verbraucher und bestellt er eine bewegliche Sache bei einem Versandhaus, bleibt also die Preisgefahr[148] beim Verkäufer, dh die Sache reist auf Gefahr des Unternehmers – sofern nicht die in § 474 IV genannte Sonderkonstellation vorliegt: Das Risiko, den Preis bei zufälligem Untergang der Sache nicht zu erhalten, verbleibt bei ihm. Wird die Kaufsache also durch Zufall (= weder durch Verschulden des Unternehmers noch des Verbrauchers) zerstört, muss der Verbraucher den Kaufpreis nicht zahlen.

Diese Regelung stellt gegenüber dem früher geltenden Recht eine wesentliche Vereinfachung dar, da damit für den Verbrauchsgüterkauf die Probleme der sog. »Drittschadensliquidation« entfallen sind.

Da sich diese Problematik allerdings beim Kaufvertrag zwischen zwei Verbrauchern oder beim Verkauf von Verbraucher an Unternehmer noch stellen kann, wird sie an späterer Stelle (→ Rn. 474 ff.) anhand eines Übungsfalls zur »Drittschadensliquidation« erklärt.

4. Vertragliche Einschränkung der Mängelrechte

Gemäß § 475 I 1 kann sich der Unternehmer nicht auf Vereinbarungen berufen, die zum Nachteil des Verbrauchers **vor Mitteilung eines Mangels** getroffen wurden und die Gewährleistungsrechte des Verbrauchers beschränken. Da die §§ 307–309 – welche die Inhaltskontrolle von Allgemeinen Geschäftsbedingungen regeln[149] – nicht sämtliche Individualverträge zwischen Unternehmern und Verbrauchern erfassen, bedürfen sie einer Ergänzung. Diese Funktion übernimmt § 475 I 1, der auf diejenigen Vorschriften des Kaufrechts Bezug nimmt, deren Inhalt durch die Umsetzung der Verbrauchsgüterrichtlinie bestimmt ist. 102

Von den in § 475 I 1 genannten §§ 433–435, 437, 439–443 kann also nicht durch Individualvereinbarungen abgewichen werden. Dies hat unter anderem folgende praktische Konsequenzen: Die Parteien können nicht vereinbaren, dass etwas nicht als Sach- oder Rechtsmangel anzusehen ist. Die Rechte des Käufers, bei Vorliegen eines Mangels Nachbesserung zu verlangen (§§ 437 Nr. 1, 439), vom Vertrag zurückzutreten oder den Kaufpreis zu mindern (§§ 437 Nr. 2, 440, 441), können nicht ausgeschlossen oder beschränkt werden. Eine Ausnahme von dem absolut zwingenden Charakter der gesetzlichen Käuferrechte macht § 475 III für den Schadensersatzanspruch (§§ 437 Nr. 3, 1. Var., 440, 280 ff.), der eine Kontrolle über die §§ 307–309 und ggf. § 444 ausreichen lässt (Vorschriften lesen!). Dadurch, dass der Nacherfüllungsanspruch des Käufers nicht ausgeschlossen werden kann, ist der Käufer ausreichend abgesichert.

Gemäß § 475 II darf die grundsätzlich dispositive Verjährungsfrist des § 438 für **neue** Sachen vertraglich **nicht auf weniger als zwei Jahre und für gebrauchte Sachen nicht auf weniger als ein Jahr** verkürzt werden. Darüber hinaus ist nach § 475 II nicht nur eine ausdrücklich vereinbarte Verjährungsfrist unwirksam, sondern auch sonstige Vereinbarungen (= **durch Rechtsgeschäft**) sind unwirksam, wenn sie im Ergebnis eine kürzere als die gesetzliche Verjährungsfrist zur Folge haben. Das wäre zB bei Vorverlegung (= **vor Ablieferung** der Sache) des Verjährungsbeginns denkbar. Allerdings kann eine entsprechende Vereinbarung **nach** Mitteilung des Mangels an den Unternehmer getroffen werden. 103

148 Vgl. zur »Preisgefahr« *Wörlen/Metzler-Müller* SchuldR AT Rn. 324 ff., dort insbes. Übungsfall 19, Rn. 329 ff.

149 Vgl. dazu *Wörlen/Metzler-Müller* SchuldR AT Rn. 50 ff.

Auch Tiere, insbesondere Vieh, fallen unter diese Verjährungsfristen.[150]

Das war nach altem Recht anders. Für Vieh iSv § 481 aF (= Pferde, Esel, Maulesel, Rindvieh, Schafe und Schweine) enthielten die §§ 482–492 aF Sonderregelungen über die Gewährleistung beim Viehkauf. Danach hatte der Verkäufer gem. § 482 I aF nur bestimmte Fehler (= **Hauptmängel**) zu vertreten, wenn sie sich innerhalb bestimmter Gewährleistungsfristen zeigten. Gemäß § 490 I 1 aF betrug die Gewährleistungsfrist sechs Wochen.

Nach der Generalisierung der Verjährungsfrist gem. § 438 iVm § 475 II stellt sich nunmehr die Frage, wann ein Tier »gebraucht« oder »neu« ist. Wann ist zB ein Reitpferd gebraucht? Zwangsläufig muss ein »neues« Reitpferd schon einmal »gebraucht« worden sein! Das bedeutet, dass Tiere verjährungsrechtlich nicht generell wie gebrauchte Sachen behandelt werden dürfen (→ Rn. 99).[151] Die Neuregelung will an der Rechtsprechung zu der Frage, unter welchen Voraussetzungen Tiere als »neu« anzusehen sind, nichts ändern. So werden auch künftig und im Zusammenhang mit § 475 II etwa junge Haustiere oder lebende Fische als »neu« angesehen werden müssen.

5. Beweislastumkehr

104 Nach allgemeinen Beweislastregeln (vgl. § 363 – lesen!) müsste eigentlich der Käufer den für ihn – als Voraussetzung seines Gewährleistungsanspruchs – günstigen, im Regelfall jedoch nur schwer nachweisbaren Umstand beweisen, dass ein Mangel der Kaufsache bereits bei deren Übergabe vorlag. Nach § 476 gilt beim Verbrauchsgüterkauf innerhalb der ersten sechs Monate eine Beweislastumkehr zugunsten des Käufers (Verbrauchers). Diese Vorschrift beruht auf den Vorgaben der Verbrauchsgüterkaufrichtlinie und trägt der Erfahrung Rechnung, dass der Unternehmer in der Regel die besseren Beweismöglichkeiten hinsichtlich der Mangelfreiheit bei Gefahrübergang hat als der Verbraucher. Bei einem Sachmangel wird **vermutet**, dass die Sache bereits bei Gefahrübergang mangelhaft war, es sei denn, diese Vermutung ist mit der Art der Sache oder des Mangels unvereinbar. Die Vermutung der Mangelhaftigkeit gilt also nicht für solche Fälle, in denen es **ausgeschlossen** scheint, dass der Mangel bereits bei Übergabe der Kaufsache vorlag.

105 Mit der **Art der Sache** wird die Vermutung des Mangels vor allem bei **gebrauchten Sachen** unvereinbar sein. Bei diesen besteht schon wegen des sehr unterschiedlichen Grades der Abnutzung kein entsprechender allgemeiner Erfahrungsgrundsatz dafür, dass der Mangel schon bei der Übergabe vorlag.

> **Beispiel:** Verbraucher K kauft im Januar vom Autohaus V einen neuen Pkw. Zwei Monate später tritt bei starkem Regen Wasser ein, weil sich die Dichtungen an den Türrahmen ablösen. Hier spricht die Vermutung des § 476 für eine bereits bei Übergabe des Pkw mangelhafte Qualität der Dichtungen bzw. ihrer Verklebung.[152]

106 Mit der **Art des Mangels** wird die Vermutung zB häufig bei **Tierkrankheiten** unvereinbar sein, weil wegen der Ungewissheit über den Zeitraum zwischen Infektion und Ausbruch der Krankheit nicht immer sicher ist, ob eine Ansteckung bereits vor oder erst nach Lieferung des Tieres an den Käufer erfolgt ist.[153]

---

150 Palandt/*Weidenkaff* § 475 Rn. 11.
151 Hierzu Palandt/*Weidenkaff* § 475 Rn. 11 mwN.
152 BT-Drs. 14/6040, 245.
153 BT-Drs. 14/6040, 245 (»Zu § 475 – Beweislastumkehr«).

Ebenso wird die Vermutung auch bei leicht verderblichen Sachen, wie etwa Lebensmitteln, nur schwer aufrecht zu erhalten sein.

Im Übrigen hat der Verkäufer die Möglichkeit, die Vermutung zu widerlegen.

Beispiel: Wandeln wir das eben genannte Beispiel dahingehend ab, dass die Dichtungen zahlreiche Einschnitte und mechanische Beschädigungen aufweisen: Hier kann die Vermutung widerlegt werden, da sie mit der Art des Mangels unvereinbar ist.

6. Sonderregelungen für Garantieübernahme

Beim Verbrauchsgüterkauf gibt es in § 477 Sonderbestimmungen für Garantien. Die 107
Garantie ist in § 443 geregelt. Nach § 443 I könnten also dem Käufer – neben den gesetzlichen Mängelrechten aus § 437 – auch Rechte aus einer ihm gegenüber abgegebenen bzw. an ihn gerichteten Garantie zustehen. Damit ist die sog. **unselbstständige Garantie** gemeint.

Darunter versteht man die Verpflichtung, zusätzlich zu der gesetzlichen Mängelhaftung insbesondere den Kaufpreis zu erstatten, die Sache auszutauschen, nachzubessern oder in ihrem Zusammenhang Dienstleistungen zu erbringen, falls die Sache nicht diejenige Beschaffenheit aufweist oder andere als die Mängelfreiheit betreffende Anforderungen nicht erfüllt sind, die in der Garantieerklärung oder einschlägigen Werbung beschrieben sind.

Die Gewährleistungsrechte werden also bei der unselbstständigen Garantie nur erweitert.[154]

Die **selbstständige Garantie** dagegen ist nach wie vor gesetzlich nicht geregelt.[155] Die selbstständige Garantie hat einen über die Mängelfreiheit hinausgehenden Erfolg zum Gegenstand. Sie liegt vor, wenn der Verkäufer auch für Nachteile einstehen will, die über die Mängelfreiheit hinausgehen. Sie beruht auf einem eigenständigen Garantievertrag iSv § 311 I iVm § 433, kommt aber im Kaufrecht in der Praxis nur selten vor.

Nach dem Wortlaut von § 443 I muss eine **unselbstständige Garantie des Verkäufers, des Herstellers** oder eines **sonstigen Dritten** vorliegen. Eine unselbstständige Garantie zwischen Käufer und Hersteller kommt etwa zustande, wenn der Hersteller einer Ware einen Garantieschein beilegt und der Käufer das darin enthaltene Angebot auf Abschluss eines unselbstständigen Garantievertrags durch den Kauf der Ware konkludent annimmt. Der Zugang dieser Annahmeerklärung ist nach § 151 entbehrlich. Sonstige Dritte können alle Garantiegeber sein, die am Vertrieb der Ware beteiligt oder interessiert sind.

Es gibt drei Arten der Garantie:

- eine **Beschaffenheitsgarantie** (§ 443 I),
- eine **Haltbarkeitsgarantie** (§ 443 II) und
- die **Garantie für andere als die Mängelfreiheit betreffende Anforderungen** (§ 443 I).

Beim Verkauf eines gebrauchten Kraftfahrzeugs legt der BGH die Angabe des Verkäufers zur km-Leistung im Falle eines Privatverkaufs als Beschaffenheitsverein-

154 Palandt/*Weidenkaff* § 443 Rn. 9; Jauernig/*Berger* § 443 Rn. 16.
155 Nach BeckOK BGB/*Faust* § 443 Rn. 17 ist die Abgrenzung zwischen selbstständigen und unselbstständigen Garantien ohne Erkenntniswert und sollte aufgegeben werden.

barung iSd § 434 I 1 aus,[156] bei einem Verkauf durch einen Händler an einen Verbraucher als Beschaffenheitsgarantie iSv § 443 I.

Bei der Haltbarkeitsgarantie muss die Sache für eine bestimmte Dauer eine bestimmte Beschaffenheit behalten (§ 433 II).

Mit der Garantie für andere als die Mängelfreiheit betreffende Anforderungen ist zB die Übernahme einer Garantie für zukünftige Umstände gemeint, bei denen es sich nicht um Eigenschaften der Kaufsache selbst handelt und deren Fehlen damit keinen Mangel nach § 434 begründet. Eine solche Garantie liegt zB vor, wenn der Verkäufer eines Grundstücks den zukünftigen Erlass eines Bebauungsplans zusagt[157] oder aber, dass ein bestimmter Erlös bei Weiterveräußerung der Kaufsache erzielt wird.

Sofern ein Garantiefall vorliegt, stehen dem Käufer die Rechte aus der Garantie zu den in der Garantieerklärung und der einschlägigen Werbung angegebenen Bedingungen gegenüber demjenigen zu, der die Garantie gegeben hat (Garantiegeber). Das kann der Verkäufer, der Hersteller oder ein sonstiger Dritter sein.

Welche Rechte dem Käufer zustehen, ergibt sich also nicht aus dem Gesetz, sondern ausschließlich aus dem Inhalt der Garantieerklärung. Ein **Garantieanspruch** kann sich für den Käufer also aus **§ 443 I (= Anspruchsgrundlage)**[158] ergeben.

Eine Garantieerklärung iSv § 443 muss gem. § 477 I 1 **einfach und verständlich abgefasst** sein. Der Verbraucher soll vor einer Irreführung durch unklar formulierte Garantiebedingungen des Unternehmers geschützt werden.

a) Einfache und verständliche Formulierung

108 Dazu, dass die Garantie ihren Inhalt verständlich darstellen muss (wie von der Verbrauchsgüterkaufrichtlinie gefordert), gehört auch, dass sie in einer Sprache abgefasst ist, die für den Verbraucher verständlich ist. Das ist in Deutschland in der Regel die deutsche Sprache. Ist die Verständlichkeit in einer anderen Sprache ausnahmsweise gewährleistet, kann auch diese Sprache gewählt werden. Dies kann zum Beispiel bei einfach gehaltenen Garantien für Computer in englischer Sprache der Fall sein. Ob das ausreicht, hängt entscheidend von den zu erwartenden Erkenntnismöglichkeiten des Adressatenkreises und dem Inhalt der Garantie ab. Insbesondere muss sichergestellt sein, dass alle Pflichtangaben nach § 477 I 2 auch tatsächlich in einfacher und verständlicher Form vermittelt werden.[159]

b) Hinweis auf die Gewährleistungsrechte

109 Nach § 477 I 2 Nr. 1 muss die Garantie einen Hinweis auf die **gesetzlichen Rechte des Verbrauchers** sowie darauf enthalten, dass diese Rechte durch die Garantie nicht eingeschränkt werden. Der Verbraucher soll dadurch klar erkennen können, dass die Garantie ein zusätzliches Leistungsversprechen enthält, das über die gesetzlichen Rechte hinausgeht, diese aber nicht ersetzt. Damit wird vermieden, dass der Verbraucher wegen einer unklaren Fassung der Garantieerklärung davon abgehalten wird, die ihm zustehenden gesetzlichen Rechte geltend zu machen. Die wesentlichen, in § 475 I 1 aufgeführten gesetzlichen Rechte können ohnehin nicht vertraglich ausgeschlossen

156 BGH NJW 2007, 1346.
157 BT-Drs. 17/12637, 63.
158 jurisPK-BGB/*Pammler* § 443 Rn. 33 mwN.
159 BT-Drs. 14/6040, 246.

werden. Aber auch im Übrigen darf nicht der Eindruck erweckt werden, als führe bereits die Gewährung einer Garantie zu einer Ersetzung des gesetzlichen Haftungssystems durch ein vertragliches Leistungsversprechen.[160]

c) Inhalt der Garantie

Nach § 477 I 2 Nr. 2 muss für den Verbraucher verständlich (§ 477 I 1) aus der Garantieerklärung erkennbar sein, was ihm für welchen Garantiefall an zusätzlichen Rechten eingeräumt wird. Wegen der Vielzahl von denkbaren Garantieinhalten kann es insoweit nur auf die Erklärung des Garantiegebers im jeweiligen Einzelfall ankommen. Die Garantie entzieht sich deshalb auch einer inhaltlichen Regelung durch den Gesetzgeber. § 477 I 2 Nr. 2 dient vor diesem Hintergrund dazu, eine Irreführung des Verbrauchers zu vermeiden. Der Inhalt der Garantie ist nicht gesetzlich festgelegt, sondern der privatautonomen Entscheidung der Parteien überlassen (dh de facto dem Unternehmer); es kommt deshalb maßgebend auf den jeweiligen Einzelfall an.[161] 110

Erforderlich sind neben einer Umschreibung der Garantierechte auch Angaben, die für ihre Geltendmachung erforderlich sind. Beispiele dafür nennt § 477 I 2 Nr. 2 am Ende: Dauer und räumlicher Geltungsbereich, Name und Anschrift des Garantiegebers.

Zur inhaltlichen Beschreibung gehört insbesondere auch die Klarstellung, ob es sich um eine Beschaffenheits- oder Haltbarkeitsgarantie oder eine Garantie für andere als die Mängelfreiheit betreffende Anforderungen (vgl. § 443) handelt. Des Weiteren gehören Angaben darüber dazu, welche Aspekte die Garantie umfasst, welche Sachverhalte ausgenommen sind und welche Folgen die Garantie begründet (Umtausch, Rückgabe gegen Kaufpreiserstattung, Nachbesserung, etwaige Beteiligung des Käufers an den Kosten). Unzureichend ist zB die nicht weiter spezifizierte Angabe »zwei Jahre Garantie«.[162]

d) Dokumentationsinteresse

Gemäß § 477 II kann der Verbraucher verlangen, dass ihm die Garantieerklärung in Textform mitgeteilt wird. Die Erklärung muss daher in einer Urkunde oder einer auf andere zur dauerhaften Wiedergabe in Schriftzeichen geeigneten Weise abgegeben werden (vgl. § 126b). 111

Die »Textform« als verkehrsfähige Form wurde aufgrund des (vereinfacht) sog. »Formgesetzes« (Gesetz zur Anpassung der Formvorschriften des Privatrechts und anderer Vorschriften an den modernen Rechtsgeschäftsverkehr)[163] v. 13.7.2001 in das BGB aufgenommen. Die Textform ist, da die eigenständige Unterschrift und das Urkundenerfordernis entbehrlich sind, nicht wie die Schriftform üblicherweise an das Papier gebunden, sondern sie kann daneben auch in einem elektronischen Dokument erfüllt werden.[164]

Somit kann die Garantieerklärung statt in einer Urkunde (dh in einem Papierdokument wie zB Kopie, Fax) auch auf eine andere zur dauerhaften Wiedergabe in Schriftzeichen geeigneten Weise (zB Diskette, CD-ROM, Abspeicherung auf einem dem Adressaten unter Ausschluss des Absenders zugänglichen Datenträger wie etwa der

160 BT-Drs. 14/6040, 246.
161 MüKoBGB/*Lorenz* § 477 Rn. 7.
162 OLG Hamm BeckRS 2009, 89544 = MMR 2010, 550.
163 BGBl. 2001 I 1542 ff.
164 Begründung zum »Formgesetz«, BT-Drs. 14/4987, 12.

lokalen Festplatte, aber auch dem E-Mail-Account beim Mailprovider des Adressaten) abgegeben werden. Dies deckt sich freilich nur teilweise mit der Vorgabe von Art. 6 III der Verbrauchsgüterkaufrichtlinie.[165] Denn danach muss die Garantie dem Verbraucher »schriftlich zur Verfügung gestellt werden oder auf einem anderen dauerhaften Datenträger enthalten sein, der dem Verbraucher zur Verfügung steht **und ihm zugänglich ist**«. Dieses letzte Erfordernis ist nur gewährleistet, wenn der Verbraucher von dem Inhalt des dauerhaften Datenträgers in zumutbarer Weise Kenntnis erlangen kann. Bei elektronischen Datenträgern (unter Einschluss von Internetseiten) ist das allerdings nicht immer gewährleistet, so dass ein Verbraucher, dem die zur Kenntnisnahme des Inhalts eines solchen Datenträgers notwendige Technik nicht zur Verfügung steht, auch eine schriftliche Garantieerklärung verlangen kann.[166]

e) Rechtsfolgen bei Verstößen

112 Gemäß § 477 III wird die Wirksamkeit der Garantieverpflichtung nicht dadurch berührt, dass eine der beschriebenen, in Abs. 1 und 2 geregelten Anforderungen nicht erfüllt wird. Dadurch wird klargestellt, dass Verstöße gegen diese Anforderungen die Wirksamkeit des Vertrags – im Rahmen dessen die Garantieerklärung abgegeben wurde – unberührt lassen. Auf diese Weise wird sichergestellt, dass sich ein Verstoß des Unternehmers nicht zulasten des Verbrauchers auswirkt. Dasselbe Ergebnis wäre bereits im Rahmen einer teleologischen Auslegung[167] des § 139 (wonach bei Teilnichtigkeit eines Rechtsgeschäfts unter Umständen das ganze Rechtsgeschäft nichtig ist) erreichbar.[168]

Bei Verstößen kommen Ansprüche aus §§ 280 I, 241 II, 311 II (Verschulden bei Vertragsschluss) oder – wenn die unklare Garantie dazu führt, dass der Verbraucher ihm zustehende Rechte nicht rechtzeitig geltend gemacht hat – aus §§ 280 I, 241 II in Betracht.[169] In Extremfällen kann der Verbraucher auch zur Anfechtung wegen arglistiger Täuschung (§ 123) greifen.[170]

Mit der Herstellergarantie und der Beweislastumkehr befasst sich folgender Fall (der häufig Gegenstand von Klausuren sein kann …):

113

Übungsfall 6

Unternehmer Volker Vaupel (V) händigt dem Privatmann Karli Kunde (K) beim Kauf eines Notebooks eine schriftliche Garantieerklärung des Herstellers Hubert Huber (H) aus, in der H für ein Jahr die kostenlose Reparatur aller auftretenden Mängel verspricht. Neun Monate nach Übergabe des Notebooks funktioniert die Festplatte nicht mehr. Dabei ist unklar, ob der Mangel auf einen bereits bei Gefahrübergang vorliegenden Materialfehler oder auf unsachgemäße Behandlung durch K zurückzuführen ist.

Welche Ansprüche hat K gegen V und H?

- Da K hier zwei Anspruchsgegner hat, sollten Sie sich zunächst ein Schaubild anfertigen, um die Rechtsbeziehungen zwischen dem Verkäufer/Unternehmer V, dem Hersteller H und dem Käufer K darzustellen.

165 RL 1999/44/EG des Europäischen Parlaments und des Rates zu bestimmten Aspekten des Verbrauchsgüterkaufs und der Garantien für Verbrauchsgüter v. 25.5.1999, ABl. 1999 L 171, 12.

166 MüKoBGB/*Lorenz* § 477 Rn. 8 mwN.

167 Falls nicht mehr gewusst: Nachschlagen bei *Wörlen/Metzler-Müller* BGB AT Rn. 172.

168 NK-BGB/*Büdenbender* § 477 Rn. 10.

169 MüKoBGB/*Lorenz* § 477 Rn. 14; *Oetker/Maultzsch* VertraglSchuldverh § 2 Rn. 559.

170 BeckOK BGB/*Faust* § 477 Rn. 12.

▶ Ihre Grafik müsste wie die folgende aussehen (richtig gemacht?):

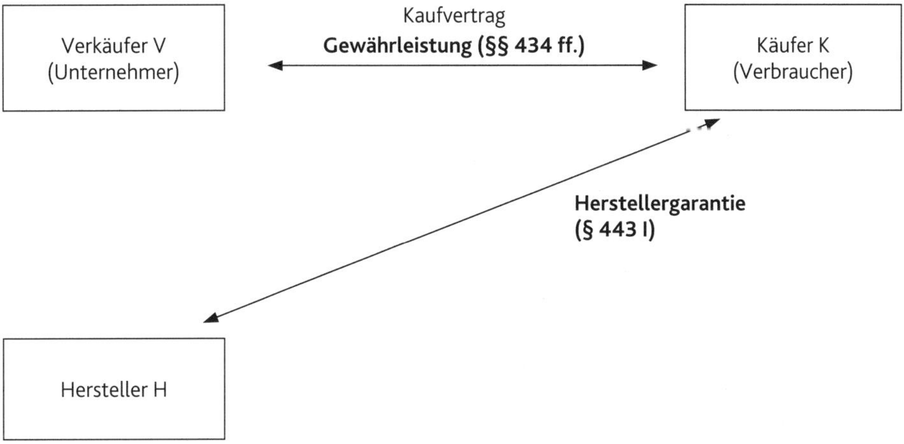

Da Sie gelernt haben, die Ansprüche immer im Zweipersonenverhältnis zu prüfen, gehen wir zunächst zum

(I) Anspruch des K gegen V

■ Überlegen Sie, welcher Anspruch beim Vorliegen eines Mangels der Kaufsache Priorität vor allen anderen Ansprüchen besitzt! 114

▶ K könnte gegenüber V einen Anspruch auf Nacherfüllung gem. § 437 Nr. 1 iVm § 439 I haben.

■ Welche Voraussetzung muss (abgesehen von einem wirksamen Kaufvertrag) zunächst erfüllt sein?

▶ (1) Voraussetzung für den Nacherfüllungsanspruch des K ist, dass das Notebook bei Gefahrübergang einen Sachmangel iSv § 434 aufwies.

Da über die Beschaffenheit des Geräts nichts vereinbart wurde (§ 434 I 1) und auch ein besonderer Verwendungszweck vertraglich nicht vorausgesetzt wurde (§ 434 I 2 Nr. 1), kommt hier ein Sachmangel gem. § 434 I 2 Nr. 2 in Betracht. Dieser liegt insbesondere vor, wenn sich die Sache nicht für die gewöhnliche Verwendung eignet. Das ist der Fall, da die Festplatte defekt ist.

(2) Der Sachmangel muss, wie aus § 434 I 1 folgt, bei Gefahrübergang (§ 446) vorgelegen haben, um eine Haftung des Verkäufers auszulösen. Da hier ungeklärt ist, ob das Notebook bereits bei Übergabe mangelhaft war oder sich der Mangel erst aufgrund unsachgemäßer Behandlung durch K ergeben hat, ist zu prüfen, zu wessen Lasten die Unaufklärbarkeit des Sachverhalts geht. 115

Grundsätzlich gilt im Rahmen der Erfüllung von Schuldverhältnissen, dass die Beweislast bezüglich mangelhafter Erfüllung gem. § 363 den Gläubiger, also hier den Käufer ab dem Zeitpunkt der Entgegennahme der Kaufsache trifft. Der Käufer muss somit den Beweis dafür erbringen, dass die Kaufsache bei Gefahrübergang einen Mangel iSv § 434 aufwies. Da K diesen Nachweis nicht erbringen kann, stehen ihm keine Gewährleistungsrechte zu.

(3) Zu berücksichtigen ist hier jedoch, dass K Verbraucher iSv § 13 und V Unternehmer iSv § 14 ist, sodass die Sondervorschriften der §§ 474 ff. über den Verbrauchsgüterkauf einschlägig sind. Da sich der Mangel an der Festplatte indessen 116

erst neun Monate nach Übergabe des Notebooks gezeigt hat, greift die Beweislastumkehr bzw. die Vermutung des § 476 hier nicht zugunsten des K ein.

Ergebnis: K hat gegen V keinen Anspruch auf Nacherfüllung nach § 437 Nr. 1 iVm § 439 I.

(II) Anspruch des K gegen H

117 Ein Anspruch auf Nacherfüllung in Form der Nachbesserung iSd §§ 437 Nr. 1 und 439 I, 1. Var. des K gegen H könnte sich aus § 443 I ergeben.

(1) Da § 443 I ausdrücklich auch Garantieerklärungen des Herstellers betrifft, wird davon auch die sog. **Herstellergarantie** umfasst. Diese tritt **neben die gesetzliche Haftung des Verkäufers** für Sachmängel.
Da H die kostenlose Reparatur aller innerhalb eines Jahres auftretenden Mängel versprochen hat, hat er eine **Haltbarkeitsgarantie** iSv § 443 I (Definition s. Abs. 2) erklärt. Ein solcher Mangel hat sich neun Monate nach Übergabe des Notebooks an der Festplatte gezeigt.

118 (2) Die Tatsache, dass K das Vorliegen des Sachmangels bei Gefahrübergang nicht beweisen kann, ist hier unerheblich, da ihm nun die Vermutung des § 443 II zugutekommt: Sofern H nicht beweisen kann, dass der Mangel aufgrund unsachgemäßer Behandlung durch K verursacht wurde, steht K aufgrund der Garantieerklärung des H nach § 443 I ein Anspruch auf kostenlose Reparatur (Nachbesserung) zu.

Zum soeben Gelernten lesen Sie die Zusammenfassung in der folgenden

119 **Übersicht 5**

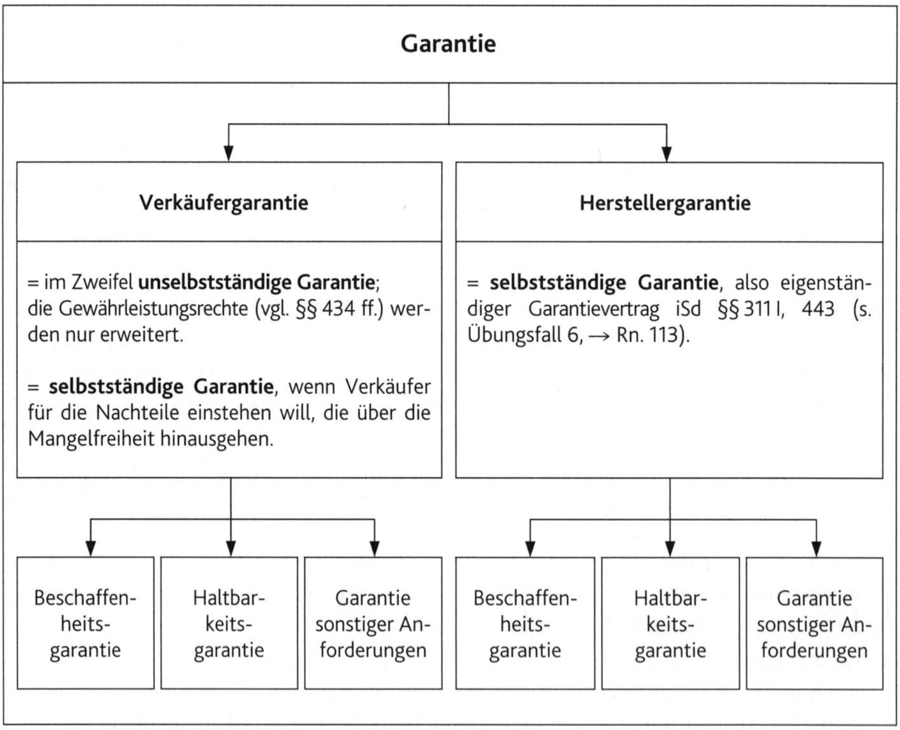

7. Rückgriff des Unternehmers

Als Ausgleich für die strengere Haftung des Verkäufers im Rahmen des Verbrauchsgüterkaufs sieht das Gesetz umfangreiche Rückgriffsregelungen zugunsten des Verkäufers gegenüber seinem Lieferanten vor, die vertraglich nicht ausgeschlossen oder eingeschränkt werden können. 120

a) Rückgriffsansprüche des Letztverkäufers

Im Falle einer Lieferkette (zB Hersteller – Großhändler – Einzelhändler) erleichtern die §§ 478 f. dem Unternehmer beim Kauf einer neu hergestellten Sache einen Rückgriff gegenüber seinem Lieferanten. Musste der Verkäufer (Unternehmer) die neu hergestellte Kaufsache aufgrund ihrer Mangelhaftigkeit (im Rahmen einer Ersatzlieferung oder infolge eines Rücktritts des Verbrauchers) zurücknehmen oder hat der Verbraucher den Kaufpreis gemindert, so bedarf es gem. § 478 I (lesen!) für die in § 437 bezeichneten Rechte des Unternehmers gegen den Lieferanten, der ihm die Sache verkauft hat, wegen des vom Verbraucher geltend gemachten Mangels keiner **Fristsetzung** (wie es nach den §§ 281 I, 323 I an sich erforderlich wäre)!

§ 478 I begründet keine Anspruchsgrundlage. Damit soll vielmehr die Durchsetzung der Gewährleistungsansprüche des Unternehmers gegen seinen Lieferanten erleichtert werden (sog. unselbstständiger Regress).[171]

Für den Rückgriffsanspruch des Unternehmers müssen daher alle Voraussetzungen gegeben sein, die das Gesetz für die jeweiligen Gewährleistungsansprüche und -rechte aufstellt. Voraussetzung für alle in § 437 bezeichneten Rechte und Ansprüche ist vor allem und immer die Lieferung einer bei Gefahrübergang mangelhaften Sache durch den Verkäufer.[172]

Die Regelung des Rückgriffs des Unternehmers in der Liefer- bzw. Vertriebskette 121 baut auf der Überlegung auf, dass der Letztverkäufer (Einzelhändler) die Sache seinerseits von einem Dritten (Großhändler oder Hersteller) gekauft hat. Ihm stehen daher die in § 437 bezeichneten Rechte und Ansprüche wie jedem anderen Käufer auch zu. Die Rückgriffsmöglichkeit stellt sicher, dass die wirtschaftlichen Folgen einer mangelhaften Lieferung bei dem Verursacher des Mangels landen und leistet somit einen Beitrag zur Vertragsgerechtigkeit.[173] Darüber hinaus dient sie mittelbar auch dem (End-)Verbraucher, da die Bereitschaft seines Verkäufers zur Erfüllung der Käuferrechte aus §§ 437 ff. steigt, wenn der Letztverkäufer seinerseits bei seinem Lieferanten Regress nehmen kann.[174]

Verdeutlichen wir uns die Rückgriffsmöglichkeit des Unternehmers an einem Fallbei- 122 spiel:

171 jurisPK-BGB/*Ball* § 478 Rn. 4 mwN.
172 Vgl. BT-Drs. 14/6040, 248.
173 BT-Drs. 14/6040, 247.
174 MüKoBGB/*Lorenz* § 478 Rn. 1 mwN.

Übungsfall 7

Privatier Karl Kaufmann (K) kauft vom Vertragshändler Viktor Vauweh (V) ein neues Auto. Drei Monate nach Übergabe fällt der Motor aus. Es kann nicht geklärt werden, ob der Mangel auf einem schon bei Gefahrübergang liegenden Mangel oder auf unsachgemäße Benutzung durch K zurückzuführen ist. Da V die Vermutung des § 476, dessen Beweislastumkehr zugunsten des K eingreift, nicht widerlegen kann, nimmt V den Wagen aufgrund des von K erklärten Rücktritts vom Vertrag (V hatte die ihm gesetzte Frist zur Nachbesserung verstreichen lassen) zurück und liefert K ein Ersatzmodell. V möchte wissen, ob der Hersteller Hugo Huber (H), von dem V das Auto erworben hat, seinerseits das mangelhafte Exemplar gegen Erstattung des Kaufpreises zurücknehmen muss, obwohl seit der Übergabe des Autos von H an V schon acht Monate vergangen sind und V den H auch nicht über die Mangelhaftigkeit des Autos in Kenntnis gesetzt hat.

Welchen Anspruch hat V gegen H?

■ Nachdem Sie eben gelesen haben, dass dem Letztverkäufer die in § 437 bezeichneten Rechte ebenso zustehen wie jedem anderen Käufer, sollten Sie die Anspruchsgrundlage für die Rückzahlung des Kaufpreises (verbunden mit der Rückgabe des Autos) iVm den Vorschriften, die die Voraussetzungen für diesen Anspruch enthalten, selbst finden können! Denken Sie nach!

► (I) Ein Anspruch des V gegen H auf Rückzahlung des Kaufpreises (verbunden mit der Rückgabe des defekten Autos) könnte sich aus § 346 I iVm den §§ 437 Nr. 2, 1. Var., 323 I, 2. Var., 434 I 2 Nr. 1 sowie § 478 I ergeben.

123 (1) Voraussetzung für den Anspruch aus § 346 I ist ein vertragliches oder gesetzliches Rücktrittsrecht des V. Hier kommt das gesetzliche Rücktrittsrecht gem. § 437 Nr. 2, 1. Var. iVm § 323 I, 2. Var. in Betracht.

Voraussetzung für dieses Rücktrittsrecht ist (neben einem wirksamen Kaufvertrag), dass H eine Pflichtverletzung durch Lieferung einer bei Gefahrübergang mangelhaften Kaufsache (vgl. §§ 433 I 2, 434, 446) begangen hat.

(2) Da H und V eine besondere Beschaffenheit des Autos nicht vereinbart haben (§ 434 I 1), kommt hier ein Mangel nach § 434 I 2 Nr. 1 in Betracht. Bei einem Kaufvertrag zwischen Hersteller und Vertragshändler ist die vertraglich vorausgesetzte Verwendung der Kaufsache deren Weiterverkauf. Sofern das Auto tatsächlich einen Mangel (Materialfehler) hatte, eignete es sich nicht mehr für den Weiterverkauf, sodass ein Sachmangel iSv § 434 I 2 Nr. 1 zu bejahen ist.

124 (3) Dieser Sachmangel müsste gem. § 434 I 1 bei Gefahrübergang, also bei Übergabe der Sache (§ 446) vorgelegen haben.

Da diese Frage nicht mehr aufgeklärt werden kann, hängt die Begründetheit des Anspruchs des V gegen H davon ab, wer die Beweislast trägt. Grundsätzlich wäre V (vgl. § 363) für das Vorliegen eines Mangels bei Gefahrübergang beweispflichtig, sodass ihm kein Rücktrittsrecht nach § 437 Nr. 2, 1. Var. iVm § 323 zustände, da er den Beweis nicht erbringen kann.

125 (4) Etwas anderes könnte sich indessen aus § 478 III (lesen!) ergeben. Danach ist die Regel des § 476 für die Beweislastumkehr beim Verbrauchsgüterkauf auch zugunsten des Letztverkäufers gegenüber seinem Lieferanten (§ 478 I) anwendbar mit der Folge, dass die Sechsmonatsfrist von § 476 erst mit dem Übergang der Gefahr auf den Verbraucher beginnt. Seitdem sind hier nur drei Monate vergangen.

(5) § 478 gilt gem. § 474 I 1 indessen nur, wenn ein Verbrauchsgüterkauf vorliegt. 126
Im Fall des § 478 kommt es dabei darauf an, ob der letzte Verkauf in der Lieferkette – hier der Kaufvertrag zwischen K und V – einen Verbrauchsgüterkauf darstellte. Da K als Privatier Verbraucher iSd § 13 ist und von V als Unternehmer iSv § 14 eine bewegliche Sache (§ 474 I 1) gekauft hat, ist diese Voraussetzung erfüllt.

(6) § 478 I, 1. Var. setzt weiterhin voraus, dass der Unternehmer (V) die neu her 127
gestellte Kaufsache von dem Verbraucher »als Folge ihrer Mangelhaftigkeit zurücknehmen musste«. Diese Rücknahmepflicht ergab sich für V gegenüber K aus den §§ 437 Nr. 2, 1. Var., 434 I 2 Nr. 2 iVm § 474 I 1 und § 476.[175]

(7) Somit sind alle Voraussetzungen für den Rückgriff des V gegen H nach § 478 I 128
erfüllt, sodass er gem. § 437 Nr. 2, 1. Var. iVm § 323 I zurücktreten kann.
Die von § 323 I grundsätzlich geforderte angemessene Frist zur Nacherfüllung ist dabei gem. § 478 I, letzter Hs. entbehrlich.

(II) Nach alledem wäre der Anspruch des V gegen H aus § 346 I begründet, wenn 129
es nicht auch noch § 478 VI gäbe, der auf die Geltung von § 377 HGB, welcher als Spezialgesetz für Kaufleute Vorrang vor den Vorschriften des BGB hat, verweist. Da V und H Kaufleute iSd § 1 HGB sind, stellte der zwischen ihnen geschlossene Kaufvertrag ein beiderseitiges Handelsgeschäft iSv § 377 HGB dar mit der Folge, dass V den Mangel des Autos bei dessen Rücknahme von K dem H unverzüglich anzeigen musste (§ 377 I HGB). Da er dies unterlassen hatte, hat V die Lieferung des Autos von H gem. § 377 II HGB als mangelfrei genehmigt und kann deshalb keine Gewährleistungsrechte mehr geltend machen. Das HGB können Sie aber vorerst[176] noch »vergessen«, da unser Thema das Besondere Schuldrecht des BGB ist.

b) Aufwendungsersatz

Nehmen Sie in Abwandlung von Übungsfall 7 an, dass der Unternehmer V das Auto 130
von K zur Nachbesserung iSv § 439 entgegengenommen und dem K wieder repariert zurückgegeben sowie den H auf die Mängel rechtzeitig hingewiesen hat (sodass § 377 HGB diesmal nicht zulasten des V anzuwenden ist). Da der Verkäufer gem. § 439 II die zur Nacherfüllung (Nachbesserung) erforderlichen Aufwendungen zu tragen hat, stellt sich die Frage, ob V gegen H bezüglich dieser Aufwendungen Regress nehmen kann.

Ein Anspruch des V gegen H auf Ersatz der Aufwendungen könnte sich aus § 478 II ergeben (lesen). Aus dem Wortlaut dieser Vorschrift (»kann … verlangen«) können Sie herauslesen, dass es sich hierbei um eine selbstständige Anspruchsgrundlage (Regressanspruch) handelt.[177]

■ Versuchen Sie, indem Sie sich an die Lösung zu Fall 7 erinnern, mit wenigen Sät- 131
zen zu begründen, ob die Voraussetzungen für diesen Anspruch des V gegen H vorliegen!

► Gemäß § 478 II kann der Letztverkäufer einer neu hergestellten Sache von seinem Lieferanten die Aufwendungen für eine durchgeführte Nacherfüllung (§ 439 II) ersetzt verlangen. Dabei kommt es auf ein Verschulden des Lieferanten nicht an. Gemäß § 478 II, letzter Hs. muss der vom Verbraucher geltend gemachte Mangel

175 In einer Klausur müssten Sie den Anspruch des K gegen V hier etwas näher begründen.

176 Zu den handelsrechtlichen Sonderregelungen für die Sachmängelhaftung vgl. *Wörlen/Kokemoor* HandelsR Rn. 320 ff.

177 Im Gegensatz zu § 478 I, der keine Anspruchsgrundlage enthält; so auch MüKoBGB/*Lorenz* § 478 Rn. 25.

bei Übergang der Gefahr (vom Lieferanten auf den Letztverkäufer) vorhanden gewesen sein. Da V für diesen nicht mehr aufklärbaren Umstand grundsätzlich (§ 363) beweispflichtig ist, könnte sein Anspruch an dieser Voraussetzung scheitern. Hier kommt ihm indessen wieder § 478 III iVm § 476 zu Hilfe: Da noch nicht sechs Monate seit Gefahrübergang (von V auf K) verstrichen sind, gilt zugunsten des V die Vermutung nach § 476, dass der Mangel bereits bei Gefahrübergang vorlag.

Somit ist der Anspruch des V gegen H aus § 478 II begründet.

c) Abdingbarkeit und Verjährung der Rückgriffsansprüche

aa) Abdingbarkeit

132 Die Rückgriffsrechte des Unternehmers sollen grundsätzlich nicht dispositiv sein. Dies ergibt sich aus dem Umkehrschluss zu § 478 IV 1, der die Abdingbarkeit zum Schutz des meist schwächeren (Einzel-)Händlers einschränkt.[178] Eine Abweichung ist daher nur erlaubt, wenn der Rückgriffsgläubiger (Letztverkäufer) einen gleichwertigen Ausgleich erhält.

bb) Verjährung

133 Es ist bei der Verjährung zwischen den verschiedenen Regressansprüchen zu unterscheiden. Sofern sich die Ansprüche des Unternehmers nach § 437 richten, ist die allgemeine Vorschrift des § 438 relevant (danach gilt beim Verkauf von beweglichen Sachen für die Verjährung eine Zwei-Jahres-Frist). Allerdings ist diese Regelung nicht für den Aufwendungsersatzanspruch des Letztverkäufers gegen seinen Lieferanten aus § 478 II anwendbar. Dessen Verjährung ist in § 479 I geregelt und beträgt zwei Jahre ab Ablieferung der Sache an den Unternehmer – und nicht an den Verbraucher. Der Unternehmer läuft, da die Verjährung der Regressansprüche mit der Ablieferung der Sache durch den Lieferanten beginnt, Gefahr, dass die Verjährungsfrist für seine Regressansprüche schon abgelaufen ist, bevor er selbst durch den Verbraucher in Anspruch genommen wird. Deshalb sieht § 479 II 1 eine Ablaufhemmung vor: Die Verjährung der in §§ 437, 478 II geregelten Ansprüche des Unternehmers gegen seinen Lieferanten tritt bei neu hergestellten Sachen frühestens zwei Monate nach dem Zeitpunkt ein, in dem der Unternehmer die Ansprüche des Verbrauchers erfüllt hat.

Hierdurch soll der Verkäufer (Unternehmer) in den Fällen geschützt werden, in denen er die Kaufsache zunächst einige Zeit einlagert und dann weiter verkauft. In diesen Fällen trüge er sonst das Risiko, für die Mängel der Sache einstehen zu müssen, ohne seinerseits Regress bei seinem Lieferanten nehmen zu können.

Um andererseits dem Lieferanten ein Mindestmaß an Planungssicherheit zu gewähren, die voraussetzt, dass er irgendwann einmal nicht mehr mit Regressansprüchen des Letztverkäufers zu rechnen braucht, bestimmt § 479 II 2, dass die Ablaufhemmung von Abs. 2 S. 1 spätestens fünf Jahre nach dem Zeitpunkt endet, in dem der Lieferant die Sache dem Letztverkäufer abgeliefert hat.

Fassen wir das Wichtigste über den Verbrauchsgüterkauf noch einmal in der folgenden Übersicht zusammen:

178 Vgl. BT-Drs. 14/6040, 249.

Übersicht 6

Verbrauchsgüterkauf (§§ 474–479) 134

Voraussetzungen

Käufer ist Verbraucher	Verkäufer ist Unternehmer	Kaufgegenstand ist	Keine öffentliche Versteigerung einer gebrauchten Sache
§ 13	§ 14	• eine bewegliche (neue oder gebrauchte) Sache (§ 474 I 1) oder • neben einer beweglichen Sache die Erbringung einer Dienstleistung (§ 474 I 2)	§ 474 II 2

Rechtsfolgen

Sondervorschriften	**Besonderheiten der Gewährleistung**	**Sonderbestimmungen für Garantien** **§ 477**	**Rückgriff gegen den Unternehmer** **§ 478**
Kein Nutzungsersatz bei Ersatzlieferung § 474 V 1	Haftungsbeschränkungen sind unzulässig § 475 I 1 (Ausnahme: § 475 III)	Garantieerklärung (§ 443) muss einfach und verständlich sein § 477 I 1	**Voraussetzung:** • neu hergestellte Sache (= Kaufgegenstand) • musste infolge Mangelhaftigkeit zurückgenommen werden • keine Fristsetzung erforderlich
Haftungsbegrenzung §§ 445 und 447 II sind nicht anwendbar (§ 474 V 2)	Unzulässigkeit von Umgehungsgeschäften § 475 I 2	Informationspflicht des Unternehmers § 477 I 2 Nr. 1	
			Aufwendungsersatzanspruch nach § 478 II
Gefahrtragung: § 447 I findet nur Anwendung, wenn Käufer Spediteur selbst ausgesucht und beauftragt hat (§ 474 IV)	Verkürzung der Verjährung nur eingeschränkt möglich § 475 II	Inhalt der Garantie § 477 I 2 Nr. 2	Beweislastumkehr §§ 478 III, 476

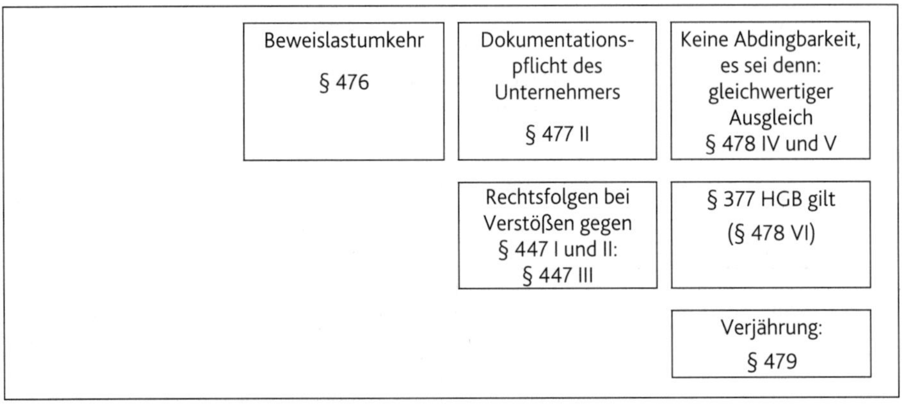

V. Internationale Kaufverträge

1. Internationales Privatrecht

135 Begünstigt durch den Handel über das Internet werden mittlerweile nicht nur Verträge zwischen Unternehmern, sondern zunehmend auch Verbraucherverträge mit »dem Ausland« geschlossen. In diesen Fällen stellt sich dann die Frage, welches Recht anwendbar ist. Im internationalen Warenverkehr gilt das von den Parteien vereinbarte Recht bzw. mangels einer solchen Vereinbarung das Recht, dessen Vorrang sich aus der Anwendung des Internationalen Privatrechts (IPR) ergibt.[179] Das IPR bestimmt die maßgebliche Privatrechtsordnung bei Sachverhalten mit Auslandsberührung.[180]

Die Vorschriften des **IPR** sind als sog. **Zwischenrecht** Teil der Rechtsordnung des **jeweiligen Staates**; es ist also grundsätzlich nationales Recht. Im Gegensatz zu den meisten anderen Vorschriften des Privatrechts (zB in Deutschland des BGB und des HGB) enthält das IPR jeden Staates regelmäßig keine Sachnormen, sondern Grenznormen bzw. **Kollisionsnormen**, die entweder nur den Anwendungsbereich der nationalen Rechtsordnung festlegen (einseitige Kollisionsnormen) oder die ganz allgemein den maßgeblichen Anknüpfungspunkt regeln (zweiseitige oder vollkommene Kollisionsnormen). Anknüpfungspunkte für das IPR zur Bestimmung der anwendbaren Rechtsordnung können persönliche Umstände (zB Staatsangehörigkeit, Wohnsitz) oder räumliche Umstände (zB Ort der belegenen Sache, um die sich der Rechtsstreit dreht) sein.[181] Das deutsche IPR ist im EGBGB[182] geregelt. Wird im IPR auf das Recht eines anderen Staates verwiesen, so ist auch dessen IPR anzuwenden. Sofern das Recht des anderen Staates auf deutsches Recht zurückverweist, sind nur noch die deutschen Sachnormen anzuwenden (Art. 4 I EGBGB). Andernfalls (bei erneuter Anwendung deutscher Kollisionsnormen des IPR) würden die Verweisungen kein Ende nehmen. Um die Schwierigkeiten zu vermeiden, die sich bei der Anwendung des IPR ergeben können (da die nationalen Rechte verschiedener Staaten teilweise erheblich voneinander abweichen), sollten die Parteien das anwendbare Recht möglichst im Vertrag vereinbaren.

179 Vgl. *Bredow/Seiffert*, Incoterms 2000, Kommentar, 2000, 6.
180 Palandt/*Thorn* EGBGB Einl vor 3 Rn. 1.
181 Vgl. *Creifelds* »Internationales Privatrecht«.
182 Das in nahezu jeder BGB-Textausgabe enthalten ist, zB Beck-Texte im dtv Nr. 2.

Seit dem Vertrag von Amsterdam[183] hat die EU (damalige EG) die Kompetenz, die Kollisionsregeln der Mitgliedstaaten in Zivil- und Handelssachen zu vereinheitlichen.[184] Sie hat davon 2007 mit der Rom II-VO[185] und 2008 mit der Rom I-VO[186] Gebrauch gemacht. Beide Verordnungen beschäftigen sich mit der Frage, welches Recht auf Schuldverhältnisse anzuwenden ist. Die Rom I-VO betrifft vertragliche Schuldverhältnisse, die Rom II-VO hingegen außervertragliche Schuldverhältnisse (zB unerlaubte Handlungen, GoA, c.i.c.). Der Name wurde vom Vorläufer der Rom I-VO, dem 1980 in Rom abgeschlossenen Schuldrechtsübereinkommen, abgeleitet.

Bis zum 17.12.2009 war das internationale Vertragsrecht in den Art. 27 ff. EGBGB geregelt. Für Verträge, die nach diesem Tag geschlossen worden sind, bestimmt sich das anwendbare Recht nach der Rom I-VO (vgl. Art. 3 Nr. 1b EGBGB). Wesentliche Anknüpfungsregeln für Kaufverträge haben sich dadurch allerdings nicht geändert, da die Art. 27–37 EGBGB auf dem Europäischen Schuldvertragsübereinkommen von 1980 (EVÜ) beruhten.

Die Parteien können gem. Art. 3 I Rom I-VO das anwendbare Recht grundsätzlich frei wählen, ohne dass ein objektiver Bezug zu dem gewählten Recht erforderlich ist. Bei Verbraucherverträgen bestehen allerdings Grenzen hinsichtlich der Rechtswahlfreiheit (Art. 6 Rom I-VO): Für Kaufverträge über bewegliche Sachen gilt nach Art. 4 I lit. a Rom I-VO das Recht des Staates, in dem der Verkäufer seinen gewöhnlichen Aufenthalt hat. Hingegen wird bei Verbraucherverträgen unter bestimmten Voraussetzungen auf den gewöhnlichen Aufenthalt des Verbrauchers abgestellt (Art. 6 I Rom I-VO). Wenn der Unternehmer seine berufliche oder gewerbliche Tätigkeit im Staat des gewöhnlichen Aufenthalts des Verbrauchers ausübt oder seine Tätigkeit sonst auf diesen Staat ausrichtet – zB durch Web-Seiten –, ist bei fehlender Rechtswahl das Recht dieses Staates anzuwenden (Art. 6 I Rom I-VO). Nach Art. 6 II Rom I-VO darf eine (auch hier mögliche) Rechtswahl allerdings nicht dazu führen, dass dem Verbraucher der Schutz derjenigen Regelungen entzogen wird, die nach dem Recht seines gewöhnlichen Aufenthaltes vertraglich nicht abbedungen werden dürfen, was zB auf die verbraucherschützenden Widerrufsrechte zutrifft.

Beispiel:[187] Der in Deutschland wohnende K kauft über eine – unter anderem auf Deutsch betriebene – Web-Seite eines türkischen Anbieters einen Orientteppich. Der Vertrag enthält eine wirksame Rechtswahl zugunsten des türkischen Rechts. Sofern dieses kein dem § 312d entsprechendes Widerrufsrecht kennt, kann K seine Willenserklärung trotzdem nach § 312d widerrufen.

Bei Kaufverträgen über unbewegliche Sachen (vor allem: Grundstücke) ist das Recht des Staates, in dem die unbewegliche Sache belegen ist, anzuwenden (Art. 4 I lit. c Rom I-VO).

---

183 Er wurde am 18.6.1997 geschlossen und ist am 1.5.1999 in Kraft getreten. Der damit geschaffene Rechtsstand wurde zum 1.2.2003 durch den Vertrag von Nizza erneut geändert.

184 Vgl. Art. 61 lit. c iVm Art. 65 lit. b EGV – heute Art. 81 I, II lit. c AEUV.

185 VO (EG) Nr. 864/2007 des Europäischen Parlaments und des Rates über das auf außervertragliche Schuldverhältnisse anzuwendende Recht v. 11.7.2007 ABl. 2007 L 199, 40. Falls Sie mehr darüber wissen wollen: Vgl. *Güllemann* IntVertragsR 125 ff.

186 VO (EG) Nr. 593/2008 des Europäischen Parlaments und des Rates über das auf vertragliche Schuldverhältnisse anzuwendende Recht v. 17.6.2008, ABl. 2008 L 177, 6. Ausführlich hierzu *Güllemann* IntVertragsR 35 ff.

187 Nach *Medicus/Lorenz* SchuldR BT Rn. 362. Weitere Beispiele bei *Benning/Oberrath* Computer/InternetR 111 ff.

2. Grenzüberschreitender Warenverkehr nach UN-Kaufrecht

a) Allgemeine Bedeutung des UN-Kaufrechts

136 Beim grenzüberschreitenden Warenverkehr ist für Verträge, die Bezug zu einem Vertragsstaat des UN-Kaufrechts aufweisen, das UN-Übereinkommen über Verträge über den internationalen Warenkauf (United Nations, Convention on Contracts for the International Sale of Goods – CISG)[188] heranzuziehen. Deutsch gehört übrigens nicht zu den offiziellen Sprachen, in denen das völkerrechtliche Übereinkommen Verbindlichkeit erlangt hat.

Das CISG ist ein multilaterales Übereinkommen, das in den Vertragsstaaten **unmittelbar anwendbares Recht für internationale Kaufverträge** enthält und insoweit – im Rahmen seines Anwendungs- und Regelungsbereichs – grundsätzlich nationales Recht (inkl. IPR) verdrängt.[189] In (der Bundesrepublik) Deutschland[190] gilt das CISG seit dem 1.1.1991.[191] Es ist als Bundesgesetz in Kraft getreten[192] und folglich gültiges nationales Recht im Bereich des Internationalen Warenkaufs.[193]

Nach Art. 6 CISG können die Vertragsparteien die Anwendung des Übereinkommens ausschließen (sog. »opt-out«-Modell[194]), dh, das **UN-Kaufrecht ist nicht zwingendes Recht**, sondern unterliegt der Disposition der Parteien.

Wenn es aber zur Anwendung kommt, werden die kaufrechtlichen Regelungen des BGB (und des HGB) ersetzt. Ein Kaufvertrag zwischen einem französischen und einem deutschen Vertragspartner wird dann zB nicht – je nach Verweisung des IPR – nach den §§ 433 ff. oder den Vorschriften des »Code Civil« beurteilt, sondern einheitlich nach dem CISG.[195]

Das CISG enthält im Wesentlichen Bestimmungen über
- den **Abschluss** von Kaufverträgen,
- die **Pflichten** von **Verkäufer** und **Käufer,**
- **Rechtsbehelfe** der Parteien **bei Vertragsverletzungen** durch die andere Partei

sowie Regelungen
- zum **Gefahrübergang,**
- zum **Sukzessivlieferungsvertrag** (= einheitlicher Vertrag, durch den der Verkäufer zur Lieferung einer bestimmten Warenmenge in Raten – oder einer unbestimmten Menge auf Abruf für gewisse Zeit – und der Käufer regelmäßig zu entsprechender Ratenzahlung verpflichtet ist) und
- zur **Mängelgewährleistung.**[196]

---

188 v. 11.4.1980, BGBl. 1989 II 588.
189 *Karollus* JuS 1993, 378.
190 Die ehemalige DDR war bereits am 1.3.1990 dem Abkommen beigetreten.
191 Aufgrund von Art. 7 I des Vertragsgesetzes v. 5.7.1989, BGBl. 1989 II 586. Deutscher Text des CISG dort auf S. 588–616.
192 Bek. v. 23.10.1990, BGBl. 1990 II 1477.
193 *Güllemann* IntVertragsR 141.
194 *Medicus/Lorenz* SchuldR BT Rn. 357.
195 Vgl. *Pünder* JA 1991, 270.
196 Ausführlich hierzu: *Steckler*, Die rechtlichen Risiken der Just-in-time-Produktion, 1996, 102 ff.; *Güllemann* IntVertragsR 143 ff.

b) Anwendungs- und Regelungsbereich

Das CISG setzt für seine Anwendung nur voraus, dass die Parteien des Kaufvertrags ihre **Niederlassung in verschiedenen Vertragsstaaten** haben (Art. 1 Ia CISG). **Ausgeschlossen** ist die Anwendung des Übereinkommens auf **Käufe zum persönlichen Familien- und Haushaltsgebrauch** (Art. 2 CISG). Damit wurde sichergestellt, dass die nationalen Verbraucherschutzvorschriften durch Lieferungen aus dem Ausland, die der rein dispositiven Ordnung des CISG unterliegen, nicht unterlaufen werden können. 137

Der sachliche Anwendungsbereich des CISG erstreckt sich nach Art. 4 ausschließlich auf den Abschluss des Kaufvertrags und die daraus erwachsenen Rechte und Pflichten von Verkäufer und Käufer. Insbesondere betrifft das CISG **nicht** die **Gültigkeit** des Vertrags sowie die Wirkungen, die der Vertrag auf das **Eigentum** an der verkauften Ware haben kann. Das bedeutet zum einen: Geschäftsfähigkeit und andere Wirksamkeitsvoraussetzungen für Verträge werden weiterhin nach nationalem Recht beurteilt. Die Unzulässigkeit einzelner Vertragsklauseln aufgrund des ehemaligen AGBG (heute: §§ 305–310!) zB ist demnach, soweit deutsches Recht eingreift, auch bei grenzüberschreitenden Kaufverträgen zu beachten.[197] Zum anderen folgt aus der Nichtregelung des Eigentumsübergangs an der verkauften Ware, dass das **UN-Kaufrecht nur schuldrechtliche Wirkungen** entfaltet.[198]

c) Abschluss von Kaufverträgen

Die Art. 14 ff. CISG enthalten einheitliche Begriffsbestimmungen über Angebot und Annahme sowie den Zugang von Willenserklärungen, die weitgehend mit den Regelungen des Allgemeinen Teils des BGB korrespondieren. Ausnahme: Während § 145 eine strenge Bindung an ein einmal erklärtes Angebot vorsieht, geht Art. 16 CISG – wie das anglo-amerikanische Recht – von der **Widerruflichkeit des Angebots** aus. 138

d) Leistungsstörungen

Die Vorschriften über die Vertragserfüllung beinhalten vor allem Leistungsstörungen. Während das Kaufrecht des BGB zwischen der Art der Leistungsstörung (Unmöglichkeit oder Verzug) unterscheidet, differenziert das CISG weniger stark und verwendet generell den Begriff der Vertragsverletzung (breach of contract, Art. 25 CISG). Seit 1.1.2002 hat sich der deutsche Gesetzgeber daran durch den Zentralbegriff der »Pflichtverletzung« (vgl. § 280 I) orientiert. 139

Kommt der Verkäufer seinen in den Art. 30 ff. CISG umschriebenen Pflichten nicht nach, hat der Käufer gem. Art. 45 CISG das Recht, Erfüllung zu verlangen (vgl. Art. 46 CISG) oder bei wesentlicher Vertragsverletzung den Vertrag aufzuheben (Art. 49 CISG). Ist die Vertragsverletzung nicht wesentlich, wird der Vertrag nicht aufgehoben, und der Käufer ist auf einen Schadensersatzanspruch beschränkt (vgl. Art. 49 I lit. a, Art. 45 I lit. b CISG).

Gleiches gilt entsprechend für den Verkäufer bei Pflichtverletzungen durch den Käufer gem. Art. 61 ff. CISG. Art. 45 und Art. 61 CISG stellen die jeweiligen Anspruchsgrundlagen für Käufer und Verkäufer dar. Wichtigster Unterschied zum BGB ist, dass für Schadenersatzansprüche nicht das Verschuldensprinzip – wie nach § 276 – gilt. Es handelt sich vielmehr – entsprechend dem angloamerikanischen Vorbild – um

197 *Schlechtriem* JZ 1988, 1040.
198 *Pünder* JA 1991, 271.

eine verschuldensunabhängige Garantiehaftung (»strict liability«), die nur durch die Befreiungstatbestände der Art. 79 und Art. 80 CISG im Falle von unvorhersehbaren und unvermeidbaren Hinderungsgründen eingeschränkt wird.[199]

e) Praktische Bedeutung des UN-Kaufrechts

140 Angesichts der Abdingbarkeit des CISG, dessen Anwendung die Parteien, wie oben erwähnt, vertraglich ausschließen können (vgl. Art. 6 CISG), wird die praktische Bedeutung des UN-Kaufrechts unterschiedlich beurteilt. Während einerseits Einigkeit besteht, dass die **weltweite Vereinheitlichung des Kaufrechts** eine erhebliche Rationalisierung des Außenhandels[200] mit sich bringen kann, ist nicht zu übersehen, dass viele Unternehmen dahin tendieren, die Anwendung des CISG vorweg auszuschließen.[201]

(Das wird sich ändern, wenn in Europa die nationalen Gesetze im Bereich des Zivilrechts durch ein einheitliches »Europäisches Zivilrechtsgesetzbuch« (EZGB) ersetzt sein werden?)

In diesen Fällen kommt vereinbarten **Handelsklauseln**[202] besondere Bedeutung zu.

3. Optionales Europäisches Kaufrecht (geplant)

141 Da im EU-Binnenmarkt beim grenzübergreifenden Handel nach wie vor Hindernisse bestehen, die vielfach auf unterschiedliche kaufrechtliche Bestimmungen in den 27 Mitgliedstaaten zurückzuführen sind, hat die Europäische Kommission am 11.10.2011 den Vorschlag für eine Verordnung des Europäischen Parlaments und des Rates über ein **Gemeinsames Europäisches Kaufrecht** vorgelegt.[203] Dieses Gemeinsame Europäische Kaufrecht soll nur gelten,

- wenn sich beide Vertragsparteien freiwillig und ausdrücklich darauf verständigen (Optionslösung),
- sowohl für Geschäfte zwischen Unternehmen und Verbrauchern als auch für Geschäfte zwischen Unternehmen.

Es soll anwendbar sein

- auf grenzübergreifende Verträge,
- auf Kaufverträge (vor allem diese werden im EU-Binnenhandel geschlossen) und auf Verträge über die Bereitstellung digitaler Inhalte wie Musik, Filme, Software oder Smartphone-Anwendungen,
- wenn eine der Vertragsparteien ihren Sitz in einem Mitgliedstaat der EU hat. Unternehmen könnten auf dieselben Vertragsbedingungen zurückgreifen, wenn sie Geschäfte mit anderen Unternehmen aus der EU oder außerhalb der EU abschließen; damit erhalte das Gemeinsame Kaufrecht eine internationale Dimension.

---

199 *Güllemann* IntVertragsR 215.

200 *Pünder* JA 1991, 273.

201 *Karollus* JuS 1993, 378; *Medicus/Lorenz* SchuldR BT Rn. 361 mit dem Hinweis auf den Vorteil des CISG gegenüber dem Kaufrecht des BGB: Durch die im CISG vollständig gewährte Vertragsfreiheit (es enthält keine den §§ 478, 479 entsprechenden Regelungen) kann die Anwendung des CISG für einen Unternehmer bei grenzüberschreitenden Kaufverträgen günstiger sein.

202 Bei Interesse: Vgl. *Wörlen/Metzler-Müller*, Handelsklauseln im nationalen und internationalen Warenverkehr, 1997.

203 KOM(2011) 635 endgültig.

Der Vorschlag besteht aus 186 Artikeln, die in acht Teile gegliedert sind.[204]

Es wird zurzeit unterschiedlich diskutiert, ob dieses – zu den nationalen Rechtsordnungen hinzutretende – Regelwerk für Unternehmer und Verbraucher Vorteile bringen würde. Am 1.12.2011 hat sich der Bundestag gegen den Verordnungsvorschlag für ein Gemeinsames Europäisches Kaufrecht ausgesprochen.[205] Der Wirtschaftsausschuss des Europäischen Parlaments hat am 11.10.2012 den Verordnungsentwurf befürwortet. Das Europäische Parlament hat am 26.2.2014 in erster Lesung seinen Standpunkt zum Vorschlag der Kommission zur Einführung eines Gemeinsamen Europäischen Kaufrechts festgelegt. Die Entschließung des Parlaments enthält Änderungsvorschläge zum Verordnungsentwurf. Die Synopse umfasst mehrere hundert Abänderungen.[206] Die weitere Entwicklung muss abgewartet werden.

4. Schiedsgerichtsbarkeit

Ein Schiedsgericht ist ein »privates« Gericht, für das die Zivilprozessordnung 142 (§§ 1025 ff. ZPO) Sondervorschriften für das **schiedsgerichtliche Verfahren** enthält. Durch Schiedsvertrag kann vereinbart werden, dass eine privatrechtliche Rechtsstreitigkeit nicht durch das staatliche (ordentliche)[207] Gericht, sondern durch ein **privates** Schiedsgericht entschieden werden soll. Der Schiedsvertrag ist insoweit wirksam, als die Parteien über den Streitgegenstand einen Vergleich abschließen können. Wird trotz Vorliegens eines Schiedsvertrages vor dem staatlichen Gericht Klage erhoben, steht dem Beklagten eine prozesshindernde Einrede zu. Der **Schiedsspruch** des Schiedsgerichts, das sein Verfahren grundsätzlich nach freiem Ermessen bestimmt, hat unter den Parteien die **Wirkung eines rechtskräftigen Urteils** (vgl. § 1055 ZPO).

Die Beurteilung der Handelsklauseln, vor allem ihrer Abwandlungen und Anpassung an veränderte Verhältnisse, wird der staatlichen Rechtsprechung weitgehend durch die im internationalen Handel üblichen Schiedsklauseln entzogen. Die ordentlichen Gerichte werden hierdurch praktisch »ausgesperrt«. Ein Nachteil der Schiedsgerichtsbarkeit ist unter anderem, dass ihre Entscheidungen nicht veröffentlicht werden und deshalb die Allgemeinheit keinen Einblick nehmen kann.

Literatur zur Vertiefung (→ Rn. 73–142): *Alpmann und Schmidt* SchuldR BT I, 1. Teil, 5.–7. Abschn.; *Arnold*, Zur Reichweite des § 475 BGB, ZGS 2004, 64; *Becker*, Einfluss des Europarechts auf das nationale Zivilrecht: Augen auf in Hausarbeit und/oder Klausur, RÜ 2004, AS aktuell, 49, 57 und 65; *Brox/Walker* SchuldR BT § 7; *Burbulla*, Die Auslösung des Vorkaufsfalls durch kaufähnliche Verträge, JURA 2002, 687; *Coester-Waltjen*, Der europäische Hintergrund des deutschen Verbraucherschutzes,

---

204 Weitere Informationen unter http://rsw.beck.de/aktuell/gesetzgebung/gesetzgebungsvorhaben-zusaetzliche-materialien/gemeinsames-europ%C3%A4isches-kaufrecht (abgerufen am 4.8.2015). S. hierzu auch *Mansel*, Der Verordnungsvorschlag für ein Gemeinsames Europäisches Kaufrecht – Teil I –, WM 2012, 1253; *Moser*, Der Kommissionsvorschlag für eine Verordnung über ein Gemeinsames Europäisches Kaufrecht, WiVerw 2012, 124; *Scheiding*, Europäisches Vertragsrecht – ein erfolgversprechender Weg für Wirtschaft, Handwerk und Verbraucher?, WiVerw 2012, 153.

205 Gemäß der Empfehlung des Rechtsausschusses (BT-Drs. 17/8000) hat der BT beschlossen, eine Subsidiaritätsrüge gegen den Verordnungsentwurf der Kommission für ein Gemeinsames Europäisches Kaufrecht einzulegen (BT-Drs. 17/7713 Nr. A.5).

206 Näheres unter http://www.cr-online.de/24851.htm (abgerufen am 4.8.2015).

207 Vgl. dazu *Wörlen/Metzler-Müller* BGB AT Rn. 29 ff.

JURA 2004, 609; *Fikentscher/Heinemann* SchuldR §§ 73–75; *Fritsche/Würdinger*, Konkludenter Eigentumsvorbehalt beim Autokauf, NJW 2007, 1037; *Führich* WirtschaftsPrivR Rn. 503 ff., *Gsell*, Die Beweislast für den Sachmangel beim Verbrauchsgüterkauf, JuS 2005, 967; *Güllemann*, Internationales Vertragsrecht, 2. Aufl. 2014; *Habersack/Schürnbrand*, Der Eigentumsvorbehalt nach der Schuldrechtsreform, JuS 2002, 833; *Hamann/Lennarz*, Schiedsverfahren oder staatliche Gerichtsverfahren – Was ist besser?, JA 2012, 801; *Hirsch* SchuldR BT § 9; *Hofmann*, Agenturvertrag im Gebrauchtwarenhandel, JuS 2005, 8; *Keiser*, Letztverkäufer- und Werkunternehmerregress wegen Kosten für den Aus- und Einbau mangelhafter Sachen im Wege der Nacherfüllung, JuS 2014, 961; *Kieselstein/Rückebeil*, Aktuelle Rechtsprechung zu einzelnen Problemen des Verbrauchsgüterkaufs, JA 2006, 423; *Larenz* SchuldR II 1 §§ 44–45a; *Lehmann/Caspers*, »Der zerstörte WM-Fußball und Ärger mit dem Töpferkurs« (Klausur Zivilrecht mit Thematik Verhältnis Kaufrecht – Schuldrecht AT, Unmöglichkeit), JA 2011, 175; *Leible/Sosnitza*, Grundfälle zum Recht des Eigentumsvorbehalts, JuS 2001, 341, 449 und 556; *Liauw*, Besonderheiten beim Verbrauchsgüterkauf, JURA 2014, 388; *Looschelders* SchuldR BT §§ 11–14; *Lorenz*, Grundwissen Zivilrecht: Der Nacherfüllungsanspruch, JuS 2014, 7; *Lorenz*, Leistungsgefahr, Gegenleistungsgefahr und Erfüllungsort beim Verbrauchsgüterkauf (BGH NJW 2003, 3341), JuS 2004, 105; *Lorenz*, Grundwissen Zivilrecht: Der Eigentumsvorbehalt, JuS 2011, 199; *Medicus/Lorenz* SchuldR BT §§ 83–87; *Müller*, Die Umgehung des Rechts des Verbrauchsgüterkaufs im Gebrauchtwagenhandel, NJW 2003, 1975; *Oetker/Maultzsch* VertraglSchuldverh § 1 Rn. 422–596; *Petersen*, Verbraucher und Unternehmer, JURA 2007, 905; *Pünder*, Das UN-Kaufrechtsübereinkommen für ein einheitliches Weltkaufrecht, JA 1991, 270; *Raue*, Der mangelhafte »Ladenhüter« beim Verbrauchsgüterkauf – Zur Funktionsweise der Ablaufhemmung im § 479 II BGB, JURA 2007, 427; *Richter* VertragsR 492 ff.; *Riesenhuber*, Europäisches Vertragsrecht, 2. Aufl. 2006; *Schade* WirtschaftsPrivR Rn. 309 ff., 368 ff.; *Schermaul*, Die Auswirkung des § 474 IV BGB auf den Versendungskauf, JuS 2014, 781; *Schindler*, Der Verbrauchsgüterkauf, JA 2004, 835; *Schreiber*, Anwartschaftsrechte, JURA 2001, 623; *Schreiber*, Die Vorkaufsrechte des BGB, JURA 2012, 114; *Schröter*, Probleme des Anwendungsbereichs des Verbrauchsgüterkaufrechts (§§ 474 ff. BGB), JuS 2006, 682; *Schulte-Nölke*, Anforderungen an haftungsbeschränkende Beschaffenheitsvereinbarungen beim Verbrauchsgüterkauf, ZGS 2003, 184; *Stoppel*, Das System des Wiederverkaufsrechts unter besonderer Berücksichtigung der Mängelhaftung durch den Wiederverkäufer, JZ 2007, 218; *Waldkirch/Reinke*, Fortgeschrittenenklausur – Zivilrecht: Herstellerregress nach § 478 BGB – Der defekte Blu-ray-Player, JuS 2011, 45.

B. Tausch

143 Der Tausch spielt in der Rechtspraxis eine so geringe Rolle,[208] dass man ihn in einer Einführung in das Besondere Schuldrecht eigentlich nicht erwähnen müsste; aber das BGB widmet ihm im »Titel 1« von »Abschnitt 8, Untertitel 4« immerhin einen Paragrafen: § 480 (lesen!)!

Der Tauschvertrag war der Vorläufer des Kaufvertrags zu Zeiten, als das Zahlungsmittel Geld noch nicht existierte. Aufgrund des Tausches werden nicht Geld und Sachen (bzw. Rechte) wechselseitig übereignet, sondern Sachen gegen Sachen ausgetauscht. Die Gesetzgeber des BGB setzen diese Kenntnis offensichtlich bei jedermann voraus; denn der Tausch wird im Gesetz nicht definiert, sondern in § 480 wird lediglich bestimmt, dass auf den Tausch die Vorschriften über den Kauf entsprechende Anwendung finden.

208 So auch *Larenz* SchuldR II 1 § 46, der dort dazu immerhin zwei Seiten geschrieben hat.

C. Teilzeit-Wohnrechteverträge

Das vertragstyporientierte[209] Teilzeit-Wohnrechtegesetz[210] (TzWrG) wurde im Anschluss an die Vorschriften über den Kauf (und den Tausch) als eigener »Titel 2« von »Buch 2« in das Besondere Schuldrecht integriert. Zur Begründung[211] wird dazu angeführt, dass die nunmehr in den §§ 481–487 geregelten Teilzeit-Wohnrechteverträge ihrem Schwerpunkt nach als **Rechtskauf** iSd § 437 aF anzusehen sind, die durch die Übertragung des betreffenden Wohnrechts und die Zahlung des Kaufpreises erfüllt werden. 144

Teilzeit-Wohnrechteverträge sind nach der Legaldefinition des § 481 I 1 Verträge, durch die ein Unternehmer einem Verbraucher gegen Zahlung eines Gesamtpreises das Recht verschafft oder zu verschaffen verspricht, für die Dauer von mehr als einem Jahr ein Wohngebäude (oder einen Teil eines Wohngebäudes bzw. bewegliche Übernachtungsunterkünfte wie zB Hausboote, Wohnmobile, Kabinen auf Kreuzfahrtschiffen, § 481 III) mehrfach für einen bestimmten oder zu bestimmenden Zeitraum zu Übernachtungszwecken zu nutzen. Dieses »Time-Sharing« wird vor allem für Ferienwohnungen in Urlaubsgebieten in gesellschafts-, miet- oder sachenrechtlichen Konstruktionen angeboten.[212] Durch die mit Wirkung v. 23.2.2011 vom deutschen Gesetzgeber umgesetzte Timesharing-Richtlinie[213] des europäischen Gesetzgebers erfolgte die Ausweitung des Verbrauchsschutzes insbesondere auf Verträge über ein langfristiges Urlaubsprodukt (vgl. § 481a) sowie auf Vermittlungs- und Tauschsystemverträge (vgl. § 481b).

Die §§ 481–487 enthalten Vorschriften zum Schutz des Verbrauchers, auf die in diesem Grundriss allerdings nicht weiter eingegangen wird, zumal diese Thematik auch in umfangreicheren Darstellungen des Besonderen Schuldrechts nicht ausführlich behandelt wird und nicht zum juristischen Prüfungsstoff gehört.

Im Anschluss an die »Teilzeit-Wohnrechteverträge« sind im BGB seit der Schuldrechtsreform in den §§ 488 ff. die Gelddarlehensverträge geregelt, bevor – nach den Verbraucherdarlehensverträgen (§§ 491 ff., → Rn. 239 ff.) und den Ratenlieferungsverträgen zwischen einem Unternehmer und einem Verbraucher (§§ 510 ff.) – die Vorschriften über die Schenkung (§§ 516 ff.) folgen.

Der Sachdarlehensvertrag ist weiterhin in den §§ 607 ff. geregelt, in denen früher auch das Gelddarlehen erfasst wurde.

Die Gelddarlehensverträge werden daher in diesem Buch erst nach dem Sachdarlehensvertrag (→ Rn. 229 ff.) behandelt.

D. Schenkung

Etwas ausführlicher ist die Schenkung geregelt, die bereits in der Übersicht über die Arten der Rechtsgeschäfte[214] erwähnt wurde. 145

209 Vgl. dazu *Wörlen/Metzler-Müller* SchuldR AT Rn. 8.
210 Gesetz über die Veräußerung von Teilnutzungsrechten an Wohngebäuden v. 20.12.1996, BGBl. 1996 I 2154.
211 BT-Drs. 14/6040, 250.
212 *Creifelds*, »Teilzeit-Wohnrechtevertrag«, »Time-Sharing«.
213 RL 2008/122/EG, ABl. L 33/10 v. 3.2.2009.
214 Vgl. *Wörlen/Metzler-Müller* SchuldR AT Übersicht 1 (Rn. 16).

I. Voraussetzungen

Das Schenkungsrecht des BGB ist in den §§ 516–534 normiert. Wenn Sie § 516 I lesen, wissen Sie, dass die Schenkung eine **unentgeltliche Zuwendung** ist, also ohne Gegenleistung erfolgt.

■ Was schließen Sie aus der Formulierung »wenn beide Teile sich darüber einig sind«? (Überlegen Sie!)

▶ Dass es sich bei der Schenkung um einen Vertrag, nicht nur um ein einseitiges Rechtsgeschäft handelt! Ohne Annahme durch den Beschenkten kann die Schenkung nicht wirksam werden (»Vertragsfreiheit« = »Niemand darf zu seinem Glück gezwungen werden«).

■ Zwischenfrage: Handelt es sich bei § 516 I um eine »Anspruchsgrundlage«? (Nachdenken!)

▶ Aus § 516 I folgt nicht, dass der Beschenkte vom Schenker (umgekehrt sowieso nicht) etwas verlangen kann bzw. dass der Schenker zu einer Leistung[215] verpflichtet ist. § 516 besagt nur, dass eine Schenkung vollzogen ist, wenn beide Vertragspartner sich über die Unentgeltlichkeit der Vermögenszuwendung einig sind. Man nennt die in § 516 I beschriebene Schenkung auch »Handschenkung« (lat. »donatio manu«). Einen Anspruch hat der Beschenkte gegenüber dem Schenker, wenn die Schenkung noch nicht vollzogen, sondern erst versprochen wurde.

■ Aus welcher Anspruchsgrundlage folgt dieser Anspruch? (Suchen Sie die Vorschrift im Gesetz!)

▶ Obwohl die wörtliche Formulierung dieser Vorschrift nicht so eindeutig ist wie § 433 I 1, in dem es ja heißt, dass der Verkäufer zur Übereignung der Sache »verpflichtet« ist, folgt aus der Formulierung von § 518 I 1 (lesen!), dass der Beschenkte vom Schenker bei Formgültigkeit des Schenkungsvertrags die versprochene Leistung verlangen kann; denn eine Leistung in einem Vertrag zu versprechen bedeutet nichts anderes, als dass man sich dazu verpflichtet, die Leistung zu erbringen, bzw. dass der Vertragspartner diese Leistung verlangen kann.

■ Was ist der Grund dafür, dass das Schenkungsversprechen einer notariellen Beurkundung bedarf?

▶ Die notarielle Beurkundung hat eine Art Warn- und Schutzfunktion und soll den Schenker, der Vermögenswerte aufgibt, ohne eine Gegenleistung dafür zu bekommen, vor übereilter Großzügigkeit schützen.

Ein Schenkungsversprechen ohne notarielle Beurkundung ist nichtig und kann dem Beschenkten keinen Anspruch geben.

■ Aus welcher Vorschrift folgt die Nichtigkeit? Erinnern Sie sich an den »Allgemeinen Teil des BGB« und suchen Sie dort!

▶ Ihre Antwort lautet hoffentlich § 125 S. 1?!

Allerdings wird dieser Formmangel geheilt, wenn das formwidrige Schenkungsversprechen vom Schenker erfüllt wird (§ 518 II – lesen!).

■ An welche Vorschrift des allgemeinen Schuldrechts erinnert Sie § 518 II?

▶ Überlegen Sie! Antwort: Fußnote![216]

---

215 **Vgl. § 241 I sowie § 194 I.**

216 **An § 311b I 2.**

Aus dem Vergleich von § 516 und § 518 konnten Sie erkennen, dass es bei der in § 516 geregelten Handschenkung nicht um die Begründung einer Verpflichtung geht. Es wird vielmehr eine Einigung zwischen dem Zuwendenden und dem Zuwendungsempfänger über die Unentgeltlichkeit der – bereits vollzogenen oder gleichzeitig erfolgenden – Zuwendung vorausgesetzt. Aufgrund dieser Vereinbarung darf der Beschenkte die Zuwendung behalten. **146**

Beispiele: Geburtstags- und Weihnachtsgeschenke.

Dem Wortlaut des § 516 II »ohne den Willen des anderen« kann man entnehmen, dass die Zuwendung bereits vor der Einigung vollzogen werden kann. Dies kommt in den Fällen in Betracht, in denen die Zuwendung nicht unmittelbar an den Beschenkten, sondern an einen Dritten erfolgt.[217]

Beispiel:[218] Der Vater erfährt von den Mietschulden seines Sohnes und zahlt daraufhin den ausstehenden Betrag ohne Rücksprache mit dem Sohn unmittelbar an dessen Vermieter.

Auch in diesem Fall muss der Beschenkte das in der Vornahme der Zuwendung liegende (konkludente) Angebot des Schenkers annehmen. Nach § 516 II 1 kann ihm hierfür von dem Beschenkten eine angemessene Frist gesetzt werden. Sofern der Beschenkte nicht innerhalb dieser Frist die Schenkung ablehnt, gilt (= Fiktion!) die Schenkung als angenommen, der Vertrag ist also ausnahmsweise durch Schweigen zustande gekommen (vgl. § 516 II 2).

Die Handschenkung enthält also zwei Elemente, und zwar

- die schuldrechtliche Einigung über die Unentgeltlichkeit der Zuwendung sowie
- die dingliche Zuwendung.

Nach der hM begründet das schuldrechtliche Element keine Leistungspflicht, sondern stellt nur den rechtlichen Grund für das Behaltendürfen der Zuwendung dar.[219]

■ Wiederholungsfrage: Nach welchen Vorschriften richtet sich der Vollzug der Schenkung von beweglichen Sachen?

▶ Sie haben hoffentlich § 929 geantwortet?

Anders als die Handschenkung ist die in § 518 I genannte **Vertragsschenkung** (Versprechensschenkung). Dort müssen der Schenker und der Beschenkte einen **einseitig verpflichtenden schuldrechtlichen Vertrag** mit dem Inhalt schließen, dass sich der Schenker verpflichtet, dem Beschenkten eine unentgeltliche Zuwendung zu machen. Die Zuwendung soll also erst nach der Einigung zwischen Schenker und Beschenktem vollzogen werden.

Beispiel: Der Vater verspricht seinem Sohn, zu dessen bestandenem Abitur einen Pkw zu schenken.

Die notarielle Beurkundung soll den Schenker vor einer Übereilung schützen.[220]

217 MüKoBGB/*Koch* § 516 Rn. 47.
218 Nach *Looschelders* SchuldR BT Rn. 308.
219 Jauernig/*Mansel* § 516 Rn. 2.
220 BGHZ 82, 354 (359) = NJW 1982, 820.

Merke: § 516 regelt die sog. **Handschenkung** und setzt eine Einigung zwischen dem Schenker (= Zuwendenden) und dem Beschenkten (= Zuwendungsempfänger) über eine Unentgeltlichkeit einer bereits vollzogenen oder gleichzeitig erfolgenden Zuwendung voraus.
§ 518 I enthält die **Vertragsschenkung**, also einen einseitig verpflichtenden schuldrechtlichen Vertrag, in dem sich der Schenker verpflichtet, dem Beschenkten eine unentgeltliche Zuwendung zu machen. Nur die Willenserklärung des Schenkers (das »Versprechen«) bedarf zu ihrer Wirksamkeit der notariellen Beurkundung.

II. Rechtsfolgen

147 Auch beim Schenkungsvertrag besteht – wie bei den anderen Verträgen – eine Pflicht, den Vertrag zu erfüllen. Nur für den Fall, dass durch die Erfüllung der Unterhalt des Schenkers – oder der seiner kraft Gesetzes unterhaltsberechtigten Angehörigen – gefährdet wird, hat der Schenker ein aufschiebendes Leistungsverweigerungsrecht und kann die **Einrede des Notbedarfs** geltend machen (§ 519 lesen!).

Wegen der Unentgeltlichkeit der Leistung wird der Schenker auch bei der Haftung geschützt und hat nur **Vorsatz und grobe Fahrlässigkeit** zu vertreten (§ 521). Es handelt sich hierbei um eine **gesetzliche Haftungsmilderung** iSd § 276 I, muss also immer bei der Prüfung des »Vertretenmüssens« berücksichtigt werden.

Auch beim **Verzug** wird der Schenker begünstigt und muss – entgegen der allgemeinen Regelung des § 288 – **keine Verzugszinsen** zahlen (§ 522).

Für **Sach- und Rechtsmängel** haftet der Schenker aufgrund von §§ 523 f. idR nicht, denn: »Einem geschenkten Gaul schaut man nicht ins Maul«. Ausnahmen macht das Gesetz:

Der Schenker haftet bei arglistigem Verschweigen eines Sach- oder Rechtsmangels (§§ 523 I, 524 I) auf das Vertrauensinteresse (§§ 523 II, 524 II). Der Beschenkte muss also so gestellt werden, wie wenn der Schenker ihn über den Mangel aufgeklärt hätte.[221]

III. Rückgabepflicht des Beschenkten

148 Da die Schenkung uneigennützig erfolgt, gibt es im Gesetz zwei Gründe, die den Schenker zur Rückforderung des Geschenkes berechtigten:

§ 528 (lesen): Stellt sich heraus, dass der Schenker aufgrund der Schenkung derart verarmt ist, dass er nicht (einmal) mehr seinen eigenen angemessenen Unterhalt bezahlen bzw. seinen gesetzlichen Unterhaltspflichten nachkommen kann, kann er das Geschenkte nach Bereicherungsrecht (§§ 818 ff., → Rn. 388 ff.) ganz oder teilweise zurückfordern; es handelt sich hierbei um eine Rechtsfolgenverweisung (→ Rn. 11). Es ist unerheblich, ob der Notbedarf vor oder nach der Vollziehung der Schenkung entstanden ist.[222] Der Rückforderungsanspruch ist allerdings in einigen Fällen ausgeschlossen – zur Information die §§ 528 I 2, 529 und 534 lesen.

---

221 *Oetker/Maultzsch* VertraglSchuldverh § 4 Rn. 36.
222 BGH NJW 2007, 60.

§ 530 (lesen): Ein Rückforderungsrecht nach §§ 818 ff. hat der Schenker auch dann, wenn ein Widerrufsgrund (grober Undank des Beschenkten, zB durch körperliche Misshandlung oder gar Bedrohung des Lebens des Schenkers) vorliegt und der Schenker gegenüber dem Beschenkten den Widerruf erklärt hat (vgl. § 531 I). Einen Ausschluss des Widerrufsrechts enthalten die §§ 532 ff.

»Einmal geschenkt, bleibt geschenkt, wiederholen ist gestohlen« hat also nur bedingte Geltung.

IV. Sonderformen der Schenkung

Gemäß § 525 (lesen) kann eine **Schenkung unter einer Auflage** erfolgen. Dabei handelt es sich um die einer Schenkung hinzugefügte Bestimmung, dass der Empfänger zu einer Leistung verpflichtet sein soll. Da dies eine Nebenbestimmung ist, wird allerdings aus der Schenkung durch die Auflage nicht etwa ein »gegenseitiger Vertrag«[223]. Eine Auflage kann sowohl im Interesse des Schenkers, des Beschenkten als auch eines Dritten liegen. **149**

> **Beispiel:** Der reiche Onkel aus Amerika schenkt einem Neffen ein Grundstück samt Haus mit der Auflage, dass dieser an die beiden anderen Neffen je 10.000 EUR zahlen soll.
> Wird diese Auflage (der durch die Auflage Begünstigte hat übrigens keinen direkten Anspruch gegen den Beschwerten!) nicht erfüllt, kann der Schenker den geschenkten Gegenstand zurückfordern (§ 527).

Eine sog. **gemischte Schenkung** liegt vor, wenn der »Beschenkte« eine Leistung aus seinem Vermögen zu erbringen hat.

> **Beispiel:**[224] Der Vater verkauft seinem Sohn ein Hausgrundstück, das 500.00 EUR wert ist, für 300.000 EUR. Beide Parteien sind sich darüber einig, dass die 200.000 EUR dem S unentgeltlich zugewendet werden sollen.

Bei der Abgrenzung, ob eine gemischte Schenkung oder ein »Kauf zum Freundschaftspreis vorliegt«, ist auf den Parteiwillen abzustellen. Die Parteien müssen sich also einig sein, dass ein Teil der Leistung unentgeltlich erfolgt.[225] Die Einordnung der gemischten Schenkung ist umstritten.[226]

223 Vgl. *Wörlen/Metzler-Müller* SchuldR AT Rn. 11–13.
224 Nach *Looschelders* SchuldR BT Rn. 331.
225 BGH NJW-RR 1996, 754 (755).
226 Wenn Sie mehr darüber erfahren wollen: *Looschelders* SchuldR BT Rn. 332 f. lesen.

Einen kurzen Überblick über das Schenkungsrecht gibt die folgende

Übersicht 7

150

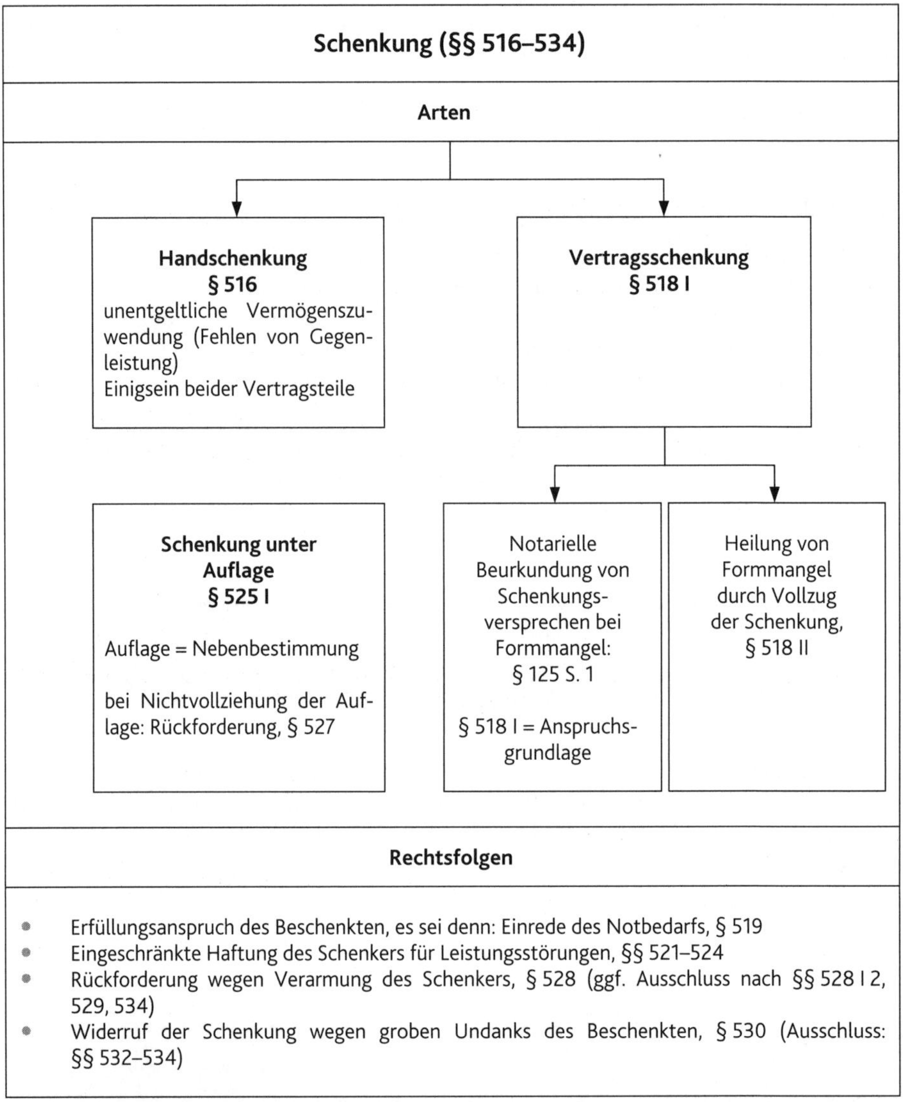

Literatur zur Vertiefung (→ Rn. 143–150): *Alpmann und Schmidt* SchuldR BT I, Rn. 400 f.; BT II, 2. Teil; *Brox/Walker* SchuldR BT § 7 Rn. 67 ff., §§ 8, 9; *Esser/Weyers* SchuldR BT I § 12; *Fikentscher/Heinemann* SchuldR § 76; *Hirsch* SchuldR BT § 9 Rn. 344 ff. und § 10; *Larenz* SchuldR II 1 § 47; *Looschelders* SchuldR BT §§ 15–17; *Medicus/Lorenz* SchuldR BT §§ 90, 91; *Oetker/Maultzsch* VertraglSchuldverh § 2 Rn. 598-616; *Reinkenhoff*, Einführung in die Rechtsprobleme des time-sharing und das neue Teilzeit-Wohnrechtegesetz, JURA 1998, 561; *Schade* WirtschaftsPrivR Rn. 317 f.; *Schlinker*, Sachmängelhaftung bei gemischter Schenkung, AcP 206 (2006), 28; *Schreiber*, Grundlagen des Schenkungsrechts, JURA 2013, 361.

2. Kapitel. Gebrauchsüberlassungsverträge

A. Mietvertrag

Das Mietrecht ist im Anschluss an das Schenkungsrecht unter Titel 5 »Mietvertrag – Pachtvertrag« in Buch 2 in den §§ 535–580a geregelt und in der Rechtspraxis von weitaus größerer Bedeutung als Letzteres.

I. Vorbemerkungen

1. Begriff des Mietvertrages

Für den Mietvertrag ist die zeitweilige Überlassung einer Sache gegen Entrichtung 151
der vereinbarten Miete (§ 535) kennzeichnend. Es ist folglich ein gegenseitiger Vertrag iSd §§ 320 ff. Anders als beim Kauf- oder dem Werkvertrag geht es nicht nur um den einmaligen Austausch von Leistungen. Die vertraglichen Pflichten bestehen über einen längeren Zeitraum; deshalb handelt es sich um ein Dauerschuldverhältnis.

2. Neuere Entwicklungen

Am 11.3.2013 hat der Bundestag das »Gesetz über die energetische Modernisierung 152
von vermietetem Wohnraum und über die vereinfachte Durchsetzung von Räumungstiteln (Mietrechtsänderungsgesetz – MietRÄndG)«[227] beschlossen. Damit wurde das Wohnraummietrecht modernisiert. Das Gesetz ist am 1.5.2013 in Kraft getreten.

Das Mietrechtsänderungsgesetz enthält vier Regelungskomplexe:

- Die energetische Modernisierung von Wohnraum,
- die Förderung des Contracting (gewerbliche Wärmelieferung durch ein spezialisiertes Unternehmen),
- die Bekämpfung des Mietnomadentums und
- den Kündigungsschutz bei der Umwandlung von Miet- in Eigentumswohnungen (Unterbindung des so genannten Münchener Modells[228]) und Absenkung der Kappungsgrenze für Mieterhöhungen bis zur ortsüblichen Vergleichsmiete.[229]

Der Bundestag hat am 21.4.2015 das »Gesetz zur Dämpfung des Mietanstiegs auf angespannten Wohnungsmärkten und zur Stärkung des Bestellerprinzips bei der Woh-

227 BGBl. 2013 I 434. Das letzte Mietrechtsreformgesetz datiert vom 19.6.2001.

228 Das »Münchener Modell« ist dadurch geprägt, dass eine Personengesellschaft (zB eine Gesellschaft bürgerlichen Rechts) ein Mietshaus von vornherein mit dem Ziel erwirbt, ihren Mitgliedern die Nutzung der Wohnungen zu ermöglichen und die Wohnungen in Eigentumswohnungen umzuwandeln. Noch vor der Umwandlung kündigt die Gesellschaft einem oder mehreren Mietern wegen Eigenbedarfs einzelner Gesellschafter. Auf diese Weise wird der in § 577a normierte Schutz vor Eigenbedarfskündigungen nach Umwandlung in Wohneigentum umgangen. Diese Schutzlücke wurde geschlossen. Näheres hierzu in der Begründung des Gesetzesentwurfs v. 15.8.2012, BT-Drs. 17/10485, 16.

229 Bei Interesse: Pressemitteilung des Bundesministeriums der Justiz v. 13.12.2012 (http://www.bmj.de/SharedDocs/Pressemitteilungen/DE/2012/20121213_Das_Mietrechtsaenderungsgesetz.html – entnommen am 11.1.2013) oder Begründung des Gesetzesentwurfs v. 15.8.2012, BT-Drs. 17/10485, 13 ff. lesen.

nungsvermittlung (Mietrechtsnovellierungsgesetz – MietNovG)«[230] verabschiedet, das am 1.6.2015 in Kraft getreten ist. Das Gesetz enthält unter anderem eine sog. »**Mietpreisbremse**«. Mit ihr soll auf angespannten Wohnungsmärkten eine angemessene Versorgung mit Wohnraum auch für Bezieher geringer und mittlerer Einkommen gesichert werden, ohne die Attraktivität von Investitionen in den Bau neuer Mietwohnungen oder in die Modernisierung von Bestandswohnungen zu schmälern. Hierzu wurden die §§ 556d–556g neu ins BGB aufgenommen. Kernvorschrift ist der neue § 566d. Hiernach darf bei Abschluss eines Mietvertrages über Wohnraum in einem zuvor durch Rechtsverordnung bestimmten Gebiet mit angespanntem Wohnungsmarkt die Miete bei Mietbeginn die ortsübliche Vergleichsmiete höchstens um 10% übersteigen. Die Landesregierungen sind ermächtigt, die Gebiete mit angespanntem Wohnungsmarkt in einer Rechtsverordnung für die Dauer von maximal fünf Jahren zu bestimmen. Die Rechtsverordnungen müssen begründet werden. § 556d II enthält einige Fallbeispiele, die auf einen angespannten Wohnungsmarkt schließen lassen. Aus der Begründung muss sich für Vermieter und Mieter ergeben, aufgrund welcher Tatsachen ein Gebiet mit einem angespannten Wohnungsmarkt vorliegt.

Alle Vereinbarungen, die von den §§ 556d–556g zum Nachteil des Mieters abweichen, sind unwirksam (§ 556g I 1). Für die Vereinbarung der Miethöhe gilt allerdings eine Sonderregel. Nach dieser ist nur der Teil der Miete unwirksam, der die zulässige Miete – 110% der ortsüblichen Vergleichsmiete – übersteigt. Dies kann insbesondere in den Fällen Bedeutung erlangen, in denen der Vermieter gegen den Mieter auf Zahlung rückständiger Mieten klagt oder eine außerordentliche Kündigung wegen Zahlungsverzug ausspricht (§ 556g I 2).

Nach § 556g I 3 steht dem Mieter gegen den Vermieter wegen überzahlter Mieten ein Rückforderungsrecht nach Bereicherungsgrundsätzen zu. Der Rückforderungsanspruch entsteht allerdings erst, wenn der Mieter einen Verstoß gegen die Vorschriften der §§ 556d–556g gegenüber dem Vermieter rügt. Die Rüge ist Anspruchsvoraussetzung. Der Vermieter muss dem Mieter gem. § 556g II 1 nur die Überzahlungen der Mieten zurückzahlen, die nach Zugang der Rüge fällig geworden sind.[231]

Das Gesetz stärkt außerdem das **Bestellerprinzip** bei der **Maklercourtage**. Nunmehr gilt hier das marktwirtschaftliche Prinzip »wer bestellt, der bezahlt«: Gemäß § 2 Ia WoVermRG darf der Wohnungsvermittler vom Wohnungssuchenden für die Vermittlung oder den Nachweis der Gelegenheit zum Abschluss von Mietverträgen über Wohnräume kein Entgelt fordern, sich versprechen lassen oder annehmen, es sei denn, der Wohnungsvermittler holt ausschließlich wegen des Vermittlungsvertrags mit dem Wohnungssuchenden vom Vermieter oder von einem anderen Berechtigten den Auftrag ein, die Wohnung anzubieten (§ 6 I WoVermRG).

3. Systematik des Mietrechts

153 Der Aufbau der Regeln über das Mietverhältnis orientiert sich an der im BGB gängigen Vorgehensweise. Das Mietrecht ist in drei Teile gegliedert:

- Zunächst wird ein allgemeiner Teil vorangestellt: Untertitel 1 enthält »**Allgemeine Vorschriften für Mietverhältnisse**« mit Inhalt und Hauptpflichten des Mietver-

230 BGBl. 2015 I 610.
231 Bei Interesse die Gesetzesbegründung BT-Drs. 18/3121 16 ff. lesen.

trags, Gewährleistung, Untervermietung, Vorschriften über das Ende des Mietverhältnisses und die Rückgabepflicht des Mieters als **Kernpunkte des Mietrechts.**[232] Diese Regelungen gelten unabhängig von der Art der Mietsache für alle möglichen Mietverhältnisse und werden von den §§ 535–548 umfasst.
- Untertitel 2 betrifft »**Mietverhältnisse über Wohnraum**« (§§ 549–577a).
- In Untertitel 3 »**Mietverhältnisse über andere Sachen**« (§§ 578–580a) – Grundstücke sowie Räume, die keine Wohnräume sind, bewegliche Sachen und eingetragene Schiffe – wird weitgehend auf die Vorschriften der Untertitel 1 und 2 Bezug genommen, was die Kürze von Untertitel 3 erklärt.

Die Untertitel 4 (§§ 581–584b) und 5 (§§ 585–597) enthalten Sonderregelungen für den Pachtvertrag und den Landpachtvertrag.

Angesichts der Flut von Paragrafenverweisungen wird der vom Gesetzgeber beabsichtigte »klare Aufbau« allerdings recht unübersichtlich!

4. Abgrenzungen

Von anderen Gebrauchsüberlassungsverträgen unterscheidet sich der Mietvertrag wie **154**
folgt:

Der Pachtvertrag (§§ 581 ff.) umfasst – im Gegensatz zum Mietvertrag – nicht nur die Verpflichtung des Verpächters, dem Pächter den Gebrauch des verpachteten Gegenstandes zu gewähren; der Verpächter muss ihm auch den Genuss der Früchte (§ 99) gestatten. Außerdem können nicht nur Sachen, sondern auch Rechte (Oberbegriff = Gegenstand)[233] Vertragsinhalt sein.

Beim Leihvertrag (§§ 598 ff.) wird die Sache unentgeltlich überlassen.

Der Mietvertrag unterscheidet sich vom Sachdarlehensvertrag (§§ 607 ff.) dadurch, **155**
dass der Vermieter Eigentümer des Vertragsgegenstandes bleibt; dem Vertragspartner wird nur der Besitz eingeräumt. Der Darlehensnehmer hingegen muss dem Darlehensgeber nur Sachen von gleicher Art, Güte und Menge zurückerstatten.

Beim Verwahrungsvertrag (§§ 688 ff.) ist der Verwahrer zur Aufbewahrung der Sache **156**
verpflichtet; der Mieter hingegen kann die vermietete Sache gebrauchen.

II. Wesen und Inhalt des Mietvertrags

»Inhalt und Hauptpflichten des Mietvertrags«, so die amtliche Überschrift,[234] be- **157**
schreibt § 535 (lesen!).

Inhalt bzw. Wesen des Mietvertrags liegen demnach darin, dass der Vermieter sich verpflichtet, dem Mieter die **Mietsache zum vertragsgemäßen** Gebrauch während der Mietzeit zu überlassen und in dem zum vertragsgemäßen Gebrauch geeigneten

232 NK-BGB/*Klein-Blenkers* § 535 Rn. 1.

233 S. hierzu *Wörlen/Metzler-Müller* BGB AT Rn. 95 ff.

234 Das BGB wurde durch das Schuldrechtsmodernisierungsgesetz mit Wirkung v. 1.1.2002 erstmals mit **amtlichen** (also **verbindlichen**!) Paragrafenüberschriften versehen. Vorher konnten die Herausgeber dieses Gesetzestextes die Überschriften der einzelnen Paragrafen selbst formulieren.

Zustand zu erhalten. Dabei hat der Vermieter grundsätzlich die auf der Mietsache ruhenden Lasten zu tragen.

Die Leistungsverpflichtung des Mieters besteht darin, dass er dem Vermieter die vereinbarte **Miete** zu »entrichten«, also zu zahlen, hat.

Der Vermieter überlässt die Mietsache dem Mieter somit nur, **damit** und **weil** dieser dafür die Miete bezahlt. Und der Mieter bezahlt die Miete nur, **weil** und **damit** er von der Mietsache Gebrauch machen kann. Das sind demnach die **Hauptpflichten der Vertragsparteien**, auf die sogleich noch näher einzugehen ist.

■ Um was für eine Art von Vertrag in Bezug auf das Leistungsverhältnis handelt es sich?

▶ Der Mietvertrag ist ebenso wie der Kaufvertrag ein gegenseitiger Vertrag!

■ Welche Vorschriften gelten demnach, wenn es zu Störungen des Mietvertrags kommt?

▶ Sofern nicht besondere Vorschriften des Mietrechts eingreifen, gelten neben den §§ 275 ff. auch die §§ 320 ff.

III. Zustandekommen des Mietvertrags

158 Wie jeder Vertragsschluss setzt auch der Mietvertrag ein Zustandekommen nach den allgemeinen Vorschriften der §§ 145 ff., also Angebot und Annahme, voraus. Mit anderen Worten: Die Vertragsparteien müssen sich über den Vertragsschluss und den Inhalt des Vertrags einig sein. Dabei gilt für den Mietvertrag selbstverständlich auch der Grundsatz der Vertragsfreiheit (vgl. § 311 I),[235] dh, die mietrechtlichen Vorschriften des BGB, insbesondere die Grundvorschrift des § 535 (Inhalt und Hauptpflichten des Mietvertrags), beschreiben den Regeltyp des Mietvertrags und greifen immer nur ein, wenn die Vertragsparteien eine besondere Vereinbarung über bestimmte wesentliche Punkte nicht getroffen haben.

■ Lesen Sie § 535 I 2 – und überlegen, wer in der von Ihnen gemieteten Wohnung die Wände tapezieren muss!

▶ Aufgrund der Formulierung »Der Vermieter hat die Mietsache während der Mietzeit in dem vertragsgemäßen Zustand zu erhalten« ist es eigentlich Aufgabe des (Ihres) Vermieters!

■ Macht er das bei Ihnen? Warum wohl nicht?

▶ Weil wegen der auch im Mietrecht geltenden Vertragsfreiheit die sog. Schönheitsreparaturen (→ Rn.170, → Rn. 187 f.), zu denen auch das Tapezieren der Wände zählt, durch mietvertragliche Vereinbarung auf den Mieter übertragen werden. Die Regelung des § 535 I 2 ist dispositiv.

Zum Schutze des Wohnraum-Mieters enthält das BGB allerdings eine Anzahl von Regelungen, die nicht zum Nachteil des Mieters abgeändert werden können. Hierbei handelt es sich um zwingendes Recht.[236]

Der Vermieter hat beim Abschluss des Mietvertrages auch die Vorgaben des AGG zu beachten. Eine Einschränkung der Vertragsfreiheit folgt aus den §§ 1, 2 I Nr. 8 AGG.

235 Dazu *Wörlen/Metzler-Müller* SchuldR AT Rn. 17 ff.

236 Vgl. *Wörlen/Metzler-Müller* BGB AT Rn. 314.

Danach darf niemand beim Zugang von Wohnraum aus Gründen der Rasse oder wegen der ethnischen Herkunft, des Geschlechts, der Religion oder Weltanschauung, einer Behinderung, des Alters oder der sexuellen Identität benachteiligt werden.

Gemäß § 19 I Nr. 1 und V 3 AGG gelten diese Benachteiligungsverbote vor allem bei sog. »Massengeschäften«, welche die Vermietung von Wohnraum zum nicht nur vorübergehenden Gebrauch betreffen, wenn insgesamt mehr als 50 Wohnungen vermietet werden. Ansonsten gelten für (Klein-)Vermieter nur die Benachteiligungsverbote »Rasse« oder »ethnische Herkunft« (§ 19 II AGG). Führt das Mietverhältnis zu einer besonderen Nähe zwischen den Parteien oder deren Angehörigen, so bestehen keine gesetzliche Schranken (vgl. § 19 V 1 AGG). Eine solche Nähe wird vermutet, wenn die Parteien bzw. die Angehörigen auf demselben Grundstück wohnen bzw. wohnen würden (§ 19 V 2 AGG). Eine einheitliche Deutung des **Angehörigenbegriffs** existiert im deutschen Recht nicht. Sie muss sich am jeweiligen Zweck des Gesetzes orientieren. Für das AGG erfasst der Begriff des Angehörigen Mitglieder des engeren Familienkreises, nämlich Eltern, Kinder, Ehe- und Lebenspartner und Geschwister.[237] Er stimmt im Wesentlichen mit dem Begriff der engen Familienangehörigen iSd § 573 II Nr. 2 überein.

Weitere Ausnahmen, dh eine zulässige unterschiedliche Behandlung (außer wegen »Rasse« und »ethnischer Herkunft«) sind in § 20 AGG geregelt.

Wenn der Vermieter gegen die Benachteilungsverbote des AGG verstößt, kann der Mieter

- einen Anspruch auf Vermietung als Beseitigungsanspruch (§ 21 I AGG),
- einen Anspruch auf Schadensersatz im Fall des Vertretenmüssens (§ 21 II 1 AGG) sowie
- ein »Schmerzensgeld« nach § 253 II (§ 21 II 3 AGG)

geltend machen.

Zunächst bleiben wir bei § 535, aus dem wir entnehmen können, über welche wesentlichen Punkte Einigkeit bestehen muss, damit Angebot und Annahme zu einem wirksamen Mietvertrag führen.

Grundsätzlich bedürfen Mietverträge keiner besonderen Form, dh, sie können **159**
mündlich oder schriftlich abgeschlossen werden. Zu beachten sind indessen die §§ 550 und 578 (in dieser Reihenfolge lesen!): Danach gelten Mietverträge über Wohnräume (§ 550 S. 1) sowie über Grundstücke und Räume, die keine Wohnräume sind (§ 578), für unbestimmte Zeit, wenn sie für längere Zeit als ein Jahr nicht in schriftlicher Form geschlossen wurden. Bei allen Mietverträgen sollten Vermieter und Mieter daher aus Gründen der Beweissicherheit tunlichst einen schriftlichen Vertrag vorziehen. In der Praxis ist der schriftliche Mietvertrag über Wohnräume häufig in der Form eines vorgedruckten »Mietvertrag(s) über Wohnungen«, der Regelfall. Ein Muster eines solchen »Mietvertragsformulars« finden Sie im Anschluss an Übersicht 9 zum Mietrecht am Ende dieses Abschnitts (→ Rn. 213). Dabei muss der Vertrag von beiden Vertragsparteien unterschrieben werden und den gesamten Vertragsinhalt wiedergeben. Schriftliche Einzelabreden genügen nicht.

237 Hierzu MüKoBGB/*Thüsing* AGG § 19 Rn. 109 mwN.

1. Gegenstand des Mietvertrags

160 Gegenstand des Mietvertrags (Mietsache) können Sachen jeglicher Art sein; Rechte dagegen, die man zwar gem. § 453 kaufen und verkaufen kann, können nicht ge- oder vermietet werden. Vom Begriff der Sache (wo im BGB definiert?[238]) werden bewegliche und unbewegliche Sachen umfasst. Im Einzelnen kommen nahezu alle beweglichen Sachen in Betracht: Bücher, Fahrräder, Kleidungsstücke, Reitpferde (als Mietobjekte sind Pferde – trotz § 90a – als Sachen einzuordnen!) und anderes, für deren Benutzung man ein Entgelt entrichtet; auch Zeitschriften aus einem Lesering werden nicht etwa »geliehen«, wie es im Volksmund meist heißt, sondern gemietet.

■ Worin besteht die Gemeinsamkeit und worin der Unterschied von Mietvertrag und Leihvertrag (lesen Sie zum Vergleich § 535 und § 598[239])?

► Gemeinsam ist beiden Verträgen die Gebrauchsüberlassung einer Sache; beim Mietvertrag geschieht dies entgeltlich, beim Leihvertrag unentgeltlich. Auch ein (im Volks-, aber auch bisweilen Juristenmund) sog. »Leihwagen« ist in der Regel ein Mietwagen.
Unbewegliche Sachen, die vermietet werden können, sind in erster Linie Grundstücke, Häuser, Wohnungen und sonstige Gegenstände.

■ Können Sie noch weitere Beispiele für unbewegliche Mietsachen nennen? (Lassen Sie Ihre Phantasie spielen!)

► ZB: Reklametafeln, Wandflächen, Schließfächer. Nicht erforderlich ist, dass es sich bei der Mietsache um eine selbstständige Sache handelt. Auch Teile von Sachen können Gegenstand eines Mietvertrags sein, zB ein Stellplatz in einer Tiefgarage.

2. Miete

161 Es können alle zulässigen Mietstrukturen vereinbart werden. Mit Blick auf die Bestandteile der Nebenkosten kommen in Betracht:[240]

- **Nettokaltmiete** (Grundmiete),
- **Teilinklusivmiete** (Grundmiete und ein Teil der kalten Betriebskosten – dazu gehören alle Betriebskosten, die nicht Heizung und Warmwasser betreffen, also die Kosten für Grundsteuer, Wasser, Abwasser, Aufzug, Straßenreinigung, Müllbeseitigung, Gebäudereinigung, Gartenpflege, Allgemeinstrom, Schornsteinreinigung, Versicherung, Hauswart, Antenne/Kabel),
- **Teilinklusivwarmmiete** (Grundmiete, Heizkosten und ein Teil der kalten Betriebskosten),
- **Bruttokaltmiete** (Grundmiete, ein Teil der kalten Betriebskosten und ein anderer, verbrauchsabhängiger Teil der kalten Betriebskosten) und
- **Bruttowarm- bzw. Inklusivmiete** (Grundmiete, Heizkosten, ein Teil der kalten Betriebskosten und ein anderer, verbrauchsabhängiger Teil der kalten Betriebskosten).

162 Der Umlageumfang richtet sich nach der Vereinbarung, solange nicht gesetzliche Vorschriften bestehen. So sind bei preisfreiem und gemäß Wohnraumförderungsgesetz gefördertem Wohnraum für die Betriebskosten stets § 556 I und § 556a I in Verbindung mit der Betriebskostenverordnung zu beachten.

---

238 **In § 90!**
239 Dazu näher → Rn. 220.
240 Ausführlich in NK-BGB/*Frommeyer* § 556 Rn. 2.

Die Parteien können die Pflicht zur Entrichtung der Miete im Rahmen der Vertragsfreiheit ausgestalten. Sie können zB vereinbaren, dass der Mieter nicht Geld, sondern Sachen leistet oder Dienstleistungen (etwa als Hausmeister) erbringt.[241] Die Miete kann einmalig oder in wiederkehrenden Zeitabständen entrichtet werden. 163

Sofern die Vertragsparteien, was in der Praxis ebenfalls sehr selten vorkommen wird, keine in der Höhe ausdrücklich bestimmte Miete festgesetzt haben, ist § 315 I (lesen!) anzuwenden: Daraus folgt, dass eine angemessene Miete als vereinbart gilt. Im Streitfall hat das Gericht darüber zu befinden, dh eine angemessene Miete festzusetzen. Ist die »angemessene« oder »ortsübliche Miete« vereinbart, ist diese vom Gericht in ergänzender Vertragsauslegung oder entsprechend §§ 612 II, 632 II zu bestimmen.[242]

3. Parteien des Mietvertrags

In den meisten Fällen wird über die Vertragsparteien, dh über die Person des Vermieters und des Mieters, Klarheit bestehen. Sofern es sich beim Mietobjekt um Wohnraum handelt, treten auf der Mieterseite häufig mehrere Personen (Eheleute, Familie mit Kindern) auf. Bei Ehepartnern ist es heutzutage die Regel, dass beide den Mietvertrag als Mieter unterschreiben. Dies hat für beide Vertragsparteien Vor- und Nachteile: Die Ehepartner als Mieter erlangen gemeinsam »Besitz« an der Wohnung und können beide die Rechte des Mieters gegen den Vermieter geltend machen. Andererseits haften sie dem Vermieter auch gemeinsam für die Erfüllung der Pflichten des Mieters. Nichts anderes gilt für in »eheähnlicher Gemeinschaft« lebende Mieter oder »sonstige Personenmehrheiten von Mietern«, wie zB Wohngemeinschaften. 164

Das »Gesetz zur Beendigung der Diskriminierung gleichgeschlechtlicher Gemeinschaften: Lebenspartnerschaften« v. 16.2.2001[243] ermöglicht mit dem »Gesetz über die Eingetragene Lebenspartnerschaft« (LPartG) die Begründung von Lebenspartnerschaften von zwei Personen desselben Geschlechts. Diese gelten gem. § 11 LPartG als Familienangehörige, was auch im Mietrecht zum Tragen kommt.

Sofern nur ein Ehepartner (oder ein Partner der sonstigen Personengemeinschaften) den Vertrag unterschreibt, wird der andere Mitbesitzer und hat ein Mitbenutzungsrecht. Die Rechtsprechung hat dies im Hinblick auf § 540 I (lesen!) klargestellt: Wenn der vertragsgemäße Gebrauch der Sache durch den Mieter zwangsläufig oder typischerweise eine Mitbenutzung durch andere Personen (Ehe- oder Lebenspartner, Familienmitglied, Hauspersonal, Eltern, Austauschschüler, Au-pair-Mädchen) mit sich bringt, ist diese Mitbenutzung auch ohne Erlaubnis des Vermieters zulässig, da solche Personen nicht als »Dritte« iSv § 540 I anzusehen sind.[244]

Stirbt der Mieter, treten seine Erben in das Mietverhältnis ein; sowohl der Erbe als auch der Vermieter sind allerdings berechtigt, fristgerecht zu kündigen (§ 580 – lesen). Stirbt der Vermieter, wird das Mietverhältnis mit dem (oder den) Erben fortgesetzt. 165

Falls der Vermieter vermieteten Wohnraum an einen Dritten veräußert (verkauft und übereignet!), tritt der Erwerber an die Stelle des Vermieters. »Kauf bricht nicht

241 Palandt/*Weidenkaff* § 535 Rn. 71 mwN.
242 Palandt/*Weidenkaff* § 535 Rn. 74; Schmidt-Futterer/*Blank* vor § 535 Rn. 14.
243 BGBl. 2001 I 266.
244 Palandt/*Weidenkaff* § 540 Rn. 5 unter Hinweis auf BayObLG MDR 1984, 316; MüKoBGB/*Bieber* § 540 Rn. 5 mwN.

Miete« = § 566 I – lesen! Der Erwerber ist als neuer Vermieter grundsätzlich gleichermaßen an den Mietvertrag gebunden. Die Rechtslage bezüglich der Mietsache bleibt die gleiche: Der Vermieter ist Eigentümer der Mietsache, der Mieter Besitzer (vgl. dazu zur ersten Information § 985 und § 986 I, die im »Sachenrecht«[245] noch angesprochen werden).

IV. Rechte und Pflichten der Vertragsparteien

166 In den meisten Kurzlehrbüchern und Grundrissen ist in den Untertiteln nur von den **Pflichten** des Vermieters und den **Pflichten** des Mieters die Rede. Die **Rechte** werden selten gesondert in Überschriften erwähnt. Das ist nicht inkonsequent, sondern folgt aus dem Rechtscharakter des Mietvertrags als typischem gegenseitigen Vertrag: Aus den Pflichten einer Partei folgen natürlicherweise die Rechte der anderen Partei! Im Hinblick auf das Gegenseitigkeitsverhältnis der Pflichten der Vertragspartner ist wieder zu unterscheiden zwischen Haupt(leistungs)pflichten und Neben(leistungs)pflichten.

1. Pflichten des Vermieters

167 Die Hauptpflichten des Vermieters ergeben sich unmittelbar aus § 535 I.

■ Lesen Sie diese Vorschrift sorgfältig und versuchen Sie selbst, die Pflichten des Vermieters, die sich daraus ergeben, schlagwortartig niederzuschreiben, bevor Sie weiterlesen!

▶ Aus § 535 I lassen sich folgende Pflichten des Vermieters herauslesen:

a) Gebrauchsüberlassungspflicht

168 Diese Pflicht ergibt sich aus § 535 I 1 und umfasst in der Regel zugleich die Verpflichtung, dem Mieter die tatsächliche Verfügungsgewalt über die Mietsache (den Besitz – lesen Sie zur Information § 854 I!) einzuräumen. Weiterhin gehört zu der Gebrauchsüberlassungspflicht, dass der Vermieter den vertragsgemäßen Gebrauch durch den Mieter dulden muss, was aus dem Wortlaut von § 535 I nicht ohne Weiteres zu erkennen ist, sich aber aus dem Begriff »zu gewähren« ergibt. Geduldet werden muss zB die Aufstellung von Gas- und Elektrogeräten, die Verkabelung der Wohnung oder die Anbringung eines Praxisschildes bei Vermietung von Praxisräumen.[246]

b) Gebrauchserhaltungspflicht

169 Da die Gewährung des Mietgebrauchs eine auf Dauer angelegte Verpflichtung ist, enthält diese aus § 535 I 2 folgende Pflicht, dass der Vermieter für die Unterlassung aller Handlungen zu sorgen hat, die den vertragsgemäßen Gebrauch durch den Mieter stören, und dass er fremde Störungen im Rahmen seiner tatsächlichen und rechtlichen Möglichkeiten abwehren muss (zB unzumutbarer »Krach« durch Wohnungsnachbarn = Mitmieter).

c) Instandhaltungspflicht

170 Gemäß § 535 I 2 hat der Vermieter die Mietsache während der Mietzeit in einem Zustand zu erhalten, der dem Mieter den vertragsgemäßen Gebrauch ermöglicht. Grundsätzlich ist der Vermieter verpflichtet, Reparaturen und Renovierungen, die bei ordnungsgemäßem Gebrauch des Mieters durch Abnutzung oder Beschädigung

245 *Wörlen/Kokemoor* SachenR Rn. 68 ff.

246 Weitere Beispiele: HK-BGB/*Ebert* § 535 Rn. 5.

erforderlich werden, auf seine Kosten vornehmen zu lassen. Diese Abnutzungen werden im Prinzip durch die Miete abgegolten. In den meisten Wohnraum-Mietverträgen, für die § 549 I auf die Geltung der §§ 535–548 verweist, ist diese »Instandsetzungspflicht« aber abbedungen (§ 535 I 2 ist dispositives Recht) mit der Folge, dass die sog. »Schönheitsreparaturen« vom Mieter vorzunehmen sind. In diesem Fall wird die Instandsetzungspflicht neben der Pflicht zur Zahlung der Miete ebenfalls zur Hauptleistungspflicht des Mieters, auf die unten (→ Rn. 187 ff.) näher eingegangen wird.

d) Lastentragungspflicht

Der Vermieter hat nach § 535 I 3 die auf der Mietsache ruhenden Lasten zu tragen. Die Vorschrift ist ebenfalls dispositiv und wird oft auch vertraglich abgeändert, indem diese Kosten auf den Mieter abgewälzt werden (zB Müllabfuhrgebühren, Grundsteuer, Feuerversicherung).

e) Nebenpflichten

Neben diesen aus § 535 I folgenden Hauptleistungspflichten und der Lastentragungspflicht trifft den Vermieter eine Reihe von Nebenleistungspflichten. 171

■ Was könnten das für Nebenpflichten sein?

▶ So genannte Schutz- und Fürsorgepflichten, wie wir sie auch bei anderen Verträgen kennen (vgl. § 241 II). So ist der Vermieter zB verpflichtet, den Mieter vor nicht erkennbaren Gefahren bei der Benutzung der Mietsache zu warnen sowie über für die Vertragsabwicklung bedeutsame Umstände aufzuklären, mit denen der Mieter nicht zu rechnen braucht.

Beispiel: Es ist beabsichtigt, die vermietete Wohnung in absehbarer Zeit an Familienangehörige zu übergeben.

Darüber hinaus ergeben sich weitere Nebenpflichten unmittelbar aus dem Gesetz, so zB die »Aufwendungsersatzpflicht« im Rahmen von § 539 I (lesen!) oder die Duldung der Wegnahme von Einrichtungen durch den Mieter (§ 539 II – lesen!). 172

aa) Aufwendungsersatzpflicht nach § 539 I

Da der Vermieter zur Erhaltung der Mietsache verpflichtet ist, muss er dem Mieter die auf die Mietsache gemachten Aufwendungen gem. § 539 I ersetzen. »Aufwendungen« im Sinne der Vorschrift sind freiwillige Vermögensaufwendungen des Mieters, die der Mietsache zugutekommen, die deren Erhaltung, Wiederherstellung oder Verbesserung dienen und nicht unter § 536a II Nr. 2 fallen.[247] Wenn allerdings die Aufwendungen zur umgehenden Beseitigung eines Mangels zwecks Erhaltung der Mietsache notwendig waren (zB Reparatur der ausgefallenen Heizung im Winter), muss der Vermieter nach § 536a II Nr. 2 Aufwendungsersatz leisten. Die Kosten für sonstige Erhaltungs- oder Wiederherstellungsmaßnahmen (zB Erneuerungen von Fliesen im Bad oder in der Küche) sind nach § 539 I nur dann ersatzfähig, wenn ihre Durchführung dem wirklichen oder mutmaßlichen Willen des Vermieters entspricht (§ 683 S. 1), vom Vermieter genehmigt wurde (§ 684 S. 2) oder der Erfüllung einer öffentlich-rechtlichen Pflicht dient (§ 679). Denn § 539 I stellt eine Rechtsgrundverweisung dar.[248] Wenn der Mieter ausschließlich im eigenen Interesse tätig geworden ist, ist dieser Anspruch ausgeschlossen.[249]

247 Palandt/*Weidenkaff* § 539 Rn. 5 mwN.
248 Jauernig/*Teichmann* § 539 Rn. 2; HK-BGB/*Ebert* § 539 Rn. 2. Zur Rechtsgrundverweisung → Rn. 11.
249 *Looschelders* SchuldR BT Rn. 425 mwN.

Ersatz für diese Aufwendungen iSv § 539 I kann der Mieter nur verlangen, wenn ihm durch den Mietvertrag die Instandhaltungspflicht nicht auferlegt wurde (nochmals: § 535 I 2 ist dispositives Recht und wird meistens durch vertragliche Vereinbarung abbedungen!).

bb) Duldungspflicht bei Wegnahme von Einrichtungen nach § 539 II

Der Vermieter muss die Wegnahme von Einrichtungen dulden, die der Mieter mit der Mietsache verbunden hat, auch wenn sie in das Eigentum des Vermieters nach § 946 durch Verbindung übergegangen sind.

Beispiel: Ein Waschbecken, das der Mieter in das Badezimmer einfügt, geht gem. §§ 946, 94 in das Eigentum des Vermieters über. Der Vermieter hat aber nach § 539 II die Wegnahme durch den Mieter zu dulden (vgl. § 951 II 1).

2. Rechte/Ansprüche des Mieters

173 Wenn der Vermieter seinen Hauptpflichten aus dem Mietvertrag nicht nachkommt, kann der Mieter selbstverständlich Erfüllung seiner Ansprüche verlangen. Erfüllt der Vermieter seine Verpflichtungen nur schlecht, muss er dem Mieter dafür haften. Anders als im neuen Kaufrecht gibt es im Mietrecht weiterhin eigenständige »Gewährleistungsansprüche«, die nicht im allgemeinen Leistungsstörungsrecht aufgehen. Die wichtigsten Rechte und Ansprüche des Mieters lassen sich wie folgt zusammenfassen:

(1) Anspruch auf Gebrauchsüberlassung gem. § 535 I 1.
(2) Anspruch auf Beseitigung eines behebbaren Mangels gem. § 535 I 2 (soweit § 535 I 2 nicht abbedungen wurde).
(3) Minderung der Miete gem. § 536 (lesen) bei Sach- und Rechtsmängeln der Mietsache.
(4) Schadens- und Aufwendungsersatzanspruch unter den Voraussetzungen von § 536a (lesen!).
(5) Außerordentliche fristlose Kündigung aus wichtigem Grund unter den Voraussetzungen von § 543 II (§ 543 ganz lesen!).

Einige Vorschriften davon wollen wir uns anhand eines Übungsfalls näher ansehen, den wir zugleich dazu nutzen wollen, uns in der gutachtlichen Denkweise zu üben!

a) Schadensersatz

174 **Übungsfall 8**

Volker Vogel (V) vermietete an den Versicherungsvertreter Max Miet (M) zum 1.5. in seinem Hause eine Wohnung. M wohnte dort erst zwei Wochen, als sich an einem Fenster eine schwere Jalousie löste, herabfiel und den M an der Schulter so schwer verletzte, dass er drei Wochen arbeitsunfähig war. Es wurde festgestellt, dass ein früherer Mieter, der Schriftsteller Siggi Schreiber (S), die schon damals herabgefallene Jalousie nur behelfsmäßig befestigt und es schuldhaft unterlassen hatte, V etwas davon zu sagen. M hat an Arzt-, Arznei- und Massagekosten 300 EUR bezahlen müssen. Sein Verdienstausfall beläuft sich auf 1.700 EUR. Er verlangt von V 2.000 EUR Schadensersatz. V macht geltend, er habe von dem schlechten Zustand der Jalousie nichts gewusst. Er habe die Wohnung vor Abschluss des Mietvertrags mit M durch den anerkannten und zuverlässigen Baufachmann Baldur Baunix (B) besichtigen lassen, der ihm aber von diesem Mangel nichts mitgeteilt habe.

Welchen (mietrechtlichen) Anspruch hat M gegen V und welchen Anspruch hat V ggf. gegen S?

- ■ Um welchen Anspruch handelt es sich, was verlangt M?
- ▶ M verlangt Schadensersatz!
- ■ Welche mietrechtliche Anspruchsgrundlage könnte eingreifen? (Überfliegen Sie die Überschriften der Paragrafen!)
- ▶ »M könnte gegenüber V einen Anspruch auf 2.000 EUR Schadensersatz gem. § 536a I haben!« (Vorschrift nochmals lesen!)
- ■ Welches sind die Voraussetzungen für einen solchen Anspruch? (Überlegen Sie, bevor Sie weiterlesen!)
- ▶ (1) Wirksamer Mietvertrag
  (2) Es muss einer der drei haftungsbegründenden Tatbestände von § 536a I erfüllt sein.
  Also:
  (a) Mangel der Mietsache, der schon bei Vertragsschluss vorhanden war (1. Var.) oder
  (b) vom Vermieter zu vertretender, nach Vertragsschluss auftretender Mangel (2. Var.) oder
  (c) Verzug des Vermieters mit einer Mängelbeseitigung (3. Var.).
  Alle drei Varianten setzen voraus, dass ein Mangel vorliegt.

Ein solcher Mangel iSd § 536 I liegt vor, wenn die Mietsache so mangelhaft ist, dass 175
ihre Tauglichkeit zum vertragsgemäßen Gebrauch aufgehoben oder erheblich (§ 536 I 3!) gemindert ist.

- ■ Wie sieht das in unserem Fall aus?
- ▶ Die Mietsache (Wohnraum) war mit einer nicht ordnungsgemäß befestigten Jalousie versehen, was eine nicht nur unerhebliche Minderung der Tauglichkeit des Wohnraums zur Folge hatte.
- ■ Zu welchem Zeitpunkt lag dieser Mangel vor?
- ▶ Bei Vertragsschluss mit M, dh, der Mangel war schon während der Mietzeit von S entstanden!
- ■ In unserem Fall sind die Voraussetzungen der ersten Variante von § 536a I gegeben, sodass welche Rechtsfolge eingreift? (Nachdenken!)
- ▶ Rechtsfolge ist, dass ein Schadensersatzanspruch des M gegenüber V begründet 176
  ist, sofern durch diesen Mangel dem M auch tatsächlich ein Schaden entstanden ist, dh, der Mangel der Mietsache müsste Ursache für den Schaden gewesen sein.
- ■ Ist diese Voraussetzung in unserem Fall erfüllt? Zunächst bezüglich der Körperverletzung und der Heilungskosten?
- ▶ Die fehlerhaft befestigte Jalousie war unmittelbare Ursache für den Schaden. Dieser Schaden entstand an einem anderen Rechtsgut als der Mietsache selbst, zu deren mangelfreien Besitz der Mieter berechtigt ist.
- ■ Um welche Art von Schaden handelt es sich daher bei der Körperverletzung, den Heilungskosten und dem Verdienstausfall des M?
- ▶ Um einen »Mangelfolgeschaden«!

Im Mietrecht wird von der Haftung nach § 536a nach hM in Rechtsprechung und 177
Literatur neben dem reinen Mangelschaden auch der Mangelfolgeschaden um-

fasst.[250] Im Fall der **ersten Variante** von § 536a I haftet der Vermieter für die Folgen des Mangels auch ohne Verschulden. Ihn trifft also für **anfängliche Mängel** eine verschuldensunabhängige »Garantiehaftung«[251]. Dieser weitgehende Haftungsumfang des § 536a I, 1. Var. lässt sich durch einen Vergleich dieser Vorschrift mit § 536 I begründen:

Der reine Mangelschaden, der zur Folge hat, dass eine vertragsgemäße Benutzung der Wohnung erschwert oder nicht möglich ist, kann durch die Minderung der Miete weitgehend über § 536 I ausgeglichen werden, sodass § 536a einen darüber hinausgehenden Ausgleich gewähren soll.

Damit der Anspruch des M begründet ist, darf kein vertraglicher (§ 536d) oder gesetzlicher Haftungsausschluss (vgl. §§ 536b, 536c) eingreifen. Hier liegt kein Haftungsausschluss vor.

■ Ergebnis unseres Falls?

▶ M hat gegenüber V einen Anspruch auf Schadensersatz iHv 2.000 EUR gem. § 536a I, 1. Var.

Merken wir uns folgendes

Prüfungsschema

Schadensersatz wegen eines Mangels der Mietsache gem. § 536a

I. Voraussetzungen:
1. Wirksamer Mietvertrag + Übergabe der Mietsache
2. Mangel der Mietsache iSd § 536
   a) bei Vertragsschluss vorhanden – Garantiehaftung – (§ 536a I, 1. Var.) oder
   b) nach Vertragsschluss aufgetreten und vom Vermieter zu vertreten (§ 536a I, 2. Var.) oder
   c) Verzug des Vermieters mit einer Mängelbeseitigung (§ 536a I, 3. Var.)
3. Mängelanzeige (§ 536c I) bei nachträglich auftretendem Mangel
4. Schaden beim Mieter
5. Kein Ausschluss der Gewährleistung (vertraglich oder gesetzlich, §§ 536b, d)

II. Rechtsfolge:
Ersatz des Mangel- und des Mangelfolgeschadens.

b) Mietminderung

178 Aus § 536 I ergibt sich die **Befreiung von der Miete**, wenn und solange die Mietsache zum Zeitpunkt ihrer Überlassung an den Mieter einen Mangel aufweist, der ihre Tauglichkeit zum vertragsgemäßen Gebrauch (erheblich – vgl. § 536 I 3) aufhebt oder mindert, oder ein solcher Mangel während der Mietzeit entsteht. Ist die Tauglichkeit nur zum Teil aufgehoben, ist die Miete angemessen herabzusetzen (§ 536 I 2).

---

250 Vgl. BeckOK BGB/*Ehlert* § 536a Rn. 16; HK-BGB/*Ebert* § 536a Rn. 10; NK-BGB/*Klein-Blenkers* § 536a Rn. 7 f.; Palandt/*Weidenkaff* § 536a Rn. 14; *Looschelders* SchuldR BT Rn. 422 mwN.

251 MüKoBGB/*Häublein* § 536a Rn. 6 f.

Vertragsgemäß ist, was die Parteien ausdrücklich oder stillschweigend vereinbart haben. Diese Vereinbarung kann sich auf einen Zustand beziehen, der nach üblichen Maßstäben einen Mangel darstellen würde. 179

Beispiel: M mietet von V ein Einfamilienhaus in stark renovierungsbedürftigem Zustand und zahlt deshalb eine sehr günstige Miete. Die Vertragsparteien vereinbaren, dass M das Haus »nach seinen Bedürfnissen wohnlich herrichten« soll. Hier ist das Mietminderungsrecht des M ausgeschlossen. Das gilt auch für seinen Schadens- und Aufwendungsersatzanspruch aus § 536a; denn der baufällige Zustand stellt keinen Mangel der Mietsache dar, sondern ist aufgrund der getroffenen Vereinbarung »vertragsgemäß«.

Ein Mangel der Mietsache liegt dagegen vor in folgendem 180

Beispiel: V hat dem M eine Wohnung in einem Hochhaus mit Fernheizung vermietet. Im Winter beträgt die Zimmertemperatur lediglich 16 Grad, die Warmwasserversorgung fällt des Öfteren aus, einige Fenster erweisen sich wenige Wochen nach Bezug der Wohnung als undicht. Diese Mängel mindern den vertragsgemäßen Gebrauch durch M so erheblich, dass er zur Mietminderung nach § 536 I berechtigt ist.

Die Minderung tritt – anders als im Kaufrecht[252] – kraft Gesetzes ein. Es handelt sich also um kein Gestaltungsrecht. Ein Verschulden des Vermieters ist nicht Voraussetzung. 181

Wenn der Mieter die Miete mindert, aber bereits die Miete gezahlt hat (Fälligkeit: spätestens am dritten Werktag der einzelnen Zeitabschnitte – meist: Monat – vgl. § 556b I), ergibt sich sein Rückzahlungsanspruch aus § 812 I 1, 1. Var. Problematisch ist hierbei, dass sich der Vermieter ggf. auf den Wegfall der Bereicherung nach § 818 III berufen kann. Näheres hierzu unter → Rn. 389.

Prüfungsschema

Mietminderung gem. § 536 I

I. Voraussetzungen:
1. Wirksamer Mietvertrag + Übergabe der Mietsache
2. Sachmangel (§ 536 I) oder Rechtsmangel (§ 536 III) der Mietsache
3. Minderung der Tauglichkeit ist erheblich (§ 536 I 3)
4. Mängelanzeige (§ 536c I)
5. Kein Ausschluss der Gewährleistung (vertraglich oder gesetzlich, §§ 536b, d; beachte § 536 IV!)

II. Rechtsfolge:
Mietminderung nach § 536 I 2 kraft Gesetzes

c) Außerordentliche fristlose Kündigung aus wichtigem Grund

Gemäß § 543 I 1 kann jede Vertragspartei das Mietverhältnis aus wichtigem Grund außerordentlich fristlos kündigen. 182

Für den Mieter liegt ein wichtiger Grund insbesondere vor, wenn ihm der vertragsgemäße Gebrauch der Mietsache ganz oder teilweise nicht rechtzeitig gewährt oder wieder entzogen wird (§ 543 II 1 Nr. 1). Dieses Kündigungsrecht des Mieters ist unabhängig davon, ob der Vermieter das Nichtgewähren oder das Wiederentziehen

252 → Rn. 40 ff. und Prüfungsschema »Minderung des Kaufpreises« (→ Rn. 47).

(= Gebrauchsstörung) zu vertreten hat oder nicht. Da der »vertragsgemäße« Gebrauch der Mietsache dem Mieter auch vorenthalten wird, wenn die Mietsache einen Mangel aufweist, bedeutet das, dass der Mieter sein Kündigungsrecht aus § 543 neben der Geltendmachung der Ansprüche aus § 536 und § 536a (kumulativ) ausüben kann.

183 Für die Wohnraummiete wird § 543 durch § 569 ergänzt, wobei für das Kündigungsrecht des Mieters § 569 I und II von besonderer Bedeutung sind. Beide Absätze lesen! Wenn Sie das getan haben, können Sie den folgenden kleinen Fall lösen:

■ M hat von V eine Wohnung auf unbestimmte Zeit gemietet. Nach einem Jahr entsteht auf dem Nachbargrundstück, das bisher unbebaut war, eine Großbaustelle, von der erhebliche Lärm- und Geruchsbelästigungen ausgehen. Da zu erwarten ist, dass diese Belästigungen noch mindestens ein Jahr andauern werden, kündigt M den Vertrag fristlos. Zu Recht?

▶ M kündigt zu Recht, da ihm aufgrund der Lärm- und Geruchsbelästigung nicht der vertragsgemäße Gebrauch der Mietsache gewährt wird. Es liegt ein wichtiger Grund zur außerordentlichen fristlosen Kündigung iSv § 569 I 1 iVm § 543 I 1 und II 1 Nr. 1 vor.

Da diese Beeinträchtigungen zugleich einen erheblichen Mangel iSd § 536 I darstellen, könnte M zudem für die Zeit, in der er mit dieser Beeinträchtigung (dem Mangel) noch in der Wohnung wohnt, Mietminderung nach § 536 I geltend machen.

Für den Vermieter liegt ein wichtiger Grund zur außerordentlichen fristlosen Kündigung insbesondere vor,

- wenn der Mieter die Mietsache nicht ordnungsgemäß behandelt (§ 543 II 1 Nr. 2)

oder

- mit der Zahlung der Miete in Verzug kommt (§ 543 II 1 Nr. 3). Für letztgenannten Kündigungsgrund, der häufig in der Praxis vorkommt (meist: Mietrückstand von mehr als zwei Monaten) ist § 569 III Nr. 2 ergänzend heranzuziehen. Die Kündigung wird unwirksam, wenn der Vermieter spätestens bis zum Ablauf von zwei Monaten nach Eintritt der Rechtshängigkeit des Räumungsanspruchs die fällige Miete erhält oder eine entsprechende Verpflichtungserklärung einer öffentlichen Stelle – in der Regel das Sozialamt – dem Vermieter zugeht.

Beachte: Rechtshängigkeit = Ausdruck im Rahmen eines Zivilprozesses. Darunter versteht man die **Zustellung der Klage an den Beklagten** (§ 261 ZPO). Die Rechtshängigkeit ist abzugrenzen von der **Anhängigkeit**, die schon mit Eingang der Klage bei Gericht eintritt.

Die soeben kennengelernten Gewährleistungsrechte fasst die folgende Übersicht zusammen.

Übersicht 8 184

Gewährleistungsrechte im Mietrecht

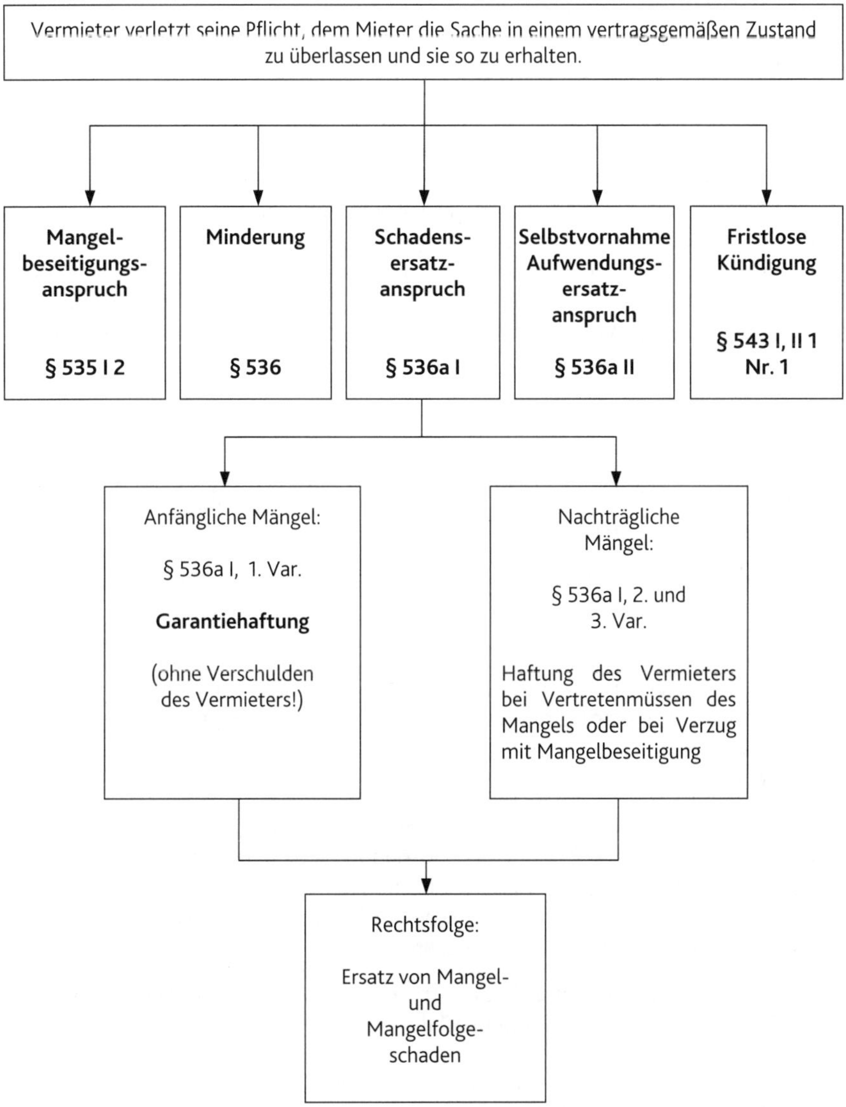

Beachte: §§ 535 ff. = lex specialis ab Überlassung der Mietsache!
Kein Rückgriff auf §§ 280 ff. möglich.

3. Pflichten des Mieters

185 Bevor wir in Übungsfall 8 die Ansprüche des Vermieters V gegenüber seinem früheren Mieter S prüfen, müssen wir wissen, welche Pflichten den Mieter treffen und welche Rechte daraus für den Vermieter folgen können.

a) Mietzahlungspflicht

186 Hauptpflicht des Mieters ist gem. § 535 II die Bezahlung der Miete. Diese Pflicht steht im Gegenseitigkeitsverhältnis zu den Hauptpflichten des Vermieters.

Nach § 556b I ist die Miete für Wohnräume **zu Beginn**, spätestens bis zum dritten Werktag der einzelnen Zeitabschnitte (im Regelfall: Monate) zu entrichten, nach dem sie bemessen ist. Wenn der Mieter entweder für zwei aufeinander folgende Termine mit der Entrichtung der Miete oder eines nicht unerheblichen Teils davon in Verzug ist oder in einem Zeitraum, der sich über mehr als zwei Termine erstreckt, mit der Entrichtung der Miete in Höhe eines Betrages in Verzug ist, der zwei Monatsmieten entspricht, liegt für den Vermieter ein wichtiger Grund zur außerordentlichen fristlosen Kündigung nach § 543 vor (vgl. § 543 II 1 Nr. 3).

Für Mietverhältnisse über andere Räume als Wohnräume ist die Miete nach § 579 II, der auf § 556b I verweist, ebenfalls zu Beginn der Mietzeit oder des jeweiligen Zeitabschnitts fällig. Bei Mietverhältnissen über Grundstücke oder bewegliche Sachen ist die Miete nach § 579 I grundsätzlich am Ende der Mietzeit fällig. Konkreteres regeln die Sätze 2 und 3 (bei Interesse lesen).

Die **Miethöhe** kann grundsätzlich frei (in den Grenzen der §§ 134, 138) vereinbart werden. Bei der **Wohnraummiete** greifen zum Schutze des Mieters **Sonderregelungen** ein:

Bei Sozialwohnungen und Wohnraum, der mithilfe staatlicher Förderung oder steuerbegünstigt errichtet wurde, richtet sich die Höhe der Miete nach dem Wohnungsbindungsgesetz bzw. dem Wohnungsbaugesetz, die eine Preisbindung für die Miethöhe vorgeben.[253]

Aufgrund von § 556d, der durch das Mietrechtsnovellierungsgesetz (→ Rn. 152) mit Wirkung v. 1.6.2015 ins BGB eingefügt worden ist, darf bei Abschluss eines Mietvertrages über Wohnraum in einem zuvor durch Rechtsverordnung bestimmten Gebiet mit angespanntem Wohnungsmarkt die Miete bei Mietbeginn die ortsübliche Vergleichsmiete höchstens um 10% übersteigen.

Ob die Zielsetzung des Gesetzgebers, mit den neuen Bestimmungen zur Mietpreisbremse in Gebieten mit angespanntem Wohnungsmarkt eine angemessene Versorgung mit Wohnraum auch für Bezieher geringer und mittlerer Einkommen zu sichern, erreicht werden kann, muss sich erst noch herausstellen. Absehbar ist aber schon jetzt, dass sowohl die neuen gesetzlichen Bestimmungen als auch die Auswahlentscheidung der Landesregierungen, in welchen Gebieten die Mietpreisbremse gilt, in der Praxis zu einer Vielzahl von Fragen und Problemen führen wird. In der Mietpreisbremse

253 Einzelheiten bei Palandt/*Weidenkaff* Einf v. § 535 Rn. 130.

wird ein verfassungsrechtlich bedenklicher Eingriff in die Eigentums- und Vertragsfreiheit gesehen.[254]

Nach § 5 I WiStG (Mietpreisüberhöhung) liegt eine Ordnungswidrigkeit vor, wenn der Vermieter eine unangemessen hohe Miete fordert, sich versprechen lässt oder annimmt. Als unangemessen wird eine Überschreitung der ortsüblichen Vergleichsmiete um mehr 20% betrachtet. Darüber hinaus muss der Vermieter den Umstand zu seinen Gunsten ausgenutzt haben, dass lediglich ein geringes Angebot an vergleichbarem Wohnraum vorhanden ist, sodass er davon ausgehen konnte, den Wohnraum trotz überzogener Miete gleichwohl vermieten zu können (§ 5 II WiStG). Die daraus folgende Nichtigkeit der entsprechenden Vereinbarung (§ 134) bezieht sich allerdings nicht auf den Mietvertrag insgesamt, sondern nur auf die unangemessene Mietvereinbarung.[255]

Der strafrechtliche Tatbestand des Mietwuchers ist nach § 291 StGB erfüllt, wenn der Vermieter die Zwangslage, den Leichtsinn oder die Unerfahrenheit des Mieters ausbeutet, indem er sich eine Miete gewähren lässt, die in einem auffälligen Missverhältnis zu seiner Leistung steht. Dies ist dann zu bejahen, wenn die ortsübliche Vergleichsmiete um mehr als 50% überschritten wird.[256] Der Mietvertrag ist wegen Verstoßes gegen die guten Sitten (§ 138) nichtig, aber mit der angemessenen Miete aufrechtzuerhalten.[257]

Mieterhöhungen können die Vertragsparteien während des Mietverhältnisses unter Beachtung der §§ 557–561 vereinbaren. Einzelheiten lesen Sie bei Bedarf bitte in den genannten Vorschriften und in der Spezialliteratur (vgl. »Literatur zur Vertiefung«) nach.

b) Schönheitsreparaturen (Renovierungspflicht)

Soweit die Parteien entgegen der gesetzlichen Regelung des § 535 I 2 vereinbart haben (was in der Praxis, wie gesagt, die Regel ist), dass der Mieter anstelle des Vermieters die Mietsache instand zu halten hat, ist der Mieter in regelmäßigen Abständen (die sich grundsätzlich nach der Dauer des Mietverhältnisses richten) zu sog. »Schönheitsreparaturen« – wie zB Tapezieren von Wänden, Anstreichen von Decken, Heizkörpern, Innentüren – verpflichtet. Solche Klauseln in den Mietverträgen verstoßen nach Ansicht des BGH grundsätzlich nicht gegen § 307, denn die Pflicht des Mieters zur Vornahme der Schönheitsreparaturen werde bei der Kalkulation der Miete berücksichtigt.[258] Der Mieter deckt also mit den Schönheitsreparaturen einen Teil seiner Entgeltpflicht ab. Die Übernahme der Schönheitsreparaturen durch den Mieter ist 187

254 *Leuschner* NJW 2014, 1929 (1932 f.). Das BVerfG hat eine Verfassungsbeschwerde gegen die »Mietpreisbremse« und die Berliner Mietenbegrenzungsverordnung wegen Unzulässigkeit nicht zur Entscheidung angenommen (BVerfG BeckRS 2015, 49404). Aufgrund des Subsidiaritätsgrundsatzes müsse der Beschwerdeführer zunächst den Zivilrechtsweg beschreiten. Mit der Entscheidung hat sich zugleich der Antrag auf einstweilige Außervollzugsetzung des Gesetzes erledigt.

255 NK-BGB/*Looschelders* § 134 Rn. 195.

256 BGH NJW 1997, 1845.

257 LG Köln NJW 1965, 157. Bei gewerblichen Mietverhältnissen ist § 138 I (Sittenwidrigkeit) einschlägig. Nach der Rspr. muss die vereinbarte Miete die ortsübliche Vergleichsmiete um 100% übersteigen (BGHZ 128, 255 [261]). Ein wucherischer Mietvertrag über Geschäftsräume ist im Ganzen nichtig, BGH NJW-RR 2006, 16.

258 BGHZ 101, 253 (261 ff.) = NJW 1987, 2575.

nach der Rechtsprechung des BGH eine Hauptpflicht.[259] Die Abwälzung von Schönheitsreparaturen auf den Mieter unterliegt allerdings Einschränkungen: Die Rechtsprechung hat zahlreiche Klauseln in den Formularmietverträgen wegen unangemessener Benachteiligung des Mieters für unwirksam, erklärt, so zB die »starren« Fristen für Schönheitsreparaturen – wie zB »fachgerechtes Tapezieren von Küche und Bad alle drei Jahre«,[260] die Abgeltungsklausel mit »starrer« Abgeltungsquote,[261] die Klausel, dass bei Schönheitsreparaturen von der »bisherigen Ausführungsarbeit« nicht abgewichen werden darf.[262] Gleiches gilt für isolierte Endrenovierungsklauseln, wonach der Mieter bei Beendigung des Mietverhältnisses unabhängig vom Zeitpunkt der letzten Schönheitsreparaturen die Wohnung renoviert zurückgeben muss.[263] Endrenovierungsklauseln mit Farbvorgabe (zB weiß) sind unwirksam,[264] es sei denn, der Mieter hat die Wohnung mit einem neuen weißen Anstrich übernommen, die Klausel gilt ausschließlich für den Zeitpunkt der Rückgabe und lässt dem Mieter noch einen gewissen Spielraum.[265]

Mit Urteilen v. 18.3.2015[266] hat der BGH seine fast 30 Jahre alte Rechtsprechung zur Übertragung von Schönheitsreparaturen auf den Mieter grundlegend geändert. Danach sind formularmäßige Quotenabgeltungsklauseln sowie die formularmäßige Übertragung der Schönheitsreparaturen auf den Mieter bei einer unrenoviert oder renovierungsbedürftig überlassenen Wohnung unwirksam, sofern dem Mieter kein angemessener Ausgleich gewährt wird.

188 Eine gesetzliche Definition der Schönheitsreparaturen, die vor allem bei der Wohnraummiete von besonderer Bedeutung sind, findet sich an versteckter Stelle in § 28 IV 3 II. BV = »Verordnung über wohnungswirtschaftliche Berechnungen nach dem Zweiten Wohnungsbaugesetz« (Zweite Berechnungsverordnung)[267]. Diese unmittelbar nur für preisgebundene Wohnungen aller Art geltende Definition ist auch bei preisfreiem Wohnraum maßgeblich.[268]

Danach umfassen Schönheitsreparaturen »nur das Tapezieren, Anstreichen oder Kalken der Wände und Decken, das Streichen der Fußböden, Heizkörper einschließlich Heizrohre, der Innentüren sowie der Fenster und Außentüren von innen«.

Bei den Schönheitsreparaturen geht es um die malermäßige Beseitigung solcher Gebrauchsspuren und Alterungserscheinungen, die durch den vertragsgemäßen Gebrauch der Wohnung auftreten und unvermeidlich sind.

Zu den Schönheitsreparaturen zählen auch die **typischen Begleitarbeiten** wie beispielsweise das Spachteln üblicher, alterungsbedingter Risse in Wänden und Decken. Nicht erfasst werden aber weitergehende Instandsetzungsarbeiten, wie etwa vorbereitende Putz-, Isolier- oder Maurerarbeiten, Reparaturen an Fenstern, Türen, Instal-

---

259 BGH BeckRS 1975 = WM 1976, 122; NJW 1980, 2347 (2348).

260 BGH NJW 2006, 3778 ff.

261 BGH NJW 2007, 1743 f.

262 Eine Auflistung von Entscheidungen zu unwirksamen Renovierungsklauseln ist zu finden bei Schmidt-Futterer/*Langenberg* § 538 Rn. 151 ff.; Palandt/*Weidenkaff* § 536 Rn. 43 ff.

263 BGH NJW 2007, 3776.

264 BGH NJW 2011, 514.

265 BGH NJW 2012, 1280.

266 BGH NJW 2015, 1594.

267 v. 12.10.1990, BGBl. 1990 I 2178.

268 BGH NJW 2009, 1408 (1409); s. auch Schmidt-Futterer/*Langenberg* § 538 Rn. 71.

lationsgeräten oder am Fußboden. Die Beseitigung sog. »Untergrundschäden« an Holz, Putz und Mauerwerk geht über gewöhnliche Malerarbeiten hinaus und gehört nicht mehr zu den Schönheitsreparaturen.

Kein Zweifel: Das »Wände Kalken« oder »Fußböden Streichen« ist nicht mehr zeitgemäß. Das ist auch kein Wunder, geht die Definition in § 28 IV 3 II. BV doch zurück auf die Preußische Ausführungsverordnung zum Reichsmietengesetz. An die Stelle des Streiches von Fußböden ist nach herrschender Ansicht die Reinigung des vom Vermieter gestellten Teppichbodens getreten. Handelt es sich um Parkett, so ist nicht dessen Abschleifen und Versiegeln notwendig, sondern der Einsatz eines Reinigungsmittels mit anschließendem Auftrag einer Schutzemulsion.[269] Im Einzelnen handelt es sich bei folgenden Arbeiten **nicht (mehr) um Schönheitsreparaturen**:

- Erneuerung eines verschlissenen Teppichbodens,[270]
- Abschleifen und Versiegeln von Holzfußböden,[271]
- Erneuerung von Wandfliesen,[272]
- Außenanstrich von Türen und Fenstern,[273]
- Beseitigen von Dübellöchern.[274]

Einerlei, ob es sich um Teppichböden, PVC-Böden, Parkettböden oder Wandfliesen handelt: Der Mieter einer Wohnung ist **nur dann nicht zur Erneuerung verpflichtet**, wenn die Verschleißerscheinungen Folge eines **vertragsgemäßen** Gebrauchs sind.[275]

c) Nebenpflichten

aa) Zahlung von Nebenkosten 189

Da die Miete das reine Entgelt für die Gebrauchsüberlassung darstellt, gehören bei der Wohnraummiete die Kosten für Wasser, Gas, Strom, Heizung, Müllabfuhr und dergleichen nicht dazu. Dies sind vielmehr »Nebenkosten« bzw. Betriebskosten (vgl. §§ 556 ff.), die zusätzlich zu bezahlen sind. Bei der Zahlung dieser Kosten handelt es sich um die Erfüllung einer Nebenpflicht des Mieters.

bb) Obhutspflicht

Neben allgemeinen Schutz- und Sorgfaltspflichten hat der Mieter vor allem eine Obhutspflicht nach § 536c I (lesen!). Aus dieser Obhutspflicht folgt neben der Mängelanzeigepflicht auch die Pflicht des Mieters, die Mietsache schonend zu behandeln. Kommt der Mieter seiner aus § 536c I folgenden Pflicht nicht nach, gibt § 536c II 1 (lesen) dem Vermieter einen Schadensersatzanspruch. Soweit der Vermieter infolge der Unterlassung der Anzeige durch den Mieter nicht Abhilfe schaffen konnte, ist der Mieter gem. § 536c II 2 nicht berechtigt,

- die in § 536 bestimmten Rechte geltend zu machen,
- nach § 536a I Schadensersatz zu verlangen oder
- ohne Bestimmung einer angemessenen Frist zur Abhilfe gem. § 543 II 1 zu kündigen.

269 Schmidt-Futterer/*Langenberg* § 538 Rn. 71 mwN.
270 LG Regensburg ZMR 2003, 933.
271 BGH NJW 2010, 674 = WuM 2010, 85. Hierzu ausführlich *Langenberg* NZM 2000, 1125 (1129).
272 BGH NJW 1993, 1061.
273 BGH NJW 2009, 1408.
274 LG Hamburg BeckRS 2007, 06765.
275 *Vogel* MietR Rn. 567–569.

Wenngleich das im Gesetz nicht ausdrücklich erwähnt wird, gehört es zu den Obhutspflichten des Mieters, den vertragsgemäßen Gebrauch der Sache nicht zu überschreiten (zB bei Benutzung einer Wohnung als Büro oder Erteilung von Musikunterricht in der Wohnung). Verletzt der Mieter diese Pflicht, so kann dies für den Vermieter einen wichtigen Grund zur außerordentlichen fristlosen Kündigung darstellen (vgl. § 543 II 1 Nr. 2).

cc) Duldungspflicht

Der Mieter muss außerdem **dulden**, dass der Vermieter aus gegebenem Anlass (zB zur Feststellung des Zustandes oder der Neuvermietung) die Sache besichtigt (soweit dies nicht zur Unzeit geschieht). Hergeleitet wird diese Duldungspflicht aus dem Grundsatz von Treu und Glauben, § 242.

Bei der Raummiete und der Wohnraummiete gibt es spezielle Regelungen für die Duldungspflicht des Mieters hinsichtlich erforderlicher Instandhaltungs- oder Instandsetzungsmaßnahmen nach § 555a I und hinsichtlich Modernisierungsmaßnahmen nach §§ 555b, 555d I.

dd) Rückgabepflicht

Schließlich ist der Mieter gem. § 546 (lesen) nach Ablauf der Mietzeit zur Rückgabe der Mietsache in einwandfreiem Zustand verpflichtet. Der Mieter muss die Sache in ordnungsgemäßem Zustand zurückgeben. Die Mietsache ist daher, abgesehen von den durch den vertragsgemäßen Gebrauch verursachten Abnutzungen und Wertminderungen, in dem Zustand zurückzugeben, in dem sie sich bei der Hingabe befand. Dazu gehört bei einer Wohnung auch, dass diese geräumt ist und grobe Verschmutzungen beseitigt sind (besenrein).[276]

Gibt der Mieter die Mietsache verspätet zurück, so kann der Vermieter für die Dauer der Vorenthaltung als Entschädigung die vereinbarte Miete oder die Miete verlangen, die für vergleichbare Sachen ortsüblich ist (vgl. § 546a). Erfüllt der Mieter seine Rückgabepflicht nicht, muss der Vermieter auf Rückgabe bzw. auf Räumung (bei unbeweglichen Sachen) klagen. Er darf die Wohnung nicht eigenmächtig ausräumen und in Besitz nehmen.[277]

190 Nachdem wir die Pflichten des Mieters kennen, sind wir in der Lage, Übungsfall 8 (→ Rn. 174) zu Ende zu lösen:

- Welcher (mietrechtliche) Anspruch des V kommt gegen seinen früheren Mieter S in Betracht? Sie haben diese Vorschrift soeben gelesen!
- ▶ »V könnte gegen S einen Anspruch auf Schadensersatz gem. § 536c II 1 haben.«
- Welche Voraussetzungen müssen für diesen Anspruch erfüllt sein?
- ▶ Vorliegen eines Mietvertrags, während dessen es der Mieter schuldhaft (§ 276) unterlassen hat, dem Vermieter eine Mängelanzeige gem. § 536c I zu machen. Unerheblich ist, ob der Mietvertrag bei Eintritt des durch den Mangel verursachten Schadens noch besteht.
- Hatte die Mietsache im Laufe des Mietvertrags S – V einen Mangel?
- ▶ Dies wurde bei Prüfung der Ansprüche des M gegen V bereits bejaht (→ Rn. 175).

276 BGH NJW 2006, 2915.
277 *Brox/Walker* SchuldR BT § 11 Rn. 32.

■ Was wäre normalerweise passiert, wenn S, der die Mängelanzeige schuldhaft (§ 276) unterlassen hatte, dem V den Mangel gemeldet hätte?

▶ V hätte den Mangel aufgrund seiner Instandhaltungspflicht nach § 535 I 2 beheben müssen. Da dies wegen der fehlenden Anzeige des S nicht geschehen ist, ist dem V, da er seinerseits dem M 2.000 EUR Schadensersatz leisten musste, ein Schaden entstanden.
Das Unterlassen der Mängelanzeige war für diesen Schaden ursächlich, sodass S dem V die dem M zu zahlenden 2.000 EUR über § 536c II 1 ersetzen muss.

4. Rechte/Ansprüche des Vermieters

a) Gegenseitige Ansprüche

Die Rechte des Vermieters folgen naturgemäß aus den Pflichten des Mieters. 191

Der Vermieter hat zunächst einen Anspruch auf Zahlung der Miete nach § 535 II.

■ Welche Ansprüche hat der Vermieter gegen den Mieter, wenn dieser mit der Zahlung der Miete in Verzug gerät?

▶ Einen Anspruch auf Ersatz des Verzögerungsschadens nach § 280 I und II iVm § 286. Außerdem einen Anspruch auf Zahlung von Verzugszinsen nach § 288 I 1. Darüber hinaus steht dem Vermieter ein Recht zur außerordentlichen Kündigung nach § 543 II 1 Nr. 3 zu.

Unterlässt der Mieter Schönheitsreparaturen, obwohl er sich dazu vertraglich verpflichtet hat, ist er gem. § 280 I und III iVm § 281 zum Schadensersatz verpflichtet. Bei Verzug des Mieters kommt ein Anspruch auf Ersatz des Verzögerungsschadens nach § 280 I und II iVm § 286 in Betracht.

Gibt der Mieter bei Beendigung des Mietverhältnisses die Mietsache nicht zurück, so kann der Vermieter für die Dauer der Vorenthaltung eine Entschädigung in Höhe der vereinbarten oder der (ggf. höheren) ortsüblichen Miete nach § 546a I verlangen. Dieser Anspruch ist verschuldensunabhängig. Nach § 546 II ist die Geltendmachung eines weiteren Schadens nicht ausgeschlossen. Insoweit kommt auch der Ersatz des Verzögerungsschadens nach § 280 I und II iVm § 286 in Betracht. Ist dem Mieter wegen Untergangs der Mietsache die Rückgabe unmöglich geworden und hat er die Unmöglichkeit zu vertreten, so steht dem Vermieter ein Schadensersatzanspruch nach § 280 I und III iVm § 283 zu. Bei Rückgabe der Mietsache in nicht ordnungsgemäßem Zustand kann sich ein Schadensersatzanspruch aus § 280 I und III iVm § 281 ergeben.

Weitere Rechte und Ansprüche des Vermieters sind (neben einer Vielzahl von Vorschriften, die in diesem Rahmen im Einzelnen nicht ausführlich behandelt werden müssen – dazu dient die Literatur zur Vertiefung!) in der nachfolgenden Übersicht 9 (→ Rn. 207 ff.) zum Mietrecht im Wesentlichen aufgeführt.

b) Vermieterpfandrecht

aa) Begriff

Der Vermieter von Räumen und Grundstücken erwirbt kraft Gesetzes für seine Forderungen aus dem Mietverhältnis ein Pfandrecht an den eingebrachten Sachen des Mieters nach den §§ 562 ff., welches ihm als Sicherheit dienen soll. 192

Bei dem Vermieterpfandrecht gem. § 562 handelt es sich um ein gesetzliches Pfandrecht, sodass gem. § 1257 die §§ 1204 ff. (außer §§ 1205–1208, da § 1257 ein bereits entstandenes Pfandrecht voraussetzt) entsprechend anwendbar sind (lesen Sie zur ersten Information nur § 1204 I und § 1257).[278] Außerdem ist das Vermieterpfandrecht ein »sonstiges Recht«[279] iSv § 823 I.

bb) Voraussetzungen und Entstehung

■ Lesen Sie § 562 ganz und versuchen Sie selbst, mindestens zwei Voraussetzungen für die Entstehung des Vermieterpfandrechts zu notieren, bevor Sie weiterlesen!

▶ Die erste Voraussetzung ist so selbstverständlich, dass Sie vielleicht gar nicht daran gedacht haben:

- Es muss ein wirksamer Mietvertrag über Wohnraum (§ 549), ein Grundstück (§ 578 I) oder Räume, die keine Wohnräume sind (vgl. § 578 II), bestehen.
- Forderung des Vermieters gegen den Mieter aus dem Mietverhältnis (Einschränkung: § 562 II).
- Der Mieter muss (eigene) Sachen (§ 90) eingebracht haben.
- Pfändbarkeit der Sache (§ 562 I 2 – falls Gesetzestext zur Hand: Lesen Sie hierzu §§ 811, 811c und 812 ZPO!).

193 Forderungen aus dem Mietverhältnis, für die das Pfandrecht besteht, sind alle Forderungen, die sich aus dem Wesen der Gebrauchsüberlassung ergeben, wie zB Mietforderungen sowie Schadensersatz- bzw. Entschädigungsforderungen.[280]

Die Forderungen müssen bereits bestehen; künftige Forderungen sind gem. § 562 II vom Vermieterpfandrecht ausgeschlossen.

»Eingebracht« ist eine Sache, wenn sie vom Mieter während der Mietzeit gewollt und nicht nur vorübergehend in die Mieträume hineingeschafft wurde.[281] Die Sache muss im Eigentum des Mieters stehen. Da das Vermieterpfandrecht ein besitzloses Pfandrecht ist (anders als das Pfandrecht nach § 1204 oder das Werkunternehmerpfandrecht gem. § 647 – dazu noch unten), ist ein gutgläubiger Erwerb des Vermieterpfandrechts gem. § 1207 (iVm § 1205 I 1) nicht möglich.

cc) Rechtsfolgen

194 Gemäß § 562b I darf der Vermieter die Entfernung der mit dem Pfandrecht belasteten Sache(n) vom Grundstück oder aus den Räumen verhindern bzw. beim Auszug des Mieters in Besitz nehmen.

Der Pfandgläubiger ist zum Zwecke der Befriedigung zum Verkauf der Sache berechtigt, sobald die Forderung ganz oder zum Teil fällig ist (sog. »Pfandreife«, vgl. § 1228 iVm § 1257). Der Verkauf des Pfandes findet regelmäßig im Wege der öffentlichen Versteigerung (vgl. §§ 1235 ff.) statt.

dd) Erlöschen

195 Über § 1257 gelten für das Vermieterpfandrecht die allgemeinen Erlöschensgründe für das vertraglich bestellte Pfandrecht entsprechend, dh die §§ 1242, 1252 und 1255 f. (lesen!).

---

278 Zum Pfandrecht an beweglichen Sachen vgl. *Wörlen/Kokemoor* SachenR Rn. 256–274.

279 Palandt/*Sprau* § 823 Rn. 12. Außerdem → Rn. 397.

280 Weitere Forderungen: vgl. Palandt/*Weidenkaff* § 562 Rn. 11 f.

281 MüKoBGB/*Artz* § 562 Rn. 12.

Außerdem erlischt das Vermieterpfandrecht unter den besonderen Voraussetzungen von § 562a: Danach erlischt es mit der Entfernung der Sache(n) von dem Grundstück oder aus den Räumen, sofern dies mit Wissen und ohne Widerspruch des Vermieters geschieht (§ 562a S. 1). Unter den Voraussetzungen von § 562a S. 2 ist der Widerspruch des Vermieters allerdings unbeachtlich.

V. Beendigung des Mietverhältnisses

1. Zeitablauf

Ein Mietverhältnis, das auf bestimmte Zeit eingegangen ist (befristetes Mietverhältnis) endet grundsätzlich mit dem Ablauf dieser Zeit (§ 542 II), falls es nicht vorher wirksam außerordentlich gekündigt oder verlängert wird. Eine Verlängerung kann entweder ausdrücklich vertraglich vereinbart werden oder sich ergeben, wenn der Mieter nach Ablauf der Mietzeit den Gebrauch der Mietsache fortsetzt (»stillschweigende Verlängerung« nach § 545 S. 1). In diesem Fall verlängert sich das Mietverhältnis auf unbestimmte Zeit, sofern nicht eine Vertragspartei ihren entgegenstehenden Willen (innerhalb von zwei Wochen) erklärt. 196

Ein befristetes Mietverhältnis (Zeitmietvertrag) über Wohnraum kann nur unter den Voraussetzungen von § 575 eingegangen werden. 197

Ein Zeitmietvertrag ist gem. § 575 I insbesondere zulässig, wenn der Vermieter nach Ablauf der Zeit den Wohnraum für sich, seine Familienangehörigen oder Angehörige seines Hausstands nutzen oder die Räume wesentlich verändern oder die Räume an einen zur Dienstleistung Verpflichteten (beispielsweise seinen Gärtner) vermieten will (§ 575 I Nr. 1–3; lesen Sie außerdem Abs. 2–4).

2. Kündigung

Bei der Kündigung von Mietverhältnissen auf unbestimmte Zeit ist zwischen 198

- der ordentlichen Kündigung (§ 542 I),
- der außerordentlichen Kündigung mit gesetzlicher Frist – diese ist in § 573d II 1 geregelt (unter anderem §§ 540 I 2, 544 S. 1, 563 IV, 563a II, 564 S. 2, 580) und
- der außerordentlichen fristlosen Kündigung aus wichtigem Grund (§ 543 und § 569) mit Sonderregelungen für Wohnraummiete zu unterscheiden.

Nach der Rechtsprechung des BGH ist es allerdings möglich, einen zeitlich begrenzten Ausschluss des Kündigungsrechts – auch formularmäßig – zu vereinbaren, und zwar für die Dauer von maximal vier Jahren.[282]

a) Ordentliche Kündigung

Die **Kündigung** ist eine **einseitige empfangsbedürftige Willenserklärung** einer Vertragspartei, die bei der ordentlichen Kündigung darauf gerichtet ist, das Mietverhältnis nach Ablauf einer bestimmten Frist zu beenden. Sie wird mit dem Zugang[283] beim Empfänger wirksam. 199

282 BGH NJW 2005, 1574 = NZM 2005, 419 = WuM 2005, 346 (unter II 1 mwN); NZM 2011, 150 (151).
283 Dazu *Wörlen/Metzler-Müller* BGB AT Rn. 178 ff.

Für Wohnraummietverhältnisse, deren Kündigung gem. § 568 I der schriftlichen Form bedarf, ist das Recht des **Vermieters** stark eingeschränkt. Er muss an der Kündigung ein **berechtigtes Interesse** haben (§ 573 I 1 – Einzelheiten: lesen Sie § 573 ganz!).

200 Die Kündigungsfristen richten sich gem. § 573c nach der bereits abgelaufenen Mietzeit. Wenn Sie Abs. 1 dieser Vorschrift gelesen haben, können Sie sicher folgende Fragen (richtig?) beantworten:

- ■ Mieter M wohnt seit sechs Jahren in einer Wohnung des Vermieters V und möchte am 31.3. ausziehen. Bis wann muss die Kündigung des M dem V zugegangen sein, damit sie fristgerecht erfolgte?
- ▶ Gemäß § 573c I 1 ist die Kündigung spätestens am dritten Werktag eines Kalendermonats zum Ablauf des übernächsten Monats zulässig. Die Kündigung muss dem V also (da der 1.1. kein Werktag ist) bis zum 4.1. zugegangen sein.
- ■ Vermieter V möchte die Wohnung, in der Mieter M seit mehr als acht Jahren lebt, seinem herangewachsenen Sohn überlassen, der zum 1.1.2016 einziehen will. V fasst diesen Entschluss Mitte März 2015. Bis wann muss die Kündigung dem M zugegangen sein, damit die Wohnung ab 1.1.2016 frei ist?
- ▶ Gemäß § 573c I 2 verlängert sich die Dreimonatsfrist von Satz 1 nach fünf und acht Jahren seit der Überlassung des Wohnraums jeweils um drei Monate. Damit die Kündigung zum 31.12.2015 wirksam ist, muss diese dem M daher spätestens am 3.4.2015 zugegangen sein.

Bei einem Mietverhältnis über Grundstücke und Räume, die keine Geschäftsräume sind, und über bewegliche Sachen gelten die Kündigungsfristen des § 580a.

b) Außerordentliche Kündigung mit gesetzlicher Frist

201 Die außerordentliche befristete Kündigung erlaubt eine vorzeitige Beendigung des Mietverhältnisses, das für eine bestimmte Zeit eingegangen ist oder bei dem eine die gesetzlichen Fristen übersteigende Kündigungsfrist vereinbart worden ist (vgl. §§ 540 I 2, 544 S. 1, 563 IV, 563a II, 564 S. 2, 580).

Für die in diesen Vorschriften zugelassenen außerordentlichen Kündigungen mit gesetzlicher Frist enthält § 573d Sonderregelungen für die Wohnraummietverhältnisse auf unbestimmte Zeit.

Für Wohnraummietverhältnisse auf bestimmte Zeit (Zeitmietverträge) gilt § 575a, für Mietverhältnisse über andere Sachen § 580a IV.

c) Außerordentliche fristlose Kündigung aus wichtigem Grund

202 Auf diese Art der Kündigung wurde bereits bei der Darstellung der Rechte und Pflichten des Mieters (→ Rn. 173 ff.) hingewiesen. Ebenso wurde schon erwähnt, dass § 543 für Wohnraummietverhältnisse durch § 569 ergänzt wird.

203 Gegenstand dieser beiden letztgenannten Vorschriften sind insgesamt fünf Kündigungstatbestände:[284]

(1) Kündigungsrecht des Mieters wegen nicht rechtzeitiger Gewährung oder Entziehung des vertragsgemäßen Gebrauchs der Mietsache (§ 543 II 1 Nr. 1),

(2) Kündigungsrecht des Vermieters wegen vertragswidrigen Gebrauchs der Mietsache durch den Mieter (§ 543 II 1 Nr. 2),

284 *Vogel* MietR Rn. 1198.

(3) Kündigungsrecht des Vermieters wegen Zahlungsverzugs des Mieters (§ 543 II 1 Nr. 3),
(4) Kündigungsrecht des Mieters bei erheblicher Gesundheitsgefährdung (§ 569 I),
(5) Kündigungsrecht beider Vertragsparteien bei nachhaltiger Störung des Hausfriedens durch die jeweils andere Vertragspartei (§ 569 II). Für Mietverhältnisse über Räume, die nicht Wohnräume sind, wird in § 578 II 1 auf § 569 II verwiesen.

Mit einem Schaubild schematisiert, lassen sich diese fünf Kündigungstatbestände wie folgt darstellen:

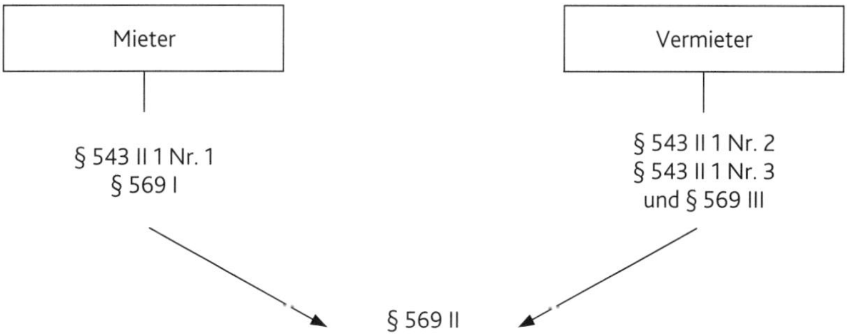

Die Störung des Hausfriedens muss **nachhaltig** sein. Störungen, die hin und wieder vereinzelt auftreten, reichen für eine außerordentliche fristlose Kündigung also nicht aus, da sie eine sofortige Trennung der Vertragsparteien nicht unausweichlich machen. 204

Beispiele: Der Hausfrieden ist typischerweise nachhaltig gestört bei schweren Beleidigungen, Tätlichkeiten gegen die andere Vertragspartei oder deren Angehörige, übermäßigem Lärm (Diskolautstärke statt Zimmerlautstärke, die Betonmischmaschine im Garten sonntagmittags um 14.00 Uhr), ständigen Streitereien und Schikanen, entehrenden Bestrafungen und Ähnlichem mehr.[285]

Die Störung des Hausfriedens durch eine der Vertragsparteien ist vor allem für den – in der Praxis seltenen – Fall relevant, dass Vermieter und Mieter im selben Haus (mit nicht mehr als zwei Wohnungen) wohnen. Für diesen Fall sieht § 573a im Übrigen eine erleichterte Kündigung durch den Vermieter vor: Gemäß § 573a I 1 muss er das für die ordentliche Kündigung nach § 573 I 1 grundsätzlich geforderte »berechtigte Interesse« nicht nachweisen.

Eine fristlose Kündigung kann in eine wirksame ordentliche Kündigung umgedeutet werden (vgl. § 140). Eine solche Umdeutung ist nach der ständigen Rechtsprechung nur im Ausnahmefall möglich.[286] Voraussetzung hierfür ist, dass der Kündigungsempfänger zweifelsfrei erkennen kann, dass der Vertrag nach dem Willen des Kündigenden in jedem Fall beendet werden soll.[287] 205

3. Mietaufhebungsvertrag

Ein Mietaufhebungsvertrag ist eine elegante, weil zeit- und kostensparende Möglichkeit, das Mietverhältnis zu beenden.[288] Die Möglichkeit, **jeden** Vertrag durch einen 206

285 *Vogel* MietR Rn. 1241.
286 BGH NJW 1981, 976; Schmidt-Futterer/*Blank* § 542 Rn. 23; BeckOK BGB/*Ehlert* § 542 Rn. 27.
287 BGH NJW 2003, 1143 (1144); 2003, 3053 (3054).
288 *Vogel* MietR Rn. 1050.

Aufhebungsvertrag einvernehmlich zu beenden, ergibt sich aus der Vertragsfreiheit des § 311 I. Der Mietaufhebungsvertrag bedarf nicht der Schriftform[289] (vgl. § 568 I für die Kündigung). Auch wenn im Mietvertrag für Änderungen und Ergänzungen die **Schriftform** vereinbart wurde, bezieht sich diese Regelung nicht auf die Beendigung des Vertragsverhältnisses durch Abschluss eines Mietaufhebungsvertrages.[290]

Einzelheiten zum Mietaufhebungsvertrag finden Sie bei zB *Vogel* MietR Rn. 1050–1063.

Wenn Sie in einer Klausur den Anspruch des Vermieters gegen den Mieter auf Rückgabe/Räumung der Wohnung prüfen müssen, ist das folgende Prüfungsschema anzuwenden.

Prüfungsschema

Anspruch des Vermieters gegen den Mieter auf Rückgabe/Räumung der Wohnung gem. § 546 I

I. Voraussetzungen:

1. wirksamer Mietvertrag
2. Beendigung des Mietverhältnisses
   a) durch Aufhebungsvertrag (§ 311 I)
   b) durch Zeitablauf (§ 575)
   c) durch Kündigung – Schriftform der Kündigung (§ 568)
      aa) Gründe für eine außerordentliche fristlose Kündigung: §§ 543 II 1 Nr. 2 und Nr. 3, 569 III
      ggf. Umdeutung in eine ordentliche Kündigung § 140
      bb) Gründe für eine ordentliche Kündigung: §§ 573, 573a
3. Kündigungsfrist (bei der ordentlichen Kündigung): § 573c
4. Härtefall gem. §§ 574, 574a, 574b?

II. Rechtsfolge:

Rückgabe/Räumung der Wohnung

289 jurisPK-BGB/*Mössner* § 568 Rn. 14 mwN.
290 OLG Düsseldorf NJOZ 2004, 35 = WuM 2003, 621; jurisPK-BGB/*Münch* § 542 Rn. 30.

Übersicht 9 (Teil 1)

Mietrecht 207

Mietvertrag

Wesen (§ 535) – Gebrauchsüberlassung einer Sache gegen Entgelt
- gegenseitiger Vertrag

Zustandekommen und Inhalt

Einigung über

1. Gegenstand:

Mietsache

- **bewegliche Sachen** → Autos, Maschinen, Bücher, Zeitschriften

und

- **unbewegliche Sachen** → Grundstücke; Häuser; Wohnräume; Teile davon; Räume, die keine Wohnräume sind

2. Miete [= Nettomiete (Grundmiete) + Betriebskosten]

3. Mietparteien: Vermieter – Mieter

- Wohnraummiete: Angehörige des vertragschließenden Ehegatten (oder Lebenspartner) haben Mitbenutzungsrecht, ohne Partei zu sein (Angehörige sind nicht »Dritte«)

Pflichten der Vertragsparteien 208

Vermieter		Mieter	
Hauptpflichten	**Nebenpflichten**	**Hauptpflichten**	**Nebenpflichten**
Gebrauchsüberlassung auf Zeit (§ 535 I 1) Gebrauchs-erhaltungspflicht (§ 535 I 2) Instandsetzungs-pflicht (§ 535 I 2) Verpflichtung, Lasten zu tragen (§ 535 I 3)	Rücksichtnahme-pflichten (§ 241 II) Schutz- und Fürsorgepflichten, vor allem Aufklärungs-pflichten	Mietzahlung (§ 535 II) (Mieterhöhung: §§ 557–561) Schönheits-reparaturen, falls vereinbart (§ 535 I 2; vgl. § 28 IV 3 II. BV)	Zahlung von Nebenkosten/ Betriebskosten (vgl. §§ 556–556b) Allg. Schutz- und Sorgfaltspflichten/ vertragsgemäße Benutzung Obhutspflicht und Mängelanzeige (§ 536c I – ggf. Anspruch Vermieter gegen Mieter nach § 536c II 1) Duldungspflichten (§§ 555a I, 555b, 555d I) Rückgabe der Miet-sache nach Ablauf der Mietzeit (§ 546 – beachte § 546a)

Übersicht 9 (Teil 2)

209 **Rechte der Vertragsparteien**

Vermieter

Anspruch auf Zahlung der Miete (§ 535 II)
Bei Verzug: §§ 280 I, II, 286; § 288 I 1; § 543 II 1 Nr. 3

Ggf. Anspruch auf Vornahme von Schönheitsreparaturen (falls vertraglich vereinbart)
Bei Verzug: §§ 280 I, II, 286
Bei Nichterfüllung: §§ 280 I, III, 281

Schadensersatz gem. § 536c II, falls Verstoß des Mieters gegen Mängelanzeigepflicht nach § 536c I

Bei nicht ordnungsgemäßer Rückgabe der Mietsache: § 546a und §§ 280 I, II, 286 (Nebenpflicht) sowie §§ 280 I, III, 281–283

Vermieterpfandrecht (§§ 562 ff.)

Mieter

Anspruch auf Gebrauchsüberlassung der (mangelfreien) Mietsache (§ 535 I 1, 2)

Anspruch auf Beseitigung von behebbarem Sachmangel (§ 535 I 2)

Mietminderung – kraft Gesetzes (§ 536)

Schadens- und Aufwendungsersatzanspruch § 536a

Außerordentliche Kündigung wegen Nichtgewährung des Gebrauchs (§ 543 – bei Wohnraum: § 569)

210 **Beendigung des Mietverhältnisses**

Ablauf der Mietzeit § 542 II

Kündigung

Mietaufhebungsvertrag § 311 I

Ordentliche Kündigung

§ 542 I

Fristen:
§ 573c (Wohnraum)
§ 580a (Grundstücke, Räume und bewegliche Sachen)

Außerordentliche Kündigung mit gesetzlicher Frist

§§ 540 I 2, 544 S. 1, 563 IV, 563a II, 564 S. 2, 580
Fristen:
§ 573d II 1 (unbefristeter Wohnraum-Mietvertrag)
§ 575a (befristeter Wohnraum-Mietvertrag = sog. Zeitmietvertrag)
§ 580a IV (Grundstücke, Räume und bewegliche Sachen)

Außerordentliche fristlose Kündigung aus wichtigem Grund

§§ 543, 569, 578

Übersicht 9 (Teil 3)

Wirksamkeitsvoraussetzungen der Kündigung 211

Mietvertrag über unbestimmte Zeit	Mietvertrag für bestimmte Zeit	Mietvertrag über Wohnungen
• formlos • ohne Grund § 542 I	• formlos • gesetzlicher Grund § 542 II Nr. 1	• Form: § 568 • Kündigungsgrund durch Vermieter (§ 573 – berechtigtes Interesse) – Ausnahme: § 573a • Mieterschutz: § 574 (Widerspruchsrecht)

Rechte des Wohnraum-Mieters, die nicht abdingbar sind: 212

- § 536 I: Mietminderungsrecht bei Wohnraum;
- §§ 543, 569: außerordentliche fristlose Kündigung aus wichtigem Grund, beachte bei Wohnraum § 569 V 1;
- §§ 551–554a: Schutzvorschriften für Mietsicherheiten, Wegnahmerecht des Mieters (vgl. § 552 II), Gestattung der Gebrauchsüberlassung an Dritte, Rechte bei Erhaltungs- und Modernisierungsmaßnahmen des Vermieters, Zustimmung des Vermieters bei baulichen Änderungen zur behindertengerechten Nutzung;
- §§ 556–558b: Vereinbarungen über Betriebskosten und Mieterhöhungen, »Mietpreisbremse«, Fälligkeit der Miete;
- §§ 559–561: Mieterhöhung und Sonderkündigungsrecht des Mieters;
- §§ 563–563a: Eintrittsrecht bzw. Fortsetzung des Mietverhältnisses bei Tod des Mieters;
- § 568: Schriftform bei Kündigung von Wohnraummietverhältnissen (die Unabdingbarkeit steht zwar nicht im Gesetz, ergibt sich aber aus dem Grundsatz: gesetzliche Formvorschriften sind zwingend);
- § 571: Schadensersatz bei verspäteter Rückgabe des Wohnraums;
- § 572 II: Mietverhältnis unter auflösender Bedingung;
- §§ 573–574c: Wirksamkeitsvoraussetzungen für Kündigung durch Vermieter, Kündigungsfristen, Widerspruch des Mieters wegen Härte und Fortsetzung des Mietverhältnisses;
- §§ 575–575a: Wirksamkeitsvoraussetzungen für den Zeitmietvertrag und dessen Kündigung;
- §§ 576–576b: Kündigungsvorschriften für Werkwohnung;
- §§ 577–577a: Vorkaufsrecht des Mieters bei Bildung von Wohnungseigentum und Kündigungsbeschränkung.

213 **Neufassung inkl. Mietnovellierungsgesetz 2015**

Ausfertigung für Vermieter/Mieter

Mietvertrag

Zwischen ____________________
(Vor- und Zuname, Beruf)

in ____________________
(Straße, Hausnummer, Ort) **als Vermieter**

und ____________________ sowie
(Vor- und Zuname, Beruf)

ihrem/seiner Ehepartner/-in ____________________ beide zur Zeit
(Vor- und Zuname, Beruf)

wohnhaft in ____________________
(Straße, Hausnummer, Ort) **als Mieter**

wird folgender Mietvertrag geschlossen[1]):

§ 1
Mieträume

1. Zur Benutzung als ____________________ werden vermietet folgende im Haus ____________________ gelegene Räume:
(Straße, Stock, genaue Lagebezeichnung, Ort)
______ Zimmer, ______ Küche, ______ Korridor, ______ Bad, ______ Toilette,
______ Kellerraum Nr. ______, ______ Bodenraum Nr. ______, ______ Werkstatt/Garage Nr. ______
Die Wohnfläche beträgt ______ qm.

2. Der Mieter ist berechtigt, Waschküche, Trockenboden und Abstellräume etc., soweit vorhanden, gemäß der Hausordnung unentgeltlich mitzubenutzen.

3. Dem Mieter werden vom Vermieter für die Mietzeit ausgehändigt:
______ Hausschlüssel, ______ Korridorschlüssel, ______ Zimmerschlüssel, ______ Bodenschlüssel, ______ Kellerschlüssel,
______ Garagenschlüssel, ____________________

§ 2
Mietdauer

1. Nur für Verträge von unbestimmter Dauer[2])

a) ☐ Das Mietverhältnis beginnt mit dem ____________________.
Es kann von jedem Teil spätestens am 3. Werktag eines Kalendermonats für den letzten Tag des übernächsten Kalendermonats gekündigt werden. Die Kündigungsfrist für den Vermieter verlängert sich nach fünf und acht Jahren seit der Überlassung des Wohnraums um jeweils drei Monate.

b) ☐ Das Mietverhältnis beginnt mit dem ____________________.
Das Recht zur ordentlichen Kündigung wird auf die Dauer von ______ Jahren[3]) ab Abschluss des Mietvertrages für beide Parteien ausgeschlossen. Nach Ablauf der vereinbarten Frist kann das Mietverhältnis von beiden Parteien unter Beachtung der gesetzlichen Bestimmungen gekündigt werden.

2. Nur für Verträge von bestimmter Dauer

Das Mietverhältnis beginnt mit dem ______________ und endet am ______________,
da der Vermieter nach Ablauf der Mietzeit

a) ☐ die Räume als Wohnung für*) – sich selbst – seine Familienangehörigen oder – Angehörige seines Haushaltes nutzen will[4]):
____

b) ☐ in zulässiger Weise*) – die Räume beseitigen – so wesentlich verändern oder instand setzen will, dass die Maßnahmen durch eine Fortsetzung des Mietverhältnisses erheblich erschwert würden, oder – die Räume an einen zur Dienstleistung Verpflichteten vermieten will.
Die Befristung der Mietdauer beruht darauf, dass der Vermieter nach Ablauf der Vertragszeit die Mieträume wie folgt zu verwenden beabsichtigt: ____________________
____
____

3. Außerordentliche Kündigung

Das Recht beider Parteien zur außerordentlichen Kündigung aus wichtigem Grunde und zur außerordentlichen Kündigung mit gesetzlicher Frist bleibt unberührt.

§ 3
Kündigung/ Ersatzmieter

1. Das Recht zur ordentlichen Kündigung bei unbefristeten Mietverhältnissen (§ 2 Punkt 1a des Vertrages) richtet sich nach den gesetzlichen Bestimmungen.

2. Die Kündigung bedarf in jedem Falle der Schriftform. Für die Rechtzeitigkeit der Kündigung kommt es nicht auf die Absendung, sondern auf den Zugang des Kündigungsschreibens beim Vertragspartner an.

3. Ist das Mietverhältnis gemäß § 2 Punkt 1b oder gemäß § 2 Punkt 2 des Vertrages abgeschlossen, so ist der Vermieter verpflichtet, einer Aufhebung des Vertrages mit dem Mieter zuzustimmen, wenn der Mieter ein berechtigtes Interesse an der Aufhebung des Mietverhältnisses geltend machen kann, welches dasjenige des Vermieters am Bestand des Vertrages ganz erheblich überragt und der Mieter dem Vermieter einen wirtschaftlich und persönlich zuverlässigen und zumutbaren Ersatzmieter benennt, der bereit und in der Lage ist, in den ursprünglichen Mietvertrag zu identischen Konditionen für den Rest der Mietdauer einzutreten.

§ 4
Außerordentliche Kündigung

1. Für die außerordentliche Kündigung gelten die gesetzlichen Kündigungsgründe. Auch sie bedarf der Schriftform. Ein wichtiger Grund liegt vor, wenn dem Kündigenden unter Berücksichtigung aller Umstände des Einzelfalles, insbesondere eines Verschuldens der Vertragsparteien, und unter Abwägung der beiderseitigen Interessen die Fortsetzung des Mietverhältnisses bis zum Ablauf der Kündigungsfrist oder bis zur sonstigen Beendigung des Mietverhältnisses nicht zugemutet werden kann. Ein wichtiger Grund liegt insbesondere vor, wenn eine Vertragspartei den Hausfrieden nachhaltig stört, so dass dem Kündigenden unter Berücksichtigung aller Umstände des Einzelfalles, insbesondere eines Verschuldens der Vertragsparteien, und unter Abwägung der beiderseitigen Interessen die Fortsetzung des Mietverhältnisses bis zum Ablauf der Kündigungsfrist oder bis zur sonstigen Beendigung des Mietverhältnisses nicht zugemutet werden kann.

2. Das Mietverhältnis kann vom **Vermieter** ohne Einhaltung einer Kündigungsfrist insbesondere gekündigt werden, wenn beispielsweise
a) der Mieter für zwei aufeinanderfolgende Termine mit der Entrichtung der Miete oder eines nicht unerheblichen Teils der Miete in Verzug ist oder in einem Zeitraum, der sich über mehr als zwei Termine erstreckt, mit der Entrichtung der Miete in Höhe eines Betrages in Verzug ist, der die Miete für zwei Monate erreicht. Die Kündigung ist jedoch ausgeschlossen, wenn der Vermieter vorher befriedigt wird.

*) Nichtzutreffendes streichen.
[1]) Vertragsparteien, die nach dem § 15 UStG einen Vorsteuerabzug geltend machen können, müssen die nach § 14 Abs. 4 UStG geforderten Pflichtangaben berücksichtigen. Der Mietvertrag ist ggf. um diese Vertragsbestandteile zu ergänzen.
[2]) **Wichtig!** Punkt 1a) und 1b) in § 2 schließen einander aus. Es ist daher **nur eine** dieser Alternativen anzukreuzen und auszufüllen. Dasselbe gilt für Buchstaben 2a) und 2b) in § 2. Künftige gesetzliche Änderungen der Kündigungsfrist sind zu berücksichtigen.
[3]) Maximal vier Jahre. Bei längerem beiderseitigem Ausschluss des Kündigungsrechts ist der Abschluss einer gesonderten individuellen Vereinbarung erforderlich.
[4]) Eine genaue Bezeichnung des konkreten Lebenssachverhaltes ist zwingend erforderlich (ggf. Beiblatt beifügen). 118035

sigel Art.-Nr. MV 464

b) der Mieter oder derjenige, welchem der Mieter den Gebrauch der gemieteten Sache überlassen hat, die Rechte des Vermieters dadurch in erheblichem Maße verletzt, dass er die Mietsache durch Vernachlässigung der ihm obliegenden Sorgfalt erheblich gefährdet oder sie unbefugt einem Dritten überlässt, obwohl er vom Vermieter gemahnt wurde.

3. Das Mietverhältnis kann vom **Mieter** ohne Einhaltung einer Kündigungsfrist insbesondere gekündigt werden, wenn beispielsweise

a) dem Mieter der vertragsgemäße Gebrauch der Mietsache ganz oder zum Teil nicht rechtzeitig gewährt oder wieder entzogen wird oder

b) der gemietete Wohnraum so beschaffen ist, dass eine Benutzung mit einer erheblichen Gefährdung der Gesundheit verbunden ist.

4. Wird das Mietverhältnis von dem Vermieter wegen einer schuldhaften Vertragsverletzung des Mieters gekündigt, so ist der Mieter verpflichtet, dem Vermieter den durch die Kündigung kausal entstandenen Schaden zu ersetzen. Insbesondere sind dem Vermieter der bis zum Ablauf der vereinbarten Mietzeit bzw. der bis zu dem Zeitpunkt, zu dem der Mieter durch ordentliche Kündigung das Mietverhältnis frühestens hätte beenden können, entstandene Mietausfall wegen leer stehender Räume bzw. die entstandenen Mindermieteinnahmen zu ersetzen. Der Schadenersatzanspruch des Vermieters entfällt oder ist in der Höhe gemindert, wenn sich dieser nicht ausreichend um eine zügige Weitervermietung zu marktüblichen Bedingungen bemüht hat. Endet das Mietverhältnis durch fristlose Kündigung des Mieters, so haftet der Vermieter, soweit ihn ein Verschulden trifft, für den Schaden des Mieters.

§ 5
Sonderkündigungsrecht des Mieters nach Mieterhöhung

Begehrt der Vermieter die Zustimmung zu einer Mieterhöhung bis zur ortsüblichen Vergleichsmiete oder erhöht der Vermieter die Miete wegen baulicher Maßnahmen, so kann der Mieter bis zum Ablauf des zweiten Monats nach Zugang der Erklärung des Vermieters das Mietverhältnis außerordentlich bis zum Ablauf des übernächsten Monats kündigen. Kündigt der Mieter, so tritt die Mieterhöhung nicht ein.

§ 6
Miete

1. Die Miete beträgt monatlich ______________ EUR, in Worten ______________________________

2. Neben der Miete trägt der Mieter folgende Betriebskosten:

☐ gemäß Betriebskostenverordnung ☐ zusätzlich weitere folgende Betriebskosten[1]): ______________

____

____

____

☐ Die Betriebskosten mit Ausnahme der Heiz- und Warmwasserkosten werden monatlich als Pauschale entrichtet.

☐ Die tatsächlich angefallenen Betriebskosten werden anteilig umgelegt. Der Mieter ist verpflichtet, auf die Betriebskosten monatliche Vorauszahlungen in Höhe von __________ EUR zu entrichten. Die Betriebskosten werden – sofern nicht die Umlage nach unterschiedlichem Verbrauch oder Verursachung erfolgt[2]) – nach

☐ dem Anteil der Wohnfläche oder ☐ der Zahl der Nutzer oder

☐ der unterschiedlichen Nutzung oder ☐ der Anzahl der Wohneinheiten verteilt.

☐ Von den Kosten des Betriebs der zentralen Heizungsanlage und der zentralen Warmwasserversorgungsanlage werden ______________ % nach dem erfassten Verbrauch verteilt. Die übrigen Kosten werden nach der Wohn- bzw. Nutzungsfläche verteilt.

3. Haben die Parteien eine Betriebskostenpauschale vereinbart, ist der Vermieter berechtigt, Erhöhungen der Betriebskosten durch Erklärung in Textform anteilig auf den Mieter umzulegen. Die Erklärung ist nur wirksam, wenn der Vermieter in ihr den Grund für die Umlage bezeichnet und erläutert. Der Mieter schuldet den auf ihn entfallenden Teil der Umlage mit Beginn des auf die Erklärung folgenden übernächsten Monats. Soweit die Erklärung darauf beruht, dass sich die Betriebskosten rückwirkend erhöht haben, wirkt sie auf den Zeitpunkt der Erhöhung der Betriebskosten, höchstens jedoch auf den Beginn des der Erklärung vorausgehenden Kalenderjahres zurück, sofern der Vermieter die Erklärung innerhalb von drei Monaten nach Kenntnis von der Erhöhung abgibt. Ermäßigen sich die Betriebskosten, so ist eine Betriebskostenpauschale vom Zeitpunkt der Ermäßigung an entsprechend herabzusetzen. Sind Betriebskostenvorauszahlungen vereinbart worden, so kann jede Vertragspartei nach einer Abrechnung durch Erklärung in Textform eine Anpassung auf eine angemessene Höhe vornehmen.

4. Für sonstige Mieterhöhungen gelten die gesetzlichen Vorschriften und Fristen.

§ 7
Zahlung der Miete

1. Die Miete[3]) ist monatlich im Voraus, spätestens am dritten Werktage des Monats kostenfrei an den Vermieter oder an die von ihm zur Entgegennahme ermächtigte Person oder Stelle zu zahlen.

Der Betrag ist auf das nachfolgend genannte Konto zu zahlen, bei ______________________________

IBAN ______________________________________ BIC ______________________

2. Für die Rechtzeitigkeit der Zahlung kommt es nicht auf die Absendung, sondern auf die Ankunft des Geldes an.

§ 8
Kaution

Der Mieter leistet dem Vermieter für die Erfüllung seiner Pflichten eine **Kaution** in Höhe von ______________ [4]) Monatsmieten ohne Betriebskostenpauschale/Betriebskostenvorauszahlung. Der Vermieter hat diese Geldsumme getrennt von seinem Vermögen bei einem Kreditinstitut zu dem für Spareinlagen mit dreimonatiger Kündigungsfrist üblichen Zinssatz anzulegen. Die Zinsen stehen dem Mieter zu. Sie erhöhen die Sicherheit. Der Mieter ist zu drei gleichen monatlichen Teilzahlungen berechtigt, von denen die erste Teilzahlung zu Beginn des Mietverhältnisses fällig wird. Die weiteren Teilzahlungen werden zusammen mit den unmittelbar folgenden Mietzahlungen fällig.

§ 9
Vom Vermieter zugesagte Arbeiten in den Mieträumen/ Zustand der Mieträume

1. Der Vermieter verpflichtet sich vor Einzug des Mieters oder, wenn dies nicht möglich ist, bis spätestens zum ______________________ folgende Arbeiten in den Mieträumen vornehmen zu lassen: ______________

____

____

____

____

____

2. Dem Mieter ist im Übrigen der Zustand der Mieträume bekannt, er erkennt sie als ordnungsgemäß, zweckentsprechend und zum vertragsgemäßen Gebrauch als tauglich an. Er verpflichtet sich, die Räume pfleglich zu behandeln und in ordnungsgemäßem Zustand zu erhalten und zurückzugeben.

---

[1]) Soll der Mieter weitere nicht in der Betriebskostenverordnung namentlich benannte Betriebskosten (z. B. Kosten für Anmietung/Wartung von Feuermeldern) tragen, sind diese im Mietvertrag oder als Anlage zum Mietvertrag detailliert zu benennen (vgl. § 16).

[2]) Sollen für einzelne Betriebskostenarten jeweils unterschiedliche Umlagemaßstäbe zugrunde gelegt werden, sind diese exakt – ggf. auf einem gesonderten Blatt – zu bezeichnen.

[3]) Es gelten die §§ 556 d ff. BGB zur zulässigen Miethöhe bei Mietbeginn. In Gebieten, wo Wohnraum knapp ist, d.h. wo ein angespannter Wohnungsmarkt herrscht, dürfen Vermieter nach einem Mieterwechsel nur noch die ortsübliche Vergleichsmiete zuzüglich 10 Prozent fordern. Die jeweiligen Länderregierungen legen in einer entsprechenden Rechtsverordnung, die höchstens 5 Jahre gültig ist, die Städte fest, in denen diese 10-Prozent-Regelung gelten soll. Wohnungen, die nach dem 1. Oktober 2014 erstmals genutzt und vermietet werden, sind von der Mietpreisbegrenzung ausgenommen. Ebenfalls von der Mietpreisbegrenzung ausgenommen ist die erste Vermietung einer Wohnung nach einer umfassenden Modernisierung. Bei Staffelmietverträgen gelten die vorbezeichneten Regelungen für jede Mietstaffel, bei Indexmieten für die vereinbarte Ausgangsmiete (MietNovG 2015).

[4]) Bei Wohnraummiete höchstens 3 Monatsmieten.

§ 10

Benutzung der Mieträume/ Untervermietung

1. Vermieter und Mieter versprechen, im Haus sowohl untereinander als auch mit den übrigen Mietern im Sinne einer vertrauensvollen Hausgemeinschaft zusammenzuleben und zu diesem Zwecke jede gegenseitige Rücksichtnahme zu üben.

2. Der Mieter verpflichtet sich, die Wohnung und die gemeinschaftlichen Einrichtungen schonend und pfleglich zu behandeln.

3. Der Mieter darf die Mieträume nur zu den vertraglich bestimmten Zwecken benutzen. Will er sie zu anderen Zwecken benutzen, so bedarf es der schriftlichen Zustimmung des Vermieters.

4. Der Mieter darf die Mieträume nur mit Zustimmung des Vermieters untervermieten. Hat der Mieter ein berechtigtes Interesse an der Untervermietung, so kann er vom Vermieter die entsprechende Erlaubnis verlangen, wenn nicht entweder in der Person des Dritten ein berechtigter Grund zur Ablehnung vorliegt, oder der Mietraum übermäßig belegt würde, oder dem Vermieter die Untervermietung aus einem sonstigen Grunde nicht zugemutet werden kann.

5. Bei unbefugter Untervermietung kann der Vermieter verlangen, dass der Mieter sobald wie möglich, spätestens jedoch binnen Monatsfrist, das Untermietverhältnis kündigt. Geschieht dies nicht, so kann der Vermieter das Hauptmietverhältnis ohne Einhaltung der Kündigungsfrist kündigen. Diese Rechte kann er nur unverzüglich geltend machen, nachdem er die gegen den Untermieter sprechenden Gründe erfahren hat oder nachdem die Frist zur Kündigung des Untermietverhältnisses fruchtlos verstrichen ist.

§ 11

Ausbesserungen und bauliche Veränderungen

1. Der Vermieter darf Maßnahmen, die zur Instandhaltung oder Instandsetzung der Mietsache (z. B. Beseitigung von Schäden) erforderlich sind, ohne Zustimmung des Mieters nach deren rechtzeitiger Ankündigung vornehmen. Einer Ankündigung der Maßnahmen bedarf es nicht, wenn diese mit einer nur unerheblichen Einwirkung auf die Mietsache verbunden oder ihre sofortige Durchführung zwingend erforderlich ist.

2. Für die Durchführung von Modernisierungsmaßnahmen gelten die gesetzlichen Bestimmungen, insbesondere die §§ 555 b ff. BGB.

3. Der Mieter darf bauliche Veränderungen nur mit Zustimmung des Vermieters vornehmen.

§ 12

Instandhaltung der Mieträume/ Schönheitsreparaturen

1. Schäden in den Mieträumen hat der Mieter, sobald er sie bemerkt, dem Vermieter anzuzeigen.

2. Der Mieter haftet dem Vermieter für Schäden, die nach dem Einzug durch ihn, seine Familienmitglieder, Hausgehilfen, Untermieter sowie die von ihm beauftragten Handwerker, Lieferanten und dergleichen schuldhaft verursacht werden. Insbesondere haftet er für Schäden, die durch fahrlässiges Umgehen mit der Wasser-, Gas- oder elektrischen Lichtleitung, mit der WC- und Heizungsanlage, durch Offenstehenlassen von Türen oder durch Versäumnis einer vom Mieter übernommenen sonstigen Pflicht (Beleuchtung usw.) entstehen. Dies gilt auch für vom Mieter oder seinen Beauftragten oder Mitbewohnern verschuldete Schäden in Fluren, Treppenhaus etc.

3. Dem Mieter obliegt der Beweis dafür, dass ein schuldhaftes Verhalten nicht vorgelegen hat.

4. Schönheitsreparaturen während der Mietdauer übernimmt auf eigene Kosten der*) – Mieter – Vermieter. Übernimmt der Mieter die Schönheitsreparaturen, ist die Wohnung dem Mieter*) – im renovierten Zustand zu übergeben – im unrenovierten Zustand zu übergeben, wofür er einen angemessenen Ausgleich erhält. Zu den Schönheitsreparaturen gehören[1]) das Tapezieren bzw. Anstreichen der Wände und Decken, der Anstrich der Böden bzw. die Reinigung der Teppichböden, das Streichen der Heizkörper einschließlich der Heizrohre und der Versorgungsleitungen, das Streichen der Innentüren sowie der Fenster und Außentüren von innen.

5. Der Vermieter kann während des Mietverhältnisses die Durchführung der Schönheitsreparaturen verlangen, wenn und soweit die Wohnräume objektiv renovierungsbedürftig sind. Bei Beendigung des Mietverhältnisses kann der Vermieter die Durchführung aller zu diesem Zeitpunkt erforderlichen und fälligen Schönheitskorrekturen verlangen.

6. Als angemessene Zeitabstände von Schönheitsreparaturen[2]) gelten im Allgemeinen

für Küchen/Kochnischen, Bäder/Duschen alle 3 Jahre;

für Wohn- und Schlafräume, Flure/Dielen und Toiletten alle 5 Jahre;

in anderen Nebenräumen alle 7 Jahre.

7. Die kleinen Instandhaltungen und Instandsetzungen (Kleinreparaturen) sind vom Vermieter auf*) – eigene Kosten – Kosten des Mieters auszuführen, soweit die Schäden nicht vom anderen Vertragspartner schuldhaft verursacht sind. Die kleinen Instandhaltungsarbeiten sind regelmäßig und fachgerecht durchzuführen.

Kleinreparaturen umfassen nur das Beheben kleiner Schäden an Teilen der Wohnung, die dem direkten und häufigen Zugriff des Mieters ausgesetzt sind, wie zum Beispiel Hähne und Schalter für Wasser, Gas und Elektrizität, Jalousien, Markisen, WC- und Badezimmereinrichtungen, Verschlussvorrichtungen für Fenster, Türen und Fensterläden, Heiz-, Koch- und Kühleinrichtungen, usw.[3]) Die Verpflichtung zur Kostenübernahme durch den Mieter besteht nur bis zu EUR 52,-- je Einzelreparatur und für eine jährliche Gesamtsumme aller Einzelreparaturen von bis zu 8% der Jahresnettomiete, höchstens jedoch EUR 154,-- pro Jahr. Die jährliche Gesamtsumme berechnet sich ab dem Vertragsbeginn. Beginnt oder endet das Vertragsverhältnis unterjährig, so berechnet sich die jährliche Gesamtsumme aller Einzelreparaturen im ersten bzw. letzten Jahr des Mietverhältnisses zeitanteilig.

§ 13

Betreten der Mieträume durch den Vermieter

1. Der Vermieter oder ein von ihm Beauftragter kann die Mieträume nach mündlicher oder schriftlicher Ankündigung in angemessener Frist betreten, um die Notwendigkeit unaufschiebbarer baulicher Maßnahmen/Reparaturarbeiten festzustellen bzw. um diese durchzuführen. Auf eine persönliche Verhinderung des Mieters ist Rücksicht zu nehmen.

2. Will der Vermieter oder sein Beauftragter das*) – Grundstück – die Wohnung verkaufen oder endet das Mietverhältnis, so darf er die Mieträume zusammen mit dem Kaufinteressenten an Wochentagen

von __________ bis __________ Uhr, an Sonn- und Feiertagen von __________ bis __________ Uhr betreten.

3. Ist das Mietverhältnis gekündigt, so darf er oder sein Beauftragter die Räume mit dem Mietinteressenten zu den gleichen Stunden betreten.

4. Der Mieter muss dafür sorgen, dass die Räume auch bei längerer Abwesenheit zur Abwehr von Gefahren betreten werden können.

§ 14

Beendigung der Mietzeit

1. Die Mieträume sind bei Beendigung der Mietzeit besenrein und mit sämtlichen Schlüsseln, auch vom Mieter selbst beschaffte, zurückzugeben.

2. Hat der Mieter bauliche Veränderungen an der Mietsache vorgenommen oder sie mit Einrichtungen versehen, so ist er auf Verlangen des Vermieters verpflichtet, bei Ende des Mietvertrages auf seine Kosten den ursprünglichen Zustand wieder herzustellen, auch wenn der Vermieter diesen baulichen Veränderungen oder den Einrichtungen zugestimmt hat, sofern nichts Abweichendes vereinbart worden ist. Eventuelle Beschädigungen bei der Wegnahme sind vom Mieter zu beseitigen.

3. Der Vermieter kann verlangen, dass die baulichen Veränderungen oder die Einrichtungen in dem Mietgegenstand verbleiben. Der Vermieter ist in diesem Fall verpflichtet, den Mieter angemessen zu entschädigen. Die Entschädigung bemisst sich nach den Kosten für die Durchführung der baulichen Veränderung bzw. für die Einrichtung abzüglich eines angemessenen Betrages für die inzwischen erfolgte Abnutzung.

---

*) Nichtzutreffendes streichen.

[1]) Für preisgebundene Neubauwohnungen können nach gesetzlicher Vorschrift nur diese Reparaturen als Schönheitsreparaturen vereinbart werden.

[2]) Die genannten Fristen beginnen mit dem Beginn des Mietverhältnisses bzw. ab dem Zeitpunkt der letzten vom Mieter durchgeführten Schönheitsreparatur. Die Fristen sind nicht zwingend, sie gelten nicht, wenn und soweit aufgrund des Zustandes der jeweiligen Räume die Durchführung von Schönheitsreparaturen nicht erforderlich ist.

[3]) Die Parteien können vereinbaren, dass sich die Kleinreparaturklausel auf weitere Teile der Mietsache erstreckt, deren Zustand und Lebensdauer vom häufigen Umgang des Mieters abhängt. Die Teile der Mietsache sind namentlich zu bezeichnen.

§ 15
Mehrere Personen als Mieter

1. Mehrere Personen, auch Ehegatten, als Mieter haften für alle Verpflichtungen aus dem Mietvertrag als Gesamtschuldner.
2. Die Mieter (Ehegatten) bevollmächtigen sich gegenseitig zur Vornahme und Entgegennahme von Willenserklärungen. Insofern sind Erklärungen eines Mieters auch für den anderen Mieter verbindlich und eine Erklärung des Vermieters ist für alle Mieter rechtswirksam, wenn sie gegenüber einem der Mieter abgegeben wird. Die Vollmacht der Mieter (Ehegatten) ist schriftlich widerrufbar. Der Widerruf wird erst für Erklärungen wirksam, die nach seinem Zugang abgegeben werden. Diese Bevollmächtigung erfasst jedoch nicht die Vornahme der Entgegennahme von Willenserklärungen, die sich auf die Beendigung dieses Mietverhältnisses beziehen.
3. Tatsachen in der Person oder dem Verhalten eines Mieters, die das Mietverhältnis berühren oder einen Schadenersatzanspruch begründen, haben für und gegen die anderen Mieter (Ehegatten) die gleiche Wirkung.

§ 16
Sonstige Vereinbarungen

1. Nachträgliche Änderungen und Ergänzungen dieses Vertrages sollen schriftlich festgehalten werden.
2. Die beigefügte Hausordnung ist*) – nicht – Bestandteil dieses Mietvertrages und wird von den Parteien mit der Unterzeichnung*) – nicht – anerkannt.
3. Sollte eine der Bestimmungen dieses Vertrages ganz oder teilweise rechtsunwirksam sein oder werden, so wird die Gültigkeit der übrigen Bestimmungen dadurch nicht berührt. Beruht die Ungültigkeit auf einer Leistungs- oder Zeitbestimmung, so tritt an ihre Stelle das gesetzlich zulässige Maß.
4. Außer den hiermit schriftlich festgelegten Vertragsbestimmungen sind keine weiteren Vereinbarungen getroffen worden.
5. Keine Haftung des Verlages für irrtümliche bzw. unrichtige Rechtsanwendung.
6. ____

____

____

____

____

Ort	Datum	Unterschrift Vermieter	Unterschrift Mieter (Ehemann/Ehefrau)

Beachten Sie die Rechte und Verpflichtungen, die sich aus den Änderungen der Energiesparverordnung ergeben.

*) Nichtzutreffendes streichen.

HAUSORDNUNG

Die Hausordnung regelt das Zusammenleben aller Mitbewohner des Hauses. Sie enthält Rechte und Pflichten, die für alle Bewohner gelten. Die Mieter sind insbesondere verpflichtet aufeinander Rücksicht zu nehmen und sich so zu verhalten, dass die übrigen Mitbewohner weder unzumutbar belästigt noch gestört werden.

A. Die Rücksicht der Hausbewohner aufeinander verpflichtet diese unter anderem zu Folgendem:

Jeder Mieter, jede Mieterin ist verpflichtet, nach Möglichkeit störende Geräusche in der Wohnung, im Haus, im Hof und auf dem Grundstück, insbesondere durch die Nutzung von technischen Geräten, durch starkes Türenzuschlagen und Treppenlaufen oder durch Musizieren zu vermeiden. Radios, Fernseher, CD-Player und vergleichbare technische Geräte sind auf Zimmerlautstärke einzustellen. Besondere Rücksichtnahme ist in der Zeit der Mittagsruhe von 13 Uhr bis 15 Uhr sowie in der Zeit der Nachtruhe von 22 Uhr bis 6 Uhr geboten.

Das Ausschütten oder Ausgießen von Behältnissen aus den Fenstern oder von den Balkonen auf die Straße, auf den Hof bzw. auf die Treppenflure ist zu unterlassen.

Scharf oder übel riechende, leicht entzündbare oder sonstige schädliche Stoffe sind so aufzubewahren, dass die übrigen Mitbewohner nicht gefährdet oder belästigt werden.

Bei Feiern aus besonderem Anlass, in deren Rahmen mit erhöhtem Lärm zu rechnen ist, sollten die übrigen Mitbewohner rechtzeitig informiert werden.

Das Spielen von Instrumenten ist während der Mittagsruhe von 13 Uhr bis 15 Uhr und von 19 Uhr abends bis 8 Uhr morgens grundsätzlich untersagt. In anderen Zeiten darf – sofern Zimmerlautstärke überschritten wird – nicht länger als zwei Stunden am Tag musiziert werden.

Den Spielbedürfnissen von Kindern ist in angemessener Weise Rechnung zu tragen. Kinder dürfen auf den dafür vorgesehenen Flächen, auf dem Hof oder auf der zum Haus gehörenden Wiese spielen, soweit es nicht zu unzumutbaren Belästigungen für die Mitmieter oder zu einer Schädigung der Anlage führt. Die Eltern/Erziehungsberechtigten sind gehalten, die Kinder ordnungsgemäß zu beaufsichtigen.

Die Mieter sind gehalten, drohenden Schaden von der Mietsache abzuwenden bzw. zu mindern, insbesondere auch ausreichende Maßnahmen gegen das Aufkommen von Ungeziefer zu ergreifen, z. B. durch ordnungsgemäße Beseitigung von Abfällen und Unrat. Abfälle und Unrat sind in die dafür vorgesehenen Behältnisse zu füllen. Dabei ist dafür Sorge zu tragen, dass der Standplatz nicht verschmutzt wird.

Auf eine konsequente Trennung des Mülls ist zu achten. Sondermüll und Sperrgut sind nach den insoweit einschlägigen Regelungen der einschlägigen Satzung gesondert zu entsorgen.

Die Mieter sind verpflichtet – sofern nach Art und Größe des Haustieres erforderlich – für das Halten von Haustieren eine Genehmigung des Vermieters einzuholen. Die Mieter haben dafür Sorge zu tragen, dass Haustiere sich nicht ohne Aufsicht auf den Fluren, Treppen, in den Außenanlagen oder anderen Gemeinschaftseinrichtungen aufhalten. Verunreinigungen sind unverzüglich zu entfernen. Von den Spielplätzen sind die Haustiere grundsätzlich fernzuhalten.

Haus- und Hofeingänge, Treppen und Flure sind als Fluchtwege grundsätzlich freizuhalten. Davon ausgenommen ist das Abstellen von Kinderwagen, Gehhilfen und Rollstühlen, soweit dadurch keine Fluchtwege versperrt und andere Mitbewohner nicht unzumutbar behindert werden.

Wäsche darf nur auf den dafür bestimmten Trockenplätzen getrocknet werden. Das sichtbare Aufhängen und Auslegen von Wäsche, Betten usw. auf Balkonen, in Fenstern usw. ist unzulässig.

Das Haus, insbesondere Haustüren, Kellereingänge und Hoftüren, ist in der Zeit von 22 Uhr bis 6 Uhr ständig geschlossen zu halten.

B. Die Erhaltung des Hauseigentums verpflichtet die Mieter unter anderem zu Folgendem:

Haus und Grundstück sind in einem sauberen und reinen Zustand zu erhalten. Nach einem vom Vermieter aufgestellten Reinigungsplan müssen die Mieter abwechselnd Flure, Treppen, Fenster und Dachbodenräume, Zugangswege außerhalb des Hauses, den Hof, den Standplatz der Müllgefäße und den Bürgersteig vor dem Haus reinigen.

Blumenkästen oder vergleichbare Einrichtungen müssen am Balkon oder auf der Fensterbank derart angebracht werden, dass ein Herabstürzen ausgeschlossen werden kann. Beim Gießen ist darauf zu achten, dass das Wasser nicht an der Hauswand herunter läuft oder auf die Fenster und Balkone anderer Mieter tropft.

Versorgungseinrichtungen oder -leitungen dürfen nicht beschädigt oder manipuliert werden. Störungen an solchen Einrichtungen sind unverzüglich dem Vermieter oder bei Gefahr im Verzug dem Versorgungsunternehmen zu melden.

Die Mieter sind gehalten, in den Gemeinschaftseinrichtungen sorgfältig und sparsam mit Wasser und Elektrizität umzugehen.

Die Mietsache ist auch bei kalter Witterung ausreichend zu lüften. Dies erfolgt grundsätzlich durch möglichst kurzfristiges, aber ausreichendes Öffnen der Fenster. Zum Treppenhaus hin darf die Wohnung, insbesondere die Küche, nicht gelüftet werden.

C. Im Interesse der allgemeinen öffentlichen Ordnung und Sicherheit bestehen unter anderem folgende Verpflichtungen:

Beachtung der behördlichen und polizeilichen Vorschriften, auch dann, wenn hierüber nichts ausdrücklich gesagt ist.

Keller, Böden und ähnliche Räume dürfen nicht mit offenem Licht betreten werden.

Das Abstellen von motorisierten Fahrzeugen auf dem Hof, den Gehwegen und den Grünflächen ist nicht gestattet. Autos und Motorräder dürfen auf dem Grundstück nicht gewaschen werden. Ebenso sind dort Ölwechsel und Reparaturen nicht erlaubt.

Beim Befahren der Garageneinfahrten und Parkplätze ist Schrittgeschwindigkeit einzuhalten.

Das Abstellen von Fahrrädern ist grundsätzlich nur auf den dafür vorgesehenen Flächen/Abstellräumen gestattet.

4 004360 915550

Mietvertrag MV464 der Sigel GmbH (Abdruck erfolgt mit freundlicher Genehmigung der Sigel GmbH).

VI. Leasing als Sonderform der Miete

214 Sogenannte Leasingverträge (engl.: to lease = vermieten, verpachten) werden in Deutschland seit den 1960er Jahren getätigt. Sie haben ihren Ursprung in den USA und mittlerweile eine große wirtschaftliche Bedeutung. Auch wenn der Leasingvertrag oft mit einer Kaufoption (»Mietkauf«) verbunden ist, handelt es sich rechtlich um einen atypischen Vertrag mit mietähnlichem Charakter[291]: Der Leasinggeber (»Vermieter«) überlässt dem Leasingnehmer (»Mieter«) gegen Entgelt (= Leasingraten) ein Wirtschaftsgut (Beispiel: Auto) zum Gebrauch und zur Nutzung.

Die Gefahr bzw. Haftung für Instandhaltung, Beschädigung oder Untergang trägt grundsätzlich der Leasingnehmer[292], während der Leasinggeber dafür seine Ansprüche gegen Dritte (zB Lieferanten) dem Leasingnehmer abtritt.[293] Durch Allgemeine Geschäftsbedingungen werden meist die Einzelheiten geregelt.

Leasingverträge sind in der Regel als **Dreipersonenverhältnisse** ausgestaltet:

- **Leasingnehmer** (LN): Er schließt einen Leasingvertrag mit dem
- **Leasinggeber** (LG). Dieser kauft den Leistungsgegenstand beim
- **Hersteller** (H) = Lieferant, und zwar nach den Vorgaben des Leasingnehmers.

Der Leasinggegenstand wird dem Leasingnehmer gegen Zahlung der Leasingraten überlassen.

Im Einzelnen unterscheidet man grob:

- Das »**Operating-Leasing**«: Der Leasinggeber kauft eine Sache, um sie mehrmals weiterzuvermieten. Diese Gestaltung entspricht weitgehend dem Mietvertrag, so dass die §§ 535 ff. anwendbar sind.[294]
- Das »**Hersteller-Leasing**«: Leasinggeber und Hersteller des Leasingobjekts (er selbst oder eine Tochtergesellschaft) sind identisch (es besteht also kein Dreipersonenverhältnis). Diese Leasingart ist im Kraftfahrzeughandel gebräuchlich. Dem Hersteller/Lieferanten kommt es wesentlich darauf an, seine Waren abzusetzen, während das Finanzierungsinteresse in den Hintergrund tritt. Wegen der entgeltlichen Gebrauchsüberlassung (= wesentlicher Vertragsbestandteil) sind auch hier die mietrechtlichen Bestimmungen relevant.[295]
- Das »**Financial-Leasing** (Finanzierungsleasing)«: Es ist ein Dreiecksverhältnis (Hersteller, Leasinggeber, Leasingnehmer) gegeben, das mit dem beim finanzierten Abzahlungskauf vergleichbar ist:

---

291 So auch *Looschelders* SchuldR BT Rn. 509.
292 BGH NJW 1996, 1888.
293 Vgl. *Creifelds* »Leasingvertrag«.
294 BGH NJW-RR 1998, 1346 = MDR 1998, 648 (649).
295 *Brox/Walker* SchuldR BT § 15 Rn. 7.

215

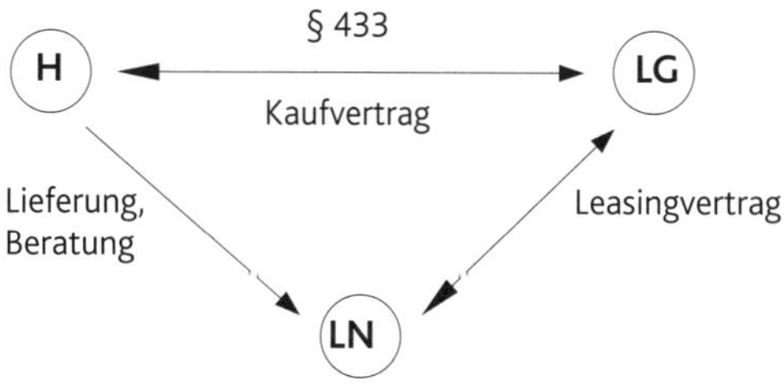

»Financial Leasing«

Beim Financial Leasing beschränkt sich der Leasinggeber (LG) regelmäßig darauf, den Erwerb der Sache zu finanzieren, indem er den Kaufpreis für die Leasingsache an den Hersteller (H) zahlt, nachdem der Leasingnehmer (LN) die Leasingsache nach Beratung durch den Hersteller (H) ausgesucht hat. Für den Gebrauch der Sache zahlt der Leasingnehmer an den Leasinggeber den Leasingpreis in monatlichen Raten. Auch hier wendet die Rechtsprechung Mietrecht an;[296] im Einzelfall wird die abweichende Interessenlage berücksichtigt.

Wenn Sie mehr über das Finanzierungsleasing wissen wollen: schlagen Sie nach…[297]

Literatur zur Vertiefung (→ Rn. 151–215): *Alpmann und Schmidt* SchuldR BT II, 3. und 4. Teil; *Bayerle*, Verbraucherschutz bei Kraftfahrzeugleasing, JA 2013, 659; *Blank*, Tierhaltung in Eigentums- und Mietwohnungen, NJW 2007, 729 ff.; *Brox/Walker* SchuldR BT §§ 10 ff.; *Dittmann/Reichhart*, Betretungsrecht des Wohnraumvermieters, JA 2011, 173; *Fikentscher/Heinemann* SchuldR § 77; *Führich* WirtschaftsPrivR Rn. 532 ff.; *Häublein*, Probleme beim Mieterwechsel (Examensklausur), JURA 2007, 291; *Herrler*, Abwälzung von Schönheitsreparaturen durch Allgemeine Geschäftsbedingungen bei der Wohnraummiete – Wirksamkeitsanforderungen, Folgen unwirksamer Klauseln und Reaktionsmöglichkeiten des Vermieters, JURA 2008, 248 ff.; *Hirsch* SchuldR BT §§ 27–30; *Kiehnle/Schroder*, Untermieter (Examensklausur), JURA 2007, 702; *Koch/Rudzio*, Modernisierung mit Missklängen (Übungsklausur), JURA 2007, 452; *Langenberg*, Zur Kodifizierung des Rechts der Schönheitsreparaturen, NZM 2005, 801; *Langenberg/Zehelein*, Schönheitsreparaturen, Instandsetzung und Rückgabe bei Wohn- und Gewerberaum, 5. Aufl. 2015; *Leuschner*, Die »Mietpreisbremse« – Unzweckmäßig und verfassungsrechtlich höchst bedenklich, NJW 2014, 1929; *Löhnig/Gietl*, Grundfälle zum Mietrecht, JuS 2011, 107 ff., 202 ff.; *Looschelders* SchuldR BT §§ 21–23; *Lorenz/Eichhorn*, Grundwissen – Zivilrecht: Die Gewährleistung im Mietrecht, JuS 2014, 783; *Lorenz*, Geschäftsführung ohne Auftrag und Bereicherungsausgleich bei Vornahme nicht geschuldeter Schönheitsreparaturen, NJW 2009, 2576; *Oetker/Maultzsch* VertraglSchuldverh § 5 Rn. 1–232; *Medicus/Lorenz* SchuldR BT §§ 93–95, § 129; *Metzler-Müller* PrivatRFall 295 ff. sowie Fälle 11 und 12; *Petersen*, Gebrauchsüberlassung an Dritte im Mietrecht, JURA 2015, 459; *Reinicke/Tiedtke* KaufR Rn. 1664 ff. (Leasing); *Rolfs*, Allgemeine Gleichbehandlung im Mietrecht, NJW 2007, 1489; *Schade* WirtschaftsPrivR Rn. 319 ff., 335; *Schmidt-Ränsch*, Auswirkungen des Allgemeinen Gleichbehandlungsgesetzes auf das Mietrecht, NZM 2007, 6; *Schrader*, Klausur Zivilrecht: »Umgekehrte Schönheitsreparaturen«, JA 2015, 341; *Steckler/Tekidou-Kühlke* WirtschaftsR C/241; *Wolf*, Die Rechtsnatur des Finanzierungsleasing, JuS 2002, 335.

296 BGH NJW 1986, 179 mwN; BGH NJW 2009, 575 = MDR 2009, 575.
297 Einzelheiten für ernsthaft Interessierte: vgl. *Reinicke/Tiedtke* KaufR Rn. 1664 ff.

B. Pachtvertrag

I. Wesen und Inhalt des Pachtvertrags

216 Der Pachtvertrag wird in den meisten Grundrissen zum Bürgerlichen Recht nur sehr knapp behandelt, was seiner großen praktischen Bedeutung eigentlich nicht gerecht wird. Der Grund dafür liegt in der Verweisung des § 581 II: Auf den Pachtvertrag (mit Ausnahme der Landpacht) findet, soweit sich aus den nachfolgenden Vorschriften (§§ 582 ff.) nichts anderes ergibt, das Mietrecht (innerhalb dessen Regelung der Pachtvertrag daher als »Untertitel 4« erscheint) entsprechende Anwendung.

Pacht- und Mietvertrag weisen große Ähnlichkeiten, aber auch Unterschiede auf: Auch beim Pachtvertrag handelt es sich um einen gegenseitigen Vertrag, durch den der Verpächter verpflichtet wird, dem Pächter den Gebrauch des gepachteten **Gegenstands** und den Genuss der bei ordnungsgemäßer Wirtschaft anfallenden Früchte während der Pachtzeit zu gewähren (§ 581 I 1 – lesen Sie diese Vorschrift sorgfältig durch und lesen Sie auch § 581 I 2 sowie noch einmal § 535 I 1!).

217 ■ Worin besteht bezüglich der Verpflichtungen von Vermieter und Verpächter die Gemeinsamkeit und worin bestehen wesentliche Unterschiede? (Schreiben Sie die Antwort auf, bevor Sie weiterlesen!)

▶ Gemeinsam ist beiden Schuldverhältnissen zum einen die Rechtsnatur als gegenseitiger Vertrag, zum anderen die Gebrauchsüberlassung gegen die Zahlung eines Entgelts: der Pacht (§ 581 I 2) bzw. der Miete (§ 535 II) – beide Vorschriften lesen. Im Unterschied zum Mietvertrag, der nur die Miet**sache** betrifft, kann sich der Pachtvertrag auch auf »**Rechte**«

Beispiele: Urheber-, Patent-, Schank-, Jagd-, Fischerei- und Aneignungsrechte

(ggf. auch auf Tiere) erstrecken, wie sich aus dem Gesetzeswortlaut von § 581 I 1 ergibt, in dem vom verpachteten »Gegenstand« die Rede ist. »Gegenstand« ist, wie Sie wissen (sollten), der Oberbegriff für Sachen (vgl. dazu nochmals § 90! = lesen) und Rechte. Weiter unterscheidet sich die Pacht von der Miete dadurch, dass der verpachtete Gegenstand nicht nur – wie die Mietsache – zum Gebrauch überlassen wird, sondern dass der Pächter auch zur Fruchtziehung berechtigt ist.

II. Landpachtvertrag

218 Besonderheiten gelten, wie in § 581 II schon angedeutet ist, für den Landpachtvertrag iSv § 585. Gegenstand des Landpachtvertrags ist ein landwirtschaftlicher Betrieb, dh, ein Grundstück mit den seiner Bewirtschaftung dienenden Wohn- und Wirtschaftsgebäuden oder ein Grundstück, das ohne solche Gebäude überwiegend zur Landwirtschaft verpachtet wird. Was der Gesetzgeber (des BGB) unter »Landwirtschaft« versteht, lesen Sie bitte in § 585 I 2 nach.

Mit dem in den §§ 585 ff. geregelten »Landpachtvertrag« brauchen Sie sich aber in diesem Rahmen nicht weiter zu befassen.

III. Franchising

219 Der Franchisevertrag (engl.: franchise = Freizügigkeit) ist eine aus den USA stammende Form eines gemischten Vertrags (→ Rn. 5 f.), der den Vertrieb von Waren und

Dienstleistungen zum Inhalt hat und wesentliche Elemente der Pacht enthält. Dem Franchisenehmer wird über einen bloßen Lizenzvertrag hinaus gegen entsprechendes Entgelt vom Franchisegeber (regelmäßig ein Konzern) unter anderem gestattet, dessen Namen, Marken, Schutzrechte und technische Ausstattung zu übernehmen, ohne dabei seine Selbstständigkeit zu verlieren.[298]

Beispiele: Kfz-Einzelhandelssysteme großer Autokonzerne, diverse Hotelketten oder die Imbissstubenkette McDonald's.[299]

C. Leihvertrag

I. Wesen der Leihe/Pflicht des Verleihers

Der Leihvertrag ist in den §§ 598–606 geregelt, von denen Sie zunächst § 598 lesen sollten, um sogleich den wesentlichen Unterschied zur Miete (§ 535 nochmals ganz lesen!) zu erkennen. 220

■ Was fällt Ihnen beim Vergleich dieser beiden Vorschriften auf?

► § 598 spricht nur von der Gebrauchsüberlassungspflicht (bezüglich der Sache!) des Verleihers. Eine Zahlungspflicht des Entleihers gibt es nicht; die Leihe ist unentgeltlich.[300] Da der Pflicht des Verleihers keine unmittelbare, gegenseitige Pflicht des Entleihers gegenübersteht, sprechen wir beim Leihvertrag bekanntlich[301] von einem »unvollkommen zweiseitig verpflichtenden« Vertrag.

Im täglichen Sprachgebrauch werden die Begriffe »Leihe« oder »Verleih« häufig missverständlich gebraucht: Der »Leihwagen« ist ein »Mietwagen« und der »Fahrradverleih« ist eine »Fahrradvermietung«!

II. Pflichten des Entleihers

Der Entleiher ist gem. § 603 verpflichtet, von der Sache nur den vertragsgemäßen Gebrauch zu machen, und er muss die Sache irgendwann einmal gem. § 604 zurückgeben (§ 603 und § 604 lesen!). 221

Diese Rückgabepflicht des § 604 ist keine Pflicht, die der Verpflichtung des Verleihers zur Gebrauchsüberlassung als direkte, gegenseitige Verpflichtung gegenübersteht.

Da es sich bei der Rückgabepflicht des Entleihers (wie auch bei der Rückgabepflicht des Mieters gem. § 546!) nicht um eine gegenseitige Pflicht handelt, finden die Vorschriften über gegenseitige Verträge (§§ 320–326) keine Anwendung. Die Verletzung der Rückgabepflicht kann einen Schadensersatzanspruch des Verleihers aus §§ 280 ff. begründen.

---

298 *Creifelds* »Franchisevertrag«.

299 Humorvollerweise bisweilen auch als »Restaurantkette« bezeichnet, vgl. dazu BGH NJW 1985, 1894 f. und außerdem *Günter Wallraff*, Ganz unten, S. 28 ff. (»Essen mit Spaß«). – **Mehr zum Franchising** finden Sie (unter anderem auch auszugsweise die oben zitierte BGH-McDonald's-Entscheidung) in *Wörlen/Kokemoor* HandelsR Rn. 135–140.

300 Zur Erinnerung: Dieses Wort ist »verwandt« mit »entgelten«, nicht mit »Geld«!

301 Vgl. *Wörlen/Metzler-Müller* SchuldR AT Rn. 14.

III. Haftungsbeschränkung des Verleihers

222 Die Tatsache, dass der Verleiher im Gegensatz zum Vermieter oder Verpächter für die Gebrauchsüberlassung keine Gegenleistung, kein Entgelt, bekommt, berücksichtigt das Gesetz zu seinen Gunsten mit den Haftungsbeschränkungen der §§ 599 und 600: Gemäß § 599 haftet der Verleiher nur für Vorsatz und grobe Fahrlässigkeit,[302] und für Mängel hat er gem. § 600 nur einzustehen, wenn er sie arglistig verschwiegen hat.

D. Darlehensverträge

I. Vorbemerkung

223 Das Darlehensrecht war vor der Schuldrechtsreform in den §§ 607–610 abschließend geregelt, die sowohl den Sachdarlehensvertrag als auch den Gelddarlehens-(Kredit-)vertrag umfassten. Letzterer wurde zusätzlich mit Wirkung v. 1.1.1991 durch das Verbraucherkreditgesetz ergänzend geregelt, was der Verbesserung des Verbraucherschutzes gegenüber den Gefahren dienen sollte, die der moderne Massenkonsum und die wirtschaftliche Macht der Anbieter von Konsumgütern mit sich bringen.

Im Zuge der Schuldrechtsreform wurde das Darlehensrecht völlig neu strukturiert, indem unter Einbeziehung des zum 31.12.2001 außer Kraft getretenen Verbraucherkreditgesetzes in §§ 488–505 das »Gelddarlehen« (das freilich einen anderen Namen bekommen hat) geregelt wird. Dabei betreffen die §§ 488–490 den »allgemeinen Darlehensvertrag«, während sich die §§ 491–505, die im Wesentlichen dem VerbrKrG entsprechen, auf den »Verbraucherdarlehensvertrag« beziehen. Das (früher unentgeltliche) Sachdarlehen ist weiterhin Gegenstand der §§ 607 ff.

224 Würde man dieser systematischen Umstrukturierung des Darlehensrechts folgen, hätte man das »Gelddarlehen« eigentlich im Anschluss an den Verbrauchsgüterkauf (§§ 474–479) bzw. an die Teilzeit-Wohnrechteverträge (§§ 481–487) darzustellen. Bei der hier gewählten Systematik, die unter anderem zwischen Veräußerungsverträgen und Gebrauchsüberlassungsverträgen unterscheidet, wird das Gelddarlehen wie in den Vorauflagen an dieser Stelle nach dem Sachdarlehen dargestellt.

Nach Auffassung des Gesetzgebers war das Darlehensrecht in den früher geltenden §§ 607 ff. lediglich fragmentarisch geregelt und ist zwischenzeitlich von der Rechtswirklichkeit überholt.[303]

II. Sachdarlehensvertrag

225 Lesen Sie zunächst § 607 I!

Das Wesen des Sachdarlehensvertrags ist dadurch gekennzeichnet, dass Gegenstand des Darlehens eine vertretbare Sache ist und dass der Darlehensempfänger verpflichtet ist, Sachen von gleicher Art, Güte und Menge zurückzuerstatten.

Tipp: Unterstreichen Sie in der ersten Zeile von § 607 das Wort »vertretbare« und schreiben Sie »§ 91« daneben an den Rand!

302 **Vgl. § 276 I 1: »wenn eine strengere oder mildere Haftung weder bestimmt noch … ist«.**
303 BT-Drs. 14/6040, 251.

Der gesetzliche Grundtyp des Darlehens war früher das unentgeltliche Darlehen. Dies hat sich geändert:

Wenn Sie § 607 I soeben aufmerksam gelesen haben, haben Sie gemerkt, dass der Darlehensnehmer nunmehr – außer »zur Rückerstattung von Sachen gleicher Art und Güte« – zur Zahlung eines Darlehensentgelts verpflichtet ist. Somit handelt es sich beim Sachdarlehensvertrag wie etwa beim Mietvertrag um einen gegenseitigen Vertrag,[304] auf den bei Leistungsstörungen ggf. die §§ 320–326 anzuwenden sind.

Hinsichtlich der Rückgabe bzw. Rückerstattung der überlassenen Sachen ist der Sachdarlehensvertrag daher nicht mehr vom (unentgeltlichen) Leihvertrag, sondern vom Mietvertrag abzugrenzen. (Lesen Sie § 607 I 2 und § 546 I!) **226**

■ Worin besteht der wesentliche Unterschied?

▶ Während der Darlehensnehmer Sachen von gleicher Art, Güte und Menge, also nicht **dieselben** Sachen zurückerstatten muss, ist der Mieter verpflichtet, **die**(selbe) (Miet-)Sache (§ 546 I) zurückzugeben.

Dass der Darlehensnehmer nun dafür ein Entgelt bezahlen muss, vermag nicht so recht zu überzeugen: Wie beim Mietvertrag, bei dem die Miete dazu dient, neben der Gebrauchsüberlassung auch die zwangsläufige Abnutzung der Mietsache zu entgelten, gibt auch der Entleiher (§ 604 I) **dieselbe** (geliehene) Sache zurück, ohne für die Abnutzung ein Entgelt zahlen zu müssen. Der Darlehensnehmer, der vom Nachbarn das berühmte Pfund Mehl als Sachdarlehen (nicht: zur »Leihe«!) bekommen und verbraucht hat, erstattet dem Darlehensgeber ein Pfund Mehl »mittlerer Art und Güte« zurück (das er **neu** gekauft hat) und muss dafür ein Darlehensentgelt zahlen. Jedenfalls wenn vertraglich (vgl. § 311 I) nichts anderes vereinbart war (§ 607 I ist dispositiv)! **227**

Wurde ein unentgeltliches Sachdarlehen vereinbart, handelt es sich nicht um einen gegenseitigen, sondern um einen unvollkommen zweiseitig verpflichtenden Vertrag.[305]

Ist für die Rückerstattung »**der**« überlassenen Sache eine Zeit bestimmt, wird die Rückgabe zu diesem Zeitpunkt fällig, anderenfalls mit Kündigung durch eine der Vertragsparteien (§ 608 I), die dazu jederzeit – sofern vertraglich nichts anderes vereinbart ist – berechtigt ist (§ 608 II).

Ein (vereinbartes) Entgelt hat der Darlehensnehmer spätestens bei Rückerstattung »**der**« überlassenen Sache zu zahlen (§ 609). **228**

■ Warum habe ich bei der Darstellung der Inhalte von § 608 I und § 609 das Wort »der« vor »überlassenen« besonders hervorgehoben? (Überlegen Sie erst, bevor Sie weiterlesen!)

▶ Der Darlehensnehmer ist gem. § 607 I 2 nicht – wie bei der Miete und Leihe – zur Rückgabe der(selben) überlassenen Sache verpflichtet, sondern zur Rückerstattung von »Sachen mittlerer Art und Güte« (iSv § 243 I).

---

304 NK-BGB/*Krämer/Müller* § 607 Rn. 2; zum Begriff vgl. *Wörlen/Metzler-Müller* SchuldR AT Rn. 11 ff.

305 Wenn Sie nicht mehr wissen, was darunter zu verstehen ist: Bei *Wörlen/Metzler-Müller* SchuldR AT Rn. 14 nachlesen.

Hier liegt offenbar ein Redaktionsversehen[306] aufseiten des Gesetzgebers vor.

III. Gelddarlehensvertrag

229 Rechtlich bedeutsamer und in der Praxis des Wirtschaftslebens weitaus häufiger als das Sachdarlehen ist das Gelddarlehen.

Dieser Entwicklung hat der Gesetzgeber dadurch Rechnung getragen, dass er für das Gelddarlehen im Allgemeinen (im Gegensatz zum »Verbraucherdarlehensvertrag«) den Begriff Darlehensvertrag reserviert hat, während, wie Sie erfahren haben, für das Sachdarlehen ausdrücklich der Begriff »Sachdarlehensvertrag« gilt, dem ein eigener »**Titel 7**« (vgl. Überschrift über §§ 607–609) gewidmet wurde. Der (wichtigere) »Darlehensvertrag« (der das Gelddarlehen betrifft), erscheint dagegen nur als »**Untertitel 1**« unter **Titel 3**, der die ominöse und umfangreiche Überschrift »Darlehensvertrag; Finanzierungshilfen und Ratenlieferungsverträge zwischen einem Unternehmer und einem Verbraucher« trägt. »**Untertitel 2**« und »**Untertitel 3**« differenzieren dann bei Titel 3 und lauten »Finanzierungshilfen zwischen einem Unternehmer und einem Verbraucher« bzw. »Ratenlieferungsverträge zwischen einem Unternehmer und einem Verbraucher«!

Dem »klassischen« Verbraucherdarlehensvertrag, der, wie gesagt, in den §§ 491–505 (unter Übernahme der maßgeblichen Vorschriften des ehemaligen VerbrKrG) geregelt ist, wird dagegen kein eigener Untertitel gewidmet, wohl aber der »Unabdingbarkeit, Anwendung auf Existenzgründer« (**Untertitel 4**). Es ist eine nach Form, Inhalt, Umfang und Systematik zweifelhafte, eher »Verwirrung besorgende«[307] Überschrift?

Sie merken… die Struktur des Gesetzes verdeutlicht im Bereich des Gelddarlehensvertrages die Problematik der Einbindung des ehemals sondergesetzlich normierten Verbraucherprivatrechts (VerbrKrG) in das BGB. Mit der Herausnahme der Finanzierungshilfen aus dem Grundtatbestand und der Rückkehr zum Darlehensbegriff wurde die klare Trennung von bürgerlichrechtlichem Gelddarlehensrecht und verbraucherschützenden Sondernormen aufgeweicht.[308]

1. Allgemeiner Darlehensvertrag

a) Rechte und Pflichten der Vertragsparteien

230 Die »vertragstypischen Pflichten beim Darlehensvertrag« beschreibt § 488 (lesen); die Hauptpflichten der Vertragsparteien ergeben sich aus § 488 I. Danach ist der »**Darlehensgeber** verpflichtet, dem **Darlehensnehmer** einen Geldbetrag in der vereinbarten Höhe zur Verfügung zu stellen« (§ 488 I 1).

Diese Gebrauchsüberlassungspflicht heißt nunmehr »**Wertverschaffungspflicht**«[309], weil der Darlehensgeber nicht zur **Überlassung** bestimmter Geldscheine oder -münzen, sondern lediglich zur wertmäßigen Verschaffung des Geldbetrags verpflichtet ist.[310]

231 Diesem Anspruch des Darlehensnehmers steht seine Verpflichtung gegenüber (Gegenleistungspflicht), dem Darlehensgeber den vereinbarten (»einen«) geschuldeten

306 Eine sprachliche Renovierung würde dem BGB sicherlich auch in anderen Rechtsgebieten gut tun, so etwa im Sachenrecht, wo in § 919 immer noch ein »**verrückt gewordenes Grenzzeichen**« herumgeistert und in § 961 vom Eigentümer verlangt wird, dass er den Bienenschwarm, »**zieht dieser aus**«, »**unverzüglich verfolgt**«, damit dieser nicht »herrenlos« wird … (= »Redaktionsversehen«).

307 »Juristendeutsch« (vgl. dazu *Wörlen/Metzler-Müller* BGB AT Rn. 1–3); aus § 4 I GBO, wo Verwirrung »besorgt«, statt wie hier geschaffen wird?

308 MüKoBGB/*Berger* Vorbem. § 388 Rn. 2.

309 Vgl. NK-BGB/*Krämer/Müller* § 488 Rn. 4.

310 BT-Drs. 14/6040, 253.

Zins zu zahlen und bei Fälligkeit das zur Verfügung gestellte Darlehen zurückzuerstatten (§ 488 I 2).

Die Rückzahlungspflicht ist nach überwiegender und auch hier vertretener Auffassung vertragliche Hauptpflicht, weil es dem Darlehensgeber neben dem Wunsch nach Entgeltung seiner Leistung in Form von Zinsen primär darauf ankommt, dass er den zur Verfügung gestellten Wert selbst zurückerhält.[311] Diese Pflicht steht aber nicht im Synallagma zur Hauptleistung des Darlehensgebers; im Gegenseitigkeitsverhältnis zur Darlehensgewährung und -belassung steht vielmehr nur die Zinszahlungspflicht und die Abnahmepflicht des Darlehensnehmers.[312] Die Pflicht zur Rückzahlung der Darlehensvaluta und die Zinszahlungspflicht entstehen als vertragliche Pflichten mit wirksamem Abschluss des Darlehensvertrags, haben allerdings aufgeschobene Fälligkeiten.[313]

Sofern der Zinszahlungstermin nicht vertraglich vereinbart ist, sind die Zinsen gem. **232**
§ 488 II nach dem Ablauf je eines Jahres bzw. – falls das Darlehen vor dem Ablauf eines Jahres zurückzuerstatten ist – bei der Rückerstattung zu bezahlen.

Haben die Vertragsparteien, was selten der Fall sein wird, keinen Rückzahlungstermin bestimmt, wird die Rückerstattung fällig, wenn eine Vertragspartei kündigt (§ 488 III 1). Mangels anderer vertraglicher Vereinbarungen beträgt die Kündigungsfrist drei Monate (§ 488 III 2). Bei einem (ebenfalls seltenen) zinslosen Darlehen ist der Darlehensnehmer berechtigt, das Darlehen jederzeit (ohne Kündigung) zurückzuzahlen (§ 488 III 3).

Soweit die »vertragstypischen Pflichten beim Darlehensvertrag« gem. § 488.

Für die Kündigung enthalten die §§ 489 und 490 darüber hinaus Sonderregelungen.

b) Kündigung

aa) Ordentliche Kündigung

Die Möglichkeit zur ordentlichen Kündigung ergibt sich aus § 488 III (nochmals **233**
ganz lesen), der eingreift, wenn die Vertragsparteien keinen Rückzahlungstermin vereinbart haben. Wurde dagegen ein bestimmter Zeitpunkt für die Rückzahlung des Darlehens vorgesehen, hat gem. § 489 nur der Darlehensnehmer ein Recht zur ordentlichen Kündigung. Die Zulässigkeit der Kündigung hängt davon ab, ob ein gebundener Sollzinssatz (§ 489 V) oder ein veränderlicher Zinssatz vereinbart ist.

Lesen Sie zunächst § 489 I. Falls ein gebundener Sollzinssatz (zB 6% für fünf Jahre) vereinbart ist, kann der Darlehensnehmer nur dann ordentlich kündigen, wenn entweder die Zinsbindung vor der für die Rückzahlung bestimmten Zeit abläuft (§ 489 I Nr. 1: Kündigungsfrist ein Monat) oder wenn zehn Jahre seit Empfang des Darlehens abgelaufen sind (§ 489 I Nr. 2: Kündigungsfrist sechs Monate).

Lesen Sie nun § 489 II. Einen Darlehensvertrag mit veränderlichem Zinssatz (laufende Anpassung an die Marktverhältnisse) kann der Darlehensnehmer jederzeit mit einer Frist von drei Monaten kündigen (§ 489 II). Zahlt der Darlehensnehmer nach einer solchen Kündigung den geschuldeten Betrag nicht innerhalb von zwei Wochen zurück, gilt seine ausgesprochene Kündigung nach § 489 III als nicht erfolgt.

---

311 MüKoBGB/*Berger* § 488 Rn. 42; NK-BGB/*Krämer/Müller* § 488 Rn. 4; Palandt/*Weidenkaff* § 488 Rn. 8.
312 Vgl. Palandt/*Weidenkaff* Vorb v § 488 Rn. 2 unter Hinweis auf BGH NJW 1991, 1817.
313 NK-BGB/*Krämer/Müller* § 488 Rn. 11.

Wenn Sie § 489 ganz gelesen haben, werden Sie nicht nur müde oder schwindelig geworden sein, sondern auch gemerkt haben, dass diese Vorschrift dem Darlehensnehmer zugutekommt und dessen Kündigungsrecht nach den Absätzen 1 und 2 gem. § 489 IV 1 zu seinem Nachteil nicht abbedungen werden kann. Es ist also zwingendes, nicht dispositives Recht[314] zum **Schutz des Schuldners**, selbst wenn er nicht »Verbraucher« ist.[315] (Die Kündigungsmöglichkeiten des Darlehensnehmers, der Verbraucher ist, finden sich in § 500; mehr dazu unter → Rn. 247).

Auf Einzelheiten zur ordentlichen Kündigung, die in § 489 aufgezählt sind, gehe ich, dem Spezialitätsgrundsatz folgend, nicht näher ein, zumal die Thematik nicht unbedingt klausur- oder prüfungsrelevant ist, sondern verweise auf die »Literatur zur Vertiefung« und die dort nicht aufgeführten Kommentare (diese finden Sie allerdings im Literaturverzeichnis), in denen Vorschrift für Vorschrift, Paragraf nach Paragraf fachkundig erläutert wird.

bb) Außerordentliche Kündigung

234 Die außerordentliche Kündigung des Darlehensvertrags (auch: »allgemeines Gelddarlehen«) ist für Studierende relativ uninteressant (da nicht klausurrelevant), aber nicht für den Darlehensgeber, der in § 490 I (lesen) geschützt wird, wenn sein **Rückzahlungsanspruch gefährdet** wird. Danach hat der Darlehensgeber ein außerordentliches fristloses Kündigungsrecht, wenn sich die Vermögensverhältnisse des Darlehensnehmers oder die »Werthaltigkeit« einer für das Darlehen bestellten Sicherheit wesentlich verschlechtern oder sich wesentlich zu verschlechtern drohen. Indizien dafür können etwa verzögerte Rückzahlungen oder Zwangsvollstreckungen gegen den Darlehensnehmer sein.

Gemäß § 490 II (lesen) kann der Darlehensnehmer einen Darlehensvertrag mit gebundenem Sollzinssatz und grundpfandrechtlicher Sicherung außerordentlich kündigen, wenn seine **berechtigten Interessen** dies gebieten. Dies ist insbesondere der Fall, wenn der Darlehensnehmer ein Bedürfnis nach einer anderweitigen Verwertung seiner zur Sicherung des Darlehens beliehenen Sache (im Regelfall eines Grundstücks) hat. Ein außerordentliches Kündigungsrecht besteht daher bei einem Verkauf aus privaten Gründen (zB Ehescheidung, Krankheit, Arbeitslosigkeit, Überschuldung, Umzug) ebenso wie bei der Wahrnehmung einer günstigen Verkaufsmöglichkeit. Im Falle einer solchen Kündigung steht dem Darlehensgeber nach § 490 II 3 ein Anspruch auf Ersatz des Schadens zu, der ihm aus der vorzeitigen Kündigung entsteht (sog. **Vorfälligkeitsentschädigung**).

235 Darüber hinaus gelten gem. § 490 III die allgemeinen Vorschriften über die Störung der Geschäftsgrundlage (§ 313) und die Kündigung von Dauerschuldverhältnissen aus wichtigem Grund (§ 314). Durch diese Verweisung in § 490 III soll verdeutlicht werden, dass das in § 490 I und II normierte außerordentliche Kündigungsrecht keine abschließende Regelung darstellt, sondern sich weitere Vertragsauflösungsmöglichkeiten aus anderen Rechtssätzen ergeben können.[316]

314 Falls wieder vergessen: S. (nochmals) *Wörlen/Metzler-Müller* BGB AT Rn. 321 ff.

315 MüKoBGB/*Berger* § 489 Rn. 2.

316 Vgl. NK-BGB/*Krämer/Müller* § 490 Rn. 15 sowie BT-Drs. 14/6040, 255.

Übersicht 10

Gebrauchsüberlassungsverträge

Pachtvertrag (§§ 581–597) 236

1. **Vertragstypische Pflichten beim Pachtvertrag:**
   - Gebrauchsüberlassung eines Gegenstands und Gewährung von Fruchtziehung gegen Entgelt = »Pacht« (§ 581 I)
   - Gemäß § 581 II findet Mietrecht entsprechende Anwendung, soweit nicht Spezialvorschriften (§§ 582–584b) andere Regelungen enthalten
2. **Gemeinsamkeit mit Mietvertrag:**
   - Gebrauchsüberlassung gegen Entgelt
   - Gegenseitiger Vertrag
3. **Unterschied zum Mietvertrag:**
   - Überlassung von **Gegenständen**, dh Sachen **und** Rechten (auch Tiere)
   - Nicht nur Gebrauch (**Benutzung**), sondern auch **Nutzung** (Fruchtziehung)
     Beispiele:
     - Gaststätte mit Schanklizenz
     - Unternehmen mit Urheberrechten
     - Jagdrevier mit Jagdausübungsrecht und Aneignungsrecht
     - Landwirtschaftliche Fläche mit Fruchtnutzung
4. **Sondervorschriften für den Landpachtvertrag: §§ 585–597**

Leihvertrag (§§ 598–606) 237

Vertragstypische Pflichten bei der Leihe:
- Unentgeltliche Gebrauchsüberlassung einer Sache (vgl. § 90)
- Unvollkommen zweiseitig verpflichtender Vertrag – Rückgabepflicht des Entleihers: § 604
- Haftungsbeschränkung für Verleiher: §§ 599, 600

Darlehensverträge 238

Sachdarlehensverträge (§§ 607–609)	**Allgemeiner (Geld-)Darlehensvertrag (§§ 488–490)**
1. **Vertragstypische Pflichten beim Sachdarlehensvertrag:** • Überlassung einer vertretbaren Sache durch Darlehensgeber gegen Darlehensentgelt von Darlehensnehmer (§ 607 I) 2. **Rechtscharakter:** Gegenseitiger Vertrag 3. **Kündigung:** Nach Vereinbarung, sonst jederzeit von beiden Vertragsparteien	1. **Vertragstypische Pflichten beim Darlehensvertrag:** • »Zurverfügungstellung« von vereinbartem Geldbetrag durch Darlehensgeber gegen Zahlung von Zins durch Darlehensnehmer (§ 488 I) 2. **Rechtscharakter:** Gegenseitiger Vertrag 3. **Kündigung** a) ordentliche: §§ 488 III, 489 b) außerordentliche: • Darlehensgeber: § 490 I • Darlehensnehmer: § 490 II c) außerdem: § 490 III → §§ 313, 314

Literatur zur Vertiefung (→ Rn. 216–238): *Alpmann und Schmidt* SchuldR BT II, 1., 3. Teil, 7. Abschn. und 5. Teil; *Brox/Walker* SchuldR BT §§ 14, 16 f.; *Coester-Waltjen*, Der Darlehensvertrag, JURA 2002, 675; *Esser/Weyers* SchuldR BT I §§ 23–26; *Fikentscher/Heinemann* SchuldR §§ 78–81, I und II; *Führich* WirtschaftsPrivR Rn. 540 ff.; *Hirsch* SchuldR BT §§ 31, 32; *Larenz* SchuldR II 1 §§ 49–51; *Looschelders* SchuldR BT §§ 19, 24–26; *Medicus/Lorenz* SchuldR BT §§ 96–98; *Oetker/Maultzsch* VertraglSchuldverh § 3 Rn. 1–46; *Reinking*, Auswirkung der geänderten Sachmängelhaftung auf den Leasingvertrag, ZGS 2002, 229; *Schade* WirtschaftsPrivR Rn. 326 ff.; *Schreiber*, Leih- und Sachdarlehen, JURA 2014, 1018; *Witting/Witting*, Das neue Darlehensrecht im Überblick, WM 2002, 145.

2. Verbraucherdarlehensvertrag

a) Entstehung[317] des Verbraucherdarlehensrechts

239 Nachdem das Verbraucherkreditgesetz (VerbrKrG) v. 17.12.1990 am 1.1.1991 in Kraft getreten war, ist es damit an die Stelle eines nahezu 100 Jahre alten Gesetzes getreten, des Abzahlungsgesetzes von 1894, das 1969 und 1974 wesentliche Neuerungen erfahren hatte.

Das Verbraucherkreditgesetz bildete damals das vorläufige Ende einer Reihe von Gesetzen, die der Verbesserung des Verbraucherschutzes gegenüber den Gefahren dienten, die der moderne Massenkonsum und die wirtschaftliche Macht der Anbieter von Konsumgütern mit sich bringen.

Erdrückt von einer materielle Sehnsüchte erweckenden Flut von Werbekampagnen wird »Otto Normalverbraucher« veranlasst, sich Luxusgegenstände zu kaufen, Pauschalreisen nach Übersee zu buchen und Verträge mit kleingedruckten Bedingungen abzuschließen, deren Bedeutung er kaum überschauen kann. Zu manchen Vertragsschlüssen lässt er sich dabei von gewieften Verkäufervertretern an der Haustür überrumpeln.

Durch die fortschreitende Europäisierung des Rechts[318] aufgrund von EG-Richtlinien sind zum Verbraucherschutz zahlreiche Sondergesetze entstanden, die vor der Schuldrechtsreform überwiegend außerhalb des Bürgerlichen Gesetzbuchs (Ausnahme: Reisevertragsrecht der §§ 651a–m, → Rn. 324 ff.) quasi ein Sonderrecht für Verbraucher geschaffen haben. Dies führte nach Auffassung des Gesetzgebers zu erheblicher Intransparenz, die durch die Integration des AGB-Gesetzes, des HausTürWG und des FernAbsG in das Allgemeine Schuldrecht des BGB sowie des TzWrG und des VerbrKrG in das Besondere Schuldrecht zum 1.1.2002 beseitigt werden sollte. Warum nicht auch das Produkthaftungsgesetz (ProdHaftG, → Rn. 454 ff.) im Anschluss an das Deliktsrecht (→ Rn. 395 ff.) ins BGB integriert wurde, mag das Geheimnis des Gesetzgebers bleiben, ebenso wie die Antwort auf die Frage, ob das Verbraucherschutzrecht durch die Aufblähung des BGB wirklich transparenter geworden ist; denn inhaltlich hat sich kaum etwas geändert. Sehen wir uns also die neuen BGB-Vorschriften zum Verbraucherdarlehensvertrag und verwandten Verträgen etwas näher an. (Das BGB vermeidet – im Gegensatz zum VerbrKrG – den Begriff des Kreditvertrages, der in § 1 II VerbrKrG aF definiert war. Er war bis zum 1.1.2002 der einheitliche Oberbegriff für die verschiedenen vom Gesetz erfassten Kreditarten.)

317 Für rechtshistorisch interessierte Leser/innen sei hingewiesen auf die spannenden Ausführungen von *Schwintowski* JA 1992, 33 ff. (s. unten »Literatur zur Vertiefung«) zum »Zinsproblem«, dessen Entwicklung er weit zurückverfolgt und es dabei nicht versäumt, unter anderem auf das alte und neue Testament, Aristoteles, das Konzil von Nicaea (325 n. Chr. = »kanonisches Zinsverbot«) und Thomas von Aquin zurückzugreifen.

318 Zur Vertiefung dazu: *Grundmann* JuS 2001, 946.

Im Interesse der Übersichtlichkeit hat der Gesetzgeber das Widerrufs- und das Rückgaberecht, die früher in den Verbraucherschutzsondergesetzen jeweils einzeln geregelt waren, ebenso wie die Vorschriften, die für sog. »verbundene Geschäfte« bzw. »Verträge« (dazu im Folgenden mehr) gelten, im »Titel 5, Untertitel 2« (von Buch 2, versteht sich) in den §§ 355–361 angesiedelt. 240

Mit dem »Gesetz zur Umsetzung der Verbraucherkreditrichtlinie, des zivilrechtlichen Teils der Zahlungsdienstrichtlinie sowie zur Neuordnung der Vorschriften über das Widerrufs- und Rückgaberecht« (nachgezählt? Der Titel umfasst 20 Wörter!) v. 29.7.2009[319] – VerbrKrRL-UG – wurden mit Wirkung v. 11.6.2010 unter anderem einige Vorschriften des Verbraucherdarlehensvertrags geändert bzw. neu gefasst. Zwecks Umsetzung der Verbraucherrechterichtlinie 2001/83/EU wurden die §§ 491 ff. durch das »Gesetz zur Umsetzung der Verbraucherrechterichtlinie und zur Änderung des Gesetzes zur Regelung der Wohnungsvermittlung«[320] mit Wirkung v. 13.6.2014 erneut geändert. Es handelt sich hierbei um Folgeänderungen, die wegen der Neuregelung des Verbraucherschutzes in den §§ 312 ff.[321] erforderlich waren. Damit soll zu einem hohen Verbraucherschutzniveau und zu einem besseren Funktionieren des Binnenmarktes zwischen Unternehmern und Verbrauchern beigetragen werden. Die nachträgliche Einfügung dieser Detailregelungen zu verbraucherschützenden Einzelregelungen hat leider nicht zur besseren Lesbarkeit des BGB beigetragen.[322]

b) Die Anwendbarkeit und die wichtigsten Schutzvorschriften des Verbraucherdarlehensrechts

Um sich seine materiellen Wünsche zu erfüllen, braucht der Verbraucher Geld! 241
Durch verheißungsvolle Werbesprüche wie »schnelles, billiges Geld«, »Blitzkredit per Telefon« und Ähnliches wird er zum Schuldenmachen animiert, häufig, ohne sich über die Folgen, namentlich die Kosten der Darlehen, im Klaren zu sein.

Die §§ 491–505 enthalten daher besondere Regelungen zum Verbraucherdarlehensvertrag, die den Schutz des Verbrauchers in seiner Rolle als Darlehensnehmer bezwecken. Dieser Schutz darf nicht zum Nachteil des Darlehensnehmers abbedungen oder durch anderweitige Gestaltungen umgangen werden (vgl. § 511).

Den Inhalt der wichtigsten Schutzvorschriften des Verbraucherdarlehensrechts prägen Sie sich am besten ein, indem Sie sie anhand eines praktischen Falls kennenlernen.

319 BGBl. 2009 I 2335; Gesetzesmaterialen: BT-Drs. 16/11643 (RE) und BT-Drs. 16/13669 (Beschlussempfehlung und Bericht Rechtsausschuss). Bei Interesse den Aufsatz von *Schröder* (Gesetz zur Neuordnung der Vorschriften über das Widerrufs- und Rückgaberecht, NJW 2010, 1933) lesen.

320 v. 20.9.2013, BGBl. 2013 I 3642.

321 S. hierzu *Wörlen/Metzler-Müller* SchuldR AT Rn. 65 ff.

322 So auch *Brox/Walker* SchuldR AT § 19 Rn. 2.

242 **Übungsfall 9**

Kurt Kaufgut (K) hat sich im Möbelgeschäft des Viktor Vertiko (V) eine neue Einrichtung für seine Privatwohnung für 13.500 EUR gekauft, wovon er 3.500 EUR anzahlt. Um die restlichen 10.000 EUR zu finanzieren, nimmt K auf Vorschlag des V, der in langjähriger Geschäftsverbindung mit der Bar-Bank (B-Bank) steht, bei dieser ein Darlehen auf. Der Restbetrag von 10.000 EUR wird von der B-Bank direkt auf das Konto des V überwiesen.

In dem von K unterschriebenen Darlehensvertrag ist darüber hinaus Folgendes festgelegt: [323]

Nettokredit	10.000,00 EUR
Zinsen (Sollzinssatz 13%)	1.980,00 EUR
Gebühren (2%)	200,00 EUR
Kreditkosten	2.180,00 EUR
Gesamtbetrag	12.180,00 EUR
Monatliche Raten	339,00 EUR
1. Rate am 1.12.2012	315,00 EUR
36. Rate am 1.11.2015	339,00 EUR

Die Raten sind jeweils zum 1. jeden Monats fällig.

Außerdem heißt es: »Kommt der Darlehensnehmer mit der Zahlung von zwei Raten oder mehr in Verzug, so wird innerhalb von zwei Wochen der gesamte Restbetrag fällig«.

Drei Monate nach Lieferung der Möbel durch V stellt K fest, dass an den Polstermöbeln infolge mangelhafter Verarbeitung Nähte reißen und sich aufgrund schlechter Verleimung an mehreren Regalen Furniere abheben. Da V auf entsprechende Rügen des K nicht reagiert, stellt K die Darlehensrückzahlung ein. Nachdem K mit zwei Teilzahlungsraten in Verzug geraten ist, setzt ihm die Bank zwei Wochen Frist zur Zahlung des rückständigen Betrags und droht ihm an, bei Nichtzahlung die gesamte Restschuld einzuklagen.

Würde eine Klage der B-Bank gegen K Erfolg haben?

Die Klage der B-Bank kann nur Erfolg haben, wenn die B-Bank gegen K einen Anspruch auf Zahlung des Restbetrags hat. Als Anspruchsgrundlage für das Rückzahlungsverlangen der B-Bank kommt daher § 488 I 2 in Betracht. Ob dieser Anspruch begründet ist, hängt davon ab, ob die Rückzahlung des Darlehens nach dem Inhalt des Vertrags bereits fällig ist oder ob der Rückforderung des Gesamtbetrages Schutzvorschriften der §§ 491 ff. entgegenstehen. Dann müssten diese Vorschriften auf den vorliegenden Fall anwendbar sein.

aa) Anwendungsbereich der §§ 491 ff.

243 Der Anwendungsbereich dieser Vorschriften ergibt sich aus § 491 I (lesen = wie immer?).

(1) Persönlicher Anwendungsbereich

244 Voraussetzung für die Anwendbarkeit der §§ 491 ff. ist nach § 491 I, dass der Darlehensgeber als »Unternehmer« (§ 14) ein Darlehen in Ausübung seiner gewerblichen oder selbstständigen beruflichen Tätigkeit gewährt und der Darlehensnehmer »Verbraucher«, dh eine natürliche Person iSv § 13 ist, die das Darlehen nicht für eine gewerbliche oder selbstständige berufliche Tätigkeit, sondern für private Zwecke verwendet.

323 Beispiel nach *Rüßmann* Verbraucherkredit (§§ 491–512 BGB), http://ruessmann.jura.uni-saarland.de/Verbraucherkredite.pdf (aufgerufen am 19.8.2015).

■ Überlegen Sie, ob diese Voraussetzungen in unserem Fall auf die B-Bank und K zutreffen, bevor Sie weiterlesen! Wenn Sie diesem Rat gefolgt sind, sind Sie sicherlich zu dem folgenden Ergebnis gekommen:

▶ Die B-Bank ist im Fallbeispiel Darlehensgeber iSv § 491 I und Unternehmer iSv § 14 I, da sie das Darlehen in Ausübung ihrer gewerblichen Tätigkeit gewährt hat, und K ist Verbraucher iSv § 13, da er als natürliche Person das Darlehen für private Zwecke aufgenommen hat.

Wenn § 13 ein Rechtsgeschäft, das einer gewerblichen oder einer selbstständigen beruflichen Tätigkeit des Verbrauchers zugerechnet werden kann, vom Verbraucherschutz ausschließt, bedeutet dies, dass ein Darlehensvertrag, den der Darlehensnehmer in Ausübung einer solchen Tätigkeit schließt, nicht unter den Anwendungsbereich der §§ 491–505 fällt. Wird dagegen ein Darlehen zur Aufnahme oder Begründung einer gewerblichen oder beruflichen Existenz (sog. Existenzgründungsdarlehen) aufgenommen, so ist gem. § 512 das Verbraucherdarlehensrecht wieder anwendbar. Dies allerdings nur – wie sich aus der genannten Vorschrift ergibt –, wenn der Kreditbetrag 75.000 EUR nicht übersteigt.[324]

(2) Sachlicher Anwendungsbereich

Der sachliche Anwendungsbereich des Verbraucherdarlehensrechts ergibt sich aus **245**
§ 491 I. Darin wird der Verbraucherdarlehensvertrag legal definiert als jeder **entgeltliche Darlehensvertrag** zwischen einem **Unternehmer als Darlehensgeber** und einem **Verbraucher als Darlehensnehmer**. Da Gelddarlehen in der Regel durch eine Bank, Sparkasse oder ein sonstiges Kreditinstitut iSv § 1 KWG gewährt werden, handelt es sich bei diesen immer um Unternehmer iSd § 14. Die §§ 491 ff. betreffen also nur den Gelddarlehensvertrag (§ 488 I). Dies folgt bereits aus der systematischen Stellung der Vorschriften hinter den §§ 488 ff. Diese verbraucherschützenden Vorschriften sind folglich nicht auf den in den §§ 607 ff. geregelten Sachdarlehensvertrag anwendbar.[325] Der Anwendungsbereich der §§ 491 ff. erstreckt sich – wie bereits erwähnt – auch auf Existenzgründerkredite bis 75.000 EUR (vgl. § 512).

■ Überlegen Sie, ob die §§ 491 ff. danach auch sachlich auf unseren Fall anwendbar sind!

▶ Da die B-Bank dem K ein entgeltliches Darlehen (§ 488 I), das zu verzinsen ist, gewährt hat, liegen die Voraussetzungen für die sachliche Anwendbarkeit der §§ 491 ff. im Fallbeispiel vor, sofern keine Ausnahmetatbestände eingreifen.

(3) Ausnahmen

Der Anwendung des Verbraucherdarlehensrechts steht in unserem Fallbeispiel auch **246**
keiner der Ausnahmetatbestände entgegen, die in § 491 II Nr. 1–5 aufgezählt sind.

Danach gilt das Verbraucherdarlehensrecht insbesondere nicht für

- sog. »**Bagatellkredite**« unter 200 EUR Nettodarlehensbetrag,
- Darlehen mit Pfandsicherung, dh wenn sich die Haftung des Darlehensnehmers auf eine dem Darlehensgeber zum Pfand überlassene Sache beschränkt (also Tätigkeit von Pfand- und Leihhäusern),

324 An dieser Stelle sei die Wiederholung des Hinweises erlaubt, dass Sie unbedingt mit einem Gesetzestext arbeiten müssen, der auf dem allerneuesten Stand ist. Das Existenzgründungsdarlehen war bis 10.6.2010 in § 507 geregelt und erstreckte sich auf einen Betrag bis zu 50.000 EUR.

325 Hierzu MüKoBGB/*Schürnbrand* § 491 Rn. 43 mwN.

- kurzzeitige zinsgünstige Darlehen mit einer Laufzeit von bis zu drei Monaten,
- für Arbeitgeberdarlehen, deren Zinsen unter den marktüblichen Sätzen liegen,
- für Förderanträge der öffentlichen Hand, deren Zinssätze unter den marktüblichen Sätzen liegen.

Da die §§ 491 ff. auf unseren Fall anwendbar sind, sind der Darlehensvertrag und das Rückzahlungsbegehren der B-Bank nunmehr anhand dieser Vorschriften zu überprüfen!

bb) Vorvertragliche Informationspflichten

247 Der Darlehensgeber hat seit dem 11.6.2010 erhöhte vorvertragliche Informationspflichten. So muss er gem. § 491a I iVm Art. 247 § 1 EGBGB den Darlehensnehmer rechtzeitig vor Abschluss eines Verbraucherdarlehensvertrages über zahlreiche Einzelheiten in Textform unterrichten – unter anderem zu den Hauptbedingungen des Vertrages und dem Verzugszinssatz (vgl. insbesondere Art. 247 § 3 EGBGB).

Gemäß Art. 247 § 2 I EGBGB ist für diese Unterrichtung das Muster »europäische Standardinformationen für Verbraucherkredite« (Anl. 4 zu Art. 247 § 2 EGBGB) zu verwenden. Darüber hinaus muss der Darlehensgeber gem. § 491a III dem Darlehensnehmer vor Vertragsschluss die einzelnen Vertragsbestimmungen angemessen erläutern, wozu auch der Hinweis auf die finanziellen Belastungen, die aufgrund des Vertrages auf den Darlehensnehmer zukommen, gehört.

cc) Formerfordernisse

(1) Schriftform und Mindestinhalt von Verbraucherdarlehensverträgen

248 Gemäß § 492 I 1 bedarf jeder Verbraucherdarlehensvertrag der **Schriftform**. Dem Formerfordernis des § 492 I 2 wird genügt, wenn der Antrag und die Annahme des Verbraucherdarlehensvertrages durch die Parteien jeweils getrennt schriftlich erklärt werden.

Damit der Verbraucher genauestens darüber informiert wird, welche rechtlichen und wirtschaftlichen Nachteile er zu tragen hat, wenn er das ihm angebotene Darlehen in Anspruch nimmt, muss der Darlehensvertrag – nachdem die vorvertraglichen Informationspflichten gem. § 491a I iVm Art. 247 § 1 EGBGB vom Darlehensgeber erfüllt worden sind – darüber hinaus eine Vielzahl bestimmter Angaben enthalten.

Nach § 492 II iVm Art. 247 §§ 6–13 EGBGB hat die vom Darlehensnehmer zu unterzeichnende Vertragserklärung neben den Angaben zum Darlehensgeber und zu den Hauptvertragsbedingungen bestimmte Mindestangaben zu enthalten wie etwa

- den effektiven Jahreszinssatz (in § 6 I PAngV definiert: Die als jährlicher Vomhundertsatz anzugebenden Gesamtkosten des Kredits, wie zB Bearbeitungsgebühr, Vermittlungsprovision, Disagio, Tilgungssatz),
- den Nettodarlehensbetrag (= der Betrag, der ausgezahlt wird),
- den Sollzinssatz (= Zinssatz, den das Kreditinstitut für den Nominalbetrag des Kredits berechnet. In der Regel ist dieser gebunden und bleibt somit während der Kreditlaufzeit gleich. In einigen Fällen ist er auch variabel. Zum Kreditvergleich ist dieser Wert nicht geeignet, da dieser keine Nebenkosten enthält – im Gegensatz zum effektiven Jahreszins),
- die Vertragslaufzeit,

- den Gesamtbetrag aller Teilzahlungen einschließlich Zinsen und Kosten sowie
- die zu bestellenden Sicherheiten.

Da es sich um einen Verbraucherdarlehensvertrag handelt, müssen vorgenannte Mindestangaben im Darlehensvertrag zwischen der B-Bank und K enthalten sein.

■ Wenn Sie § 492 II iVm Art. 247 §§ 6–13 EGBGB nochmals aufmerksam lesen und mit den in Übungsfall 9 (→ Rn. 242) genannten Positionen vergleichen, dürfte es nicht schwer fallen festzustellen, welche der Angaben im Vertragsformular der B-Bank fehlt.

▶ Siehe Fußnote[326]

Mangels der Vollständigkeit der notwendigen Angaben des Darlehensgebers sind nun zu prüfen die

(2) Rechtsfolgen von Formmängeln

Die Rechtsfolgen des Formmangels regelt § 494. Wenn die **Schriftform nicht eingehalten** wurde oder bestimmte **Mindestangaben** nach § 492 II iVm Art. 247 §§ 6–13 EGBG **fehlen**, ist der Verbraucherdarlehensvertrag **nichtig**. Dieser wird allerdings gültig, wenn dem Darlehensnehmer das Darlehen zB ausgezahlt bzw. überwiesen wird (sog. **Heilung**, vgl. § 494 II 1). 249

Pech für den Darlehensnehmer?! Nicht unbedingt, denn:

■ Die B-Bank als Darlehensgeber wird »bestraft«, wenn sie nicht ordnungsgemäß alle Mindestangaben im Vertrag mit dem Verbraucher K genannt hat (es fehlt die Angabe des effektiven Jahreszinses). Haben Sie die entsprechende Vorschrift gefunden?

▶ Wenn die Angabe des effektiven Jahreszinses fehlt, braucht der Darlehensnehmer nur den gesetzlichen Zinssatz, also 4% Zinsen (vgl. § 246) pro Jahr zu zahlen (§ 494 II 2).

K kann sich also freuen – er muss weniger Zinsen zahlen. Auf dieser Grundlage müssten die einzelnen Monatsraten daher neu berechnet werden.

Nicht für unseren Fall, aber für den Verbraucherschutz im Allgemeinen, ist von Bedeutung das

dd) Widerrufsrecht des Verbrauchers

(1) Voraussetzungen

Oft erkennt ein Verbraucher nach schneller Entscheidung zur Darlehensaufnahme erst bei genauerem Nachdenken, dass er seine Belastungsgrenze überschätzt hat oder dass es günstigere Finanzierungsmöglichkeiten gibt. Für solche Fälle gibt ihm § 495 I ein **Widerrufsrecht nach § 355**. Lesen Sie dazu die §§ 495 I und 355 I. 250

Sinn dieser Vorschriften ist es, dem Verbraucher nach Abgabe seiner Willenserklärung noch Zeit zum Nachdenken einzuräumen und ihm wegen der wirtschaftlichen Bedeutung und Tragweite des Geschäfts und auch wegen der schwierigen Vertragsmaterie eine Lösungsmöglichkeit zu geben.

326 Es fehlt die Angabe des effektiven Jahreszinses!

Die Widerrufsfrist beträgt 14 Tage (§ 355 II 1). Solange der Verbraucher **innerhalb von 14 Tagen** (§ 355 II 1) noch die Möglichkeit hat, seine Willenserklärung zu widerrufen, ist der **Vertrag »schwebend wirksam«**[327] (§ 355 I 1). Die Widerrufsfrist beginnt mit Vertragsschluss, soweit nichts anderes bestimmt ist (§ 355 II 2). Zu beachten ist dabei aber § 356b, nach dem die Widerrufsfrist unter den dort genannten Voraussetzungen nicht zu laufen beginnt und sich ggf. auch auf einen Monat verlängert. Die Widerrufsfrist beginnt nicht, bevor der Darlehensgeber dem Darlehensnehmer eine für diesen bestimmte Vertragsurkunde, den schriftlichen Antrag des Darlehensnehmers oder eine Abschrift der Vertragsurkunde oder seines Antrags zur Verfügung gestellt hat (§ 356b I). Enthält die Vertragsurkunde nicht die Pflichtangaben nach § 492 II, beginnt die Widerrufsfrist nach § 356b II 1 erst mit Nachholung dieser Angaben gem. § 492 VI. In diesem Fall beträgt die Widerrufsfrist einen Monat (§ 356b II 2).

Der Widerruf erfolgt gem. § 355 I 2 durch Erklärung gegenüber dem Unternehmer. Aus der Erklärung muss der Entschluss des Verbrauchers zum Widerruf eindeutig hervorgehen (§ 355 I 3). Der Widerruf muss keine Begründung enthalten (§ 355 I 4). Zur Fristwahrung genügt die rechtzeitige Absendung des Widerrufs (§ 355 I 5).

(2) Rechtsfolgen

251 Die Rechtsfolgen des Widerrufs ergeben sich aus § 355 III und § 357a I und III.

Nach § 357a I sind im Falle des Widerrufs die empfangenen Leistungen spätestens nach 30 Tagen zurück zu gewähren. Da das Gesetz hier eine Höchstfrist für die Rückgewähr bestimmt, beginnt diese 30-Tages-Frist gem. § 355 III 2 für den Unternehmer mit dem Zugang und für den Verbraucher mit der Abgabe der Widerrufserklärung.

Außerdem ist § 357a III 1 zu beachten. Danach hat der Darlehensnehmer im Falle des Widerrufs von Verbraucherdarlehensverträgen unter anderem für den Zeitraum zwischen der Auszahlung und der Rückzahlung des Darlehens den vereinbarten Sollzins zu entrichten.

ee) »Verbundene Verträge«

(1) Begriff

252 Das Widerrufsrecht gilt im Übrigen auch für sog. »verbundene Verträge«.

Nach § 358 III 1 liegt ein »**verbundener Vertrag**« vor, wenn ein Vertrag über die Lieferung von Waren (oder die Erbringung einer anderen Leistung) mit einem Verbraucherdarlehensvertrag derart miteinander verbunden ist, dass das Darlehen ganz oder teilweise der Finanzierung des anderen Vertrages dient und beide Verträge eine wirtschaftliche Einheit bilden.

Während beim gewöhnlichen Teilzahlungsgeschäft der Verkäufer seinem Käufer durch Vereinbarung von Teilzahlungen unmittelbar und selbst das Darlehen gewährt, tritt beim finanzierten Kauf ein Finanzierungsinstitut (Bank oder Sparkasse) neben den Verkäufer.

---

327 NK-BGB/*Ring* § 355 Rn. 10; so auch die Begründung des RE zum FernAbsG, BT-Drs. 14/2658, 41 f. (47).

Der Verkäufer wird meist als Abschlussgehilfe der Bank tätig. Die Bank zahlt idR den gesamten Restkaufpreis für den Käufer sofort an den Verkäufer, während der Käufer das Darlehen in Raten (+ Zinsen) bei der Bank abbezahlt (sog. »B-Geschäft«).

Hinweis: Die Abwicklung eines Teilzahlungsgeschäfts erfolgt in verschiedenen Grundformen, wobei man aus der Sicht des Kreditinstituts zwischen direkter und indirekter Kundenfinanzierung unterscheidet.
Bei der direkten Kundenfinanzierung (»A-Geschäft«) wird das Darlehen entweder durch Zahlungsanweisung (zB Scheck), durch Überweisung an den Lieferanten oder durch Barauszahlung in Anspruch genommen. Bei der indirekten Kundenfinanzierung, bei der der Verkäufer die Verbindung zwischen Käufer und Kreditinstitut herstellt, unterscheidet man »B-Geschäfte« und »C-Geschäfte«: Beim »B-Geschäft« leistet der Käufer in der Regel eine Anzahlung von ca. 30% des Kaufpreises und beantragt für die Restsumme über den Verkäufer einen Teilzahlungskredit, den er dann in Raten zurückzahlt. Das »C-Geschäft« unterscheidet sich vom »B-Geschäft« dadurch, dass die Teilzahlungsprodukte nicht als Buchkredite, sondern in Form von Wechseln gewährt werden.

Bei diesen »verbundenen Verträgen« soll der Verbraucher im Ergebnis nicht schlechter stehen, als wenn der Verkäufer (oder Werkunternehmer usw) selbst das Darlehen gewährt hätte.

Wenden wir uns wieder unserem Übungsfall zu!

Die Besonderheit in unserem Fall besteht darin, dass Lieferant und Darlehensgeber nicht in einer Vertragspartei vereinigt sind:

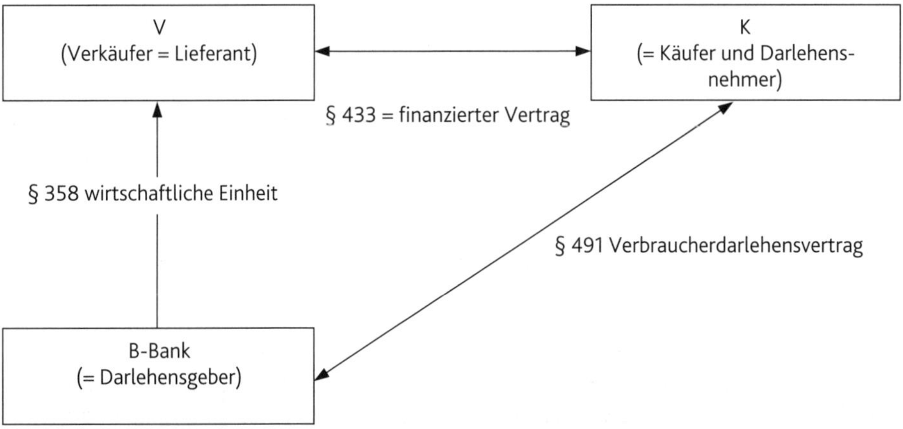

Vorliegend handelt es sich um einen Kauf, der mit einer Finanzierung (in Form eines Teilzahlungskredits) verbunden wird (frühere Bezeichnung: »finanzierter Abzahlungskauf«). Das Darlehen bei der B-Bank dient der Finanzierung des mit V geschlossenen Kaufvertrages, und beide Verträge bilden eine wirtschaftliche Einheit, sodass ein sog. »verbundener Vertrag« iSv § 358 III 1 vorliegt.

(2) Erstreckung des Widerrufsrechts auf den drittfinanzierten Vertrag

Das auf den einen Vertrag bezogene Widerrufsrecht kann dem Verbraucher nur dann **253**
einen effektiven Schutz gewähren, wenn es auch Auswirkungen auf den anderen Vertrag hat.

Deshalb erstreckt sich das Widerrufsrecht gem. § 358 II vom Verbraucherdarlehensvertrag auch auf den damit verbundenen Kaufvertrag (bzw. sonstigen drittfinanzierten

Vertrag), der somit bis zum Erlöschen des Widerrufsrechts ebenfalls schwebend wirksam ist.

Wenn der finanzierte Kauf bzw. die finanzierte Dienstleistung ein verbundener Vertrag mit einem Verbraucherdarlehen ist, bezieht sich demnach das **Widerrufsrecht** sowohl auf das Verbraucherdarlehen als auch auf den finanzierten Vertrag. Der Widerruf muss nur gegenüber einem der beiden Vertragsparteien erklärt werden (§ 358 I, II), sog. **Widerrufsdurchgriff**: Wenn zB der Kaufvertrag nach § 312g widerrufbar ist, erstreckt sich der Widerruf nach § 358 I auch auf den damit verbundenen Darlehensvertrag. Folglich können beide Verträge rückabgewickelt werden. Der Widerruf des Darlehensvertrags nach § 495 I bewirkt nach § 358 II, dass auch der verbundene Verbrauchervertrag (zB der Kaufvertrag) unwirksam wird.

(3) Einwendungsdurchgriff

254 Außerdem wird der Verbraucher durch den in § 359 normierten **Einwendungsdurchgriff** geschützt: Alle rechtshindernden, rechtsvernichtenden und rechtshemmenden Einwendungen und Einreden aus dem verbundenen Vertrag können zukünftig dem Darlehensgeber als Einrede entgegengehalten werden.

Der Verbraucher kann also nach § 359 I 1 die Rückzahlung des Darlehens verweigern, soweit ihn Einwendungen aus dem verbundenen Vertrag gegenüber dem Unternehmer, mit dem er den verbundenen Vertrag geschlossen hat, zur Verweigerung seiner Leistung berechtigen würden.

In unserem Fall könnte K dem V, wenn dieser zugleich Darlehensgeber wäre, entgegenhalten, dass dieser den Kaufvertrag schlecht erfüllt habe und entsprechende Gewährleistungsrechte (§ 437 Nr. 1–3!) geltend machen.

Solange darüber noch nicht entschieden ist, hat der Verbraucher gegenüber dem Unternehmer (meist: Verkäufer) ein Leistungsverweigerungsrecht und soll dieses auch dem Darlehensgeber gegenüber geltend machen können, indem er die Rückzahlung des Darlehens verweigern kann.

Dieser von der Rechtsprechung und Lehre entwickelte »Einwendungsdurchgriff« ist nunmehr also gesetzlich fixiert. Allerdings muss die **Wertgrenze von 200 EUR** für das finanzierte Entgelt überschritten sein (§ 359 II). Außerdem ist der Einwendungsdurchgriff gem. § 359 I 2 ausgeschlossen bei Einwendungen, die auf einer zwischen dem Unternehmer und Verbraucher nach Abschluss des Verbraucherdarlehensvertrags vereinbarten Vertragsänderung beruhen. Das Gleiche gilt, solange der Verbraucher gegenüber dem Unternehmer einen Anspruch auf Nacherfüllung (§ 439) hat und die Nacherfüllung noch möglich ist (§ 359 I 3).

Für die Lösung unseres Falles bedeutet dies:

Da auf den Darlehensvertrag zwischen der B-Bank und K das Verbraucherdarlehensrecht anwendbar ist, kann K – falls sein Nacherfüllungsverlangen fehlgeschlagen ist (§ 359 I 3) – der B-Bank gem. § 359 I 1 entgegenhalten, dass ihm gegenüber V Gewährleistungsrechte zustehen, die ihn zur Verweigerung der Bezahlung des Restkaufpreises und damit auch des Restdarlehens berechtigen.

Als Ergebnis unseres Übungsfalls können wir daher festhalten: Eine Klage der B-Bank gegen K würde keinen Erfolg haben, sodass der Zahlungsverzug des K für die Lösung nicht mehr von Bedeutung ist!

Mit dem Verzug des Verbrauchers ist indessen ein ganz wichtiger Regelungsbereich des Verbraucherdarlehensrechts angesprochen, den wir uns noch ansehen müssen! Er betrifft die

ff) Kündigung des Verbraucherdarlehensvertrages

Die **Kündigung** des Verbraucherdarlehensvertrags **durch den Darlehensgeber** muss auf einem dauerhaften Datenträger erfolgen (§ 492 V) und sie muss, sofern sie wegen Zahlungsverzugs erfolgt, unter Beachtung der in § 498 geregelten Voraussetzungen ergehen. 255

Die Voraussetzungen des Kündigungsrechts des Verbrauchers (= Darlehensnehmers) sind in § 500 normiert. Die Rechtsfolgen der Kündigung ergeben sich aus § 501.

gg) Kündigungs- und Rücktrittsrecht des Darlehensgebers beim Verzug des Darlehensnehmers

Bei der Beendigung des Verbraucherdarlehensvertrags durch den Darlehensgeber wegen Zahlungsverzugs ist zu unterscheiden zwischen dem reinen Geld-Teilzahlungsdarlehen und Waren- oder Dienstleistungsdarlehen. 256

(1) (Geld-)Teilzahlungsdarlehen

Beim (Geld-)Teilzahlungsdarlehen (= Verbraucherdarlehen, das mindestens in drei Raten zu tilgen ist, § 491 II Nr. 3, und kein Immobiliendarlehen ist, § 539) kann der **Darlehensgeber** den Verbraucherdarlehensvertrag **wegen Zahlungsverzugs** gem. § 498 S. 1 nur **kündigen** (die Kündigung muss auf einem dauerhaften Datenträger erfolgen, vgl. § 492 V), wenn ein sog. »qualifizierter Ratenverzug« iSv § 498 S. 1 Nr. 1 und 2 vorliegt. 257

Das bedeutet:

1. Der Verbraucher muss mit mindestens zwei aufeinanderfolgenden Teilzahlungsraten (ohne Mitrechnung einer eventuellen Anzahlung) ganz oder teilweise sowie mit mindestens 10% (bei einer Darlehenslaufzeit von mehr als drei Jahren nur 5%) des Darlehensbetrags oder des Teilzahlungspreises in Verzug sein (§ 498 S. 1 Nr. 1)
   und
2. der Darlehensgeber muss dem Verbraucher erfolglos eine zweiwöchige Nachfrist gesetzt und dabei die sog. »Gesamtfälligstellung« angedroht haben (§ 498 S. 1 Nr. 2). Außerdem soll er gem. § 498 S. 2 spätestens mit der Fristsetzung ein Gespräch über eine einvernehmliche Regelung anbieten. Dieses Gesprächsangebot ist allerdings nicht Wirksamkeitsvoraussetzungen für die Fristsetzung oder Kündigung.[328]

Beim

(2) Waren- oder Dienstleistungsdarlehen

hat der Darlehensgeber beim Zahlungsverzug des Verbrauchers statt eines Kündigungsrechts ein **Rücktrittsrecht** (§ 508 S. 1 – lesen). Der Darlehensgeber kann grundsätzlich nach § 508 S. 1, der auf § 498 S. 1 verweist, nur unter den gleichen Voraussetzungen zurücktreten wie der Gelddarlehensgeber nach § 498 S. 1 kündigen kann. Durch diese Verweisung auf § 498 S. 1 wird verhindert, dass dem Verbraucher die 258

328 Vgl. Palandt/*Weidenkaff* § 498 Rn. 5.

Nutzung der gelieferten Sache schon bei kurzfristigen Zahlungsschwierigkeiten infolge des Rücktritts des Darlehensgebers entzogen werden kann.

Die Rechtsfolgen des Rücktritts ergeben sich grundsätzlich aus den §§ 346 ff.[329] sowie § 508 S. 3 und 4.

Zum Schutz des Verbrauchers enthält das Verbraucherdarlehensrecht darüber hinaus besondere Regelungen für

hh) Verzug und Verzugsfolgen

(1) Anrechnung von Teilzahlungen auf die Hauptschuld

259 Kommt der Schuldner einmal mit seinen Zahlungsverpflichtungen in Verzug, kann das zu einem raschen Anwachsen seiner Verschuldung führen, da nun Verzugszinsen und ggf. Verzugsschaden zu bezahlen sind. Oft nimmt der Schuldner in solchen Fällen ein neues Darlehen auf, um damit das erste Darlehen abzulösen. Doch das Zweitdarlehen bringt meist höhere Kosten mit sich und lässt den Verbraucher immer tiefer in wirtschaftliche Not geraten, wobei er kaum eine Chance besitzt, jemals wieder von seinem Schuldenberg herunterzukommen.[330] Zur Lösung dieser sog. »Schuldturmproblematik« versucht das Verbraucherdarlehensrecht unter anderem durch Verzugszinsregelungen, die von denen des allgemeinen Schuldrechts zugunsten des Verbrauchers abweichen, einen Beitrag zu leisten. Insbesondere sind hierzu die §§ 497 und 498 (lesen!) zu nennen.

■ Was fällt Ihnen auf, wenn Sie die Sonderregelung des § 497 mit der allgemeinen Regelung in § 367 vergleichen?

▶ § 497 III 1 bestimmt – entgegen der Regelung des § 367 (danach ist eine Teilzahlung zunächst auf die Kosten, dann auf die Zinsen und zuletzt auf die Hauptforderung anzurechnen) – folgende Tilgungsreihenfolge: Kosten der Rechtsverfolgung – Hauptforderung – Zinsen.

■ Was war wohl der Grund für diese »spezielle Reihenfolge«? Warum hat der Gesetzgeber diese so normiert? Überlegen Sie!

▶ Der Darlehensnehmer soll hierdurch motiviert werden, seinen Schuldenberg durch eine frühere Tilgung der Hauptforderung abzutragen.

(2) Zinsbegrenzung

260 Gemäß § 497 I 1 iVm § 288 I darf der Darlehensgeber beim Verzug des Verbrauchers den geschuldeten Betrag mit **maximal 5% über dem jeweiligen sog. »Basiszinssatz«** verzinsen. Der Basiszinssatz (§ 247) entspricht dem ehemaligen Diskontsatz der Deutschen Bundesbank, der nach der Einführung des Euro umbenannt wurde. Ab 1.1.2016 beträgt der Basiszinssatz -0,83%.

Er verändert sich zum 1. Januar und 1. Juli eines jeden Jahres um die Prozentpunkte, um welche die Bezugsgröße (jüngste Hauptrefinanzierungsoperation der EZB, marginaler Satz) seit der letzten Veränderung des Basiszinssatzes gestiegen oder gefallen ist. Der Basiszinssatz wird jeweils unverzüglich nach dem 1. Januar und 1. Juli von der Deutschen Bundesbank im Bundesanzeiger bekannt gemacht. Der aktuelle Zinssatz kann auch unter www.basiszinssatz.de im Internet abgerufen werden. Der Verzugszins für Verbraucher (§ 288 I) beträgt seit Januar 2016 also 4,17% (Basiszinssatz

329 NK-BGB/*Krämer/Müller* § 508 Rn. 7.
330 Vgl. *Medicus* JURA 1991, 561.

aktuell -0,83 Prozent plus 5 Prozentpunkte), für den unternehmerischen Geschäftsverkehr (§ 288 II) 8,17 Prozent (Basiszinssatz aktuell -0,83 Prozent plus 9 Prozentpunkte).

Dieser Richtsatz gilt gem. § 497 I 2 allerdings nur, sofern dem Darlehensgeber nicht der Nachweis eines höheren bzw. dem Darlehensnehmer (Verbraucher) nicht der Nachweis eines niedrigeren Verzugsschadens gelingt! Da dem Verbraucher dies, wenn überhaupt, nur schwer gelingen wird, ist das paradoxerweise eine sehr verbraucherunfreundliche Regelung!

ii) Darlehensvermittlungsvertrag

Für Verträge, in denen ein Unternehmer (§ 14) einem Verbraucher (§ 13) gegen Entgelt einen Verbraucherdarlehensvertrag (§ 491) oder eine entgeltliche Finanzierungshilfe (zB einen Ratenlieferungsvertrag, § 506) vermittelt oder ihm die Gelegenheit zum Abschluss eines solchen Vertrages nachweist – sog. Darlehensvermittlungsvertrag (vgl. § 655a I) – sind die folgenden Vorschriften zu beachten, insbesondere § 655a II (lesen). **261**

Der Verbraucher muss vom Darlehensvermittler vor Abschluss des Vertrages in Textform (§ 126b) insbesondere über die Höhe der von ihm verlangten Vergütung und die verlangten Nebenentgelte unterrichtet werden (§ 655a II iVm Art. 247 § 13 II EGBGB). Für Form und Inhalt des Darlehensvermittlungsvertrages enthält § 655b I nähere Regelungen (unter anderem: Schriftform). Sofern diesen Anforderungen nicht genügt wird, ist der Darlehensvermittlungsvertrag nichtig (§ 655b II).

Die Pflicht des Verbrauchers, die Vergütung zu bezahlen, ist erfolgsabhängig: Sie besteht nur, wenn infolge der Vermittlung oder des Nachweises des Darlehensvermittlers das Darlehen an den Verbraucher geleistet wird und der Darlehensvertrag nicht mehr nach § 355 widerrufen werden kann (§ 655c S. 1). In Betracht kommt das Widerrufsrecht bei außerhalb von Geschäftsräumen geschlossenen Verträgen nach §§ 312b, 312g[331] sowie das bei Verbraucherdarlehensverträgen nach § 495 I.

jj) Unabdingbarkeit und Umgehungsverbot

Gemäß § 511 S. 1 sowie § 655e I 1 darf von den Vorschriften des Verbraucherdarlehensrechts nicht zum Nachteil des Verbrauchers abgewichen werden. § 511 S. 2 sowie § 655e I 2 enthalten ein sehr allgemein formuliertes Umgehungsverbot. **262**

Literatur zur Vertiefung (→ Rn. 239–262): *Ady/Paetz,* Die Umsetzung der Verbraucherkreditrichtlinie in deutsches Recht und besondere verbraucherpolitische Aspekte, WM 2009, 1061; *Brox/Walker* SchuldR BT §§ 17 IV, 18; *Bühlow,* Verbraucherkreditrecht im BGB, NJW 2002, 1145; *Derleder,* Die vollharmonisierende Europäisierung des Rechts der Zahlungsdienste und des Verbraucherkredits, NJW 2009, 3195; *Fikentscher/Heinemann* SchuldR § 81 III–V; *Führich* WirtschaftsPrivR Rn. 546 ff.; *Grundmann,* Europäisches Schuldvertragsrecht: Standort, Gestalt und Bezüge, JuS 2001, 946; *Hirsch* SchuldR BT § 33; *Looschelders* SchuldR BT § 20; *Medicus/Lorenz* SchuldR BT Rn. 591 ff.; *Oetker/Maultzsch* VertraglSchuldverh § 3 Rn. 47–116; *Roth,* Europäischer Verbraucherschutz und BGB, JZ 2001, 475; *Sauer/Wittemann,* Einführung in das deutsche und europäische Verbraucherkreditrecht, JURA 2005, 8; *Schade* WirtschaftsPrivR Rn. 331 ff.; *Schneider,* Widerrufsrecht beim Ratenlieferungsvertrag, ZGS 2003, 21; *Schwab,* Leistungsstörungen im Sukzessivlieferungsvertrag nach neuem Schuldrecht, ZGS 2003, 73; *Steckler/Tekidou-Kühlke* WirtschaftsR C/159.

331 S. hierzu *Wörlen/Metzler-Müller* SchuldR AT Rn. 86.

3. Kapitel. Dienstleistungsverträge und ähnliche Verträge

A. Dienstvertrag

Beim Dienstvertrag, der in den §§ 611–630 geregelt ist, handelt es sich wiederum um einen typischen gegenseitigen Vertrag.

I. Wesen des Dienstvertrags

263 Die vertragstypischen Pflichten beim Dienstvertrag beschreibt § 611 (lesen!). Gegenstand des Dienstvertrags ist (Abs. 1) die Leistung von Diensten, dh das reine Tätigwerden des Dienstverpflichteten für den Dienstherrn gegen Zahlung einer vereinbarten Vergütung. Der Dienstvertrag betrifft vor allem wirtschaftlich und sozial **selbstständige und unabhängige Tätigkeiten**.

Beispiele: Freiberufler, Anwalt, Tierarzt, Steuerberater, Unterrichtsvertrag, Vertrag zwischen Auktionator und Einlieferer, Mobilfunkanbieter.[332]

Gegenstand des Dienstvertrags können gem. § 611 II Dienste bzw. Tätigkeiten jeder Art sein.

Dabei ist – um den Dienstvertrag zu ähnlichen Verträgen abzugrenzen – ganz wichtig, dass der Dienstverpflichtete wirklich nur seine **Tätigkeit** als solche, nicht aber einen bestimmten **Erfolg** dieser Tätigkeit schuldet. Darin liegt der wesentliche Unterschied zum Werkvertrag. Lesen Sie zur ersten Information § 631, bevor wir auf das Werkvertragsrecht noch ausführlicher eingehen.

Merke: Der Dienstvertrag ist »zeitbestimmt«, der Werkvertrag »erfolgsbestimmt«.
Für die Abgrenzung von Dienst- und Werkvertrag ist der im Vertrag zum Ausdruck kommende Wille der Parteien maßgebend.
Falls eine Dienstleistung als solche geschuldet wird: Dienstvertrag.
Wenn als Arbeitsergebnis der Erfolg der Dienstleistung geschuldet wird: Werkvertrag.

Beispiele: Rechtsanwalt, der Prozesse führt, Architekt als Bauleiter = Dienstvertrag.
Soll aber der Rechtsanwalt ein Gutachten erstellen oder der Architekt einen Bauplan entwerfen, wurde ein Werkvertrag geschlossen.

■ Fällt Ihnen eine logische Begründung dafür ein, dass der – normalerweise - mit einem Rechtsanwalt geschlossene Vertrag keinesfalls ein Werkvertrag sein kann?

► Bei einem Werkvertrag müsste ein Rechtsanwalt für den Erfolg seiner Tätigkeit »garantieren«. Dann bräuchten wir keine Gerichte mehr!

Bei der Beauftragung eines Rechtsanwalts kommt ein Geschäftsbesorgungsvertrag (§ 675) in der Regel mit Dienstvertragscharakter (Dienste höherer Art, vgl. § 627) zustande.[333]

264 Auch der »Unternehmer« iSv § 631 I schuldet zwangsläufig ein Tätigwerden, als Erfolg seiner Tätigkeit aber zusätzlich das versprochene »Werk«. Diese theoretisch saubere und einleuchtende rechtliche Abgrenzung von Dienst- und Werkvertrag ist tatsächlich bisweilen nicht ganz einfach nachzuvollziehen.

---

332 Weitere Beispiele bei BeckOK BGB/*Fuchs* § 611 Rn. 14–29.

333 Vgl. Palandt/*Sprau* § 675 Rn. 23.

■ Welchem Vertragstyp würden Sie zB einen Vertrag mit einem Arzt oder Zahnarzt zuordnen? (Überlegen Sie!)

▶ Normalerweise liegt ein Dienstvertrag vor: Arzt wie Zahnarzt schulden die Behandlung des Patienten nach den Regeln der ärztlichen Kunst; für einen bestimmten Erfolg können und wollen sie in der Regel verständlicherweise nicht einstehen!

Mit Wirkung v. 26.2.2013 wurden § 630a–§ 630h als Untertitel 2 ins BGB eingefügt.[334] § 630a regelt vertragstypische Pflichten beim **Behandlungsvertrag** (→ Rn. 269). Gemäß § 630b sind auf das Behandlungsverhältnis die Vorschriften über das Dienstverhältnis anzuwenden, soweit nicht in diesem Untertitel etwas anderes bestimmt ist. Der Behandlungsvertrag ist also ein Unterfall des Dienstvertrages.

Dennoch kann es sich bei einem Vertrag mit einem Arzt oder Zahnarzt ausnahmsweise um einen Werkvertrag handeln!

■ Überlegen Sie, in welchen Fällen ein Arzt ein »Werk« und damit den Erfolg seiner Tätigkeit schulden wird!

▶ Wenn zB der Arzt im Rahmen einer kosmetischen Operation die Begradigung der Nase oder die sog. »Fettabsaugung« an den Oberschenkeln vornimmt, schuldet er nicht nur die reine Behandlung, sondern auch den bestimmten Erfolg (die »gerade« Nase bzw. gestraffte Oberschenkel). Gleiches gilt für den Zahnarzt, wenn er eine Zahnprothese anfertigt.[335]

Die Parteien können frei vereinbaren, ob ein medizinscher Erfolg geschuldet sein soll und inwieweit Dienst- oder Werkvertragsrecht gelten soll.[336]

II. Inhalt des Dienstvertrags

Der Dienstvertrag ist nach § 613 – im Gegensatz zum Werkvertrag – **höchstpersönlich** zu erfüllen. Es ist ein auf Dauer angelegtes, persönliches Vertrauensverhältnis zwischen den Vertragsparteien. Der Dienstverpflichtete kann zur Erfüllung von Nebenpflichten oder der Vorbereitung einer Dienstleistung auch Hilfspersonen einsetzen. **265**

Sollten die Parteien die Frage, ob und in welcher Höhe für die Dienste eine Vergütung gewährt werden soll, nicht geregelt haben, »gilt« nach § 612 eine Vergütung als stillschweigend vereinbart, sofern die Dienstleistung den Umständen nach nur gegen eine Vergütung zu erwarten ist. In der Regel arbeitet niemand umsonst?! Es wird aufgrund dieser Regelung **kraft Gesetzes** eine **Vergütung** geschuldet. Sofern die Parteien sich über die Unentgeltlichkeit der Dienste bei Vertragsschluss einig waren, liegt ein Auftrag nach § 662 (→ Rn. 309) vor.

In § 612 II wird die **Vergütungshöhe** geregelt. Beim Fehlen einer entgegenstehenden gesetzlichen, kollektiv- oder einzelvertraglichen Regelung ist die taxmäßige Vergütung als vereinbart anzusehen, beim Fehlen einer Taxe die übliche Vergütung.

---

334 Art. 1 Nr. 4 des Gesetzes zur Verbesserung der Rechte von Patientinnen und Patienten v. 20.2.2013, BGBl. 2013 I 277.

335 *Looschelders* SchuldR BT Rn. 613 mwN. Weitere Beispiele s. Palandt/*Sprau* Einf v. § 631 Rn. 18. Bei Interesse die Ausführungen von *Schneider* JuS 2013, 104 ff. lesen.

336 So auch *Brox/Walker* SchuldR AT § 22 Rn. 3.

Beispiele: GOÄ für Ärzte; RVG für Rechtsanwälte = staatlich festgesetzte Vergütungssätze.

Für den Dienstberechtigten und auch den Dienstverpflichteten bestehen zahlreiche Nebenpflichten, wie zB Schutz-, Verschwiegenheits-, Rücksichtnahmepflichten (vgl. § 241 II).

III. Schlechtleistung

266 Der Dienstverpflichtete muss für die Nicht- oder Schlechterfüllung seiner Pflichten nach den allgemeinen Grundsätzen einstehen, also zB Schadensersatz nach §§ 280 I, 241 II leisten. Es gelten bei den Leistungsstörungen die allgemeinen Regeln.[337]

IV. Beendigung des Dienstverhältnisses

267 Das Dienstverhältnis kann beendet werden durch

- **Kündigung**; hierbei ist bei Arbeitsverhältnissen die Form des § 623, also **Schriftform**, zu beachten. Die **ordentliche Kündigung** unter Einhaltung einer Kündigungsfrist ist in den §§ 621, 624 geregelt, die **außerordentliche** ohne Einhaltung einer Kündigungsfrist in den §§ 626, 627.
- **Auflösungsvertrag**, der bei Arbeitsverhältnissen der Schriftform bedarf (§ 623),
- **Zeitablauf bei befristeten Dienstverhältnissen** (§ 620 I),
- **Tod des Dienstverpflichteten** (arg. aus § 613 S. 1).

B. Arbeitsvertrag

268 Ist ein Dienstvertrag so gestaltet, dass der Dienstverpflichtete seine Tätigkeit bezüglich Art, Ort und Zeit nach den Weisungen des Dienstberechtigten – also **abhängige** Arbeit – zu erbringen hat, handelt es sich um einen typischen Arbeitsvertrag. Die Vertragsparteien heißen »Arbeitgeber« und »Arbeitnehmer«, Begriffe, die zB in dem später eingefügten § 613a verwendet werden. Der Arbeitsvertrag ist also ein Unterfall des Dienstvertrages.

Beispiele: Vertrag zwischen Assistenzarzt und Krankenhaus; Vertrag zwischen einem Rechtsanwalt, der in der Rechtsabteilung einer Firma tätig ist, und dieser Firma.

Wegen der immensen Bedeutung des Dienstvertrags für das Arbeitsrecht werden wir uns mit einzelnen Rechten und Pflichten der Vertragsparteien an dieser Stelle nicht befassen. Sie sind in dem Lehrbuch von *Wörlen/Kokemoor* zum »Arbeitsrecht«[338] nachzulesen.

C. Behandlungsvertrag

269 Mit dem Behandlungsvertrag wollen wir uns nur kurz beschäftigen. Er ist in der Regel ein freier (unabhängiger) Dienstvertrag, zumal der Behandelnde (nur) die medizinische, also sachverständige Behandlung zusagt (§ 630a I lesen!); die Gesundung des Patienten als »Erfolg« wird nicht geschuldet.

337 S. hierzu *Wörlen/Metzler-Müller* SchuldR AT Rn. 334 ff.
338 *Wörlen/Kokemoor* ArbR Rn. 98–245.

Der Anwendungsbereich der §§ 630a ff. erfasst nicht nur Verträge mit Ärzten (sog. Arztvertrag), sondern auch Verträge über die medizinische Behandlung von Menschen durch Angehörige anderer Heilberufe, wie zB Heilpraktiker, Hebammen, Masseure, Physiotherapeuten. Die diese Vorschriften auf den **Schutz von Menschen** zugeschnitten sind, unterliegen Verträge über die Behandlung von Tieren nach wie vor den §§ 611 ff.[339]

Der Behandelnde

- hat eine Behandlungspflicht (= Hauptpflicht, § 630a I),
- hat Informationspflichten (§ 630c II),
- muss vor der Durchführung einer medizinischen Maßnahme, vor allem bei einem Eingriff in den Körper oder die Gesundheit, hierfür die Einwilligung des Patienten einholen (§ 630d),
- hat Aufklärungspflichten (§ 630e),
- muss die Behandlung des Patienten dokumentieren und ihm Einsicht in die Patientenakte gewähren (§§ 630f, 630h),
- hat – als sich aus § 241 II ergebende vertragliche Schutzpflicht – eine Schweigepflicht, sofern er Arzt, Zahnarzt oder Angehöriger anderer Heilberufe ist,
- haftet bei Verletzung von vertraglichen Pflichten nach § 280 I (vertraglich) bzw. § 823 I, § 823 II iVm §§ 222 ff. StGB oder § 839 (deliktisch). § 630h enthält für die Beweislast Regeln zugunsten des Patienten bei Behandlungs- oder Aufklärungsfehlern.

Der **Privatpatient** ist nach § 630a I zur Zahlung der Vergütung verpflichtet (= dessen 270
Hauptpflicht). Da in der Regel über deren Höhe keine besondere Vereinbarung getroffen wird, kann der Arzt nach § 612 II die taxmäßige Vergütung verlangen, also nach der GOÄ abrechnen, der Zahnarzt nach der GOZ. Abweichende Vereinbarungen sind schriftlich zu treffen (§ 2 GOÄ, § 2 GOZ), mündliche Vergütungsvereinbarungen sind unwirksam (§ 125 S. 1).

Wenn der Patient Mitglied einer gesetzlichen Krankenkasse, also **Kassenpatient** ist, richtet sich der Vergütungsanspruch des Behandelnden gegen die Krankenkasse (vgl. Wortlaut des § 630a: »ein Dritter zur Zahlung verpflichtet ist«), es sei denn, der Versicherte hat sich für die Kostenerstattung entschieden (vgl. § 13 I, II SGB V).[340]

Sofern der Patient die Vergütung nicht rechtzeitig zahlt, kommt ein Anspruch des Behandelnden wegen Verzugs in Betracht.

D. Werkvertrag

I. Allgemeines

Das Werkvertragsrecht ist im Rahmen der Schuldrechtsreform neu gefasst worden. 271
Die Gewährleistung des Unternehmers wurde in das allgemeine Leistungsstörungsrecht integriert. Die kauf- und werkvertraglichen Gewährleistungsrechte sind nunmehr weitgehend ähnlich.

Wie im Kaufrecht wird im Gewährleistungsrecht beim Werkvertrag der subjektive Fehlerbegriff festgeschrieben (§ 633 I). Obwohl dem Kaufrecht angeglichen, sieht das

339 *Looschelders* SchuldR BT Rn. 612 mwN.
340 HK-BGB/*Schreiber* § 630a Rn. 9.

werkvertragliche Gewährleistungsrecht außerdem eine Möglichkeit des Bestellers zur Selbstbeseitigung des Mangels auf Kosten des Unternehmers vor (§ 637).

Grundsätzlich entscheiden zwei Parteien im Rahmen der Vertragsfreiheit,[341] ob sie einen Werkvertrag abschließen. Der Gesetzgeber hat allerdings in bestimmten Fällen für den Unternehmer einen Kontrahierungszwang[342] angeordnet. Es handelt sich um Fallgestaltungen, in denen der Besteller auf die Leistungen eines bestimmten Unternehmers angewiesen ist, da dieser in seinem Bereich eine Monopolstellung hat (zB Energieversorgungsunternehmen oder Personenbeförderungseinrichtungen wie die städtischen Buslinien).

II. Wesen und Inhalt des Werkvertrags

272 Das Wesen des Werkvertrags hatten wir uns soeben bei der Abgrenzung zum Dienstvertrag verdeutlicht: Gemäß § 631 I wird der Unternehmer zu einer Tätigkeit verpflichtet und schuldet als Erfolg dieser Tätigkeit das »Werk«; der Besteller muss dafür die vereinbarte Vergütung zahlen. Diese Verpflichtungen von Unternehmer und Besteller stehen in einem engen Gegenseitigkeitsverhältnis. Der Werkvertrag ist ebenfalls ein gegenseitiger Vertrag.

Zu beachten ist, dass der (Werk-)Unternehmer nicht mit dem Begriff des Unternehmers nach § 14 verwechselt werden darf. Diese Vorschrift definiert seit 30.6.2000 den Begriff des Unternehmers für das Verbraucherschutzrecht als Gegenbegriff zum Verbraucher. Unternehmer im Sinne des Werkvertragsrechts ist dagegen ist **jede natürliche oder juristische Person**, die sich zur Herstellung eines Werkes gem. § 631 II verpflichtet, auch wenn sie nicht in Ausübung einer gewerblichen oder selbstständigen beruflichen Tätigkeit handelt. Der Werkunternehmer kann daher auch Verbraucher iSd § 13 sein.[343]

III. Vertragstypische Pflichten (und Rechte) der Vertragsparteien

273 Einige Vorschriften des Werkvertragsrechts und Rechte (Ansprüche) und Pflichten der Vertragsparteien wollen wir anhand eines Übungsfalls betrachten und uns wieder an die gutachtliche Denkweise erinnern![344]

Übungsfall 10

Boris Beckmann (B) hat sein Fernsehgerät zur Reparatur in die Werkstatt des Unternehmers Udo Unsinn (U) gegeben. U liefert das Gerät in der Wohnung des B ab. Die 10-jährige Steffi, Tochter des B, nimmt das Gerät entgegen. B stellt am Abend fest, dass der Apparat, wie zuvor auch, zwar ein schönes Bild, aber keinen Ton von sich gibt. Deshalb bezahlt er die beigefügte Rechnung über 150 EUR nicht. Er verlangt von U, dass dieser das Gerät zunächst einwandfrei ausbessere. U verweigert dies mit der Begründung, B solle erst die Hälfte des Rechnungsbetrags bezahlen.

Ist das Verlangen des U begründet?

341 S. hierzu *Wörlen/Metzler-Müller* SchuldR AT Rn. 17 ff.

342 Beispiele in *Wörlen/Metzler-Müller* SchuldR AT Rn. 31 ff.

343 MüKoBGB/*Busche* § 631 Rn. 30 mwN; NK-BGB/*Raab* § 631 Rn. 3.

344 Vgl. dazu *Wörlen/Metzler-Müller* BGB AT Rn. 132 ff. sowie *Wörlen/Schindler* Anleitung Rn. 15–23.

1. Herstellung des Werks gegen Zahlung einer Vergütung

Wenn Sie sich im Werkvertragsrecht schon auskennen würden, könnten Sie ein Gutachten zu diesem Fall mit folgendem Satz beginnen: 274

Formulierungsbeispiel:
»U könnte gegenüber B einen Anspruch auf Bezahlung des halben Rechnungsbetrags gem. § 631 I Hs. 2 iVm § 632 I und § 641 I haben!«

Lesen Sie diese drei Vorschriften nacheinander durch!

- ■ Welche Voraussetzung muss für diesen Anspruch zunächst erfüllt sein?
- ▶ »Voraussetzung ist, dass zwischen U und B ein wirksamer Vertrag iSd § 631 zustande gekommen ist, aus dem B zur Zahlung verpflichtet ist.«

Indem B den Fernsehapparat zur Reparatur in die Werkstatt des U gegeben hat, hat er den U beauftragt, ein Werk, nämlich den reparierten Fernseher, herzustellen (§ 631 I). U hat diesen Auftrag durch Vornahme der Reparatur auch ausgeführt, sodass ein wirksamer Werkvertrag vorliegt. Gemäß § 631 I Hs. 2 ist B grundsätzlich zur Entrichtung der vereinbarten Vergütung verpflichtet. 275

Ob U und B eine Vergütung vereinbart haben, ist nicht ersichtlich; sie gilt aber gem. § 632 I als stillschweigend vereinbart, wenn die Herstellung des Werkes den Umständen nach nur gegen Vergütung zu erwarten ist (§ 632 I lesen!). Dabei kommt es nicht auf subjektive Vorstellungen des Bestellers an, sondern auf eine objektive Betrachtungsweise. Meist gilt: »Es schafft (= arbeitet) keiner umsonst.«

- ■ Wie ist der Fall bis hierher zu lösen? (Formulieren Sie zuerst wieder selbst!)
- ▶ »Da es »normalen« Umständen entspricht, dass die Reparatur eines Fernsehgeräts nur gegen Zahlung einer Vergütung vorgenommen wird, gilt diese zumindest als stillschweigend vereinbart. Der vorliegende Fall gibt keinen Anlass zu Zweifeln, dass es sich bei der Höhe der Vergütung von 150 EUR um einen üblichen Preis handelt« (vgl. § 632 II – lesen!).

§ 632 wollen wir uns zwischendurch genauer ansehen! 276

Während § 632 I regelt, ob überhaupt eine Vergütung zu zahlen ist, wenn die Parteien darüber nichts vereinbart haben, bestimmt § 632 II, wieviel der Besteller beim Fehlen einer Vereinbarung über die Höhe der Vergütung zu zahlen hat. Das ist die übliche Durchschnittsvergütung.

Besteht eine Taxe, ist die taxmäßige Vergütung als vereinbart anzusehen.

- ■ Was versteht man unter einer Taxe (außer einem Mietwagen ...)?
- ▶ Einen unter behördlicher Mitwirkung festgelegten Vergütungssatz, vor allem für gewerbliche Leistungen (zB im Bereich der Personenbeförderung und im Schornsteinfegerwesen). Taxen sind auch in der Gebührenordnung für Ärzte (GOÄ) und im Rechtsanwaltsvergütungsgesetz (RVG) geregelt. Für einige Berufe sind Gebührenordnungen von den jeweiligen Berufsverbänden (also nicht »behördlich« festgelegt) erarbeitet worden, deren Sätze als Maßstab für die übliche Vergütung gelten. Hierzu gehören zB die Gebührenordnung für Architekten (GOA) sowie die Gebührenordnung für die Ingenieure (GOI).

- ■ Kommt Ihnen diese Regelung bekannt vor?
- ▶ Die inhaltlich gleiche Vorschrift hatten wir beim Dienstvertrag, § 612, kennen gelernt (→ Rn. 265).

277 Ein **Kostenanschlag** (= Kostenvoranschlag, kaufmännische Vorkalkulation) ist gem. § 632 III im Zweifel, also wenn nichts dazu ausdrücklich vereinbart wurde und die Vertragsparteien dazu verschiedener Meinung sind, nicht zu vergüten. Allerdings können die Parteien abweichende Vereinbarungen treffen.

Nur ausnahmsweise sind Vorarbeiten des Unternehmers (zB Entwürfe, Zeichnungen) zu vergüten. Das ist der Fall, wenn diese entweder den Gegenstand eines selbstständigen Werkvertrages bilden oder so umfangreich sind, dass ihre Unentgeltlichkeit nach den Grundsätzen von Treu und Glauben oder aber gem. § 632 I erwartet werden kann. Grundsätzlich trägt allerdings der Unternehmer Aufwendungen zur Förderung eines Vertragsschlusses auf eigenes Risiko und kann hierfür keine Vergütung verlangen.[345]

2. Fälligkeit der Vergütung bei Abnahme des Werks

278 Zurück zum Fall: Nachdem wir festgestellt haben, dass eine Vergütungspflicht für B besteht, müssen wir prüfen, ob die Vergütung auch fällig ist. Mangels einer entsprechenden vertraglichen Vereinbarung gilt § 641 I (lesen und »Abnahme« unterstreichen!). Danach ist – abweichend von der allgemeinen Fälligkeitsregel des § 271 I – die Vergütung nicht sofort, sondern erst bei der Abnahme des Werks (→ Rn. 279) zu entrichten.

In einem Gutachten könnte man folgendermaßen fortfahren:

> **Formulierungsbeispiel:**
> »Gemäß § 641 I wird die Vergütung bei der Abnahme des Werks fällig. Im vorliegenden Fall hat B den reparierten Fernseher jedoch nicht abgenommen. Zwar hat seine 10-jährige Tochter das Gerät entgegengenommen, doch kann darin nicht eine rechtlich bedeutsame konkludente Abnahme durch B zu sehen sein«.

■ Warum nicht? Was wäre Voraussetzung, damit die Tochter des B eine wirksame Abnahmeerklärung abgeben könnte?

279 ▶ Man könnte daran denken, dass die Tochter als Vertreterin des B die Abnahmeerklärung abgegeben hat mit der Folge, dass sie über § 164 I auch gegen B wirkt; doch ist im vorliegenden Fall kein Anlass ersichtlich, Vertretungsmacht anzunehmen, sodass allenfalls eine Genehmigung des B iSd § 177 die Abnahmeerklärung der Tochter hätte wirksam werden lassen können.

Im Gutachten könnten wir daher schreiben:

> **Formulierungsbeispiel:**
> »Da B seine Tochter zu der Abnahme nicht bevollmächtigt hatte – hätte er das getan, wäre die Willenserklärung der beschränkt geschäftsfähigen (§ 106) Tochter gem. §§ 164 I, 165 wirksam gewesen –, liegt keine Abnahmeerklärung vor. B gibt vielmehr klar zu erkennen, dass er zur Abnahme nicht bereit ist«.

280 Unter **Abnahme** iSd § 640, die neben der Vergütungspflicht vertragliche Hauptpflicht des Bestellers[346] beim Werkvertrag ist, ist zweierlei zu verstehen: Zum einen ist die Abnahme die körperliche Entgegennahme des hergestellten Werks, soweit tech-

345 *Looschelders* SchuldR BT Rn. 640 mwN.
346 jurisPK-BGB/*Genius* § 640 Rn. 1; HK-BGB/*Ebert* § 631 Rn. 2 mwN.

nisch möglich, zum anderen die Billigung des Werks als vertragsmäßige Leistung[347] (§ 640 I 1 lesen). Wegen unwesentlicher Mängel kann die Abnahme nicht verweigert werden (§ 640 I 2).

Die Falllösung setzen wir wie folgt fort:

> **Formulierungsbeispiel:**
> »Da die Abnahme fehlt, ist die Vergütung allein durch die Ablieferung des Fernsehgeräts in der Wohnung des B nicht fällig geworden, sofern nicht B zu diesem Zeitpunkt zur Abnahme gem. § 640 verpflichtet war«.

■ Was ist nach § 640 Voraussetzung, damit B zur Abnahme verpflichtet wäre?

▶ Die vertragsmäßige Ausführung des Werks!

> **Formulierungsbeispiel:**
> »Das wäre der Fall, wenn U dem B ein vertragsmäßig hergestelltes Werk bzw. das gem. § 631 I versprochene Werk hergestellt hätte.

Tipp: Unterstreichen Sie das Wort »vertragsmäßig« in § 640 I 1!

Bevor Sie sich mit der werkvertraglichen Mängelhaftung und der Fortsetzung der Falllösung (→ Rn. 284) befassen, lesen Sie zum Dienst- und Werkvertrag erst die folgende Übersicht.

347 Palandt/*Sprau* § 640 Rn. 3.

Übersicht 11

281

Dienstvertrag (§§ 611–630h)

1. **Wesen des Dienstvertrags**
   - Leistung versprochener Dienste jeder Art gegen Vergütung (§ 611)
   - geschuldet wird in erster Linie ein Tätigwerden, nicht der Erfolg einer Tätigkeit.
   - gegenseitiger Vertrag

   Beispiele:
   - Rechtsanwaltstätigkeit
   - Nachhilfestunden von Lehrern
   - Architekt als Bauleiter
   - Tierarzt
   - Steuerberater

2. **Arbeitsvertrag** (§ 611) = Sonderfall/Unterfall des Dienstvertrages
   - weisungsgebundene Tätigkeit,
   - persönliche Abhängigkeit des Arbeitnehmers und
   - Eingliederung in die Unternehmensorganisation des Arbeitgebers

3. **Behandlungsvertrag** (§§ 630a–h)
   = freier (unabhängiger) Dienstvertrag

   Beispiele:
   - medizinische Behandlung (Regelfall)
   - Heilpraktiker, Masseure, Physiotherapeuten

Werkvertrag (§§ 631–651)

1. **Wesen und Inhalt des Werkvertrags:**
   - Unternehmer schuldet Herstellung des versprochenen Werks (§ 631 I) oder Dienste mit **Herbeiführung eines Erfolgs** (§ 631 II = Unterschied zu Dienstvertrag) gegen Entrichtung von Vergütung (§§ 631 I, 632).
   - gegenseitiger Vertrag
   - Abnahmepflicht des Bestellers von vertragsmäßigem Werk, § 640
     § 641: Fälligkeit der Vergütung bei Abnahme (= körperliche Entgegennahme und Billigung des Werks als vertragsgemäße Leistung)

   Beispiele:
   - Reparaturverträge
   - Architekt, der Haus entwirft
   - Rechtsanwalt als Gutachter

2. **Anwendung des Kaufrechts**
   § 651 Verträge über Lieferung herzustellender oder zu erzeugender **beweglicher** (vertretbarer) Sachen (→ Rn. 300)

3. Mängel des Werks

a) Sachmängel

Gemäß § 633 I muss das Werk so beschaffen sein, dass es frei von Sach- und Rechts- **282**
mängeln ist (§ 633 I lesen!).

■ An welche Vorschrift erinnert Sie diese Formulierung?

▶ § 633 I bestimmt für den Unternehmer die gleiche Pflicht wie § 433 I 2 für den Verkäufer.

Dementsprechend folgen § 633 II 1 und 2 dem Wortlaut von § 434 I 1 und 2 und § 633 II 3 entspricht § 434 III. Für Rechtsmängel folgt § 633 III dem Wortlaut von § 435.

■ Wenn Sie § 633 nun nochmals ganz lesen, sollten Sie wieder selbst in der Lage sein zu formulieren, unter welchen vier Voraussetzungen ein Sachmangel des vom Unternehmer hergestellten Werks vorliegen kann.

▶

Ein Sachmangel

liegt vor, wenn das Werk			**liegt darüber hinaus vor,**
• nicht die vereinbarte Beschaffenheit hat.	• sich nicht für die vertraglich vorausgesetzte Verwendung eignet.	• sich nicht für die gewöhnliche Verwendung eignet und nicht die Beschaffenheit aufweist, die bei Werken der gleichen Art üblich ist.	• wenn der Unternehmer das Werk »falsch«, dh ein anderes Werk (»aliud«), oder das Werk in zu geringer Menge hergestellt hat.
§ 633 II 1	**§ 633 II 2 Nr. 1**	**§ 633 II 2 Nr. 2**	**§ 633 II 3**
Vereinbarte Beschaffenheit	**Vertragliche Verwendung**	**Gewöhnliche Verwendung**	**Herstellung anderes Werk/ zu geringe Menge**

Klausurtipp: § 633 II immer in folgender Reihenfolge prüfen:

§ 633 II 1 ⟶ **§ 633 II 2 Nr. 1** ⟶ **§ 633 II Nr. 2**

b) Rechtsmängel

Ein Rechtsmangel liegt gem. § 633 III (im Umkehrschluss) vor, wenn Dritte irgend- **283**
welche Rechte in Bezug auf das Werk gegen den Besteller geltend machen können.

■ Fällt Ihnen ein Beispiel für »Rechte Dritter« ein?

▶ Rechte Dritter sind zB Patentrechte oder Urheberrechte.

Zurück zum Fall (Gutachten).

284 **Formulierungsbeispiel:**

»Da der von U gelieferte Fernsehapparat nach wie vor ohne Ton läuft, liegt ein Sachmangel iSv § 633 II 2 Nr. 1 vor. Somit hat U den Vertrag noch nicht ordnungsgemäß erfüllt, sodass B nicht zur Abnahme verpflichtet und die Vergütung noch nicht fällig ist.

Das Verlangen des U, dass B den halben Rechnungsbetrag bezahlen solle, ist auch nicht nach § 632a gerechtfertigt, da U noch nicht einen für sich abgeschlossenen Teil des Werks abgeliefert hat.[348]

Dass U bereits Arbeit und Material investiert hat, begründet ebenso wenig einen Anspruch des U auf Teilzahlung gem. § 641 I 2. Die berücksichtigte Möglichkeit einer Teilabnahme und Bezahlung der abgenommenen Teile ist keine Teilzahlung, sondern volle Bezahlung der bisher abgenommenen Teile.[349] U hat keinen Anspruch auf Zahlung der Vergütung in Form des halben Rechnungsbetrags«.

Die Tatsache, dass die **Abnahme** des Werks durch den Besteller erst erfolgt ist, wenn er das Werk nicht nur entgegengenommen, sondern auch als vertragsgemäße Lieferung gebilligt hat, schwächt die Position des Unternehmers: Solange die Abnahme **nicht** erfolgt ist, ist sein Vergütungsanspruch nicht fällig.

285 Gerade kleinere Unternehmer konnten vor dem Hintergrund dieser Regelung in Zahlungsschwierigkeiten geraten, da insbesondere bei der Herstellung von aufwendigen Werken die Zeitspanne zwischen Beginn der Herstellung und der zur Fälligkeit der Vergütung führenden Abnahme erheblich sein konnte. Aus diesem Grunde wurde dem Unternehmer vom Gesetzgeber ab 1.5.2000 die Möglichkeit eingeräumt, unter den Voraussetzungen von § 632a **Abschlagszahlungen** zu verlangen (lesen Sie von der langen Vorschrift nur § 632a I 1).

4. Rechte des Bestellers bei Mängeln des Werks

286 Die Rechte des Bestellers bei Mängeln der Werkleistung ergeben sich aus § 634 (lesen), der § 437 nachgebildet ist.

Danach kann der Besteller zunächst

- **Nacherfüllung** (§ 634 Nr. 1 iVm § 635) verlangen
  oder nach deren Scheitern
- die **Selbstbeseitigung** (§ 634 Nr. 2 iVm § 637) des Mangels vornehmen **und** dafür **Aufwendungsersatz** fordern.

Stattdessen kann er

- sein **Rücktrittsrecht** (§ 634 Nr. 3, 1. Var. iVm §§ 323, 636, 326 V) ausüben
  oder
- **Minderung** der Vergütung erklären (§ 634 Nr. 3, 2. Var. iVm § 638)

und darüber hinaus

- **Schadensersatz** (§ 634 Nr. 4, 1. Var. iVm §§ 636, 280, 281 und 311a)
  oder
- **Ersatz für vergebliche Aufwendungen** (§ 634 Nr. 4, 2. Var. iVm § 284)

verlangen.

348 Zweck von § 632a ist es, den gegenüber seinen Zulieferern vorleistungspflichtigen Unternehmer zu entlasten und die mit der Vorfinanzierung verbundenen wirtschaftlichen Nachteile auszugleichen (vgl. Palandt/*Sprau* § 632a Rn. 1a).

349 Diese kann vertraglich vereinbart werden wie zB beim Hausbau.

Wie im Kaufrecht der Verkäufer soll (erst recht) der Unternehmer im Werkvertragsrecht grundsätzlich die Möglichkeit der Nacherfüllung haben, bevor der Besteller von den anderen in § 634 genannten Rechten Gebrauch machen kann. Der Vorrang der Nacherfüllung ergibt sich daraus, dass der Besteller vor Geltendmachung von einem dieser anderen Rechte erfolglos eine Frist zur Nacherfüllung gesetzt haben muss. Für die Selbstvornahme (§ 634 Nr. 2) ergibt sich das aus § 637 I, für den Rücktritt oder die Minderung (§ 634 Nr. 3) aus § 323 I, für den Schadensersatzanspruch oder den ggf. an dessen Stelle tretenden Aufwendungsersatzanspruch (§ 634 Nr. 4) aus § 281 I 1. Lediglich in den Fällen von § 323 II und § 281 II sowie § 636 ist die Fristsetzung zur Nacherfüllung entbehrlich. 287

Bei den Mängelrechten müssen Sie unterscheiden:

- **Bis zur Abnahme** hat der Besteller einen Erfüllungsanspruch gegenüber dem Unternehmer auf Verschaffung (Herstellung) des versprochenen mangelfreien Werkes (vgl. §§ 631, 633). Seine Rechte – auch bezüglich eventueller Leistungsstörungen – richten sich nach den allgemeinen Vorschriften.
- **Ab der Abnahme** beschränkt sich der Erfüllungsanspruch auf das hergestellte und durch die Abnahme als Erfüllung angenommene konkrete Werk und dessen Mängel. Der Besteller hat dann nur noch die Rechte aus § 634. Ein Anspruch auf Neuherstellung kann sich evtl. ausnahmsweise im Rahmen des Nacherfüllungsanspruchs von § 634 Nr. 1 iVm § 635 ergeben.[350]

Zur Verdeutlichung mancher dieser vielen Paragrafen[351] nun einige Fälle:

a) Nacherfüllung

Übungsfall 11 288

Boris Beckmann (B) benötigt ein neues Dach für seine Villa in München und beauftragt Udo Ungenau (U), ihm selbiges mit neuen Dachziegeln zu decken. Einige Tage nach Abnahme des Werks durch B, der noch nichts bezahlt hat, regnet es durch das neue Dach in den Speicher der Villa.

Welchen Anspruch hat B gegen U?

B könnte gegen U einen Anspruch auf Nacherfüllung gem. § 634 Nr. 1 iVm §§ 635, 633 II 2 Nr. 2[352] haben.

Lernhinweis: Die folgende Nummerierung der Tatbestandsvoraussetzungen entspricht dem unter → Rn. 289 aE abgedruckten Prüfungsschema.

I. Voraussetzungen:

(1) Voraussetzung dafür ist ein wirksamer Werkvertrag iSd § 631, den B und U hier geschlossen haben.[353]

350 Palandt/*Sprau* Vorb v. § 633 Rn. 7 f. mwN.
351 Zwischendurch ein auflockernder und zugleich ernster Hinweis: Schreiben Sie in Klausuren nie das **Wort** »Paragraf« (vor der Schuldrechts- nein: Rechtschreibungsreform: »Paragraph«, was schöner war ...)! Das ist verpönt bzw. falsch.
352 So die richtige Zitierreihenfolge nach der Anspruchsgrundlage!
353 Der Fall wird nicht als »Klausur« gelöst, sondern soll nur die wichtigsten Vorschriften der Mängelhaftung im Werkvertragsrecht verdeutlichen!

(2) Weiterhin müsste das Werk (das neu gedeckte Dach) einen Sach- (oder Rechts-) mangel iSv § 633 aufweisen. Da B und U weder eine besondere Beschaffenheit des Dachs vereinbart (§ 633 II 1) noch nach dem Vertrag eine besondere Verwendung vorausgesetzt haben (§ 633 II 2 Nr. 1) und kein Rechtsmangel iSv § 633 III vorliegt, kann nur ein Sachmangel nach § 633 II 2 Nr. 2 in Betracht kommen – sofern sich das neu gedeckte Dach nicht für die gewöhnliche Verwendung eignet und nicht eine Beschaffenheit aufweist, die der Besteller üblicherweise erwarten kann.

■ Wie würden Sie entscheiden?

▶ Die gewöhnliche Verwendung eines – jeden – Hausdachs besteht darin, das Innere des Hauses vor Regen und anderen ähnlichen Immissionen von oben zu schützen. Das undichte Dach eignet sich hierfür nicht und weist daher einen Sachmangel gem. § 633 II 2 Nr. 2 auf.

Dieser Sachmangel muss bei Gefahrübergang vorhanden gewesen sein. Im Werkvertragsrecht ist dabei grundsätzlich auf die Abnahme abzustellen (§ 644 I 1). Der Mangel war vorliegend bereits bei der Abnahme vorhanden.

(3) Für einen Haftungsausschluss durch Vertrag (§ 639) oder Gesetz (§ 640 II) gibt es im Sachverhalt keine Anhaltspunkte.

Somit kann B gem. § 634 Nr. 1 iVm § 635 zunächst »nur« Nacherfüllung verlangen und muss dem U dazu eine Frist setzen, bevor er die anderen in § 634 genannten Rechte bzw. Ansprüche geltend machen kann.

II. Rechtsfolge:

U hat gem. § 635 I die Wahl, ob er den Mangel beseitigt oder ein neues Werk herstellt.

289 ■ Wenn Sie sich ans Kaufrecht und § 439 I (→ Rn. 22 ff.) erinnern, sollten Sie einen Unterschied bemerken?

▶ Im Werkvertragsrecht hat der **Unternehmer** das Wahlrecht, während nach § 439 I der **Käufer** zwischen Nacherfüllung oder Ersatzlieferung wählen kann.

Dies erklärt sich daraus, dass die Interessenlage beim Werkvertrag anders als beim Kaufvertrag ist: Die **Herstellung** des Werks für den Besteller durch den Unternehmer erfordert mehr als den bloßen Austausch bereits fertig hergestellter Leistungsgegenstände von Verkäufer und Käufer. Da der Werkunternehmer das Werk erst noch herstellen muss, ist er mit dem Produktionsprozess, anders als der Verkäufer, **selbst** befasst. Daher soll ihm die Wahl überlassen bleiben, auf welche Weise er dem Nacherfüllungsanspruch des Bestellers nachkommt.[354] Außerdem kann der Unternehmer unter den Voraussetzungen von § 635 III (lesen) die Nacherfüllung verweigern.

Der Anspruch des B gegen U ist somit begründet. Ob das Dach durch Mängelbeseitigung oder Herstellung eines neuen Werks regendicht gemacht wird, obliegt, wie gesagt, gem. § 635 I der Entscheidung des U.

354 Vgl. BT-Drs. 14/6040, 265.

Prüfungsschema

Anspruch des Bestellers auf Nacherfüllung gem. § 634 Nr. 1 iVm § 635

I. Voraussetzungen:
1. Werkvertrag (iSd § 631)
2. Sachmangel (§ 633 II) oder Rechtsmangel (§ 633 III) bei Gefahrübergang (§ 644 – Abnahme)
3. Kein Haftungsausschluss durch Vertrag (vgl. § 639) oder Gesetz (§ 640 II)

II. Rechtsfolge:
Wahlrecht des Unternehmers:
- Beseitigung des Mangels

  oder
- Herstellung eines neuen Werks,

es sei denn: Leistungsverweigerungsrecht des Unternehmers (§ 635 III)

b) Selbstvornahme

Übungsfall 12 290

In Fall 11 setzt B dem U, nachdem er sich im BGB informiert hat, eine Frist zur Nacherfüllung von zwei Wochen. Als U, der wegen eines unverschuldeten Autounfalls im Krankenhaus liegt, sich nach drei Wochen nicht meldet, will B das Dach auf Kosten des U selbst reparieren und verlangt von U einen Vorschuss für die dafür erforderlichen Aufwendungen in Höhe von 1.000 EUR.

Ist der Anspruch des B gegen U begründet?

B könnte gegen U einen Anspruch auf Aufwendungsersatz und Vorschusszahlung gem. § 634 Nr. 2 iVm §§ 637 I und III, 633 II 2 Nr. 2 haben.

Lernhinweis: Die folgende Nummerierung der Tatbestandsvoraussetzungen entspricht dem unter → Rn. 290 aE abgedruckten Prüfungsschema.

I. Voraussetzungen:

(1) Ein wirksamer Werkvertrag iSv § 631 liegt vor (vgl. soeben → Rn. 288).

(2) Ebenso ist ein Sachmangel iSv § 633 II 2 Nr. 2 gegeben, der bei Abnahme des Werks und mithin bei Gefahrübergang vorlag.

(3) Damit B gem. § 634 Nr. 2 iVm § 637 I, 1. Var. den Mangel selbst beseitigen bzw. durch einen Dritten beseitigen lassen kann, muss B dem U erfolglos eine angemessene Frist zur Nacherfüllung bestimmt haben. Indem B dem U eine Frist von zwei Wochen gesetzt hat, um das Dach in einen regendichten Zustand zu versetzen und U innerhalb dieser Frist den Mangel nicht behoben hat, ist eine erfolglose Nachfristsetzung gem. § 637 I gegeben. Hierbei spielt die Arbeitsunfähigkeit des U aufgrund eines Verkehrsunfalles keine Rolle. Die Haftung des Unternehmers ist verschuldensunabhängig.

Zwischenfrage:

- Handelt es sich bei § 634 Nr. 2, 1. Var. (Selbstvornahme) um einen Anspruch?
- ▶ Nein, es ist nur ein **Recht** des Bestellers. Um einen Anspruch geht es dagegen bei dem Ersatz der erforderlichen Aufwendungen.

(4+5) B hat muss Aufwendungen zur Selbstbeseitigung des Mangels gehabt haben, die hierfür erforderlich sind (§ 637 I). Die erforderlichen Aufwendungen, um das Dach in einen »regendichten« Zustand zu versetzen, betragen 1.000 EUR.

(6) Es liegt kein Haftungsausschluss des U vor, weder durch Vertrag (vgl. § 639) noch durch Gesetz (vgl. § 640 II).

Der Anspruch des B gegen U auf Aufwendungsersatz gem. § 634 Nr. 2 iVm § 637 I ist folglich begründet.

II. Rechtsfolge:

Bereits vor der Reparatur kann B von U nach § 637 III einen Kostenvorschuss iHv 1.000 EUR verlangen.

Beachte: § 637 III ist eine Anspruchsgrundlage! Mit dem Anspruch auf Vorschuss kann der Besteller gegen den Vergütungsanspruch des Unternehmers nach §§ 387 ff. aufrechnen.

Prüfungsschema

Anspruch des Bestellers auf Ersatz der Aufwendungen für die Selbstvornahme gem. § 634 Nr. 2 iVm § 637

I. Voraussetzungen:

1. Werkvertrag (iSd § 631)
2. Sachmangel (§ 633 II) oder Rechtsmangel (§ 633 III) bei Gefahrübergang (§ 644 – Abnahme)
3. Angemessene Fristsetzung zur Nacherfüllung und erfolgloser Fristablauf (§ 637 I),
   falls nicht Fristsetzung entbehrlich
   - bei ernsthafter und endgültiger Erfüllungsverweigerung (§§ 637 II 1, 323 II Nr. 1)
   - bei einem Fixgeschäft (§§ 637 II 1, 323 II Nr. 2)
   - bei einer Rechtfertigung aus besonderem Grund (§§ 637 II 1, 323 II Nr. 3)
   - wenn die Nacherfüllung fehlgeschlagen oder dem Besteller nicht zuzumuten ist (§ 637 II 2)
4. Besteller hatte Aufwendungen zur Selbstbeseitigung des Mangels (§ 637 I)
5. Aufwendungen sind zur Mangelbeseitigung erforderlich (Verhältnismäßigkeitsprinzip)
6. Kein Haftungsausschluss durch Vertrag (vgl. § 639) oder Gesetz (§ 640 II)

II. Rechtsfolge:

Ersatz der erforderlichen Aufwendungen,
es sei denn: Verweigerungsrecht des Unternehmers (§ 637 I)

c) Rücktritt

Übungsfall 13 291

In Abwandlung von Fall 12 hat B nach Ablauf von drei Wochen keine Lust, das Dach selbst zu reparieren und will mit U als Vertragspartner nichts mehr zu tun haben, sondern einen anderen Dachdecker beauftragen.

Was kann B tun?

B könnte von dem Vertrag mit U loskommen, wenn die Voraussetzungen für den Rücktritt gem. § 634 Nr. 3, 1. Var. iVm § 323 I, 2. Var. vorliegen würden.

Lernhinweis: Die folgende Nummerierung der Tatbestandsvoraussetzungen entspricht dem unter → Rn. 293 aE abgedruckten Prüfungsschema.

I. Voraussetzungen:

(1+2+3) Die Voraussetzungen wirksamer Werkvertrag iSv § 631, Sachmangel gem. § 633 II 2 Nr. 2 bei Abnahme und erfolglose Nachfristsetzung – hier nach § 323 I, 2. Var. – sind gegeben.

(4) Es liegt auch weder ein gesetzlicher (§ 639) noch ein vertraglicher (§ 640 II) Haftungsausschluss seitens U vor.

Ein Rücktritt des B mit den Folgen der §§ 346 ff. erscheint also möglich.

■ Was wären die konkreten rechtlichen und tatsächlichen Folgen, wenn B gem. § 349 den Rücktritt erklären würde?

▶ Gemäß § 346 I sind im Fall des Rücktritts die empfangenen Leistungen zurück zu gewähren.

Das hätte in diesem Fall wenig Sinn: B hat noch keine Vergütung bezahlt, und was soll U mit den Dachziegeln anfangen?

Daraus wird ersichtlich, dass der Rücktritt des Bestellers den Unternehmer erheblich belasten würde, da er den Anspruch auf den Werklohn vollständig verliert und das Werk vielfach nicht anderweitig verwenden kann. 292

(5) Der **Rücktritt** ist daher gem. § 634 Nr. 3, 1. Var. iVm § 323 V 2 **ausgeschlossen, wenn die Pflichtverletzung/der Mangel unerheblich** ist.

Auf unseren Fall bezogen bedeutet das: Da Fehler jedem passieren können und außer etwas Regenwasser im Speicher keine weiteren Schäden aufgetreten sind, wird man die Erheblichkeit der Pflichtverletzung des U verneinen und dabei – trotz der verschuldensunabhängigen Haftung des Unternehmers – berücksichtigen müssen, dass U sich nicht »vorsätzlich« ins Krankenhaus begeben hat, um die von B gesetzte Frist nicht einzuhalten.

Somit hat B in Fall 13 kein Rücktrittsrecht!

Der Besteller muss sich in einem solchen Fall mit den anderen Rechtsbehelfen von § 634, insbesondere der Minderung (dazu sogleich) begnügen! 293

Das Rücktrittsrecht ist darüber hinaus auch ausgeschlossen, wenn der Besteller für den Mangel des Werks weit überwiegend (oder ganz) allein verantwortlich ist (§ 634 Nr. 3, 1. Var. iVm § 323 VI).

Prüfungsschema

Rücktrittrecht des Bestellers bei mangelhaftem Werk gem. § 634 Nr. 3, 1. Var. iVm §§ 636, 323, 326 V

I. Voraussetzungen:
1. Werkvertrag iSd § 631
2. Sachmangel (§ 633 II) oder Rechtsmangel (§ 633 III) bei Gefahrübergang (§ 644 – Abnahme)
3. angemessene Fristsetzung zur Nacherfüllung und erfolgloser Fristablauf (§§ 634, 1. Var., 323 I),
   falls nicht Fristsetzung entbehrlich
   - bei ernsthafter und endgültiger Erfüllungsverweigerung (§§ 634 Nr. 3, 1. Var., 323 II Nr. 1)
   - bei einem Fixgeschäft (§§ 634 Nr. 3, 1. Var., 323 II Nr. 2)
   - bei einer Rechtfertigung aus besonderem Grund (§§ 634 Nr. 3, 1. Var., 323 II Nr. 3)
   - wenn die Nacherfüllung fehlgeschlagen oder dem Besteller nicht zuzumuten ist (§ 636, 2. Var.)
   - wenn der Schuldner nach § 275 I–III nicht zu leisten braucht (§ 326 V)
4. Kein Haftungsausschluss durch Vertrag (vgl. § 639) oder Gesetz (§ 640 II)
5. Kein Ausschluss des Rücktrittsrechts gem. § 323 V oder VI
6. Rücktrittserklärung, § 349

II. Rechtsfolge:
Anspruch aus § 346 I (Zurückgewährung der empfangenen Leistungen)

d) Minderung

294 Da B sich inzwischen entschlossen hat, einen anderen Dachdecker zur Behebung des Dachschadens zu beauftragen, wird er an einer Minderung wenig Interesse haben.

Wandeln wir also, um die Voraussetzungen der Minderung (die denen von § 437 Nr. 2, 2. Var. iVm § 441 entsprechen) von § 634 Nr. 3, 2. Var. iVm § 638 zu verdeutlichen, Übungsfall 12 (→ Rn. 290) nochmals wie folgt ab:

Übungsfall 14

Nachdem die Zweiwochenfrist und die darauf folgende dritte Woche verstrichen sind, entschließt B sich, den Dachschaden hinzunehmen. Er teilt dem U mit, dass er stattdessen die Vergütung, die er an U zahlen muss, mindern werde. Zu Recht?

295 Ein Recht (= Gestaltungsrecht! – kein Anspruch, → Rn. 32) auf Minderung könnte sich für B aus § 634 Nr. 3, 2. Var. unter den Voraussetzungen von § 638 iVm § 633 II 2 Nr. 2 ergeben.

Lernhinweis: Die folgende Nummerierung der Tatbestandsvoraussetzungen entspricht dem unter → Rn. 294 aE abgedruckten Prüfungsschema.

I. Voraussetzungen:

(1+2) Die Voraussetzungen, dass zwischen U und B ein wirksamer Werkvertrag vorliegt und das Werk einen Sachmangel iSv § 633 II 2 Nr. 2 bei Abnahme aufweist, sind auch in diesem Fall gegeben.

(3) Aus der Formulierung in § 638 I 1 ergibt sich, dass auch für die Minderung grundsätzlich alle Voraussetzungen für das Rücktrittsrecht erfüllt sein müssen. Eine erfolglose Nachfristsetzung – hier nach § 323 I, 2. Var. – ist, wie in Fall 12 (→ Rn. 290) bereits erörtert, gegeben.

(4) Auch hier liegt weder ein gesetzlicher (§ 639) noch ein vertraglicher (§ 640 II) Haftungsausschluss seitens U vor.

(5) Gemäß § 638 I 2 (lesen!) iVm § 323 V 2 ist die **Minderung** im Gegensatz zum Rücktritt auch **zulässig, wenn die Pflichtverletzung unerheblich** ist!

(6) B hat auch gegenüber U die Minderung erklärt (§ 349).

II. Rechtsfolge:

Statt sein Rücktrittsrecht auszuüben, kann B die Vergütung gem. § 634 Nr. 3, 2. Var. iVm § 638 mindern.

Für die Berechnung der Minderung gilt § 638 III, der § 441 wörtlich nachgebildet ist, was das Verständnis sehr erleichtert, da man nicht – wie etwa im Verbraucherdarlehensrecht (vgl. zB nur die ersten Zeilen von § 491 III!) – endlosen Verweisungen nachgehen muss. Hier liegt ein Manko der Schuldrechtsreform: Inhaltlich ist vieles verständlicher, äußerlich aber auch vieles unübersichtlicher geworden.

Für die Berechnung der Minderung sei an dieser Stelle auf die bereits (→ Rn. 48) dargestellte »mathematische Formel« verwiesen (statt »Kaufpreis« heißt es im Werkvertragsrecht »Vergütung«).

Prüfungsschema 296

Minderungsrecht des Bestellers bei mangelhaftem Werk gem. § 634 Nr. 3, 2. Var. iVm §§ 323, 638

I. **Voraussetzungen:**
   1. Werkvertrag iSd § 631
   2. Sachmangel (§ 633 II) oder Rechtsmangel (§ 633 III) bei Gefahrübergang (§ 644 – Abnahme)
   3. Gemäß § 638 (»statt zurückzutreten«): Voraussetzungen des Rücktritts sind erforderlich:
      angemessene Fristsetzung zur Nacherfüllung und erfolgloser Fristablauf (§§ 634, 1. Var., 323 I),
      falls nicht Fristsetzung entbehrlich
      - bei ernsthafter und endgültiger Erfüllungsverweigerung (§§ 634 Nr. 3, 1. Var., 323 II Nr. 1)
      - bei einem Fixgeschäft (§§ 634 Nr. 3, 1. Var., 323 II Nr. 2)
      - bei einer Rechtfertigung aus besonderem Grund (§§ 634 Nr. 3, 1. Var., 323 II Nr. 3)

- wenn die Nacherfüllung fehlgeschlagen oder dem Besteller nicht zuzumuten ist (§ 636, 2. Var.)

4. Kein Haftungsausschluss durch Vertrag (vgl. § 639) oder Gesetz (§ 640 II)
5. Kein Ausschluss des Minderungsrechts gem. § 323 V 1 oder VI (Minderungsrecht ist auch bei unerheblichem Mangel möglich, § 638 I 2)
6. Erklärung der Minderung, § 349

II. Rechtsfolge:
Recht aus § 638 I 1 (Minderung der Vergütung)

e) **Schadensersatz**

Wenn Sie § 634 Nr. 4, 1. Var. lesen und den dortigen Verweisungen (!) auf die §§ 280, 281, 283 und 311a gefolgt sind, werden Sie gemerkt haben, dass die **Ansprüche auf Schadensersatz** – im Gegensatz zum Nacherfüllungsanspruch und den übrigen bisher genannten Rechten des Bestellers – **verschuldensabhängig** sind.

Voraussetzung für einen Schadensersatzanspruch ist somit eine Verantwortlichkeit des Schuldners iSv § 276, wonach ihn im Fall einer Garantieübernahme eine strengere Haftung als im Normalfall trifft. Der Unternehmer kann über die Vereinbarung einer Beschaffenheit hinaus die Garantie dafür übernehmen, dass sein Werk über eine bestimmte Beschaffenheit verfügt oder bestimmte Fehler nicht auftreten (sog. **unselbstständige Garantie**). Er hat dann bei Fehlen dieser Beschaffenheit oder beim Auftreten des Fehlers Schadensersatz (nach §§ 634 Nr. 3, 1. Var., 280, 281) zu leisten, und zwar unabhängig davon, ob ihn hinsichtlich des Mangels ein Verschulden trifft.[355]

297 Wie im Kaufrecht ist auch im Werkvertragsrecht bei Schadensersatzansprüchen die **Unterscheidung** zwischen **Mangelschäden** und **Mangelfolgeschäden** wichtig.

Liegt ein Mangelschaden (also ein Schaden, der unmittelbar dadurch entsteht, dass das Werk mangelhaft ist) vor, hat der Besteller einen Anspruch auf Schadensersatz statt der Leistung, der nur unter den zusätzlichen Voraussetzungen von § 281 I – insbesondere erst nach erfolgloser Nachfristsetzung – besteht.

Liegt ein Mangelfolgeschaden vor, so richtet sich der Schadensersatzanspruch allgemein nach § 280 I, da er nicht anstelle (statt) der Leistung, sondern zusätzlich zu dem Erfüllungsanspruch besteht. Einer Fristsetzung nach § 281 I bedarf es hier nicht.

298 Wie beim Kaufrecht wird bezüglich des Umfangs des Schadensersatzes zwischen »**kleinem Schadensersatz**« und »**großem Schadensersatz**« unterschieden (→ Rn. 51 ff. sowie Übersicht 2, → Rn. 63). Verlangt der Besteller Schadensersatz statt der ganzen Leistung, kann er den großen Schadensersatzanspruch (Ersatz des vollen Nichterfüllungsschadens gegen Rückgabe des Werks) nur geltend machen, wenn der Mangel (= die Pflichtverletzung) **erheblich** ist (§ 280 I und III iVm § 281 I 3).

Andernfalls bleibt ihm nur der kleine Schadensersatzanspruch (§ 280 I und III iVm § 281 I 1), dh er muss das mangelhafte Werk behalten und kann nur Ersatz des infolge der Wertminderung entstandenen Schadens verlangen.

355 BeckOK BGB/*Voit* § 634 Rn. 14.

Prüfungsschema

Schadensersatz statt der Leistung bei mangelhaftem Werk gem. § 634 Nr. 4, 1. Var. iVm §§ 636, 280, 281

I. Voraussetzungen:
1. Werkvertrag iSd § 631
2. Sachmangel (§ 633 II) oder Rechtsmangel (§ 633 III) bei Gefahrübergang (§ 644 – Abnahme) = Pflichtverletzung iSd § 280 I 1
3. angemessene Fristsetzung zur Nacherfüllung und erfolgloser Fristablauf (§§ 634 Nr. 4, 1. Var., 281 I 1),
   falls nicht Fristsetzung entbehrlich
   - bei endgültiger Leistungsverweigerung (§§ 634 Nr. 4, 1. Var., 281 II, 1. Var.)
   - bei Vorliegen besonderer Umstände (§§ 634 Nr. 4, 1. Var., 281 II, 2. Var.)
   - wenn der Unternehmer die Nacherfüllung verweigert (§§ 636, 1. Var., 635 III)
   - wenn die Nacherfüllung fehlgeschlagen oder dem Besteller nicht zuzumuten ist (§ 636, 2. und 3. Var.)
4. Unternehmer (Schuldner) muss den Mangel zu vertreten haben (§ 280 I 2 iVm §§ 276 ff.)
5. Schaden beim Besteller (= Gläubiger)
6. Kein Haftungsausschluss durch Vertrag (vgl. § 639) oder Gesetz (§ 640 II, §§ 651 S. 2, 442 I 1)

II. Rechtsfolgen:
1. Schadensersatz statt der Leistung (= kleiner Schadensersatz)
2. Schadensersatz statt der ganzen Leistung (= großer Schadensersatz), falls Pflichtverletzung erheblich ist (§ 281 I 3)

Lösen wir dazu noch einen Fall:

Übungsfall 15 299

Bei Boris B wird durch Udo U nicht nur das Dach der Villa, sondern auch das Dach der seitlich ans Haus angebrachten Doppelgarage neu und mangelhaft gedeckt, wobei U fahrlässig handelt. Einige Tage nach Abnahme des Werks durch B regnet es durch das neue Dach in die Doppelgaragen. Dort ist der Wassereindrang so stark, dass sich einzelne Verputzbrocken lösen und die Karosserie einer der beiden Luxuslimousinen des B empfindlich beschädigt.

B verlangt von U Schadensersatz, da er das Auto neu lackieren lassen muss. Zu Recht?

B könnte gegen U einen Anspruch auf Schadensersatz gem. § 634 Nr. 4, 1. Var. iVm §§ 280 I, 633 II 2 Nr. 2 haben.

Lernhinweis: Die folgende Nummerierung der Tatbestandsvoraussetzungen entspricht dem unter → Rn. 299 aE abgedruckten Prüfungsschema.

I. Voraussetzungen:

(1+2) Die Voraussetzungen »wirksamer Werkvertrag iSv § 631« sowie »Mangelhaftigkeit des Werks iSv § 633« (hier: Sachmangel nach § 633 II 2 Nr. 2) bei Abnahme sind erfüllt.

Mit der Herstellung des mangelhaften Daches hat U zugleich eine Pflicht aus dem Schuldverhältnis verletzt, sodass B gem. § 280 I 1 grundsätzlich Schadensersatz verlangen kann.

(3) Da U fahrlässig handelte, hat er diese Pflichtverletzung auch zu vertreten (§§ 280 I 2, 276 I 1 und II).

(4) Ein Schaden des U liegt durch die beschädigte Karosserie seiner Luxuslimousine vor.

Indem B nicht »Schadensersatz statt der Leistung«, sondern Schadensersatz für die Verletzung (Beschädigung) eines anderen Rechtsguts als dem Vertragsgegenstand (= Mangelfolgeschaden) begehrt, greifen § 280 III und § 281 zugunsten des U nicht ein, dh einer erfolglosen Nachfristsetzung nach § 281 I 1 bedarf es nicht.

II. Rechtsfolge:

Somit sind alle Voraussetzungen für den Anspruch auf Schadensersatz des B gegenüber U gem. § 634 Nr. 4, 1. Var. iVm §§ 280 I, 633 II 2 Nr. 2 erfüllt. Für den Umfang des zu ersetzenden Schadens sind die §§ 249 ff. zu beachten.

Prüfungsschema

Schadensersatz neben der Leistung bei Mangelfolgeschaden aufgrund eines mangelhaften Werks gem. § 634 Nr. 4, 1. Var. iVm § 280 I

I. Voraussetzungen:

1. Werkvertrag iSd § 631
2. Sachmangel (§ 633 II) oder Rechtsmangel (§ 633 III) bei Gefahrübergang (§ 644 – Abnahme) = Pflichtverletzung iSd § 280 I 1
3. Unternehmer (Schuldner) muss den Mangel zu vertreten haben (§ 280 I 2 iVm §§ 276 ff.)
4. Schaden beim Besteller (= Gläubiger)
5. Kein Haftungsausschluss durch Vertrag (vgl. § 639) oder Gesetz (§ 640 II)

II. Rechtsfolge:

Schadensersatz neben der Leistung (= Mangelfolgeschaden)

5. Anwendung des Kaufrechts

300 Im Kaufrecht geht es um die **Übereignung** von Sachen, beim Werkvertrag hingegen um die **Herstellung** eines Werkes.

Es gibt allerdings Überschneidungen, wenn sich der Vertrag auf die Lieferung einer Sache bezieht, die der Schuldner noch herstellen muss. Hierfür wurde der – nicht im

Gesetz stehende – Begriff des **Werklieferungsvertrags** entwickelt, der bestimmte Fallgruppen im Abgrenzungsbereich zwischen Kauf- und Werkvertrag beschreibt.[356]

Bei Verträgen über die Lieferung herzustellender oder zu erzeugender **beweglicher** Sachen (zB Schrank oder Maßanzug) finden gem. § 651 S. 1 die Vorschriften über den Kauf Anwendung. Damit hat der deutsche Gesetzgeber die Verbrauchsgüterkaufrichtlinie umgesetzt. Der Unternehmer muss also – wie ein Verkäufer – die hergestellten Sachen dem Vertragspartner übereignen. Auch wenn der Besteller die Materialien zur Herstellung des Werkes zur Verfügung stellt oder wenn die bewegliche Sache dazu bestimmt ist, in eine unbewegliche Sache eingebaut zu werden, ist Kaufrecht anwendbar, was sich aus § 651 S. 2 ergibt.[357] Dies ist insofern sinnvoll, als der Unternehmer nach § 950 durch die Verarbeitung Eigentum an der von ihm hergestellten neuen Sache erwirbt. Verändert allerdings der Unternehmer die vom Besteller zur Verfügung gestellte Sache zB durch eine Reparatur, ohne dass eine neue Sache entsteht, ist das Werkvertragsrecht anwendbar.

Beispiel:
Bella Block (B) lässt sich vom Schneider Udo Utsch (U) ein Modellkleid anfertigen. Gemäß § 651 findet Kaufrecht Anwendung – auch für den Fall, dass die B den Stoff für das Kleid dem U zur Verfügung stellt. Denn U stellt aus diesem das Modellkleid (= eine neue Sache) her, das dann der B übereignet werden muss.
Sofern B das ihr bereits gehörende Modellkleid von U ändern lässt (zB will sie statt Knielänge nunmehr »Mini«), liegt ein Werkvertrag iSd § 631 vor. Denn der § 651 geht von der Übereignungspflicht (»Lieferung«) des Unternehmers aus. Diese hat er nicht, wenn der Besteller bereits Eigentümer der Sache ist.

Nach § 651 S. 3 sind zusätzlich die werkvertraglichen Vorschriften der §§ 642, 643, 645, 649 und 650 anzuwenden, wenn es sich bei der herzustellenden oder zu erzeugenden beweglichen Sache um eine **nicht vertretbare** Sache (vgl. § 91 – lesen!)[358] handelt.

Zum Abschluss ein kleiner Test. Welche Verträge liegen vor bzw. welche Vorschriften sind jeweils relevant?

- Sie bestellen sich per Modekatalog einen Anzug.[359]
- ▶ Es liegt ein Kaufvertrag iSd § 433 vor.
- Sie lassen sich bei Ihrem Schneider einen Anzug anmessen, bestellen diesen.
- ▶ Das ist eine Mischung aus Kauf- und Werkvertrag, auf den gem. § 651 S. 1 die Vorschriften über den Kauf Anwendung finden. Dies gilt auch dann, wenn dem Schneider der Stoff vom Besteller selbst geliefert wird. Denn der Unternehmer stellt daraus eine neue Sache her.
- Welche Konsequenz hat es, wenn Sie dem Schneider einen mangelhaften Stoff liefern?
- ▶ Nach § 651 S. 2 iVm § 442 I 1 sind die Rechte wegen eines Mangels an dem Stoff ausgeschlossen.

Da es sich bei dem Maßanzug um eine **nicht vertretbare Sache** handelt, sind gem. § 651 S. 3 auch die soeben genannten fünf werkvertraglichen Vorschriften anzu-

356 *Schreiber* JURA 2013, 21.
357 *Brox/Walker* SchuldR BT § 23 Rn. 10; *Looschelders* SchuldR BT Rn. 626.
358 Falls nicht mehr gewusst: In *Wörlen/Metzler-Müller* BGB AT unter Rn. 99 nachlesen.
359 Sorry, liebe Leserin: Es kann auch ein Kostüm sein!

wenden, die Sie sich bei Bedarf oder Interesse einmal nacheinander durchlesen sollten.

Merke (Abgrenzung § 631 zu § 651):
Um einen Werkvertrag handelt es sich
- bei der Herstellung von Bauwerken (= keine bewegliche Sache),
- bei Umgestaltungs- und Reparaturarbeiten (= keine Lieferung),
- bei unkörperlichen Werken, wie zB Musikabend (= keine Sache).

Da die Mängelhaftung bei beiden Vertragstypen weitgehend angeglichen ist, wird der Einordnung eines Vertrags ihre Bedeutung genommen.

6. Verjährung der Mängelansprüche

a) Ansprüche auf Nacherfüllung, Aufwendungsersatz und Schadensersatz

301 Die Ansprüche aus § 634 Nr. 1, 2 und 4 verjähren bei Werken, die auf Herstellung, Wartung oder Veränderung einer Sache oder auf die Erbringung von Planungs- und Überwachungsleistungen gerichtet sind, gem. § 634a I Nr. 1 in zwei Jahren.

Da das Selbstvornahmerecht aus § 634 Nr. 2 iVm § 637 kein Anspruch (vgl. § 194 I) ist, kann es nicht verjähren. Der Besteller kann also auf eigene Kosten immer eine Selbstvornahme ausüben. Die Verjährung betrifft nur den Anspruch auf Aufwendungsersatz.

Bei Bauwerken und darauf gerichteten Planungs- oder Überwachungsleistungen gilt gem. § 634a I Nr. 2 eine Frist von fünf Jahren. Im Übrigen gilt die regelmäßige Verjährungsfrist des § 195 von drei Jahren (§ 634a I Nr. 3). Sofern der Unternehmer einen Mangel des Werks arglistig verschwiegen hat, verjähren die Ansprüche nach § 634 I Nr. 1 ebenfalls erst in drei Jahren (§ 634a III 1). Die Fünfjahresfrist bei Bauwerken bleibt indessen – eigentlich ist das selbstverständlich – bestehen (§ 634a III 2).

b) Beginn der Verjährung

302 Die Verjährung der Ansprüche auf Nacherfüllung, Aufwendungsersatz und Schadensersatz beginnt gem. § 634a II mit der Abnahme (vgl. § 640) des Werks.

c) Auswirkungen auf Rücktrittsrecht und Minderung

303 Besonderheiten zum Rücktrittsrecht, das nicht als »Anspruch« verjähren kann, enthält § 634a IV, der auf § 218 – insbesondere § 218 I 1 – verweist. Für die Minderung verweist § 634a V ebenfalls auf § 218 sowie auf seinen vorgehenden Abs. 4 S. 2. § 634a IV und V entsprechen dem Wortlaut von § 438 IV und V. Zur Vermeidung von Wiederholungen sei daher auf → Rn. 70 verwiesen.

7. Ausschluss der Mängelhaftung

304 Grundsätzlich kann die Mängelhaftung auch vertraglich ausgeschlossen werden, sofern der Unternehmer nicht arglistig den Mangel verschwiegen oder eine Garantie für die Beschaffenheit des Werks übernommen hat (§ 639). Soll der Haftungsausschluss durch AGB erfolgen, sind die §§ 307, 309 Nr. 8b besonders zu beachten. Gesetzliche Ausschlussgründe enthalten § 640 II und § 651 S. 2 iVm § 442 I.

Lesen Sie zu den Mängelrechten des Bestellers nun die zusammenfassende Übersicht 12.

Übersicht 12 305

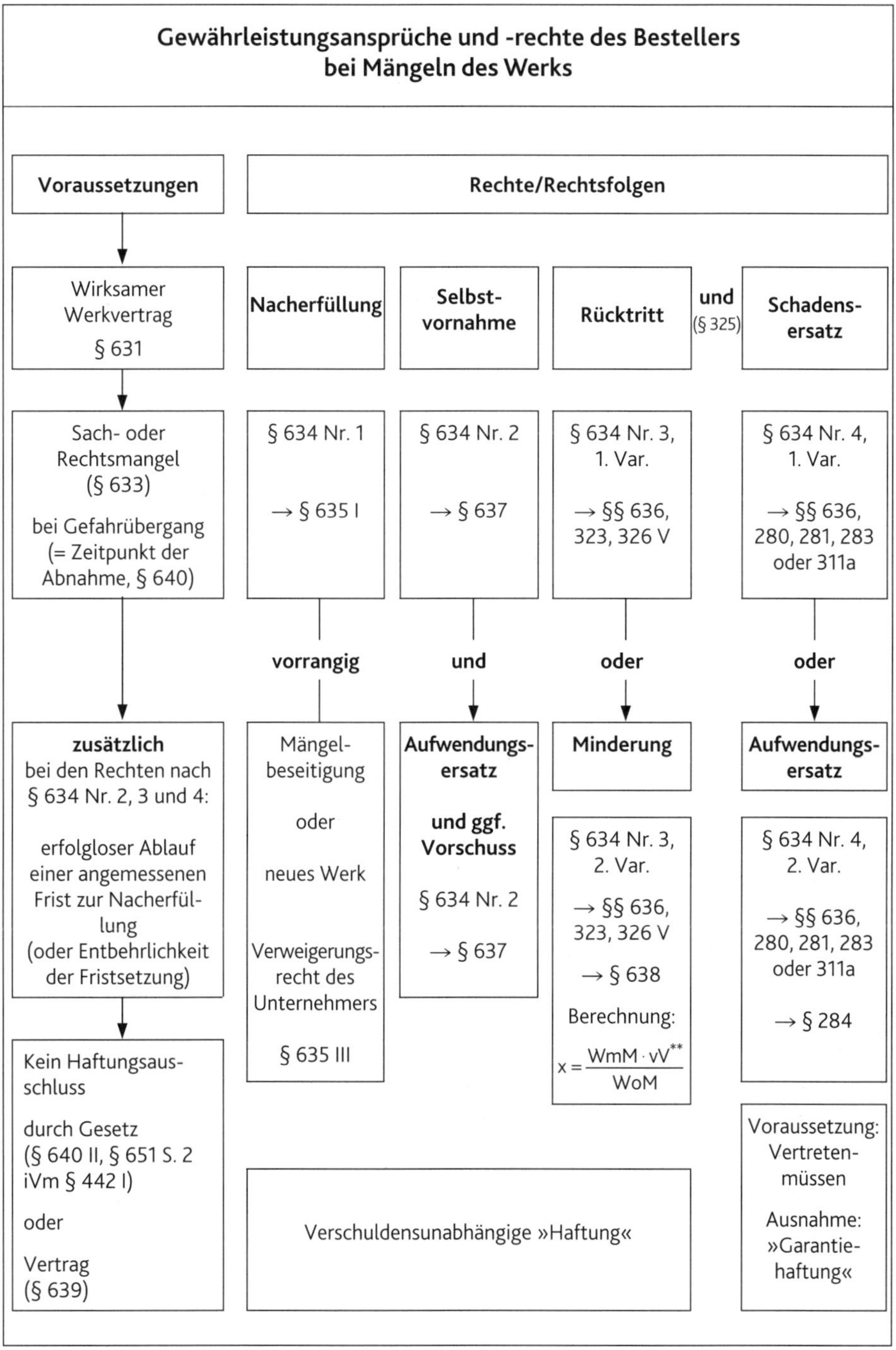

** x = geminderter Kaufpreis
WmM = Wert mit Mangel; vV = vereinbarte Vergütung; WoM = Wert ohne Mangel.

IV. Sicherung des Vergütungsanspruchs

Der Unternehmer hat ein Interesse daran, eine Sicherheit für seine Vergütungsforderung zu erhalten. Denn wie oben bereits gelernt (→ Rn. 278 ff.), muss er das Werk zunächst herstellen. Die Vergütung wird erst bei der Abnahme des Werkes fällig (vgl. § 641 I); evtl. kann der Unternehmer nach § 632a eine Abschlagszahlung erhalten. Es kommen als Sicherheiten für ihn in Betracht:

1. Unternehmerpfandrecht

306 Bis zur Erfüllung des Vergütungsanspruchs durch den Besteller hat der Unternehmer für seine Forderungen aus dem Werkvertrag gem. § 647 ein **gesetzliches Pfandrecht** an den vom ihm hergestellten oder ausgebesserten beweglichen Sachen des Bestellers, wenn sie in seinen unmittelbaren Besitz gelangt sind. Der Besteller muss Eigentümer dieser Sachen sein (»...Sachen **des Bestellers** ...«). Wenn der Besteller dem Unternehmer beispielsweise einen ihm von einem Dritten im Rahmen eines Leih- oder Mietvertrages zur Verfügung gestellten Pkw zur Reparatur gibt, liegen die Voraussetzungen des § 647 nicht vor.

Für dieses – kraft Gesetzes entstandene – Pfandrecht gelten gem. § 1257 die Vorschriften über das rechtsgeschäftliche Pfandrecht entsprechend. Der Unternehmer kann sich also nach §§ 1228 ff. wegen seiner Forderung zB durch den Verkauf des Pfandes befriedigen.

Im Gegensatz zum Vermieterpfandrecht ist das Unternehmerpfandrecht also kein besitzloses Pfandrecht. Dennoch soll auch hier **kein gutgläubiger Erwerb** analog § 1257 iVm § 1207 möglich sein. Eine unmittelbare Anwendung von § 1257 scheidet aus, da nach seinem Wortlaut ein **bereits »kraft Gesetzes entstandenes«** Pfandrecht vorausgesetzt wird. Gegen eine analoge Anwendung der Gutglaubensvorschriften spricht ferner, dass das gesetzliche Pfandrecht unabhängig vom Parteiwillen entsteht, während § 1207, auf den § 1257 verweist, für das vom Parteiwillen abhängige vertraglich bestellte Pfandrecht gilt.[360]

2. Sicherungshypothek des Bauunternehmers

307 Soweit der Unternehmer Bauarbeiten leistet (zB Errichtung eines Neubaus, Reparatur eines Daches), hat er wegen seiner Vergütungsforderung gem. § 648 I (lesen!) einen Anspruch auf Einräumung einer **Sicherungshypothek**[361] am Baugrundstück des Bestellers. Diese Hypothek entsteht nicht kraft Gesetzes. Sie muss vielmehr erst durch ein Rechtsgeschäft begründet werden (§§ 873, 1184).

Da dies ein Lernbuch zum ersten **Einstieg** (vgl. Vorwort) in das Besondere Schuldrecht ist, das an Vorkenntnissen nur die des Allgemeinen Teils des BGB und des Allgemeinen Schuldrechts voraussetzt, begnüge ich mich hier mit einem Verweis auf das Sachenrechtsbuch von *Wörlen/Kokemoor*. Lesen Sie jetzt zur ersten Information nur § 1113 und § 1184!

360 So auch MüKoBGB/*Busche* § 647 Rn. 11.
361 Dazu *Wörlen/Kokemoor* SachenR Rn. 323.

Literatur zur Vertiefung (→ Rn. 263–307): *Alexander*, Leistungsstörungen im Dienstvertrag, JA 2015, 321; *Alpmann und Schmidt* SchuldR BT I, 2. und 3. Teil; SchuldR BT II, 6. Teil; *Boemke*, Lohnanspruch (§ 611 I BGB) und Mindestlohn (§ 1 MiLoG), JuS 2015, 385; *Brox/Walker* SchuldR BT §§ 19–27; *Büdenbender*, Der Werkvertrag, JuS 2001, 621; *Eichel*, Minderung und kleiner Schadensersatz im Kauf- und Werkrecht, JuS 2011, 1064; *Fikentscher/Heinemann* SchuldR §§ 82–84; *Führich* WirtschaftsPrivR Rn. 588 ff.; *Hirsch* SchuldR BT §§ 11–22; *Koch*, Der Behandlungsvertrag in der Praxis, JURA 2014, 985; *Leistner*, Die richtige Auslegung des § 651 BGB im Grenzbereich von Kauf- und Werkvertragsrecht, JA 2007, 81; *Looschelders* SchuldR BT §§ 27–33; *Medicus/Lorenz* SchuldR BT §§ 100–108; *Metzler-Müller* PrivatRFall 253 ff. sowie Fall 10; *Oetker/Maultzsch* VertraglSchuldverh § 8 Rn. 1–274; *Olzen/Kaya*, Der Behandlungsvertrag, §§ 630a–h BGB, JURA 2013, 661; *Peter*, Lernbeitrag Zivilrecht: Probleme bei der Behandlung und Rückabwicklung wegen Verstoßes gegen § 134 BGB nichtiger Dienst- und Werkverträge, JA 2014, 248 (Teil I), 333 (Teil II); *Pioch*, Die Folgen einer unerkannt gescheiteren Abnahme iSv § 640 BGB, JA 2015, 650; *Reinkenhof*, Das neue Werkvertragsrecht, JURA 2002, 433; *Rudlowski*, Die vorzeitige Beendigung des Werkvertrages, JURA 2011, 567; *Schade* WirtschaftsPrivR Rn. 340 ff., 346 ff.; *Schneider*, Der Behandlungsvertrag, JuS 2013, 104 ff.; *Schreiber*, Die Abgrenzung von Werk-, Werklieferungs- und Kaufvertrag, JURA 2013, 21 ff.; *Schuhmann*, Werkvertrag oder Kaufvertrag? – § 651 im Lichte der Verbrauchsgüterrichtlinie, ZGS 2005, 250; *Steckler/Tekidou-Kühlke* WirtschaftsR C/214; *Teichmann*, Schuldrechtsmodernisierung 2001/2002 – Das neue Werkvertragsrecht, JuS 2002, 417; *Ultsch*, Rückgabe von Fußball-WM Tickets nach § 649 BGB, ZGS 2005, 261; *Wertenbruch*, Die Anwendung des § 275 BGB auf Betriebsstörungen beim Werkvertrag, ZGS 2003, 53.

E. Auftrag

In manchen Lehrbüchern und Grundrissen finden Sie die Reihenfolge der »Besonderen Schuldverhältnisse«, wie sie im BGB erscheinen, genau eingehalten: Im Anschluss an den Werkvertrag wird im BGB in den §§ 651a–m der Reisevertrag, in den §§ 652–656 der Maklervertrag und sodann (§§ 657–661a) die Auslobung geregelt. Ich stelle den Auftrag (§§ 662–674) voran, da er in gewisser Weise ein »Verwandter« von Dienst- und Werkvertrag ist. 308

I. Wesen und Inhalt des Auftrags

Lesen Sie § 662. 309

Der Auftrag iSd § 662 hat eine »unentgeltliche Geschäftsbesorgung« zum Inhalt. Wegen des unentgeltlichen Tätigwerdens des Beauftragten ist der Auftrag kein »gegenseitiger«, sondern ein »unvollkommen zweiseitig verpflichtender« Vertrag. Es handelt sich um einen Vertrag, weil der Auftrag (anders als zB die Vollmachtserteilung iSv § 167) der Annahme durch den Beauftragten bedarf. Der Begriff der »Geschäftsbesorgung« umfasst jede – selbstständige oder unselbstständige sowie wirtschaftliche oder nicht wirtschaftliche – Tätigkeit in fremdem Interesse.

Die wichtigsten Vorschriften des Auftragsrechts wollen wir uns anhand eines Fallbeispiels ansehen.

II. Vertragstypische Pflichten (und Rechte) der Vertragsparteien

Übungsfall 16

Adelheid Allgeier (A) hat von ihrem verstorbenen Mann ein kleineres Aktienpaket geerbt. Da ihr das ständige Auf und Ab der Kurse zu aufregend ist, bittet sie Bertold Bauernschlau (B), einen in kaufmännischen Dingen erfahrenen Freund der Familie, die Aktien nach und nach zu günstigen Zeitpunkten zu verkaufen und an deren Stelle Goldmünzen oder festverzinsliche Wertpapiere für sie anzuschaffen. B erklärt sich zu diesem Freundschaftsdienst bereit und erledigt die Transaktion zur Zufriedenheit von A. Er rechnet ordnungsgemäß ab, übergibt ihr den Depotauszug der Bank über die festverzinslichen Wertpapiere und händigt ihr insgesamt 30 Goldmünzen aus. Außerdem bittet er sie um einen Betrag von 2.000 EUR, die er teilweise für Banken-Courtagen, teils für Fahrtkosten zu Banken und Münzhändlern aufgewandt hat. Außerdem, so sagt er, halte er ein Honorar von weiteren 2.000 EUR für seine Bemühungen für angemessen.

Auftraggeberin A ist über diese Art Freundschaftsdienst empört und meint, sie sei dem Beauftragten B nichts schuldig. Welchen Anspruch hat B?

310 ■ Wovon hängt es ab, ob A dem B das Honorar zahlen muss oder nicht?

▶ Das hängt davon ab, ob A dem B einen unentgeltlichen Auftrag iSv § 662 erteilt oder mit ihm einen Dienstvertrag iSd § 611 abgeschlossen hat.
Läge ein Dienstvertrag vor, bei dem der Verpflichtete, wie Sie wissen, im Gegensatz zum Werkvertrag nur ein reines Tätigwerden schuldet, wäre A zu einer Entrichtung der Vergütung verpflichtet (§ 611 I – nochmals lesen!).

■ Zwischenfrage: Wie würden Sie nach dem, was Sie bisher über das Wesen dieser Vertragstypen gehört haben, Dienstvertrag und Werkvertrag vom Auftrag abgrenzen? (Überlegen Sie, machen Sie sich eine kleine Skizze, bevor Sie weiterlesen!)

▶ 1. Dienst- und Werkvertrag liegen vor bei entgeltlicher Tätigkeit, Auftrag bei unentgeltlichem Tätigwerden für einen anderen.
2. Der Dienstvertrag und der Auftrag unterscheiden sich vom Werkvertrag dadurch, dass bei ihnen lediglich die Dienstleistung, die Tätigkeit als solche, beim Werkvertrag jedoch ein Ergebnis bzw. ein Erfolg der Tätigkeit geschuldet wird.

Zurück zum Fall:

■ Handelt es sich bei dem Vertrag zwischen A und B um einen Auftrag oder einen Dienstvertrag?

▶ Um einen Auftrag; denn aus der Formulierung, dass A den B um einen »Freundschaftsdienst« bat und dieser sich dazu bereit erklärte, geht hervor, dass er die Geschäftsbesorgung für A unentgeltlich vornehmen sollte. Auf das zwischen A und B bestehende Schuldverhältnis sind die §§ 662 ff. direkt anwendbar.

311 Daraus ergeben sich für den **Beauftragten** insbesondere folgende **Pflichten**:

Gemäß § 666 hat er den Auftraggeber über die ordnungsgemäße Ausführung des Auftrages zu informieren und ihm nach der Ausführung des Auftrags Rechenschaft abzulegen (§ 666 lesen).

312 ■ Hat B dies im vorliegenden Fall getan? (Nachdenken, dann lesen.)

▶ Da er ordnungsgemäß abgerechnet hat, hat er diese Pflicht erfüllt.

Außerdem hat B der A die Depotauszüge über die festverzinslichen Wertpapiere sowie 30 Goldmünzen ausgehändigt.

Damit hat B eine weitere Pflicht des Beauftragten, nämlich die aus § 667 folgende Herausgabepflicht, erfüllt (§ 667 lesen).

Die **Rechte des Beauftragten** ergeben sich aus den **Pflichten des Auftraggebers**:

- Hat B ein Recht, von A für seine Dienste ein Honorar zu verlangen? (Überlegen Sie!)
- ▶ Der Beauftragte muss die Geschäfte für A nach § 662 unentgeltlich besorgen. Insofern hat die A in unserem Fall Recht! B kann kein Honorar verlangen.
- Wie steht es mit den Aufwendungen, die B für die Banken-Courtagen und für die Fahrtkosten gemacht hat? Diese Frage können Sie mit einem kurzen Blick ins Gesetz selbst beantworten! (Überfliegen Sie §§ 662 ff.!)
- ▶ Der Anspruch von B gegen A auf Ersatz der Aufwendungen ist gem. § 670 (lesen!) begründet. Nach dieser Vorschrift kann der Beauftragte vom Auftraggeber Ersatz der Aufwendungen verlangen, die er zum Zwecke der Durchführung des Auftrags gemacht hat. Gemäß § 669 hätte er sogar einen Vorschuss von A verlangen können (§ 669 lesen!).

III. Beendigung des Auftrags

- Wie sieht es aus, wenn B in unserem Fall merkt, dass die Übernahme des Auftrags mit Arbeit verbunden ist und er keine Lust mehr hat? Kann B die Ausführung des Auftrags einfach ablehnen oder kann A auf der Ausführung bestehen? Welche Vorschrift des Gesetzes gibt hierüber Auskunft? (Suchen!) **313**
- ▶ Wenn Sie im Gesetzestext gesucht haben, haben Sie § 671 I gefunden (lesen, falls noch nicht geschehen!).

Danach kann der Beauftragte den Auftrag jederzeit kündigen; ebenso kann umgekehrt der Auftraggeber ihn jederzeit widerrufen. Allerdings ist der Auftraggeber gem. § 671 II im Falle einer »unzeitigen Kündigung«, die nicht aus wichtigem Grund erfolgt, gegen einen eventuell entstehenden Schaden geschützt, da der Beauftragte diesen Schaden ersetzen muss (§ 671 II lesen). Ein wichtiger Grund kann zB vorliegen, weil das notwendige Vertrauensverhältnis mit dem Auftraggeber erschüttert ist.

F. Geschäftsbesorgung gegen Entgelt

I. Geschäftsbesorgungsvertrag

Wie alle bisher erwähnten unentgeltlichen Verträge ist der Auftrag in unserem vom **314**
wirtschaftlichen Profitdenken geprägten Gesellschaftssystem von relativ geringer praktischer Bedeutung.[362] Einige Regelungen des Auftragsrechts finden allerdings entsprechende Anwendung auf den wirtschaftlich sehr bedeutsamen Geschäftsbesorgungsvertrag.

362 So auch *Brox/Walker* SchuldR BT § 29 Rn. 4.

1. Wesen und Inhalt

315 Als Geschäftsbesorgung wird jede **selbstständige Tätigkeit** wirtschaftlichen Charakters **im Interesse eines anderen verstanden**, die innerhalb einer fremden wirtschaftlichen Interessensphäre vorgenommen wird.[363] Die entgeltliche Geschäftsbesorgung ist in den §§ 675 ff. geregelt. Während die §§ 675–675b den »Geschäftsbesorgungsvertrag« enthalten, regeln die §§ 675c–676c Verträge über Dienstleistungen im bargeldlosen Zahlungsverkehr (sog. »Zahlungsdienste«).

Der entgeltliche Geschäftsbesorgungsvertrag ist ein Dienstvertrag, wenn die Geschäftsbesorgung nur das Tätigwerden für den Auftraggeber zum Inhalt hat, oder ein Werkvertrag, wenn außer der Tätigkeit noch ein Erfolg derselben geschuldet wird. Auf den Geschäftsbesorgungsvertrag finden gem. § 675 I (lesen!) überwiegend die dort genannten Vorschriften des Auftragsrechts entsprechende Anwendung. Kennzeichen des Geschäftsbesorgungsvertrags ist die **weisungsabhängige Wahrnehmung fremder Interessen** – damit unterscheidet er sich vom reinen Dienst- bzw. Werkvertrag.

Typisch für den »entgeltlichen Geschäftsbesorgungsvertrag« sind selbstständige Tätigkeiten wirtschaftlicher, insbesondere vermögensbezogener Art im Interesse eines anderen.

Beispiele: Anlageberatung, Vermögensverwaltung, Tätigkeiten von Steuerberatern und Wirtschaftsprüfern, Rechtsberatung und Prozessführung des Rechtsanwalts, Pkw-Verkauf durch einen Autohändler für den Fahrzeugeigentümer.

Es gibt für den Geschäftsbesorgungsvertrag keine (einheitliche) Formvorschrift. § 675 III schreibt die Textform (§ 126b) für Verträge vor, durch die sich der eine Teil zur Anmeldung oder Registrierung des anderen Teils an dem von einem Dritten durchgeführten Gewinnspiel verpflichtet.

2. Vertragstypische Pflichten der Vertragsparteien

316 Sofern sich aus den Sondervorschriften der §§ 675–676c nichts anderes ergibt, gilt bei entsprechender Anwendung des Auftragsrechts nach § 675 I das bereits unter → Rn. 310 ff. Ausgeführte, dh, die Pflichten und Rechte der Parteien sind die gleichen wie beim Auftrag (vgl. § 675 I).

Darüber hinaus ergeben sich Rechte und Pflichten vor allem aus den **vertraglichen** Vereinbarungen der Parteien, seien es Individualvereinbarungen oder AGB. Falls noch Regelungslücken bestehen, sind je nach Art der Geschäftsbesorgung Dienst- oder Werkvertragsvorschriften ergänzend anwendbar.

Besonderes ergibt sich zunächst aus § 675a, der für bestimmte Geschäftsbesorger – vor allem für Kreditinstitute – zusätzliche **Informationspflichten** über Entgelte und Auslagen der Geschäftsbesorgung vorsieht. Darüber hinaus enthalten die §§ 675c–676c spezielle Pflichten und Rechte bei einigen typischen Bankgeschäften.

Wenn das Geschäftsbesorgungsverhältnis beendet werden soll, gilt idR Dienst- oder Werkvertragsrecht, denn die Anwendung der entsprechenden Vorschrift im

363 BGH NJW 1959, 573 = DB 1959, 168.

Auftragsrecht (§ 671) ist durch § 675 I ausgeschlossen. Bei einer fristlosen Kündigung des Verpflichteten ist zum Schutz des Geschäftsherrn § 671 II anwendbar (vgl. § 675 I aE).

II. Zahlungsdienste

Mit dem Untertitel 3 »Zahlungsdienste« wurde der zivilrechtliche Teil der Zahlungs- 317
dienste-Richtlinie[364] mit Wirkung v. 31.10.2009 durch die §§ 675c ff. umgesetzt. Diese Regelungen ersetzen die früheren §§ 676a–676h, die den Überweisungsvertrag, den Zahlungsvertrag und den Girovertrag enthielten.

1. Begriff der Zahlungsdienste

Der Begriff der Zahlungsdienste wird im BGB nicht definiert, sondern im Zahlungsdiensteaufsichtsgesetz (ZAG). Die Begriffsbestimmungen dieses Gesetzes sind – wie auch die des Kreditwesengesetzes – im Rahmen der §§ 675c ff. anwendbar (vgl. § 675c III). Nach § 1 II ZAG umfasst der Begriff der Zahlungsdienste unter anderem die Vornahme von Ein- und Auszahlungen (Nr. 1), die Lastschrift, die Überweisung und die Kartenzahlung (Nr. 2). Zu den Zahlungsdiensten zählen alle Arten von Verträgen über Zahlungsvorgänge, bei denen ein sog. Zahlungsdienstleister (vgl. § 675f I – lesen!) zwischen dem Zahler und dem Zahlungsempfänger eingeschaltet wird. Dies gilt vor allem für Überweisungs-, Kartenzahlungs- und Lastschriftverträge sowie Verträge über die Ausgabe oder Nutzung von elektronischem Geld (vgl. § 675c II). Die unmittelbare Zahlung von Bargeld an den Empfänger wird also nicht erfasst (§ 1 X Nr. 1 ZAG).

■ »Überfliegen« Sie die §§ 675c ff. und suchen Sie den Begriff des Kreditinstituts!

▶ Nicht gefunden!? Richtiges »Suchergebnis«! In den §§ 675c ff. ist nur vom »Zahlungsdienstleister« die Rede.

■ Was ist im normalen Sprachgebrauch unter einem Zahlungsdienstleister zu verstehen?

▶ Die Bank bzw. Sparkasse, welche zB die Überweisung ausführt.

Mit **Zahlungsdienstleister** sind vor allem die Kreditinstitute (§ 1 I Nr. 1 ZAG) gemeint, aber auch die Europäische Zentralbank, die Deutsche Bundesbank, die anderen Zentralbanken in der EU und andere (vgl. § 1 I Nr. 4 ZAG).

■ Und wer ist der Zahlungsdienstnutzer (wieder ein neuer Begriff?! Lesen Sie § 675f I – dort finden Sie die Definition!)?

▶ Der Zahlungspflichtige, dh derjenige, der zB Geld von seinem Girokonto überweisen möchte.

Die in den §§ 675c ff. geregelten Verträge werden als Geschäftsbesorgungsverträge angesehen. Von den Regelungen in diesen Vorschriften darf nicht zum Nachteil des Zahlungsdienstnutzers abgewichen werden (§ 675e I). Sie sind also zugunsten des

364 RL 2007/64/EG des Europäischen Parlaments und des Rates über Zahlungsdienste im Binnenmarkt, zur Änderung der Richtlinien 97/7/EG, 2002/65/EG, 2005/60/EG und 2006/48/EG sowie zur Aufhebung der Richtlinie 97/5/EG v. 13.11.2007, ABl. 2007 L 319, 1.

Kunden (= »verständlicherer« Ausdruck?!) einseitig zwingend. § 675e ganz lesen – dessen Abs. 4 eine Ausnahme enthält.

2. Der Zahlungsdienstevertrag

318 Bei dem in § 675f geregelten Zahlungsdienstevertrag unterscheidet man zwischen

- dem Einzelzahlungsvertrag (Abs. 1). Dieser ist auf die Ausführung eines einzelnen Zahlungsvorganges gerichtet.
  und
- dem Zahlungsdiensterahmenvertrag (Abs. 2). Hier hat der Zahlungsdienstleister für den Kunden einzelne und aufeinander folgende Zahlungsvorgänge auszuführen und ggf. ein auf dessen Namen lautendes Zahlungskonto zu führen.

Beispiel: Führung eines laufenden Kontos.

Vorgenannte Unterscheidung ist für den Umfang der Informationspflichten von Bedeutung (vgl. § 675d I 1 iVm Art. 248 §§ 3 ff. und §§ 8 ff. EGBGB).

Der **Zahlungsdienstevertrag** ist ein **gegenseitiger Vertrag** iSd § 320: Der Zahlungsdienstleister muss einen oder mehrere Zahlungsvorgänge (= Herbeiführung eines Zahlungserfolgs) ausführen und der Kunde als Zahlungsdienstnutzer ist verpflichtet, das vereinbarte Entgelt (= Gegenleistung) zu entrichten (§ 675f IV).

Die Kündigung des Zahlungsdienstevertrages ist durch den Nutzer jederzeit möglich. Der Zahlungsdiensteanbieter kann dies nur bei unbefristeten Verträgen und nur für den Fall, dass das Kündigungsrecht vereinbart wurde (§ 675h I, II).

3. Autorisierung von Zahlungsvorgängen

319 Die Regelungen zur Autorisierung von Zahlungsvorgängen und über Schutzmaßnahmen sind in den §§ 675j–675m zu finden. Autorisierung heißt, dass der Zahler dem Zahlungsvorgang (zB durch Unterschrift auf einem Überweisungsträger oder durch Einziehungsermächtigung oder in einem PIN-Verfahren) seine Zustimmung erteilen muss, damit der Zahlungsvorgang ihm gegenüber wirksam ist (§ 675j I 1).

■ Wissen Sie noch, für welche Willenserklärungen der Oberbegriff »Zustimmung« im BGB verwandt wird?[365]

▶ Der Begriff »Zustimmung« umfasst die Einwilligung (= vorherige Zustimmung) und die Genehmigung (= nachträgliche Zustimmung). Dies ist auch in § 675j I 2 geregelt.

Es ist auch eine Vereinbarung der Parteien dahingehend möglich, dass die Zustimmung mittels eines »Zahlungsauthentifizierungsinstruments« (vgl. § 675j I 4) erfolgen kann.

■ Kennen Sie Beispiele für ein Zahlungsauthentifizierungsinstrument?

▶ Ein Zahlungsauthentifizierungsinstrument kann zB die EC-Karte oder die Kreditkarte mit PIN sein.

365 Falls nicht mehr gewusst: In *Wörlen/Metzler-Müller* BGB AT unter Rn. 56 und 60 nachlesen.

Um Missbräuchen durch Dritte vorzubeugen, können Betragsobergrenzen und Sperrmöglichkeiten für bestimmte Vorgänge vereinbart werden (§ 675k).

4. Haftung bei Missbrauch durch Dritte

Wenn unberechtigte Dritte EC- oder Kreditkarten des Kunden missbrauchen, muss 320
der Kunde gem. § 675l unmittelbar, nachdem er das Zahlungsauthentifizierungsinstrument erhalten hat, alle zumutbaren Vorkehrungen treffen, um die personalisierten Sicherheitsmerkmale, wie zB das Passwort oder den PIN, vor unbefugtem Zugriff zu schützen.

Für den Fall nicht autorisierter Zahlungsvorgänge braucht der Zahler dem Dienstleister keine Aufwendungen zu ersetzen (§ 675u S. 1). Sollte eine missbräuchliche Nutzung eines verloren gegangenen, gestohlenen oder sonst abhanden gekommenen Zahlungsauthentifizierungsinstruments vorliegen, hat der Dienstleister nach § 675v I einen **verschuldensunabhängigen Schadenersatzanspruch** gegen den Nutzer bis zu einem Betrag von 150 EUR. Der Gesetzgeber wollte damit für den Kunden einen Anreiz schaffen, den Verlust zu vermeiden oder das Missbrauchsrisiko durch möglichst rasche Anzeige des Verlustes gering zu halten.[366] Der Nutzer muss nur dann den gesamten Schaden ersetzen, wenn er die missbräuchliche Nutzung vorsätzlich oder grob fahrlässig ermöglicht hat (§ 675v II)[367].

Weitere detaillierte Haftungsregelungen sind in den folgenden Vorschriften bis § 676c enthalten. Diese wollen wir hier nicht vertiefen. Bei Interesse in der Literatur zur Vertiefung nachlesen.

366 Vgl. BT-Drs. 16/11643, 113.
367 *Brox/Walker* SchuldR BT § 29 Rn. 62.

Übersicht 13

321

Auftrag (§§ 662–674)

1. Wesen

Wesen des Auftrags (§ 662): Unentgeltliche Geschäftsbesorgung durch Beauftragten für Auftraggeber (selbstständige oder unselbstständige, wirtschaftliche oder nichtwirtschaftliche Tätigkeit).

2. Rechte und Pflichten der Vertragsparteien

Rechte des Beauftragten

- Vorschuss: § 669
- Aufwendungsersatz: § 670
- Kündigung: § 671

Pflichten des Beauftragten

- Ordnungsgemäße Ausführung
- Auskunfts- und Rechenschaftspflicht: § 666
- Herausgabe des Erlangten: § 667

Pflichten des Auftraggebers

- folgen aus den Rechten des Beauftragten

Rechte des Auftraggebers

- Widerruf (§ 671)
- bei Sorgfaltspflichtverletzung durch Beauftragten: ggf. §§ 280 I, 241 II

3. Auftrag und Vollmacht (rechtsgeschäftliche Vertretungsmacht)

Die einseitig zu erteilende Vollmacht (§ 166 II 1) ist streng von dem ihr zugrunde liegenden Rechtsverhältnis – zB dem Auftrag(svertrag) – zu unterscheiden. Der **Auftrag** betrifft das **Innenverhältnis** zwischen Auftraggeber und Beauftragten, die **Vollmacht** dagegen das **Außenverhältnis** zu einem Dritten. Einer Vollmacht liegt bei Unentgeltlichkeit in der Regel ein Auftrag zugrunde, während der Auftrag nicht ohne Weiteres mit einer Vollmachterteilung verbunden ist (auch »Bote« mit Auftrag ist möglich)!

Übersicht 14

322

Geschäftsbesorgung gegen Entgelt (§§ 675–676c)

Geschäftsbesorgungsvertrag (§§ 675–675b)	Zahlungsdienste (§§ 675c–676c)

Geschäftsbesorgung (§§ 675–675b)

- Dienst-/Werkverträge über eine Geschäftsbesorgung
- Selbstständige Tätigkeit wirtschaftlicher Art (Vermögensverwaltung, Steuer- und Rechtsangelegenheiten)
- Weisungsabhängige Wahrnehmung fremder Interessen, § 675 I iVm §§ 665 f.
- Neben Dienst-/Werkvertragsvorschriften gilt Auftragsrecht (Verweis in § 675 I)
  - Aufwendungsersatz gem. § 670 (neben der Vergütung)
  - Herausgabeanspruch gem. § 667
- § 675a = zusätzliche Informationspflichten

Zahlungsdienste (§§ 675c–676c)

Entsprechende Anwendung von Vorschriften über den Auftrag (§§ 663, 665–670 und 672–674), soweit sich aus §§ 675c ff. nichts Abweichendes ergibt

Zahlungsdienstevertrag
(§ 675f)
= Sonderform des Geschäftsbesorgungsvertrags, § 675c I
grundsätzlich entgeltlich, § 675f IV

Einzelzahlungsvertrag* § 675f I	Zahlungsdiensterahmenvertrag* § 675f II Hauptfall: Girokonto
Pflicht des ZDL: für den ZDN[2] einen Zahlungsvorgang auszuführen.	Pflicht des ZDL: einzelne Zahlungsvorgänge ausführen sowie ein auf den Namen des ZDN laufendes Zahlungskonto führen.

Primärpflicht des ZDL[1]: Ausführung eines Zahlungsvorgangs, § 675f I

* Einordnung ist wichtig wegen verschiedener Informationspflichten, § 675d I 1 iVm Art. 248 §§ 3 ff. und §§ 8 ff. EGBGB.

1 ZDL = Zahlungsdienstleister (Definition bzw. Übersicht: § 1 ZAG – Kreditinstitute und Ähnliche).

2 ZDN = Zahlungsdienstnutzer (Definition: § 675f I – Zahlende und Zahlungsempfänger).

Erbringung und Nutzung von Zahlungsdiensten (§§ 675j ff.)

Authorisierung §§ 675j ff.	Ausführung §§ 675n ff.	Haftung §§ 675u ff.
Zahlungsvorgang nur wirksam bei Autorisierung, § 675j I 1	Zugang und Ablehnung von Zahlungsaufträgen, §§ 675n, o	Erstattung bei fehlender Autorisierung, § 675u (Beweislast hat der ZDL)
Zahlungsauthentifizierungsinstrument, § 675j I 4	Unwiderruflichkeit, § 675p	Missbrauch, § 675v
Betragsobergrenze und Sperre, § 675k	Pflicht zu ungekürzter Weiterleitung – gegen Entgelt, § 675q	Fehlende oder fehlerhafte Ausführung, §§ 675y, z
	Kundenkennung maßgeblich, § 675r	Anzeigepflicht des Kunden bei Fehlern, § 676b
	Ausführungsfrist, § 675s	Haftungsausschluss bei höherer Gewalt, § 676c
	Wertstellung, § 675t	

Überweisung

Überweiserbank ⟷ **Empfängerbank**

Überweiserbank – Überweisender: Zahlungsdiensterahmenvertrag (§ 675f II) + Zahlungsauftrag (§ 675f III 2)

Empfängerbank – Begünstigter: Zahlungsdiensterahmenvertrag (§ 675f II) + Anspruch auf Gutschrift (§§ 675c, 667, 675t I)

Überweisender = Schuldner ⟷ zB Kaufvertrag ⟷ Begünstigter = Gläubiger

Übersicht 15

323

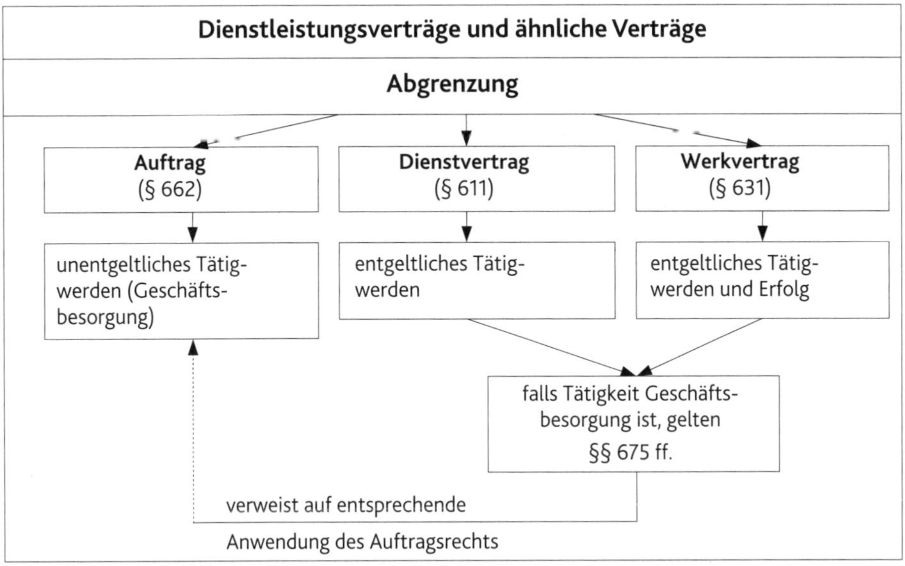

Literatur zur Vertiefung (→ Rn. 308–323): *Alpmann und Schmidt* SchuldR BT III, 1. Teil; *Brox/Walker* SchuldR BT § 29 Rn. 1–64; *Coester-Waltjen*, Der Auftrag, JURA 2001, 567; *Derleder*, Die vollharmonisierende Europäisierung des Rechts der Zahlungsdienste und des Verbraucherkredits, NJW 2009, 3195; *Fikentscher/Heinemann* SchuldR § 86; *Führich* WirtschaftsPrivR Rn. 614 ff.; *Grundmann*, Das neue Recht des Zahlungsverkehrs, WM 2009, 1109, 1157; *Hauck*, Bereicherungsausgleich bei Anweisungsfällen nach Umsetzung der Zahlungsdiensterichtlinie, JuS 2014, 1066; *Hirsch* SchuldR BT §§ 25, 26; *Köndgen*, Das neue Recht des Zahlungsverkehrs, JuS 2011, 481; *Laitenberger*, Das Einzugsermächtigungslastschriftverfahren nach Umsetzung der Richtlinie über Zahlungsdienste im Binnenmarkt, NJW 2010, 192; *Looschelders* SchuldR BT §§ 37–39; *Medicus/Lorenz* SchuldR BT §§ 112 f., *Petersen*, Der Bankvertrag, JURA 2004, 627; *Schade* WirtschaftsPrivR Rn. 354 f., 586; *Steckler/Tekidou-Kühlke* WirtschaftsR C/294; *Thüsing/Schneider*, Die Haftung für Rat, Auskunft und Empfehlung, JA 1996, 807.

G. Reisevertrag

I. Zweck des Reisevertragsrechts

Die gesetzliche Regelung dieses modernen Vertragstyps befindet sich in den §§ 651a–m. 324
Es handelt sich um Vorschriften, die erst sehr spät in das BGB aufgenommen wurden. Diese Vorschriften schienen dem Gesetzgeber angesichts des sich immer mehr ausweitenden Massen- und Pauschalreiseverkehrs ab den 1960er Jahren notwendig. Die Bestimmungen der §§ 651a ff., die ursprünglich als eigenes Reisevertragsgesetz geplant waren, wurden in reduzierter Form in das BGB mit Wirkung v. 1.10.1979 eingefügt, um die Rechtsstellung des Reiseteilnehmers an einer sog. Pauschalreise zu verbessern.[368] Durch das Gesetz zur Änderung reiserechtlicher Vorschriften

368 Vgl. dazu *Medicus/Lorenz* SchuldR BT Rn. 804.

v. 23.7.2001[369] sind mit Wirkung v. 1.9.2001 einige Vorschriften geändert und § 651l neu eingefügt worden.

II. Vertragstypische Pflichten (und Rechte) beim Reisevertrag

325 Die Parteien des Reisevertrags sind der Reiseveranstalter und der Reisende. Lesen Sie § 651a I.

Grundsätzlich nicht als Reiseveranstalter anzusehen ist das Reisebüro, bei dem die Reise gebucht wird. Das Reisebüro hat meist die Stellung eines Handelsvertreters (§ 84 HGB), der den Reisevertrag zwischen Reiseveranstalter (zB TUI) und dem Reisenden lediglich vermittelt. Es schuldet nicht die Durchführung der Reise.[370] Zwischen Reisebüro und Reisendem wird vielmehr ein Geschäftsbesorgungsvertrag geschlossen. Um einen Reiseveranstalter handelt es sich auch, wenn er nicht gewerblich tätig wird und nur gelegentlich Reisen veranstaltet.[371]

Reisender ist, wer im eigenen Namen für sich und/oder andere Reiseteilnehmer bucht. Dass er die Reise selbst antritt, ist nicht erforderlich. Bei Buchung einer Reise für mehrere Reiseteilnehmer (also bei Gruppenreisen) wird angenommen, dass der Buchende die anderen Reisenden beim Vertragsschluss nach §§ 164 ff., vertritt, sodass er nicht für die Pflichten seiner Mitreisenden eintreten muss. Bei Familienreisen hingegen wird der Buchende grundsätzlich alleiniger Vertragspartner des Reiseveranstalters.[372]

■ Welches sind die Pflichten der Vertragsparteien?
▶ Der Reiseveranstalter ist zur Erbringung einer Gesamtheit von Reiseleistungen (Reise) verpflichtet, während der Reisende dafür den vereinbarten Reisepreis bezahlen muss.

■ Um welche Art Vertrag handelt es sich im Hinblick auf die Verpflichtungen der Parteien?
▶ Um einen gegenseitigen Vertrag.

■ Was bedeutet das für eventuelle Leistungsstörungen des Vertrags?
▶ Sofern nicht Sondervorschriften in den §§ 651a–l enthalten sind, gelten bei Leistungsstörungen neben den allgemeinen Vorschriften der §§ 275 ff. auch die §§ 320 ff.!

326 Inhaltlich handelt es sich beim Reisevertrag um einen Vertrag eigener Art, der dem Werkvertrag nahe steht. Gegenstand des Vertrags ist, wie wir eben gelesen haben, die Erbringung einer »Gesamtheit von Reiseleistungen«.

■ Was versteht man darunter? (Lassen Sie Ihre Urlaubsphantasie spielen!)
▶ Beförderung, Unterkunft und Verpflegung, ggf. noch weitere Zusatzleistungen.

■ Ist das Reisevertragsrecht anwendbar, wenn Sie in ein Reisebüro gehen, um sich ein Flugticket für einen Hin- und Rückflug nach Teneriffa zu kaufen? (Überlegen Sie, bevor Sie weiterlesen!)

369 BGBl. 2001 I 1658.
370 BGHZ 82, 219 = NJW 1982, 377.
371 Beispiele hierfür bei Palandt/*Sprau* Einf v. § 651a Rn. 4.
372 *Looschelders* SchuldR BT Rn. 727 f.

▶ Da keine »Gesamtheit von Leistungen« geschuldet wird, sondern lediglich das Ticket, das zum Flug berechtigt, liegt ein einfacher Kaufvertrag vor.

Da es sich um eine Gesamtheit von Reiseleistungen handeln muss, müssen zumindest zwei Leistungsteile vorliegen (zB Beförderung und Unterkunft). Der unmittelbare Anwendungsbereich der §§ 651a ff. umfasst damit nur die Pauschalreise, bei der der Reisende besonders schutzwürdig erscheint. Werden nur einzelne Reiseleistungen – zB nur die Beförderung oder nur die Hotelunterkunft – versprochen, so liegt demnach kein Reisevertrag iSd § 651a vor, sondern ein Beförderungsvertrag und ein Mietvertrag. **327**

Erfasst werden nach der Rechtsprechung des EuGH aber nicht nur Pauschalreisen, sondern auch solche Reise, die das Reisebüro auf Wunsch und nach den Vorgaben des Reisenden durch Zusammenstellung mehrerer Einzelleistungen organisiert.[373]

Keine Vertragspartner des Reisenden sind die einzelnen Leistungsträger (zB Hoteliers, Fluggesellschaften)[374]. Sie sind nur Erfüllungsgehilfen des Reiseveranstalters.[375]

Besondere Verpflichtungen für den Reiseveranstalter legt § 651l (lesen!) für **Gastschulaufenthalte** fest. Die Aufnahme dieser Vorschrift basiert auf der hM und Rechtsprechung, die den Vertrag über einen längeren Auslandsschulaufenthalt mit Unterbringung in einer Gastfamilie auch ohne diese Regelung schon (vor dem 1.9.2001) als Reisevertrag angesehen hat.[376]

III. Schutzvorschriften für den Reisenden

Wenn bei einer sog. Pauschalreise eine Gesamtheit von Reiseleistungen angeboten wird, kann der Veranstalter sich nicht darauf berufen, nur Vermittler einzelner Reiseleistungen zu sein. Er kann den Reisenden nicht auf die jeweiligen Leistungsträger, zB die Fluggesellschaft oder das Hotel, verweisen, falls etwas nicht in Ordnung ist. Das ergibt sich aus § 651a II (lesen). **328**

Gemäß § 651a III hat der Reiseveranstalter dem Reisenden bei oder unverzüglich nach Vertragsschluss eine Urkunde über den Reisevertrag, eine sog. »Reisebestätigung« auszustellen.

Eine wichtige Vorschrift zum Schutze des Reisenden, die an das Widerrufsrecht des Verbrauchers erinnert, ist auch § 651i I (lesen!): Bis zu Beginn der Reise kann der Reisende jederzeit vom Vertrag zurücktreten. Außerdem kann er gem. § 651b I an seiner Stelle einen anderen an der Reise teilnehmen lassen (= **Vertragsübertragung**). Im Falle des Rücktritts gelten nicht die allgemeinen Vorschriften über den Rücktritt vom Vertrag (welche sind das?[377]), sondern es gilt § 651i II (lesen!), wodurch der Reisende besser gestellt wird. Der Reiseveranstalter verliert den Anspruch auf den vereinbarten Reisepreis, kann aber stattdessen eine angemessene **329**

---

373 EuGH EuZW 2002, 402.
374 *Brox/Walker* SchuldR BT § 28 Rn. 3.
375 OLG Frankfurt a. M. NJW-RR 2009, 1354 (1355).
376 Vgl. HK-BGB/*Ebert* § 651l Rn. 1.
377 **§§ 346 ff.!**

Entschädigung verlangen, die auf einen Prozentsatz des Reisepreises festgesetzt werden kann.

Im Falle »**höherer Gewalt**« sind gem. § 651j I (lesen!) beide Vertragsteile zur Kündigung berechtigt. Der Begriff der »höheren Gewalt« ist in der **Pauschalreiserichtlinie** legal definiert. Demnach handelt es sich bei »höherer Gewalt« um ein ungewöhnliches und unvorhersehbares Ereignis, auf das derjenige, der sich darauf beruft, keinen Einfluss hat und dessen Folgen trotz Anwendung der gebotenen Sorgfalt nicht hätten vermieden werden können.[378] Es muss ein von außen kommendes Ereignis sein.[379]

Beispiele: Hotel ist abgebrannt oder im Reiseland sind kriegerische Unruhen oder Seuchen ausgebrochen oder Störungen des Flugverkehrs durch Vulkanasche[380].

Sofern eine Reise vom Reisenden wegen Todes, Unfalls oder Krankheit nicht angetreten werden kann, sind die geschuldeten Rücktrittskosten sowie entstehende Reisekosten häufig im Rahmen einer »Reiserücktrittskosten-Versicherung« gedeckt.

IV. Rechtsfolgen bei Schlechterfüllung

330 Besondere Vorschriften enthält das Reisevertragsrecht für den Fall der Schlechterfüllung iSd § 651c I (lesen!).

■ Wann liegt nach dieser Vorschrift Schlechterfüllung vor?

▶ Wenn der Reise, also dem Vertragsgegenstand, zugesicherte Eigenschaften fehlen oder sie mit Fehlern behaftet ist.

■ Finden Sie selbst Beispiele für typische Fehler einer Reise! Was kommt in Betracht?

▶ Ausbleiben der Verpflegung an mehreren Tagen; Unbewohnbarkeit der Unterkunft wegen Ungeziefers; Auslassung wichtiger Zielpunkte einer Kreuzfahrt; Unterbringung in einem anderen als dem gebuchten Hotel; Hotel liegt an stark befahrener Verkehrsstraße statt, wie vorgesehen, am Waldrand usw.

331 Die Rechte des Reisenden bestimmen sich nach den §§ 651c II, 651d, 651e I und 651f. Wenn Sie die genannten Vorschriften gelesen haben, werden Sie feststellen, dass es im Wesentlichen vier Rechte sind, die dem Reisenden bei Schlechterfüllung zustehen:

- »Abhilfe« nach § 651c II (vgl. Parallele zum Kauf- und Werkvertragsrecht: Nacherfüllung!),
- »Minderung« nach § 651d (Berechnung erfolgt nach § 638 III, → Rn. 48 zu § 441),
- »Kündigung« nach § 651e I
  und
- »Schadensersatz wegen Nichterfüllung« nach § 651f (obwohl es ja nach der Schuldrechtsmodernisierung »Schadensersatz statt der Leistung« heißen müsste!).

---

378 Art. 4 VI Unterabschnitt 2 Nr. ii RL 90/314/EWG des Rates über Pauschalreisen v. 13.6.1990, ABl. 1990 L 158, 59.

379 BGHZ 100, 185 (188) = NJW 1987, 1938. S. auch jurisPK-BGB/*Keller* § 651j Rn. 8; *Looschelders* SchuldR BT Rn. 763 mwN. Zum Problem der Vulkanasche: *Staudinger/Schürmann*, Die Entwicklung des Reiserechts in den Jahren 2010/2011, NJW 2011, 2769 (2771).

380 Weitere Beispiele bei BeckOK BGB/*Geib* § 651j Rn. 5 ff.

Der Reisende muss zunächst **Abhilfe** verlangen (§ 651c II 1). Abhilfe kann durch Beseitigung des Reisemangels oder durch Erbringung einer gleichwertigen und zumutbaren Ersatzleistung geschaffen werden.

Beispiel: Wird der Reisende in seinem Hotelzimmer durch Lärm gestört, so kann Abhilfe darin bestehen, dass der Reiseveranstalter entweder die Lärmquelle beseitigt oder dem Reisenden ein anderes Zimmer (zB in einem ruhigeren Hotel) zuweist.

Zur Abhilfe kann der Reisende dem Reiseveranstalter eine angemessene Frist setzen. Nach fruchtlosem Fristablauf zur Abhilfe hat der Reisende ein Selbstvornahmerecht und einen Aufwendungsersatzanspruch nach § 651c III 1.

Nach § 651d mindert sich der Reisepreis für die Dauer des Mangels, wenn und solange die Abhilfe nach § 651c I ausbleibt. Die **Minderung** tritt – wie beim Mietvertrag – **kraft Gesetzes** ein.[381] Sie hängt also nicht davon ab, dass der Reisende dem Veranstalter eine Frist zur Abhilfe gesetzt hat. Allerdings ist die Minderung nach § 651d II **ausgeschlossen**, wenn der Reisende den **Mangel schuldhaft nicht angezeigt hat**. Beruht der Mangel auf einem besonders schwerwiegenden Ereignis (zB Vergewaltigung der Reisenden durch einen Angestellten des Hotels oder Beinahe-Absturz auf dem Rückflug),[382] kann die Zahlung des Reisepreises ganz ausgeschlossen sein, weil der Erholungszweck der Reise vollständig verfehlt wird. Für die Berechnung der Minderung wird auf § 638 III verwiesen. Hinsichtlich der Minderungshöhe kann man sich an der »Frankfurter Tabelle zur Reisepreisminderung«[383] oder der ADAC-Tabelle zur Reisepreisminderung[384] orientieren. Hat der Reisende mehr als die geminderte Vergütung gezahlt, so ist der Mehrbetrag vom Unternehmer gem. § 651d I 2 iVm § 638 IV zu erstatten.

Die **Kündigung** ist nach § 651e I 1 nur wegen einer erheblichen Beeinträchtigung möglich. Außerdem muss der Reisende vor der Kündigung dem Reiseveranstalter zunächst eine angemessene Frist zur Abhilfe gesetzt haben und diese Frist muss erfolglos abgelaufen sein (§ 651e II 1), soweit die Fristsetzung nicht ausnahmsweise entbehrlich ist (§ 651e II 2). Wenn der Reisende die Kündigung erklärt hat, entfällt der Anspruch des Reiseveranstalters auf den Reisepreis (§ 651e III 1). Für die mangelfrei erbrachten bzw. bis zum Reiseende noch zu erbringenden Leistungen hat der Reisende dem Reiseveranstalter nach § 651e III 2 eine Entschädigung zu zahlen. Diese Entschädigungspflicht kann aber nach § 651e III 3 entfallen, wenn zB die Beförderung keine Mängel aufweist, der Aufenthalt am Urlaubsort dem Reisenden aber (zB aufgrund gravierender Mängel der Unterkunft) unzumutbar ist. Lesen Sie § 651e IV 1! Danach ist der Reiseveranstalter im Übrigen insbesondere zur Rückbeförderung des Reisenden auf eigene Kosten verpflichtet.

Der **Schadensersatzanspruch** nach § 651f I setzt voraus, dass der Reiseveranstalter den Mangel zu vertreten hat. Er ist neben der Minderung oder der Kündigung möglich und umfasst den Mangelschaden und den Mangelfolgeschaden.[385] Aus der negativen Formulierung ergibt sich, dass das Verschulden des Reiseveranstalters vermutet wird. Vor der Geltendmachung von Schadensersatz muss aber eine Mängelanzeige

381 Vgl. BT-Drs. 8/2343; jurisPK-BGB/*Keller* § 651d Rn. 23 mwN.
382 Hierzu BGH NJW 2008, 2775 (2776).
383 Abgedruckt in NJW 1994, 1639; online: http://www.tabelle.info/frankfurter_tabelle.html.
384 Online: https://www.adac.de/_mmm/pdf/Reisepreisminderungstabelle%202015_212238.pdf.
385 BGHZ 92, 177 (179) = NJW 1985, 132.

erfolgt sein, auch wenn sich das aus dem Wortlaut der Vorschrift nicht ergibt.[386] Denn es wäre widersprüchlich, dem Reisenden bei Unterlassen der Mängelanzeige die Minderung zu versagen und ihm zugleich zu erlauben, den Minderwert der Reise über Schadensersatz geltend zu machen.

332 Besondere Bedeutung kommt § 651f II zu (lesen!). Danach kann der Reisende auch eine **angemessene Entschädigung in Geld** wegen **nutzlos aufgewendeter Urlaubszeit** verlangen, wenn die Reise vereitelt oder erheblich beeinträchtigt wird. Die Entschädigung dient dem durch die Pauschalreiserichtlinie vorgeschriebenen Ersatz des immateriellen Schadens. Da durch diese Regelung ein Nichtvermögensschaden erfasst wird, sind auch nicht berufstätige Personengruppen wie Hausfrauen, Studenten, Schüler, Rentner, Kinder anspruchsberechtigt.[387]

Die §§ 651c ff. enthalten ein eigenständiges Gewährleistungsrecht; ein Rückgriff auf das allgemeine Leistungsstörungsrecht (§§ 280 ff.) ist deshalb nicht möglich.

Alle Gewährleistungsansprüche des Reisenden sind nach § 651g innerhalb einer – von Amts wegen zu beachtenden – **Ausschlussfrist**[388] von einem Monat nach dem vertraglich vorgesehenen Ende der Reise gegenüber dem Reiseveranstalter geltend zu machen. Sie verjähren innerhalb von zwei Jahren ab dem Zeitpunkt des vertraglich vorgesehenen Reiseendes (§ 651g II).

Die oben genannten **reisevertraglichen Vorschriften sind** nach § 651m S. 1 grundsätzlich **zwingend**; von ihnen kann also auch nicht durch eine Individualvereinbarung zulasten des Reisenden abgewichen werden. Nur für die Verjährung von Ansprüchen lässt § 651m S. 2 die Verkürzung auf ein Jahr zu.

Dieser kurze Überblick über die wichtigsten Vorschriften des Reisevertragsrechts soll genügen und abschließend mit einigen **Beispielen für »Reisemängel«** aus der »Pauschalreise-Rechtsprechung« garniert werden:

333 **Beispiele:**

- **Ameisen**
Keinen Mangel stellt es dar, wenn ein Reisender beim Aufschneiden eines Brots eine lebende Ameise findet. (AG Mönchengladbach, Az. 5a C 706/88)

- **Baulärm**
Erhebliche Lärmbelästigung durch Baustellen in unmittelbarer Nähe des gebuchten Bungalows, die ein längeres Schlafen als bis 7 Uhr nicht möglich werden lässt, rechtfertigt eine anteilige Minderung für die Tage, an denen gebaut wurde, von 30 % des Reisepreises. (AG Warstein, Az. 3 C 51/88)

- **Doppelzimmer**
Bucht ein Reisender ein Doppelzimmer, erhält er jedoch am Urlaubsort nur ein Einzelzimmer mit Zusatzbett, so hat er Minderungsansprüche in Höhe von 25 % des Reisepreises. (AG Frankfurt, Az. 30 C 4403/84-45)

- **Einfach primitiv**
Das Wort »einfach« in einem Werbeprospekt ist äußerst auffallend und muss daher reduzierend gelesen werden. Daher besteht für primitive Hotelausstattung kein Minderungsanspruch. (AG München, Az. 2 C 10284/80)

---

386 BeckOK BGB/*Geib* § 651f Rn. 8.

387 NK-BGB/*Niehus* § 651f Rn. 20 f.

388 Falls nicht mehr gewusst, was darunter zu verstehen ist: S. *Wörlen/Metzler-Müller* BGB AT Rn. 414.

- **Fortuna-Reise**
Bucht der Reisende eine sog. Fortuna-Reise, so lässt er sich auf das Risiko ein, in einem weniger bevorzugten und möglicherweise sehr einfachen Hotel untergebracht zu werden. (AG Frankfurt a.M., Az. 2/24 S 306/83)

- **Glockengeläut**
Wer seinen Urlaub in einem kleinen alten spanischen Fischerdorf bucht, muss damit rechnen, dass sich dort auch eine Kirche befindet, deren Uhr durch Glockengeläut die Zeit verkündet. (AG Frankfurt a.M., Az. 30 C 302/84-45)

- **Grünfärbung blonder Haare im Hotelpool**
Verfärbt sich das blonde Haar einer Reisenden als Folge des Chlorzusatzes im Hotelschwimmbecken grün, so ist eine Reisepreisminderung um 10% unter Berücksichtigung eines Mitverschuldens wegen Nichtbenutzung einer Badekappe angemessen. (AG Bad Homburg BeckRS 1998, 13164)

- **Halb-Doppelzimmer**
Bucht der Reisende eine Reise mit Unterbringung in einem Doppelzimmer, das er zusammen mit einer anderen, ihm unbekannten Person teilen muss, so liegt kein Reisemangel darin, dass diese Person ein eigenartiges Verhalten an den Tag legt, einen unangenehmen Körpergeruch aufweist und darüber hinaus nachts schnarcht. (AG Frankfurt, Az. 30 C 10250/82)

- **Kakerlaken**
Der Reisende kann den Reisepreis um 100% mindern, wenn sich im Hotelzimmer ca. zehn Kakerlaken pro m^2 aufhalten, nachdem die Beleuchtung eingeschaltet wurde. Das heißt, dass wegen der Lichtscheue dieser Tiere bei Dunkelheit noch mehr vorhanden sind. (LG Frankfurt, Az. 2/24 S 475/87)

- **Lärm im Hotel**
Eine Lärmbeeinträchtigung durch andere Hotelgäste bis 5 Uhr morgens stellt keinen Reisemangel auf Mallorca dar. Das Gegenteil ist der Fall. Ein Reisender würde es als Mangel auffassen, wenn er in der Hauptreisezeit auf Mallorca in einem Touristenzentrum auf Nachtruhe stoßen würde. (AG Köln, Az. 122 C 176/82)

- **Mäuse**
Es stellt keine wesentliche Beeinträchtigung dar, wenn während einer zweiwöchigen Urlaubsreise zwei Mäuse aus dem Garten durch die Terrassentür in den Speisesaal gelangen und dort von einem Gast erschlagen werden. (AG Frankfurt a.M., Az. 30/32/311 C 79/72)

- **Meerblick**
Wird in einem Pauschalreisevertrag Meerblick zugesagt, so besagt dies nicht, dass die Betrachtung des Meers direkt und in geradem Winkel möglich sein muss. Auch der seitliche Meerblick vom Balkon des Hotelzimmers genügt dieser Zusicherung. (AG Frankfurt a.M., Az 30 C 1208/85-69)

- **Reiseverzögerungen**
Zeitliche Verzögerungen bei der An- oder der Rückreise von vier Stunden muss der Reisende noch hinnehmen. Der Anreise- wie der Rückreisetag ist durch die Belastungen der Fahrt ohnehin ausgefüllt und hat keinen besonderen Erholungswert. (AG Frankfurt a.M., Az. 30 C 10424/80)

- **Sexuelle Belästigung**
Wird eine weibliche Pauschalreisende im Einflussbereich des Hotels durch Hotelangestellte und/oder einheimische Besucher sexuell in aufdringlicher Weise ständig belästigt, so stellt dies einen Reisemangel dar, wenn der Hotelier nicht dagegen einschreitet. Der Reisenden kann nicht entgegengehalten werden, dass sie ein solches Verhalten provoziert hat, da fröhliches Verhalten und leichte Kleidung zum Urlaubsalltag gehören. (LG Frankfurt a.M. NJW 1984, 1762)

- **Strand**
Ist der Strand vom Hotel 600 m weiter entfernt als im Prospekt zugesichert, so berechtigt dies nicht zur Minderung, da es unerheblich ist, ob man 10 Minuten oder 15 Minuten zum Strand geht (AG München, 151 C 33090/89). Der Reisende kann Minderung verlangen, wenn im Prospekt die Wegstrecke zum Strand mit 850 bis 1.500 m angegeben ist, aber tatsächlich 3,5 km

beträgt. Dabei ist es unbeachtlich, wenn der Veranstalter darauf hinweist, die angegebene Entfernung sei die Luftlinie, da man nicht davon ausgehen kann, der Reisende könne zum Strand fliegen. (AG München, Az. 6 C 15778/79)

- **Verwirkung**

Rügt ein Reisender erst drei Tage vor Ende der Reise mit einem Schreiben gegenüber der örtlichen Reiseleitung einzelne Reisemängel, so hat er seine reisevertraglichen Gewährleistungsansprüche verwirkt. Es ist in hohem Maße treuwidrig, eventuell vorhandene Reisemängel während fast des gesamten Urlaubs hinzunehmen, um dann nach Reiseende finanzielle Ansprüche daraus herleiten zu können. (AG Frankfurt a.M., 30 C 281/86-45)

- **Wasserknappheit**

Fällt während der gesamten Reisezeit zwischen 7 und 21 Uhr die Wasserversorgung aus, sodass es dem Reisenden nicht möglich ist, sich regelmäßig zu waschen und zu duschen und selbst Mahlzeiten zuzubereiten, ist hierfür eine Minderung des Reisepreises um ein Drittel angemessen. (AG München, Az. 6 C 15458/80)

- **Wüster Wüstenritt**

Ein Urlauber buchte eine Pauschalreise, in deren Rahmen auch ein Kamelritt bei Beduinen angeboten wurde. Der Tourist verletzte sich beim Versuch auf das Kamel aufzusteigen erheblich, denn das freche Kamel stand einfach auf und marschierte los, bevor der Reiter im Sattel saß. Da der Reiseveranstalter für diesen Ritt über seinen Kameltreiber (als seinem Erfüllungsgehilfen) kein geeignetes Tier zur Verfügung gestellt hatte, lag ein Reisemangel vor. Der Reiseveranstalter muss für diesen fatalen Wüstenritt insgesamt 16.100 EUR Schadensersatz für nutzlos aufgewendete Urlaubszeit einschließlich Schmerzensgeld für Fehler des Kameltreibers, der nicht auf sein eigenwilliges Reittier geachtet habe, zahlen. (OLG Koblenz NJW-RR 2014, 237)

- **Zimmerzuteilung**

Ein Reisender kann Minderung verlangen, wenn er sein gebuchtes Hotelzimmer erst gegen 16 Uhr beziehen kann und daher einige Stunden in der Hotelhalle warten muss. Dies stellt insbesondere einen Mangel dar, wenn das Reiseprogramm bereits am Morgen beginnen sollte und dem Reisenden ein Tag Urlaub verloren geht. (AG Frankfurt, Az. 31 C 12064/74)

Um diesen Entscheidungen zu Reisemängeln ein Sahnehäubchen aufzusetzen, sei das folgende Urteil des AG Mönchengladbach aus der NJW 1995, 884 wiedergegeben:

Beispiel:

- **Unharmonischer Intimverkehr als Reisemangel**

»BGB §§ 651d, f

Die Unterbringung in einem mit zwei Einzelbetten statt eines Doppelbetts ausgestatteten Ferienhotelzimmer und ein aufgrund dieses Umstands unharmonischer Intimverkehr während der Dauer des Urlaubs stellen nicht ohne weiteres einen zur Herabsetzung des Reisepreises berechtigenden Mangel dar. (Leitsatz der Redaktion)

AG Mönchengladbach, Urt. v. 25.4.1991 – 5a C 106/91

Zum Sachverhalt: Der Kl. hatte bei der Bekl. für sich und seine Lebensgefährtin eine Urlaubsreise nach Menorca gebucht. Geschuldet war die Unterbringung in einem Doppelzimmer mit Doppelbett. Der Kl. trug vor, nach der Ankunft habe er feststellen müssen, dass es in dem ihm zugewiesenen Zimmer kein Doppelbett gegeben habe, sondern zwei separate Einzelbetten, die nicht miteinander verbunden gewesen seien. Bereits in der ersten Nacht habe er feststellen müssen, dass er hierdurch in seinen Schlaf- und Beischlafgewohnheiten empfindlich beeinträchtigt worden sei. Ein »friedliches und harmonisches Einschlaf- und Beischlaferlebnis« sei während der gesamten 14-tägigen Urlaubszeit nicht zustande gekommen, weil die Einzelbetten, die zudem noch auf rutschigen Fliesen gestanden hätten, bei jeder kleinsten Bewegung mittig auseinander gegangen seien. Ein harmonischer Intimverkehr sei deshalb nahezu völlig verhindert worden. Der Kl. verlangte Schadensersatz wegen nutzlos aufgewendeter Urlaubszeit in Höhe von 20% des Reisepreises von 3.087 DM. Der erhoffte Erholungswert, die Entspannung und die ersehnte Harmonie mit seiner Lebensgefährtin seien erheblich beeinträchtigt gewesen. Dies habe bei ihm und bei seiner Lebensgefährtin zu Verdrossenheit, Unzufriedenheit und auch Ärger geführt. Der Erholungswert habe darunter erheblich gelitten. Die Bekl. bat um Klageabweisung. Sie meinte, die Klage könne nicht ernst gemeint sein.

Aus den Gründen: Das AG Mönchengladbach folgte dem Begehren der Bekl. Die Klage ist zulässig. Der Bekl. ist zuzugeben, dass hier leicht der Eindruck entstehen könnte, die Klage sei nicht ernst gemeint. Die Zivilprozessordnung sieht allerdings einen derartigen Fall nicht vor, sodass es hierfür auch keine gesetzlich vorgesehenen Konsequenzen gibt.
Die Klage ist aber jedenfalls in der Sache nicht begründet. Der Kl. hat nicht näher dargelegt, welche besonderen Beischlafgewohnheiten er hat, die festverbundene Doppelbetten voraussetzen. Dieser Punkt brauchte allerdings nicht aufgeklärt zu werden, denn es kommt hier nicht auf spezielle Gewohnheiten des Kl. an, sondern darauf, ob die Betten für einen durchschnittlichen Reisenden ungeeignet sind. Dies ist nicht der Fall. Dem Gericht sind mehrere allgemein bekannte und übliche Variationen der Ausführung des Beischlafs bekannt, die auf einem einzelnen Bett ausgeübt werden können, und zwar durchaus zur Zufriedenheit aller Beteiligten. Es ist also ganz und gar nicht so, dass der Kl. seinen Urlaub ganz ohne das von ihm besonders angestrebte Intimleben hätte verbringen müssen.
Aber selbst wenn man dem Kl. seine bestimmten Beischlafpraktiken zugesteht, die ein festverbundenes Doppelbett voraussetzen, liegt kein Reisemangel vor, denn der Mangel wäre mit wenigen Handgriffen selbst zu beseitigen gewesen. Wenn ein Mangel nämlich leicht abgestellt werden kann, dann ist dies auch dem Reisenden selbst zuzumuten mit der Folge, dass sich der Reisepreis nicht mindert und dass auch Schadensersatzansprüche nicht bestehen.
Der Kl. hat ein Foto der Betten vorgelegt. Auf diesem Foto ist zu erkennen, dass die Matratzen auf einem stabilen Rahmen liegen, der offensichtlich aus Metall ist. Es hätte nur weniger Handgriffe bedurft und wäre in wenigen Minuten zu erledigen gewesen, die beiden Metallrahmen durch eine feste Schnur miteinander zu verbinden. Es mag nun sein, dass der Kl. etwas Derartiges nicht dabei hatte. Eine Schnur ist aber für wenig Geld schnell zu besorgen. Bis zur Beschaffung dieser Schnur hätte sich der Kl. beispielsweise seines Hosengürtels bedienen können, denn dieser wurde in seiner ursprünglichen Funktion in dem Augenblick sicher nicht benötigt.
Anm. d. Schriftltg.: Vgl. hierzu den Kommentar von *Sendler* NJW 1995, 847.«

Literatur zur Vertiefung (→ Rn. 324–334): *Alpmann und Schmidt* SchuldR BT II, 7. Teil; *Brox/Walker* SchuldR BT § 28; *Coester-Waltjen*, Die Rechte des Reisenden bei mangelhaften Leistungen im Reisevertragsrecht, JURA 1995, 329 § 11; *Fikentscher/Heinemann* SchuldR § 85; *Führich*, Basiswissen Reiserecht, 3. Aufl. 2015; *Führich*, Reiserecht, 7. Aufl. 2015; *Führich*, Reisevertrag nach modernisiertem Schuldrecht, NJW 2002, 1082; *Lettmaier/Fischinger*, Grundfälle zum Reisevertragsrecht, JuS 2010, 14 und 99; *Looschelders* SchuldR BT § 34; *Lorenz*, Grundwissen Zivilrecht: Der Reisevertrag (§ 651a ff. BGB), JuS 2014, 689; *Medicus/Lorenz* SchuldR BT §§ 109–111; *Oetker/Maultzsch* VertraglSchuldverh § 9; *Staudinger/Röben*, Das Pauschalreiserecht – Ein Überblick über die wichtigsten Examensprobleme, JA 2015, 241; *Staudinger/Schürmann*, Die Entwicklung des Reiserechts in den Jahren 2010/2011, NJW 2011, 2769; *Weishaupt*, Referendarexamensklausur – Bürgerliches Recht: Probleme des Reisevertragsrechts, JuS 2005, 241; *Wiegand-Schneider*, Entwicklungstendenzen in der Rechtsprechung zum Reiserecht, DRiZ 2003, 90.

Übersicht 16

334

Reisevertrag

1. Gesetzliche Regelung: §§ 651a–m

Vertragsparteien: Reiseveranstalter – Reisender

gegenseitige Vertragspflichten

§ 651a I

- Reiseveranstalter: Erbringung der Gesamtheit von Reiseleistungen
- Reisender: Zahlung des vereinbarten Reisepreises

2. Schutzvorschriften für den Reisenden

a) **§ 651a II**: Keine Verweisung auf Leistungsträger von Teilleistungen = Gesamtverantwortlichkeit des Reiseveranstalters

b) Besserstellung des Reisenden vor Reiseantritt

- **§ 651b** → Vertragsübertragung
- **§ 651i** → Rücktrittsrecht

3. Rechte des Reisenden bei Schlechtleistung

Anwendung ab Vertragsschluss

Erfüllung

Abhilfe § 651c II
- nach fruchtlosem Fristablauf
- **Selbstvornahme**
- **Aufwendungsersatz § 651c III**

Gewährleistungsanspruch

Minderung § 651d I
- kraft Gesetzes
- Geltendmachung erst nach Mängelanzeige, § 651d II

Rückerstattung: § 651d I 2 iVm § 638 IV

Kündigung § 651e
- wegen erheblicher Beeinträchtigung
- nach Fristsetzung zur Abhilfe

Schadensersatz § 651f
- Mangel vom Reiseveranstalter zu vertreten
- neben Minderungs- oder Kündigungsrecht
- Mangel-/Mangelfolgeschaden
- »vertaner Urlaub« (immaterieller Schaden)

Ausschlussfrist für die Geltendmachung: 1 Monat, § 651g I
Verjährungsfrist: 2 Jahre ab vertraglichem Reiseende, § 651g II
Vertragliche Abweichungen zulasten des Reisenden nur nach §§ 651h, 651m

H. Maklervertrag

I. Wesen und Inhalt des Maklervertrags

Lesen Sie § 652 I (obwohl »**Mäkler**«, dürfen Sie ruhig »**Makler**« sagen). 335

Ein Maklervertrag gem. § 652 liegt vor, wenn eine Partei (Auftraggeber) der anderen (Makler) für den Nachweis der Gelegenheit zum Abschluss eines Vertrags oder für die Vermittlung eines Vertrags einen Maklerlohn verspricht. Dies kann gem. § 653 I (lesen!) auch stillschweigend geschehen.

Vom Dienst- und Werkvertrag unterscheidet sich der Maklervertrag dadurch, dass der Makler **nicht** zu einer Tätigkeit verpflichtet ist: Nur wenn er tätig wird und der Auftraggeber den vermittelten Vertrag schließt, besteht Anspruch auf Maklerlohn!

Andererseits ist auch der Auftraggeber nicht verpflichtet, den vom Makler angebote- 336
nen Vertrag mit dem Dritten abzuschließen: Nur wenn er es tut, muss er Maklerlohn zahlen!

Der Anspruch auf Maklerlohn in Form einer Provision oder Courtage setzt immer voraus, dass der in Aussicht genommene Vertrag, zB ein Grundstückskaufvertrag oder ein Versicherungsvertrag, tatsächlich abgeschlossen wurde, und zwar in Folge der Tätigkeit des Maklers. (In der Praxis kommt es an diesem Punkt häufig zu Meinungsverschiedenheiten, die vor Gericht geklärt werden müssen.)

II. Abgrenzung Makler – Vertreter

Wenn soeben von der Vermittlung zB eines Versicherungsvertrags durch einen Versi- 337
cherungsmakler die Rede war, darf nicht versäumt werden, darauf hinzuweisen, dass dieser keinesfalls mit dem sog. Versicherungsagenten verwechselt werden darf, von dem einmal[389] im Rahmen der Eigenhaftung des Stellvertreters die Rede war.

■ Was ist der Unterschied zwischen einem Versicherungsmakler und dem Versicherungsagenten?

▶ Der Versicherungsagent ist »Vertreter« eines Versicherungsunternehmens (vgl. § 69 VVG – gesetzliche Vollmacht). Seine Willenserklärung wird grundsätzlich dem vertretenen Versicherungsunternehmen (Versicherer) nach den §§ 164 ff. zugerechnet.
Der Versicherungsmakler dagegen ist weder Agent noch Gehilfe des Versicherers, sondern steht sozusagen in der Mitte zwischen diesem und dem Versicherungsnehmer. Der Makler kann gegenüber dem Versicherungsnehmer keine Willenserklärung abgeben, für die der Versicherer unter Umständen haftet; der Makler vermittelt, mit anderen Worten, nur die Möglichkeit zum Abschluss eines Versicherungsvertrags. Der Versicherungsmakler ist in der Regel selbstständiger Versicherungskaufmann, den gegenüber dem Versicherer oder Versicherungsnehmer keine vertragliche Erfüllungspflicht trifft, sondern lediglich eine Bemühungspflicht.

Nehmen Sie sich zur Wiederholung die folgende Übersicht 17 vor, auf der ich Ihnen am Ende auch ganz kurz die »**Auslobung**« und die »**Verwahrung**« vorstelle.

389 In *Wörlen/Metzler-Müller* BGB AT Rn. 398 ff.

Übersicht 17

338

Maklervertrag

1. **Gesetzliche Regelung: §§ 652–656**

Makler	**Vertragsparteien**	**Auftraggeber**
Nachweis der Gelegenheit zum Abschluss eines Vertrags (zB Grundstückskaufvertrag, Versicherungsvertrag)	**keine gegenseitigen Pflichten!**	**Muss** vermittelten Vertrag nicht abschließen! **Wenn** Vertragsabschluss aufgrund Nachweis durch Makler: Zahlung des Maklerlohns

2. **Makler wird selbstständig tätig** = nicht »in Vertretung« dessen, für den er Vertragsabschluss vermittelt (= keine Erfüllungspflicht, sondern »Bemühungspflicht«)
3. **Abgrenzung Versicherungsmakler – Versicherungsagent**

   Versicherungsagent (vgl. §§ 69 ff. VVG) wird als Vertreter eines Versicherungsunternehmens (»Versicherer«) tätig = Anwendung von §§ 164 ff. = Versicherungsunternehmen muss sich grundsätzlich Erklärungen des »Versicherungsvertreters« zurechnen lassen.

339

Auslobung

1. **Gesetzliche Regelung**: §§ 657–661a
2. **Wesen** (§ 657 – lesen!): »Bindendes Versprechen«, bei dem jemand »durch öffentliche Bekanntmachung eine Belohnung für die Vornahme einer Handlung, insbesondere für die Herbeiführung eines Erfolgs aussetzt« = **einseitig verpflichtendes Rechtsgeschäft** des Versprechenden!

   Beispiele: Belohnung für Aufklärung von Straftaten oder den Finder verlorener Sachen; auch bei einem Preisausschreiben (§ 661) handelt es sich um eine Art Auslobung iSv § 657!

340

Verwahrung

1. **Gesetzliche Regelung**: §§ 688–700
2. **Wesen** (§ 688 – lesen): **Einseitige Verpflichtung** des Verwahrers, eine ihm vom Hinterleger übergebene Sache aufzubewahren. Verwahrung kann entgeltlich oder unentgeltlich sein (§ 689). Bei unentgeltlicher Verwahrung haftet Verwahrer nur für Sorgfalt, welche er in eigenen Angelegenheiten anzuwenden pflegt (§ 690; vgl. auch § 694). Ggf.: Aufwendungsersatz gem. § 693.

Literatur zur Vertiefung (→ Rn. 335–340): *Alpmann und Schmidt* SchuldR BT II, 8. Teil; *Althammer*, Der Maklervertrag nach § 652 I BGB, JA 2006, 594; *Brox/Walker* SchuldR BT § 29 Rn. 65–77; *Dehner*, Die Entwicklung des Maklerrechts, NJW 1997, 18; *Fikentscher/Heinemann* SchuldR § 88; *Hirsch* SchuldR BT § 24 I; *Looschelders* SchuldR BT §§ 35 f.; *Medicus/Lorenz* SchuldR BT § 114; *Oetker/Maultzsch* VertraglSchuldverh § 10; *Schrader*, Grundkonstellationen des Immobilien- und Wohnungsmaklervertrages, JA 2015, 561; *Waibel/Reichstädter*, Maklerrecht im Überblick, JURA 2002, 649; *Weishaupt*, Der Maklervertrag im Zivilrecht, JuS 2003, 1166.

4. Kapitel. Weitere vertragliche (rechtsgeschäftliche) Schuldverhältnisse

Was wir hier betreiben, ist ein kurzer Spaziergang durch das Besondere Schuldrecht des BGB, auf dem wir einige der wichtigsten Sehenswürdigkeiten besichtigen. In diesem Kapitel zB nur weitere vertragliche Schuldverhältnisse. Das bringt die Paragrafenreihenfolge etwas »durcheinander«, da im BGB die vertraglichen und gesetzlichen Schuldverhältnisse »vermischt« sind. 341

So erscheint im Anschluss an die Verwahrung, deren Regelung mit § 700 endet, in den §§ 701 ff. das gesetzliche Schuldverhältnis der Haftung des Beherbergungsgastwirts (vgl. → Rn. 369).

Die wichtigen §§ 705 ff. regeln die Rechtsverhältnisse der »BGB-Gesellschaft«, die den organisatorischen Grundtyp aller handelsrechtlichen Personengesellschaften bildet. Sie werden daher in dem Grundriss von *Wörlen/Kokemoor* über das Handels- und Gesellschaftsrecht[390] näher betrachtet. Die »Gemeinschaft« (§§ 741 ff.) wird hier nicht dargestellt, da sie weder für juristische Anfänger noch für Nichtjuristen von besonderer Bedeutung ist. Größere Bedeutung kommt der Gemeinschaft hinsichtlich eigentumsrechtlicher Fragen zu, sodass auf sie im Sachenrecht bei der Behandlung des Miteigentums (§§ 1008 ff.) einzugehen ist.[391] Ebenso wenig relevant sind »Spiel/Wette« (§§ 762 f.).

Anders dagegen die »Bürgschaft«. Sie ist rechtlich interessant und als Kreditsicherungsmittel[392] praxisrelevant:

A. Bürgschaft

I. Begriff und Wesen

Das Bürgschaftsrecht des BGB wird von den §§ 765–778 umfasst. Lesen Sie § 765 I. 342
Das Wesen der Bürgschaft besteht darin, dass sich der Bürge gegenüber dem Gläubiger eines Dritten, den man als »Hauptschuldner« bezeichnet, verpflichtet, für die Erfüllung der Verbindlichkeit (Schuld) dieses Dritten einzustehen. Im Klartext: Unter bestimmten Voraussetzungen muss der Bürge an den Gläubiger – im Regelfall – eine Geldsumme zahlen, die der Hauptschuldner seinem Gläubiger schuldet.

Beachte: Eine Bürgschaft kann für jede schuldrechtliche Verbindlichkeit bestellt werden, nicht nur für Geldforderungen!

Zweck der Bestellung einer Bürgschaft ist die Sicherung einer wirksamen Forderung des Gläubigers gegen den Hauptschuldner (= Kreditsicherung).

Aufgrund des Bürgschaftsvertrags stehen ihm zwei Forderungen zu:

- eine Forderung gegen den Hauptschuldner (Hauptverbindlichkeit) und
- eine weitere gegen den Bürgen (Bürgschaftsschuld).[393]

390 Vgl. *Wörlen/Kokemoor* HandelsR Rn. 141–226.
391 Vgl. *Wörlen/Kokemoor* SachenR Rn. 57–61.
392 Vgl. dazu auch *Wörlen/Kokemoor* SachenR Rn. 251 ff.
393 Vgl. *Reinicke/Tiedtke*, Kreditsicherung, 6. Aufl. 2011, Rn. 5; *Reinicke/Tiedtke*, Bürgschaftsrecht, 3. Aufl. 2008, Rn. 1.

Die Rechtsverhältnisse der drei Beteiligten verdeutlicht die folgende Skizze:

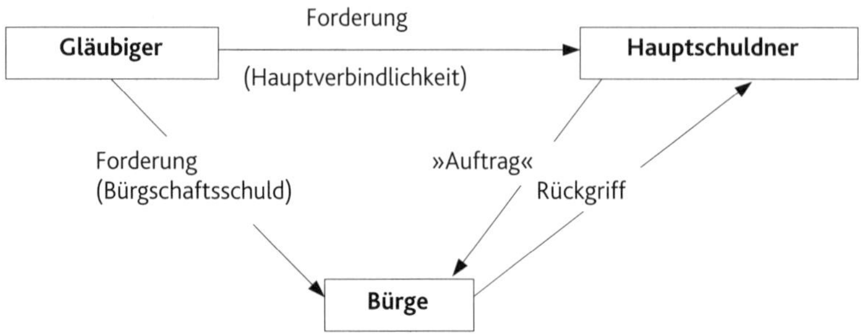

Aus dieser Grafik können Sie, außer der Tatsache, dass dem Gläubiger zwei Forderungen zustehen, auch das Rechtsverhältnis zwischen Hauptschuldner und Bürgen erkennen: In der Regel liegt diesem ein Auftrag in Form einer Geschäftsbesorgung zugrunde.[394]

II. Voraussetzungen und Rechtsfolgen des Bürgschaftsanspruchs

343 Einige wichtige Vorschriften des Bürgschaftsrechts wollen wir uns anhand des nächsten Übungsfalls verdeutlichen:

Übungsfall 17

Kurt Knubel (K) hat am 1.4. von Vladimir Vogt (V) mehrere Computerserver für 60.000 EUR gekauft und geliefert bekommen. Da er nicht alles bar bezahlen konnte, hat die Bonus-Bank AG (B) in Höhe von 40.000 EUR gegenüber dem V eine Bürgschaft übernommen. K zahlt die am 1.6. fällige Rate nicht, weil nach Installation der Server ein erwiesener Mangel hervorgetreten ist. V bestreitet den Mangel und will die B aus der Bürgschaft auf Zahlung der gesamten Restschuld in Anspruch nehmen. Die B weigert sich mit der Begründung, K habe die Zahlung der Raten mit Recht abgelehnt. Im Übrigen möge sich V zunächst an K halten.

Kann V die B mit Aussicht auf Erfolg verklagen?[395]

344 Eine Klage des V gegen B hätte Erfolg, wenn V gegen B einen Anspruch auf Zahlung der Restschuld hätte.

- Welche Anspruchsgrundlage käme für V möglicherweise in Betracht? (Überlegen Sie, bevor Sie weiterlesen!)
- ▶ Sie haben die Vorschrift, aus der sich ein Anspruch des V gegen B ergeben kann, vor kurzem gelesen: § 765 I!
  Danach ist der Bürge (B) gegenüber dem Gläubiger (V) eines Dritten (K) verpflichtet, für die Erfüllung der Verbindlichkeit des Dritten einzustehen, sofern ein wirksamer Bürgschaftsvertrag geschlossen wurde.

Für den Abschluss eines Bürgschaftsvertrags gelten wie für jeden Vertragsschluss die allgemeinen Vorschriften (§§ 145 ff.!), deren Einhaltung wir unterstellen.

394 Vgl. dazu → Rn. 309.
395 Weitere instruktive Bürgschaftsfälle vgl. *Alpmann und Schmidt* SchuldR BT II, 9. Teil.

Gemäß § 766 S. 1 (lesen!) ist zur Wirksamkeit des Bürgschaftsvertrages grundsätzlich die Schriftform der Bürgschaftserklärung erforderlich. Die elektronische Form reicht dafür nicht aus (§ 766 S. 2). **345**

- ■ Wurde diese Form eingehalten?
- ▶ Obwohl der Sachverhalt dazu keine Angaben enthält, ist der Vertrag nicht (gem. welcher Vorschrift des Allgemeinen Teils?[396]) nichtig.

Zwar wurde der mögliche Mangel der Form nicht durch Erfüllung der Hauptverbindlichkeit nach § 766 S. 3 (lesen – an welche bereits bekannten Vorschriften erinnert Sie diese Formulierung?[397]) geheilt, doch ist das unschädlich:

Unabhängig davon, ob B ihre Bürgschaftserklärung schriftlich oder mündlich abgegeben hat, ist diese wirksam. B als Bank-AG ist gem. § 6 I HGB und § 3 I AktG Kaufmann (Formkaufmann). Die Vorschriften des HGB als Sondergesetz gehen denen des BGB vor.[398] In § 350 HGB ist bestimmt, dass die Bürgschaftserklärung, die gem. § 343 I HGB für die Bank ein »Handelsgeschäft« ist, formfrei abgegeben werden kann. (Die Vorschriften des HGB brauchen Sie noch nicht zu lesen! Notieren Sie sich aber neben § 766 »§ 350 HGB«.)

Grundsätzlich müsste B für die Verbindlichkeiten des K gegenüber V einstehen, und zwar gem. § 767 I 1 in der Höhe der jeweils bestehenden Hauptverbindlichkeit (§ 767 I 1 lesen!). **346**

§ 767 I ist eine ganz wichtige Vorschrift, da sie den das Bürgschaftsrecht kennzeichnenden Grundsatz der dauernden Abhängigkeit (**Akzessorietät**) der Bürgschaftsverpflichtung von der Hauptschuld enthält.

Das Bürgschaftsrecht wird von dem sog. »Akzessorietätsprinzip« beherrscht.

- ■ Welche Hauptschuld besteht zwischen dem Schuldner K und dem Gläubiger V?
- ▶ Die Verpflichtung des K zur Kaufpreiszahlung!

- ■ Warum weigert K sich, die fällige Rate zu zahlen?
- ▶ Weil die Kaufsache einen erwiesenen Mangel (vgl. § 434!) hat.

- ■ Welche Rechte hat K deshalb gegenüber V?
- ▶ Er kann gem. § 437 Nr. 1–3 Nacherfüllung verlangen, Rücktritt oder Minderung erklären und ggf. Schadensersatz fordern, dh, er hat gegenüber dem Zahlungsanspruch des V eine »Einrede«[399], auf die er sich zu Recht beruft. Diese Einrede macht im vorliegenden Fall auch die Bank B geltend.

Ob sich auch der Bürge auf die Einrede des Hauptschuldners gegenüber dem Gläubiger berufen kann, ergibt sich aus dem Bürgschaftsrecht. Suchen und lesen Sie die entsprechende Vorschrift! **347**

Wenn Sie fündig geworden sind, haben Sie die Antwort in § 768 I gelesen.

---

396 **§ 125 S. 1!**

397 **§§ 311b I 2, 518 II.**

398 Vgl. hierzu *Wörlen/Metzler-Müller* BGB AT Rn. 39 (»Subsidiaritätsprinzip«) sowie Art. 2 EGHGB.

399 Vgl. hierzu *Wörlen/Metzler-Müller* BGB AT Rn. 415 ff.

Auch dies ist ein Ausfluss des Akzessorietätsprinzips: Der Bürge soll dem Gläubiger nur unter denselben Voraussetzungen wie der Hauptschuldner haften!

Im vorliegenden Fall verweigert B die Zahlung zu Recht: Unter Berufung auf die Mängelrechte des K (§ 437) und auf § 768 braucht sie nicht zu zahlen. Der Einwand der B, V möge sich erst an den Käufer halten, war überflüssig.

■ Was aber meinte B damit?

348 ▶ Die Antwort gibt § 771, eine weitere Zentralvorschrift des Bürgschaftsrechts (lesen!).

Man nennt diese Art von Verteidigung des Bürgen gegenüber dem Anspruch des Gläubigers »Einrede der Vorausklage«.

Die Einrede der Vorausklage ist unter bestimmten Voraussetzungen ausgeschlossen. Einzelne Ausschlussgründe enthält § 773 I (lesen!).

Unser Fall gibt keinen Anlass anzunehmen, dass einer dieser Gründe des § 773 vorliegt. Besonders wichtig ist § 773 I Nr. 1, von dem in der Praxis insofern häufig Gebrauch gemacht wird, als der Gläubiger auf dem Verzicht dieser Einrede besteht, um sich das lästige Vorgehen gegen seinen Hauptschuldner zu ersparen. Er möchte direkt gegen den Bürgen vorgehen können, wenn sein Schuldner nicht zahlt. Man nennt diese Art der Bürgschaft »**selbstschuldnerische Bürgschaft**«[400]. Der Bürge muss sich nach Befriedigung des Gläubigers an den Schuldner halten: Gemäß § 774 I (lesen!) ist die Forderung auf ihn übergegangen!

349 In unserem Fall müssen wir wieder berücksichtigen, dass es sich bei der Bank um einen Vollkaufmann im Sinne des HGB handelt.

§ 349 S. 1 HGB bestimmt, dass dem Bürgen die Einrede der Vorausklage nicht zusteht, wenn die Bürgschaft für ihn ein Handelsgeschäft ist. Dabei gelten die von einem Kaufmann vorgenommenen Rechtsgeschäfte im Zweifel gem. § 344 I HGB immer als Handelsgeschäfte.

■ Als Ergebnis unseres Falls können wir festhalten, dass eine Klage des V gegen B keinen Erfolg haben wird. Versuchen Sie, den Grund dafür selbst stichwortartig zu notieren, bevor Sie weiterlesen.

▶ B kann sich gegenüber der Zahlungsforderung des V gem. § 768 I 1 (lesen Sie auch Abs. 2) auf die Rechte des K aus § 437 berufen.

Die Einrede der Vorausklage ist dagegen gem. §§ 349 S. 1, 344 I HGB ausgeschlossen.

Bevor wir die Bürgschaft kurz von verwandten Rechtsgeschäften abgrenzen, prägen Sie sich die wichtigsten Vorschriften zur Bürgschaft auf Übersicht 18 ein.

400 Weitere Bürgschaftsarten sind zu finden bei *Richter* VertragsR 479 ff.

Übersicht 18

Bürgschaft 350

I. **Gesetzliche Regelung: §§ 765–778**

1. **Wesen:** Vertragliche Verpflichtung des **Bürgen**, gegenüber dem **Gläubiger** für Verbindlichkeit des Dritten (= **Hauptschuldner**) einzustehen (= Mittel der Kreditsicherung)

   Anspruch des Gläubigers (= Kreditgeber) gegen Bürge setzt immer das Bestehen einer Verbindlichkeit des Hauptschuldners voraus = **Grundsatz** der **AKZESSORIETÄT** von **BÜRGSCHAFT** und **HAUPTSCHULD**

2. **Schriftform** erforderlich: § 766 S. 1
   - Mangel wird durch Erfüllung geheilt (§ 766 S. 3)
   - Ausnahme: Bürgschaft ist Handelsgeschäft (§ 350 HGB)

II. **Wirkungen des Akzessorietätsgrundsatzes:**
§ 767: Bürgschaftsschuld immer in Höhe der Hauptschuld
§ 768: Bürge hat dieselben Einreden wie Hauptschuldner und kann sie geltend machen, auch wenn Hauptschuldner sich nicht darauf beruft

III. **Einrede der Vorausklage: § 771**
- Bürge kann Gläubiger auf Geltendmachung seiner Forderung bei Hauptschuldner verweisen
- Ausschluss der Einrede der Vorausklage: vgl. § 773! (Besonders wichtig: § 773 I Nr. 1 = »**selbstschuldnerische Bürgschaft**«)

IV. **Gesetzlicher Forderungsübergang: § 774**
- Wenn Bürge den Gläubiger befriedigt, wird Bürge Inhaber der Forderung gegen Hauptschuldner (§ 774 I 1). Über § 412 Anwendbarkeit von §§ 399 ff.
- Mitbürgen sind »Gesamtschuldner« § 774 II – § 426 (Ausgleichspflicht im »Innenverhältnis«)

III. Abgrenzung zu Schuldbeitritt und Garantievertrag

1. Schuldbeitritt (auch: »kumulative Schuldübernahme«[401])

hat zur Folge, dass derjenige, der der Schuld beitritt, neben dem Hauptschuldner als **Gesamtschuldner** (vgl. die Definition in § 421 S. 1) selbst verpflichtet wird. Der Schuldbeitritt ist – anders als die befreiende Schuldübernahme (§§ 414 ff.)[402] – gesetzlich nicht geregelt, aber als reiner Verpflichtungsvertrag (formlos) nach § 311 I im Rahmen der Vertragsfreiheit zulässig.[403] Der Beitretende übernimmt eine **eigene** Schuld – im Gegensatz zur Bürgschaft. Die Haftung des Beitretenden ist nicht subsidiär. Aufgrund des § 421 S. 1 kann der Gläubiger die Leistung nach seinem Belieben ganz oder zum Teil von jedem der Gesamtschuldner fordern. 351

Wie die Bürgschaft ist auch der Schuldbeitritt bei seiner Entstehung vom Bestehen einer Hauptschuld abhängig. Nach seiner Entstehung besteht beim Schuldbeitritt im

401 Vgl. *Wörlen/Metzler-Müller* SchuldR AT Rn. 437.
402 S. hierzu *Wörlen/Metzler-Müller* SchuldR AT Rn. 435–439.
403 Palandt/*Grüneberg* Überbl v. § 414 Rn. 2 mwN.

Unterschied zur Bürgschaft keine Akzessorietät von der Hauptverbindlichkeit: Die einzelnen Forderungen des Gläubigers gegen die Gesamtschuldner sind voneinander unabhängig.[404] Der Schuldbeitritt begründet eine selbstständige Verpflichtung des Beitretenden, während der Bürge nur haftet, solange die Hauptschuld tatsächlich besteht.

Die Formvorschrift des § 766 ist – obwohl der Beitretende strenger als ein Bürge haftet – nicht anwendbar.[405] Allerdings hat die Abgrenzung von Bürgschaft und Schuldbeitritt an Bedeutung verloren, da die besonderen Vorschriften für Verbraucherdarlehensverträge (§§ 491 ff.) auf den Schuldbeitritt eines Verbrauchers zu einem Darlehensvertrag entsprechend anwendbar sind. Analog § 492 I besteht deshalb auch in diesem Fall für den Schuldbeitritt ein Schriftformerfordernis.[406]

2. Der »Garantievertrag«

352 ist im Gesetz (nicht mit der unselbstständigen Garantie iSv § 443 verwechseln!) nicht geregelt, aber aufgrund der Vertragsfreiheit (§ 311 I) möglich. Durch den Garantievertrag soll ein künftiges Risiko in der Weise abgesichert werden, dass jemand die Haftung für einen bestimmten Erfolg oder die Gefahrtragung bzw. den Schaden übernimmt, der aus einem Rechtsverhältnis mit einem Dritten entstehen kann.[407] Im Gegensatz zur Bürgschaft, mit der der Garantievertrag das Einstehen für die Schuld eines Dritten gemeinsam hat, wird beim Garantievertrag eine von Bestand und Umfang einer anderen Forderung völlig unabhängige, selbstständige neue Forderung begründet, die keiner Veränderung unterliegt.

Die Garantie ist eine **verschuldensunabhängige Erfüllungshaftung**, bei der der Garant auch für alle »nicht typischen Zufälle« haftet.[408] Dieser Vertrag kann **formfrei** abgeschlossen werden. Da ihm ein besonderes wirtschaftliches und rechtliches Eigeninteresse des Garanten zugrunde liegt, bedarf es keiner warnenden Formvorschrift; eine Analogie zu § 766 scheidet aus.[409]

> **Beispiele:**[410] Ein Baubetreuer/Verkäufer übernimmt gegenüber dem Bauherrn/Erwerber die Garantie für eine bestimmte Finanzierung bzw. eine Garantie für die Vermietung eines Neubaus (Vermietungsgarantie) oder Erzielung einer bestimmten Miete (Mietgarantie).

Der Garant haftet – im Unterschied zum Schuldbeitritt – nicht als Gesamtschuldner. Nur wenn der vertraglich vereinbarte Garantiefall eintritt, greift seine Haftung.

---

404 *Reinicke/Tiedtke* Kreditsicherung, 6. Aufl. 2011, Rn. 2.
405 BGHZ 121, 1 (3 ff.) = NJW 1993, 584.
406 So auch *Looschelders* SchuldR BT Rn. 940.
407 *Creifelds* »Garantievertrag«.
408 NK-BGB/*Beckmann* Vorbem. zu §§ 765 ff. Rn. 14 mwN.
409 BGH BeckRS 1963, 31180480; MüKoBGB/*Bydlinski* Vorbem. § 414 Rn. 23.
410 Vgl. Palandt/*Sprau* Einf. v. § 765 Rn. 16.

B. Vergleich, Schuldversprechen und Schuldanerkenntnis

I. Vergleich

Der – grundsätzlich formfreie – Vergleich ist gem. § 779 I (lesen!) ein gegenseitiger Vertrag, durch den der Streit oder die Ungewissheit der Parteien über ein Rechtsverhältnis im Wege des gegenseitigen Nachgebens beseitigt wird. Der Ungewissheit über ein Rechtsverhältnis steht es gleich, wenn die Durchsetzung eines Anspruchs unsicher ist (§ 779 II). **353**

Sofern ein Streit oder eine Ungewissheit über ein Rechtsverhältnis, seien sie tatsächlicher (Beweisfragen!) oder rechtlicher Art, vorliegen und sich die Parteien durch gegenseitiges Nachgeben (dabei handelt es sich nicht um einen juristischen Begriff, sondern um einen solchen aus dem Sprachgebrauch des täglichen Lebens)[411] sozusagen »auf der Mitte« treffen, hat der Vergleich die Rechtsfolge, dass die streitigen Beziehungen der Parteien neu geregelt werden und ein Zurückgreifen auf die bisherigen Streitpunkte ausgeschlossen ist.[412] Indem das Gesetz einen Vergleich bei Irrtum über die Vergleichsgrundlage für unwirksam erklärt, lässt es ausnahmsweise einen »Motivirrtum«[413] relevant werden: Er liegt gem. § 779 I vor, wenn der nach dem Inhalt des Vergleichsvertrags als feststehend zugrunde gelegte Sachverhalt der Wirklichkeit nicht entspricht und der Streit oder die Ungewissheit bei Kenntnis der Sachlage nicht entstanden wären. Während es sich in § 779 um den »außergerichtlichen Vergleich« handelt, liegt die Hauptbedeutung des Vergleichs in der Praxis im »gerichtlichen Vergleich«: Ein solcher »Prozessvergleich« dient im Regelfall dazu, einen Rechtsstreit voll oder teilweise abzuschließen und hat nach Rechtskraft ähnliche Wirkung wie ein Urteil, dh unter anderem, er ist »Vollstreckungstitel« iSd § 794 I Nr. 1 ZPO, worauf wir nicht näher eingehen wollen, da das Zivilprozessrecht nicht unser Thema ist.

II. Schuldversprechen und Schuldanerkenntnis

Lesen Sie die §§ 780 und 781. Zu Recht werden Sie sich möglicherweise gefragt haben, worin der Unterschied zwischen diesen beiden einseitig verpflichtenden (!) Rechtsgeschäften besteht. Der Unterschied ist ein rein terminologischer.[414] **354**

> **Beispiel für Schuldanerkenntnis:**
> »Ich erkenne an, 1.000 EUR zu schulden«.

> **Beispiel für Schuldversprechen:**
> »Ich verspreche, 1.000 EUR zu zahlen«.

Voraussetzungen und Rechtsfolgen beider abstrakten, dh von einem zugrunde liegenden Schuldverhältnis unabhängigen Verträge sind identisch. Sinn dieser Verträge ist es, die Beweislage bei der Durchsetzung von Ansprüchen (zB aufgrund eines Verkehrsunfalls!) zu stärken. Grundsätzlich ist daher (= Schutz- und Beweisfunktion![415]) bei beiden die Schriftform Voraussetzung für ihre Wirksamkeit (Ausnahmen: § 782 – lesen – sowie wiederum § 350 HGB).

---

411 Vgl. auch Palandt/*Sprau* § 779 Rn. 9 unter Hinweis auf BGH 39, 60.
412 *Brox/Walker* SchuldR BT § 33 Rn. 8.
413 Vgl. dazu *Wörlen/Metzler-Müller* BGB AT Rn. 221 ff.
414 Die folgenden Beispiele sind nach *Brox/Walker* SchuldR BT § 33 Rn. 13. Muster für ein selbstständiges Schuldanerkenntnis mit Vollstreckungsunterwerfung: *Richter* VertragsR 485.
415 Vgl. dazu *Wörlen/Metzler-Müller* BGB AT Rn. 288 ff.

Literatur zur Vertiefung (→ Rn. 341–354): *Alexander*, Gemeinsame Strukturen von Bürgschaft, Pfandrecht und Hypothek, JuS 2012, 481; *Alpmann und Schmidt* SchuldR BT II, 9. bis 11. Teil; *Böcker*, »Bürgschaftsregress« (Examensklausur), JURA 2007, 617; *Brox/Walker* SchuldR BT §§ 32, 33; *Chledonis*, Einige Gedanken zur strittigen Rechtsnatur des selbstständigen Schuldversprechens (§§ 780 f. BGB), JURA 2014, 261; *Coester/Waltjen*, Die Bürgschaft, JURA 2001, 742; *Esser/Weyers* SchuldR BT I §§ 40–43; *Fikentscher/Heinemann* SchuldR §§ 96–98; *Führich* WirtschaftsPrivR Rn. 567 ff.; *Giesen*, Grundsätze der Konfliktlösung im Besonderen Schuldrecht: Die Bürgschaft, JURA 1997, 64 und 122; *Grigoleit/Herresthal*, Der Schuldbeitritt, JURA 2002, 825; *Hirsch* SchuldR BT §§ 36–40, 42 II und III; *Looschelders* SchuldR BT §§ 48–50; *Medicus*, Entwicklungen im Bürgschaftsrecht, JuS 1999, 833; *Medicus/Lorenz* SchuldR BT §§ 120, 123; *Musielak*, Bürgschaft, JA 2015, 161; *Oetker/Maultzsch* VertraglSchuldverh §§ 13–15; *Reinicke/Tiedtke*, Kreditsicherung, 6. Aufl. 2011; *Reinicke/Tiedtke* Bürgschaftsrecht, 3. Aufl. 2008 (beide Bücher zum Nachschlagen bei Zweifelsfragen); *Richter* VertragsR 474 ff., 484 ff.; *Riehm*, Aktuelle Fälle zum Bürgschaftsrecht, JuS 2000, 138, 241 und 343; *Schade* WirtschaftsPrivR Rn. 361 ff.; *Schlinker*, Rückgriffsansprüche des Bürgen nach Zahlung auf eine mit einer dauernden Einrede behafteten Forderung, JURA 2009, 404; *Schmolke*, Grundfälle zum Bürgschaftsrecht, JuS 2009, 679 (784); *Schreiber*, Die Verteidigungsmittel eines Bürgen, JURA 2007, 730; *Schreiber*, Schuldversprechen und Schuldanerkenntnis, JURA 2014, 8; *Wellenhofer-Klein*, Das Schuldanerkenntnis – Erscheinungsformen und Abgrenzungskriterien, JURA 2002, 505.

2. Teil. Gesetzliche Schuldverhältnisse

Lesen Sie zur Einführung noch einmal Übersicht 4 »Entstehung von vertraglichen und gesetzlichen Schuldverhaltnissen« in meinem Schuldrecht AT (falls vorhanden)![416] 355

Nun wissen Sie (wieder), dass gesetzliche Schuldverhältnisse unabhängig von einem darauf gerichteten Willen der Parteien allein kraft Gesetzes durch die Verwirklichung eines bestimmten Tatbestands entstehen. Vertragliche Schuldverhältnisse dagegen kommen durch zwei sich deckende Willenserklärungen der Beteiligten (= Angebot und Annahme) zustande.

Von gesetzlichen Schuldverhältnissen des besonderen Schuldrechts sind vier besonders hervorzuheben: Die »Geschäftsführung ohne Auftrag« (§§ 677–687), die »Haftung des Gastwirts« (§§ 701–704), die »Ungerechtfertigte Bereicherung« (§§ 812–822) sowie die »Unerlaubte(n) Handlung(en)« (§§ 823–853); dabei ist die Gastwirtshaftung in diesem Rahmen nicht so »wichtig« und wird nur kurz vorgestellt.

1. Kapitel. Geschäftsführung ohne Auftrag (GoA)

A. Begriff und Wesen

Die echte »Geschäftsführung ohne Auftrag« (im Folgenden wie gemeinhin üblich mit 356
»GoA« abgekürzt) ist dadurch gekennzeichnet, dass eine Person im Interessenbereich eines anderen für diesen tätig wird, ohne dass hierfür eine vertragliche oder gesetzliche Verpflichtung oder Berechtigung bestand. Das Gesetz gibt dem Handelnden unter bestimmten Voraussetzungen im Nachhinein eine Berechtigung für sein Tun und regelt diesen Tatbestand in § 677 (lesen!). Es handelt sich um die sog. »berechtigte GoA«.

B. Berechtigte GoA – Rechte und Pflichten der Beteiligten

Ob eine berechtigte GoA vorliegt, hängt gem. § 677 von folgenden Voraussetzungen 357
ab:

(1) Der Geschäftsführer muss ein Geschäft für einen anderen, ein (objektiv) »fremdes« Geschäft, besorgt haben.
(2) Der Geschäftsführer muss Fremdgeschäftsführungswillen haben.
(3) Der Geschäftsführer darf von dem anderen »nicht beauftragt« oder auf andere Weise, zB durch eine andere gesetzliche Vorschrift, zur Vornahme des Geschäfts verpflichtet oder berechtigt sein.
(4) Das Geschäft muss dem Interesse und dem »wirklichen oder mutmaßlichen Willen« des Geschäftsherrn entsprechen.

---

416 *Wörlen/Metzler-Müller* SchuldR AT Rn. 113.

Sind diese vier Voraussetzungen erfüllt, ist das gesetzliche Schuldverhältnis der GoA iSd §§ 677 ff. entstanden.

Rechtsfolgen sind bestimmte Pflichten für den Geschäftsführer und den Geschäftsherrn, aus denen entsprechende Rechte des anderen folgen.

I. Rechte des Geschäftsführers

358 Der Geschäftsführer kann gem. §§ 683 S. 1, 670 (beide Vorschriften lesen!) vom Geschäftsherrn Aufwendungsersatz verlangen. Unter »Aufwendungen« versteht man freiwillige Vermögensopfer im Interesse eines anderen.[417]

II. Rechte des Geschäftsherrn

359 Neben der in § 677 festgelegten Pflicht des Geschäftsführers, das Geschäft mit Rücksicht auf den wirklichen oder den mutmaßlichen Willen des Geschäftsherrn zu führen, hat der Geschäftsführer natürlich die Pflicht, das Geschäft mit der gebotenen Sorgfalt zu führen und darauf zu achten, dass dem Geschäftsherrn kein Schaden entsteht. Verletzt er diese allgemeine Sorgfaltspflicht und entsteht dem Geschäftsherrn hieraus ein Schaden, hat dieser entsprechende Schadensersatzansprüche, und zwar gem. § 280 I; ggf. nach § 823 I.

Wurde der Geschäftsführer für den Geschäftsherrn zur Abwehr drohender Gefahren tätig, mindert sich allerdings gem. § 680 der Verschuldensmaßstab, dh, der Geschäftsführer haftet nur für Vorsatz und grobe Fahrlässigkeit. Daneben hat der Geschäftsführer noch einige Nebenpflichten, die sich aus § 681 ergeben, der wiederum auf das Auftragsrecht verweist (§§ 680 und 681 lesen).

360 Dabei können sich insbesondere folgende Ansprüche des Geschäftsherrn ergeben:

(1) Anspruch auf Unterrichtung von der Übernahme der Geschäftsführung gem. § 681 S. 1 (nochmal lesen).
(2) Anspruch auf Auskunft und Rechenschaft gem. § 681 S. 2 iVm § 666 (lesen).
(3) Anspruch auf Herausgabe des aus der Geschäftsführung Erlangten gem. § 681 S. 2 iVm § 667 (lesen).

C. Unberechtigte GoA

361 Möglich ist auch, dass der Geschäftsführer ein Geschäft für den Geschäftsherrn nicht in dessen Interesse und entsprechend seinem Willen vornimmt, sondern gegen den Willen des Geschäftsherrn handelt. In diesem Fall spricht man von einer »unberechtigten GoA«, die gem. § 678 zu Schadensersatzansprüchen des Geschäftsherrn gegen den Geschäftsführer führen kann, sofern nicht die Ausnahme des § 679 (lesen) eingreift.

Andererseits trifft den Geschäftsherrn bei der »**unberechtigten GoA**« die Verpflichtung, alles, was er durch die Geschäftsführung erlangt hat, dem Geschäftsführer herauszugeben (§ 684 S. 1 – lesen). Aus der Formulierung »liegen die Voraussetzungen

417 Vgl. Palandt/*Grüneberg* § 256 Rn. 1.

des § 683 nicht vor« (dh: entspricht die Übernahme der Geschäftsführung nicht dem Willen oder den Interessen des Geschäftsherrn) folgt zugleich, dass dem unberechtigten Geschäftsführer kein Aufwendungsersatzanspruch zusteht.

Nach § 684 S. 2 kann der Geschäftsherr die Geschäftsführung allerdings genehmigen. Dann muss er das aus der Geschäftsführung Erlangte nicht herausgeben, ist aber wiederum zum Aufwendungsersatz nach § 683 verpflichtet.

D. »Schulfälle« zur GoA

Übungsfall 18

Hausbewohner Hubert Hinterseher (H) bemerkt, dass unter der Flurtür seines verreisten Wohnungsnachbarn Norbert Nebenan (N) Wasser herausfließt. Es ist zu vermuten, dass ein Rohrbruch eine Überflutung herbeigeführt hat. H verständigt sofort einen Klempner, der nach sachgemäßer Öffnung der Wohnungstür den Schaden behebt. H streckt die Reparaturkosten und die Kosten für die Öffnung der Wohnungstür vor.

Als N aus dem Urlaub zurückkehrt, verlangt H von ihm den Ersatz seiner Aufwendungen. Zu Recht?

■ Überlegen Sie selbst, welche Anspruchsgrundlage zugunsten des H eingreifen könnte! **362**

▶ Wenn Sie soeben aufmerksam gelesen oder die Vorschriften der §§ 677 ff. überflogen haben, haben Sie sicherlich »§ 683 S. 1 iVm § 670« gefunden.

Tipp: Unterstreichen Sie im Text von § 683 S. 1 die Worte »wie ein Beauftragter« und schreiben Sie daneben »§ 670« an den Rand!

■ Was setzt dieser Anspruch bezüglich der wahrgenommenen GoA voraus?

▶ Aus der Formulierung von § 683 S. 1 folgt, dass »berechtigte GoA« iSv § 677 vorliegen muss. Ob dies der Fall ist, hängt (→ Rn. 357) von vier Voraussetzungen ab.

■ Versuchen Sie (schriftlich), den Sachverhalt unter diese Voraussetzungen gutachtlich zu subsumieren, bevor Sie nachschlagen und weiterlesen!

▶ (1) H hat für seinen Nachbarn N ein objektiv fremdes Geschäft besorgt, indem er **363**
den Klempner beauftragt und anschließend dessen Rechnung bezahlt hat, da es eigentlich Sache des N ist, Rohrbrüche in seiner Wohnung reparieren zu lassen und entsprechende Rechnungen zu bezahlen.
(2) Da H mit der Geschäftsübernahme keine eigenen Interessen verfolgte, hatte er auch Fremdgeschäftsführungswillen.
(3) H hatte auch keinen Auftrag von N bekommen, der zur Zeit des Rohrbruchs im Urlaub war.
(4) Schließlich hatte H im Interesse des N und (zumindest) nach dem – objektiv zu beurteilenden – mutmaßlichen Willen des N gehandelt, da durch die rasche Reparatur ein größerer Schaden in dessen Wohnung verhindert wurde.

Somit sind alle Voraussetzungen einer berechtigten GoA iSv § 683 S. 1 iVm § 670 erfüllt, sodass der Anspruch des H gegen N auf Aufwendungsersatz begründet ist.

Übungsfall 19

Zacharias Zufall (Z) ist Zeuge eines Verkehrsunfalls, bei dem Bodo Beule (B) schwer verletzt wird und bewusstlos im Fahrzeug liegen bleibt. Z trifft sofort die ihm erforderlich scheinenden Maßnahmen: Anlegen eines Notverbands aus seinem Autoverbandskasten, telefonische Benachrichtigung des Unfallrettungsdienstes, Löschen des brennenden Unfallautos mit seinem Handfeuerlöscher, Benachrichtigung eines Abschleppdienstes usw. Nachdem B aus der Klinik entlassen wird, erweist er sich als undankbar und will die von Z getätigten Aufwendungen nicht ersetzen, da er lebensmüde ist und lieber gestorben wäre!

Z meint, B sei zum Aufwendungsersatz gesetzlich verpflichtet. Stimmt das?

364 ■ Was die Zahlungsverweigerung des B für die Lösung des Falls bedeutet, sollten Sie anhand der Gesetzeslektüre selbst herausfinden können! Versuchen Sie es und fertigen Sie ein stichwortartiges Gutachten (Anspruchsgrundlage/Voraussetzungen prüfen/Ergebnis formulieren) an, bevor Sie weiterlesen!

▶ Anspruchsgrundlage für Z gegen B könnte § 683 S. 1 iVm § 670 sein.
Voraussetzung für den Anspruch ist, dass Z in berechtigter Geschäftsführung ohne Auftrag für B gem. § 677 gehandelt hat. Da Z wegen dessen Bewusstlosigkeit von B nicht beauftragt worden war, wurde Z nicht in Erfüllung einer vertraglichen Verpflichtung tätig, sondern nahm ein objektiv fremdes Geschäft vor, das normalerweise im Interesse des B lag und seinem mutmaßlichen Willen entsprach. Da die Rettung jeden Menschenlebens, hier das des B, im öffentlichen Interesse liegt, ist der entgegenstehende Wille des B, auf den er sich offenbar beruft, in diesem Fall gem. § 679 unbeachtlich gewesen (die Rettung eines **Selbstmörders** ist entsprechend § 679 wegen der Wertung des § 323c StGB stets als berechtigte GoA anzusehen).[418]

Der Anspruch des Z gegen B ist begründet. B ist zum Ersatz der Aufwendungen gem. § 683 S. 1 iVm § 670 verpflichtet.

E. Eigengeschäftsführung

365 Von »Eigengeschäftsführung« spricht man, wenn jemand ein objektiv fremdes Geschäft nicht für den anderen, sondern – wie ein eigenes Geschäft – für sich führt. Dabei sind zwei Formen möglich:

I. Vermeintliche Eigengeschäftsführung

366 Wird ein objektiv fremdes Geschäft versehentlich als eigenes geführt, finden die Vorschriften über die »GoA« gem. § 687 I (lesen) keine Anwendung. Der Ausgleich zwischen den Parteien findet ggf. nach den Vorschriften über die »ungerechtfertigte Bereicherung« (§§ 812 ff.) statt, die Sie in Kürze kennen lernen werden.

418 Jauernig/*Mansel* § 679 Rn. 2 mit Hinweis auf BayObLGZ 68, 204. Andere Begründungen (Der Wille des geistig gestörten Selbstmörders ist analog §§ 104 Nr. 2, 105 unbeachtlich; der sog. Appellselbstmörder ist meist mit seiner Rettung nachträglich einverstanden, genehmigt also iSd § 684 S. 2) bzw. abweichende Ansichten s. NK-BGB/*Schwab* § 679 Rn. 13 mwN.

Beispiel: Karl Klein (K) hat von Eugen Eigen (E) ein Fahrrad erworben und verkauft es weiter an Detlef Dreier (D). K geht davon aus, dass er Eigentümer des Rads ist. In Wirklichkeit steht das Fahrrad noch im Eigentum des E, da die Übereignung von E an K wegen fortgeschrittener Demenz unwirksam war (vgl. §§ 104 Nr. 2, 105 I).

Hier fehlt der für die GoA erforderliche Fremdgeschäftsführungswille. Daher sind die Bestimmungen über die GoA nicht anwendbar.

II. Angemaßte Eigengeschäftsführung (»unechte GoA«)

Die »unechte GoA« liegt vor, wenn sich jemand anmaßt, ein objektiv fremdes Geschäft als eigenes zu führen, ohne dazu berechtigt zu sein, und dies auch weiß. Diesen Fall spricht § 687 II 1 an (lesen), der dem Geschäftsherrn die Ansprüche aus den §§ 677, 678, 681, 682 zugesteht. 367

Der Geschäftsherr kann das Geschäft genehmigen, es sozusagen »an sich ziehen«, um Ansprüche aus GoA geltend zu machen, dh, er kann von dem Geschäftsführer gem. §§ 687 II 1, 681 S. 2, 667 die Herausgabe des Erlangten verlangen. In diesem Fall ist er gem. § 687 II 2 iVm § 684 S. 1 wie bei der (echten) »unberechtigten GoA« verpflichtet, seinerseits das aus der Geschäftsführung Erlangte herauszugeben. Das bedeutet jedoch nicht, dass er alle aus der Geschäftsführung erlangten Vorteile herausgeben muss, sondern lediglich, dass er dem Geschäftsführer dessen Aufwendungen, die er selbst erspart hat, ersetzen muss.

Beispiel:[419] Dieb D verkauft das von ihm bei E gestohlene Bild zu einem Preis, der weit über dem Wert des Bildes liegt.
Der Verkauf des Bildes durch D war ein fremdes Geschäft, nämlich eigentlich das des E, welches D unberechtigterweise als eigenes Geschäft geführt hat.
Gemäß §§ 687 II 1, 681 S. 2, 667 kann E von D daher das aus der Geschäftsführung Erlangte (also den gewinnbringenden Kaufpreis) herausverlangen.
Falls D aber ein Verkaufsinserat in die Zeitung gesetzt hätte, müsste ihm E die dafür angefallenen Kosten gem. §§ 687 II 2, 684 S. 1 als Aufwendungsersparnis ersetzen.

Die wichtigsten Vorschriften zum Recht der GoA sind in der Übersicht 19 zusammengefasst.

419 Abgewandelt nach *Brox/Walker* SchuldR BT § 38 Rn. 4.

Übersicht 19 (Teil 1)

368

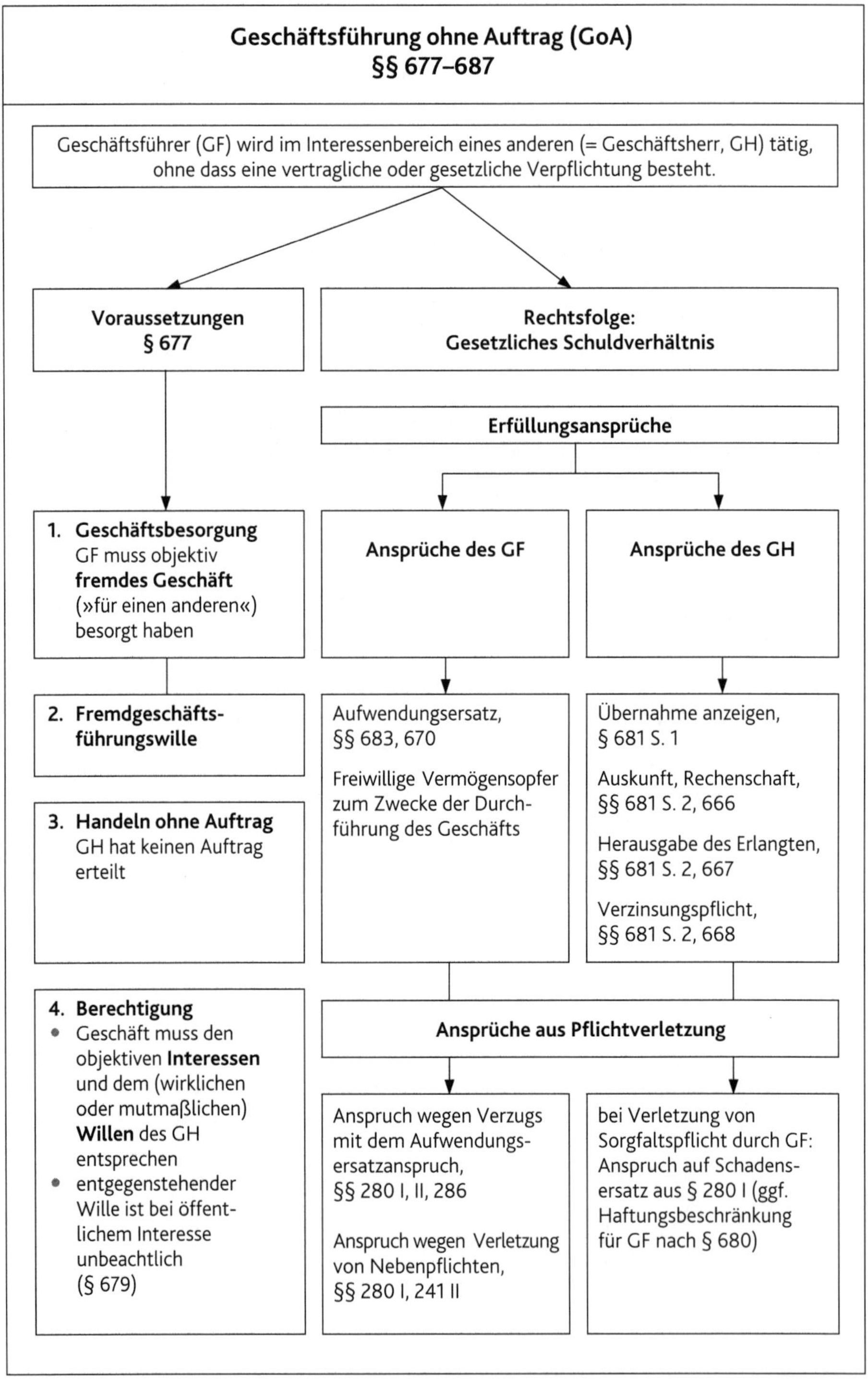

Übersicht 19 (Teil 2)

Echte und unechte GoA

Echte GoA		**Unechte GoA**	
Berechtigte GoA § 677	**Unberechtigte GoA § 678**	**Geschäftsanmaßung § 687 II**	**Vermeintliche GoA § 687 I**
Voraussetzungen			
1. Geschäftsbesorgung 2. Fremdgeschäftsführungswille 3. Handeln ohne Auftrag 4. Berechtigung	1. Geschäftsbesorgung 2. Fremdgeschäftsführungswille 3. Handeln ohne Auftrag 4. gegen den Willen des Geschäftsherrn	1. Geschäftsbesorgung 2. Eigengeschäftsführungswille 3. positives Wissen, dass fremdes Geschäft 4. keine Berechtigung	1. Geschäftsbesorgung 2. Eigengeschäftsführungswille 3. Auffassung, dass das Geschäft ein eigenes sei
Rechtsfolgen			
Schuldverhältnis entsteht **Pflichten des GF:** § 681 S. 1 §§ 681 S. 2, 666 §§ 681 S. 2, 667 §§ 681 S. 2, 668 Haftung nach § 280 I **Pflichten des GH:** §§ 683, 670 Haftung nach §§ 280 I, 241 II	**Schuldverhältnis entsteht** Ggf. Schadensersatzanspruch GH gegen GF nach § 678	**Die allgemeinen Vorschriften** (§§ 812 ff., 823 ff., 987 ff.) **gelten** Außerdem: **Pflichten des GF:** Herausgabe des Erlangten (§§ 687 II, 681 S. 2, 667) Auskunft, Rechenschaft, (§§ 687 II, 681 S. 2, 666) **Pflichten des GH:** Aufwendungsersatz nach §§ 684 S. 1, 812 ff.	**Nur die allgemeinen Vorschriften** (§§ 812 ff., 823 ff., 987 ff.) **gelten**

Exkurs: Haftung des Gastwirts

369 Die »Haftung des Gastwirts« (vgl. Überschrift § 701) für eingebrachte Sachen nimmt eine Zwischenstellung ein, da dieses gesetzliche Schuldverhältnis nur entstehen kann, wenn zuvor ein (anderes) vertragliches Schuldverhältnis begründet wurde. Lesen Sie § 701 I! Diese Haftung des Wirts ist allerdings unabhängig von einem Vertrag. Neben der gesetzlichen soll noch eine Vertragshaftung bestehen können. Die verschärfte gesetzliche Gastwirtshaftung wird mit den besonderen Diebstahlsgefahren wegen der Vielzahl von Personal und Gästen sowie mit der Beweisnot des geschädigten Gastes begründet.[420]

Statt »aufnimmt« müsste es in § 701 I eigentlich besser heißen »aufgenommen hat«: Denn bevor der Gastwirt Beteiligter des gesetzlichen Schuldverhältnisses im Sinne dieser Vorschrift werden kann, muss er einen »Beherbergungsvertrag« mit einem Gast geschlossen haben!

Beachte: Der Beherbergungsvertrag ist ein »gemischter Vertrag« (hierzu → Rn. 5 f.), der sowohl Elemente des Miet-, (oft auch) des Kauf- und des Verwahrungsvertrags enthält. – (Überlegen Sie selbst, welche Elemente dieser Vertragstypen der Beherbergungsvertrag enthält und lesen Sie die für die genannten Verträge geltenden Grundvorschriften im BGB nach!)

Wenn ein Beherbergungsvertrag zustande gekommen ist, haftet der »Gastwirt« gem. § 701 I – gemeint ist der »Beherbergungswirt« (Hotel, Pension etc.), nicht der Kneipenwirt (vornehmer: Schank- und/oder Speisewirt!) – für den Schaden, der dem Gast durch Verlust, Zerstörung oder Beschädigung von Sachen entsteht, die dieser in den Betrieb (Hotel, Pension …) eingebracht hat. Der (Beherbergungs- bzw.) Gastwirt haftet unter diesen Voraussetzungen unabhängig von seinem Willen kraft gesetzlicher Anordnung aus sog. »Gefährdungshaftung« (→ Rn. 431 ff.) und ist insofern Beteiligter eines gesetzlichen Schuldverhältnisses.

Literatur zur Vertiefung (→ Rn. 355–369): *Alpmann und Schmidt* SchuldR BT III, 2. Teil; *Brox/Walker* SchuldR BT §§ 31, 35–38; *Coester-Waltjen*, Das Verhältnis von Ansprüchen aus Geschäftsführung ohne Auftrag zu anderen Ansprüchen, JURA 1990, 608; *Esser/Weyers* SchuldR BT I §§ 39, 46; *Falk*, Von Titelhändlern und Erbensuchern – Die GoA-Rechtsprechung am Scheideweg, JuS 2003, 833; *Fikentscher/Heinemann* SchuldR § 87; *Giesen*, Grundsätze der Konfliktlösung im Besonderen Schuldrecht: Das Recht der fremdnützigen Geschäftsführung, JURA 1996, 225, 288 und 344; *Hey*, Die Geschäftsführung ohne Auftrag, JuS 2009, 400; *Hirsch* SchuldR BT § 61; *Hohloch*, Grundfälle zur Gastwirtshaftung, JuS 1984, 357; *Larenz* SchuldR II 1 §§ 57, 59; *Looschelders* SchuldR BT §§ 40–43, 45; *Martinek/Theobald*, Grundfälle zum Recht der Geschäftsführung ohne Auftrag, JuS 1997, 612, 805 und 992, JuS 1998, 27; *Medicus/Lorenz* SchuldR BT Rn. 953 ff., Rn. 1102–1123; *Medicus/Petersen* Grundwissen § 16; *Pesch*, Probleme der Geschäftsführung ohne Auftrag im Dienste der gesetzlichen Regelung, JURA 1995, 361; *Pöschke/Sonntag*, Fortgeschrittenen Klausur – Zivilrecht: Bestandsschutz durch Abschleppen vom Privatparkplatz, JuS 2009, 711; *Rademacher*, Die Geschäftsführung ohne Auftrag im europäischen Privatrecht, JURA 2008, 87; *Röthel*, Gesetzliche Schuldverhältnisse: Eine Einführung, JURA 2012, 362; *Röthel*, Rechtsfolgen der Geschäftsführung ohne Auftrag, JURA 2012, 598; *Schade* Wirt-

420 *Medicus/Lorenz* SchuldR BT Rn. 953 mwN und interessanten Ausführungen zur Entstehungsgeschichte.

schaftsPrivR Rn. 381 ff.; *Schimmel/Buhlmann*, Ein fehlgeschlagener Theaterbesuch, JURA 2001, 400; *Schmidt*, Der Anwendungsbereich der berechtigten Geschäftsführung ohne Auftrag, JuS 2004, 862; *Stamm*, Die Rückführung der sog. »auch fremden Geschäfte« von der Geschäftsführung ohne Auftrag auf die Gesamtschuld, JURA 2002, 730; *Tachau*, Berechtigte Geschäftsführung ohne Auftrag als unbestellte Leistung? Zur Konkurrenz von § 683 BGB und § 241a BGB, JURA 2006, 889; *Wandt* GesetzlSchuldverh §§ 2–8.

2. Kapitel. Ungerechtfertigte Bereicherung

A. Einführung

370 Wenn Sie bisher aufmerksam gelesen (und gelernt) haben, müsste Ihnen zumindest die erste und wichtigste Vorschrift des »Bereicherungsrechts« sofort eingefallen sein!

■ Falls nicht: Überlegen Sie! Suchen Sie im Gesetzestext oder im dazugehörigen Index!
▶ Sofern Sie diesem Ratschlag gefolgt sind, haben Sie diese Vorschrift gefunden: Das Recht der ungerechtfertigten Bereicherung ist in den §§ 812 ff. geregelt.

Lesen Sie § 812 I und den folgenden Lernhinweis von *Klunzinger*:[421]

»Zweck der in §§ 812 ff. BGB geregelten Ansprüche aus ungerechtfertigter Bereicherung ist es, »ungerechtfertigte« Vermögensverschiebungen rückgängig zu machen. Das könnte auf den ersten Blick missverstanden werden: Das Gesetz will damit nicht den »groben Hobel« ansetzen, um einen allgemeinen Ausgleich unterschiedlicher und damit möglicherweise (wirtschaftlich, gesellschafts- oder sozialpolitisch) als »ungerecht« empfundener Besitzverhältnisse zu erreichen. Es geht vielmehr darum, einen Rechtserwerb rückgängig zu machen, der zwar nach der Dogmatik (Anmerkung der Verfasserin: = »Wissenschaftliche Darstellung; Lehre«) des BGB rechtswirksam vollzogen ist, jedoch im Verhältnis zu demjenigen, der durch die Vermögensverschiebung benachteiligt ist, keinen Rechtsgrund besitzt. Dabei kennt das Gesetz keinen einheitlichen Tatbestand der ungerechtfertigten Bereicherung, sondern nur einen Katalog verschiedener Ansprüche mit unterschiedlichen Voraussetzungen. Allein in § 812 I BGB sind vier Bereicherungsfälle enthalten (**insoweit wäre es unvollständig und falsch, in einer Klausur als Anspruchsgrundlage lediglich § 812 BGB ohne Präzisierung der jeweiligen Variante zu nennen!**). Grundsätzlich unterscheidet man danach, ob die Bereicherung durch eine »Leistung« oder »in sonstiger Weise« erfolgte; man spricht insoweit von der »Leistungskondiktion« und der »Kondiktion in sonstiger Weise«.«

»Kondiktion« (lat. condictio) wurde aus dem Römischen Recht entlehnt. Es ist die Bezeichnung für die einzelnen bereicherungsrechtlichen Ansprüche.[422]

Der Unterschied zwischen diesen Kondiktionen wird Ihnen nach der Lektüre der folgenden Seiten (hoffentlich) klar sein.

B. Die vier Grundtatbestände von § 812 I

371 Das gesetzliche Schuldverhältnis des § 812 I gibt unter bestimmten Voraussetzungen dem Entreicherten einen Herausgabeanspruch gegen den Bereicherten. Diese Voraussetzungen wollen wir uns genauer ansehen und prüfungsschematisch ordnen. Lesen Sie nochmals Abs. 1 S. 1!

Danach muss jemand (der Anspruchsgegner)

(1) »etwas erlangt« haben (= darin liegt seine Bereicherung!).
Dies muss geschehen sein
(2a) »durch Leistung eines anderen« (des Anspruchstellers) (1. Variante)
oder
(2b) »in sonstiger Weise« (2. Variante),
und zwar
(3) »ohne rechtlichen Grund«.

421 Einführung in das Bürgerliche Recht, 16. Aufl. 2013, § 56.
422 Vgl. *Alpmann* Brockhaus »ungerechtfertigte Bereicherung«.

Bei der ersten Tatbestandsvariante handelt es sich um eine »**Leistungskondiktion**« (siehe oben). »Leistung« im Sinne des Bereicherungsrechts ist nach Rechtsprechung und Lehre »jede bewusste und zweckgerichtete Vermehrung fremden Vermögens«.[423]

Das Merkmal »auf dessen Kosten« ist bei der Leistungskondiktion entbehrlich und muss nicht gesondert geprüft werden. Denn es dient lediglich der Bestimmung des Bereicherungsgläubigers, die durch vorgenannte Definition der »Leistung« möglich ist. Dies lässt sich auch mit dem Wortlaut des § 812 I 1 vereinbaren, zumal man die Formulierung »auf dessen Kosten« sprachlich allein auf die 2. Variante (»in sonstiger Weise«) beziehen kann.[424]

Unter einer Bereicherung »in sonstiger Weise« (zweite Tatbestandsvariante von § 812 I 1) ist jede Art von Bereicherung zu verstehen, die **nicht** durch eine Leistung des Entreicherten erfolgt. Dies ist zB der Fall, wenn der Bereicherte einen Eingriff in das Vermögen des Entreicherten vornimmt. Man nennt diese 2. Variante des § 812 I 1 »**Nichtleistungskondiktion**«, deren wichtigster Unterfall die »Eingriffskondiktion« ist. Außer dieser Eingriffskondiktion gibt es als Unterfälle der Nichtleistungskondiktion noch die sog. **Rückgriffkondiktion** (zB wenn ein Dritter den Schuldner von dessen Verbindlichkeit gegenüber dem Gläubiger befreit) oder die **Verwendungskondiktion** (zB wenn jemand Aufwendungen zugunsten eines anderen tätigt). Schulbeispiel für die Eingriffskondiktion ist der eigenmächtige Ge- oder Verbrauch fremder Sachen (zB – etwas »altmodisch«? – Kohle des Nachbarn im Keller wird »verheizt«; dazu noch später).

Bei dieser Kondiktion ist – anders als bei der Leistungskondiktion – stets zu prüfen, ob der Eingriff in das Recht eines anderen »auf dessen Kosten« erfolgt ist. Bei dem anderen muss allerdings keine Vermögensminderung eingetreten sein – zumal nur eine Bereicherung rückgängig gemacht werden und nicht eine Vermögensminderung (wie beim Schadensersatzrecht) ausgeglichen werden soll. Das Merkmal »auf dessen Kosten« dient hier der Bestimmung des Bereicherungsgläubigers: Der Anspruch steht demjenigen zu, in dessen Rechtsposition eingegriffen wurde. Also beim Eingriff in das Eigentum dem Eigentümer.

Die Unterteilung in die vorgenannten **zwei Gruppen von Bereicherungsansprüchen**

■ Zwischenfrage: Wie lautet deren Bezeichnung?
▶ Siehe Fußnote.[425]

wird auch »**Trennungstheorie**« genannt. So die hM. Die – früher vertretene – **Einheitslehre bzw. -theorie** geht hingegen von einem einheitlichen Tatbestand der ungerechtfertigten Bereicherung aus.[426]

Die **Nichtleistungskondiktion** ist gegenüber der Leistungskondiktion **grundsätzlich subsidiär**. Denn eine Bereicherung »durch Leistung« schließt eine Bereicherung »in sonstiger Weise« begrifflich aus. Dieser sich aus dem Gesetzeswortlaut ergebende 372

423 Vgl. statt aller Palandt/*Sprau* § 812 Rn. 3 und Rn. 14 mwN.
424 So auch *Looschelders* SchuldR BT Rn. 1029 mwN.
425 Leistungskondiktion und Nichtleistungskondiktion.
426 Hierzu NK-BGB/*v. Sachsen Gessaphe* Vorbem. zu §§ 812 ff. Rn. 16 mwN; *Looschelders* SchuldR BT Rn. 1012 mwN.

Vorrang der Leistungs- gegenüber der Nichtleistungskondiktion bezieht sich allerdings auf das Zweipersonenverhältnis: Was durch eine »Leistung« erlangt worden ist, kann nicht zugleich »in anderer Weise« erlangt worden sein.[427] Wenn Sie § 812 I 2 lesen, sehen Sie, dass dort zwei weitere Tatbestände der Leistungskondiktion geregelt sind.

Der Herausgabeanspruch nach § 812 I besteht nach Satz 2, 1. Var. auch, wenn der rechtliche Grund (der Leistung) nicht schon von Anfang an fehlte (wie bei Abs. 1 S. 1, 1. Var.), sondern später wegfällt oder der mit einer Leistung bezweckte Erfolg nicht eintritt (Satz 2, 2. Var.).

Was das bedeutet, wird klarer, wenn wir diese vier Tatbestandsvarianten anhand praktischer Beispiele betrachten.

I. § 812 I 1, 1. Var. (Leistungskondiktion)

Übungsfall 20

Viktor Vaupel (V) und Kunibert Kunde (K) (beide volljährig)[428] schließen am 7.2. einen Kaufvertrag über ein wertvolles Buch (»Weltatlas mit Goldschnitt«) zum Preis von 60 EUR. Die Übereignung des Buchs und Gelds findet am 2.3. statt. Bis zum 28.2. war V geisteskrank! Am 1.3. ist er nach entsprechender ärztlicher Behandlung wieder gesund.

Kann V das Buch von K herausverlangen?

373 Bevor wir diesen Fall nach dem Bereicherungsrecht lösen, möchte ich ihn dazu benutzen, Ihnen noch einmal das wichtige »Abstraktionsprinzip«[429] in Erinnerung zu rufen.

■ Was ist der wesentliche Inhalt des »Abstraktionsprinzips«? (Beliebte Prüfungsfrage! Versuchen Sie, selbst die Antwort zu formulieren, bevor Sie weiterlesen!)

► Das Abstraktionsprinzip besagt, dass das schuldrechtliche Verpflichtungsgeschäft (zB ein Kaufvertrag iSv § 433) rechtlich streng zu trennen ist von dem in Erfüllung der schuldrechtlichen Verpflichtung folgenden sachenrechtlichen Verfügungsgeschäft (zB der Übertragung des Eigentums an einer beweglichen Sache gem. § 929 S. 1 – lesen!). Jedes dieser Geschäfte ist für sich abstrakt von dem anderen zu betrachten. Dabei kann es vorkommen, dass zB das Verpflichtungsgeschäft unwirksam war, während das nachfolgende Verfügungsgeschäft wirksam war (oder umgekehrt!).

■ Welches sachenrechtliche Verfügungsgeschäft hat der Verkäufer V am 2.3. vorgenommen?

► Die Übertragung des Eigentums (= Übereignung) an dem Buch gem. § 929 S. 1 durch Einigung und Übergabe. Da V am 2.3. »gesund« war, war seine im Rahmen der Einigung abgegebene Willenserklärung wirksam, sodass K Eigentümer des Buchs geworden ist. V kann den Herausgabeanspruch des Eigentümers aus § 985,

427 *Medicus/Petersen* BürgerlR Rn. 727 mwN. Hier finden Sie auch nähere Erläuterungen dieser Problematik im Dreipersonenverhältnis.

428 **Dieser klarstellende Hinweis ist eigentlich überflüssig! Wenn zwei Parteien einen Vertrag schließen und über ihr Alter nichts ausgesagt ist, dürfen (müssen!) Sie vom »Normalfall« der Volljährigkeit der Geschäftspartner ausgehen!**

429 Vgl. *Wörlen/Metzler-Müller* BGB AT Rn. 268 ff.

an den man immer zuerst denkt, wenn es um die Herausgabe einer Sache geht, nicht geltend machen.

- Betrachten Sie nun den Kaufvertrag vom 7.2., aufgrund dessen V die Eigentumsübertragung vorgenommen hat. War dieser Kaufvertrag (das schuldrechtliche Verpflichtungsgeschäft) wirksam? (Denken Sie nach!)
- Voraussetzung für die Wirksamkeit eines Vertrags sind bekanntlich zwei übereinstimmende Willenserklärungen. Da V am 7.2. geisteskrank war, war seine auf den Kaufvertragsschluss zielende Willenserklärung gem. § 105 I iVm § 104 Nr. 2 nichtig bzw. der Kaufvertrag unwirksam.

V war gar nicht gem. § 433 I 1 zur Übertragung des Eigentums an dem Buch auf K verpflichtet. Da er das Eigentum am 2.3. dennoch gem. § 929 S. 1 wirksam auf K übertragen und damit seinen Anspruch aus § 985 verloren hat, könnte er die unerwünschte Folge des Abstraktionsprinzips nicht mehr beseitigen, wenn nicht das Bereicherungsrecht einen Ausgleich schaffen würde:

Ein Anspruch auf Herausgabe des Buchs könnte sich für V aus § 812 I 1, 1. Var. ergeben. **374**

Lernhinweis: Die folgende Nummerierung der Tatbestandsvoraussetzungen entspricht dem unter → Rn. 374 aE abgedruckten Prüfungsschema.

I. Voraussetzungen:

(1) K müsste **etwas erlangt** haben. »Etwas« kann jede Verbesserung der Vermögenssituation sein, wobei Vermögen großzügig zu begreifen und nicht nur als Vermögens**wert** zu verstehen ist.[430] K hat Besitz (§ 854) und Eigentum an dem Buch erlangt, da die am 2.3. im Rahmen von § 929 S. 1 abgegebene Einigungserklärung des V wirksam war.

(2) Dies müsste durch eine **Leistung** des V geschehen sein. »Leistung« ist jede bewusste, gewollte und zweckgerichtete Vermögensmehrung. Eine Vermögensmehrung lag vor, da V dem K am 2.3. das Buch bewusst zum Zwecke der Erfüllung des Kaufvertrages übereignet hatte.

(3) Schließlich müsste K das Buch »**ohne rechtlichen Grund**« erlangt haben. Als rechtlicher Grund kommt der am 7.2. geschlossene Kaufvertrag in Betracht. An diesem Tag war V aber geisteskrank und deshalb geschäftsunfähig (§ 104 Nr. 2). Seine zu diesem Zeitpunkt abgegebene Willenserklärung ist gem. § 105 I nichtig. Ein wirksamer Kaufvertrag kam zwischen V und K nicht zustande, sodass K das Buch ohne rechtlichen Grund erlangte.

II. Rechtsfolge:

Damit sind alle Voraussetzungen von § 812 I 1, 1. Var. erfüllt mit der Folge, dass V das Buch von K herausverlangen kann.

Auf die gleiche Weise kann K wieder das als Kaufpreis gezahlte Geld zurückbekommen! Prüfen Sie § 812 I 1, 1. Var. daraufhin systematisch durch!

430 Jauernig/*Stadler* § 812 Rn. 8.

Prüfungsschema

Leistungskondiktionen gem. § 812 I

I. Voraussetzungen:
1. Anspruchsgegner muss etwas erlangt haben
2. durch eine Leistung des Anspruchstellers
3. a) Fehlen des rechtlichen Grundes, § 812 I 1, 1. Var.
   b) späterer Wegfall des rechtlichen Grundes, § 812 I 2, 1. Var.
   c) Nichteintritt des bezweckten Erfolges, § 812 I 2, 2. Var.

II. Rechtsfolge:
Herausgabe oder Wertersatz – Umfang des Bereicherungsanspruchs: §§ 818 f.

II. § 812 I 1, 2. Var. (Nichtleistungskondiktion)

Übungsfall 21

Robert Reiter (R) hat ein Reitpferd bei Bauer Bertold Baum (B) im Stall untergebracht, in dem noch einige Pferde des B stehen. Der Gehilfe des B füttert versehentlich auch die Pferde des B mit dem im Eigentum des R stehenden Pferdefutters.

R will von B Herausgabe des Geldes, das er für das Futter ausgegeben hatte. Zu Recht?

375 R könnte gegen B einen Anspruch aus ungerechtfertigter Bereicherung gem. § 812 I 1, 2. Var. haben.

■ Welche drei Voraussetzungen müssen für diesen Anspruch erfüllt sein? (Blättern Sie zurück und schreiben Sie sich die drei Voraussetzungen der 2. Var. von § 812 I 1 auf, bevor Sie weiterlesen!)

▶ (1) Damit der Anspruch des R begründet ist, müsste B »etwas erlangt« haben!

■ Was hat B erlangt? (Das Pferdefutter? Wohl kaum; das haben die Pferde [fressender Weise] erlangt … Überlegen Sie! Was verlangt R?)

▶ Hätte der Gehilfe das dem B und nicht dem R gehörende Pferdefutter verwendet, hätte B sich neues Pferdefutter kaufen müssen! B hat dadurch Aufwendungen »erspart«; er hat, anders ausgedrückt, eine »Aufwendungsersparnis« erlangt.

(2) B hat diese Ersparnis nicht durch eine Leistung des R erlangt, sondern »in sonstiger Weise« auf Kosten des R, durch den Eingriff seines Gehilfen in das Eigentum des R.

(3) Dieser Eingriff erfolgte schließlich ohne rechtlichen Grund (es gibt keinen rechtlichen Grund dafür, ohne Erlaubnis fremdes Eigentum zu verbrauchen!), sodass R von B die Herausgabe der ersparten Aufwendungen verlangen kann.

Prüfungsschema
Nichtleistungskondiktion gem. § 812 I 1, 2. Var.

I. **Voraussetzungen:**
1. Anwendbarkeit der Nichtleistungskondiktion
2. Anspruchsgegner muss etwas erlangt haben
3. in sonstiger Weise auf Kosten des Anspruchstellers
   - Eingriffskondiktion (Eingriff in fremde Rechtsposition)
   - Rückgriffkondiktion (Leistung auf fremde Schuld des Anspruchsgegners)
   - Verwendungskondiktion (Verwendung auf fremde Sachen des Anspruchsgegners)
4. ohne Rechtsgrund

II. **Rechtsfolge:**
Herausgabe oder Wertersatz – Umfang des Bereicherungsanspruchs: §§ 818 f.

III. § 812 I 2, 1. Var. (Leistungskondiktion)

Übungsfall 22

Vater Volker (V) schenkt seinem Sohn Siegfried (S), der noch im Elternhaus wohnt, zum bestandenen 1. juristischen Staatsexamen einen VW-Polo. Während der folgenden Referendarzeit verliert S immer mehr das Interesse für die Juristerei, die ihm in der Praxis plötzlich öde und trocken erscheint. Anstatt sich ernsthaft auf das 2. Staatsexamen vorzubereiten und die angebotenen Klausurenkurse zu besuchen, treibt S sich überwiegend in Weinstuben herum, um seinen Frust zu ertränken. Eines Abends kommt S zu wiederholtem Mal angetrunken nach Hause und wird von V wegen seines ungesunden Lebenswandels zur Rede gestellt. Im Verlauf des lautstarken Wortwechsels beleidigt S seinen Vater aufs Übelste und wird handgreiflich. Als S am nächsten Morgen seinen Rausch ausgeschlafen hat, verlangt sein Vater eine Entschuldigung. S verweigert diese mit einem bekannten Goethe-Zitat aus »Götz von Berlichingen«.

Daraufhin erklärt V den Widerruf der Schenkung und verlangt von S die Herausgabe des Autos. Zu Recht?

Als Anspruchsgrundlage, nach der V von S Herausgabe des Autos verlangen könnte, kommt § 812 I 2, 1. Var. in Betracht. 376

Lesen Sie § 812 I noch einmal ganz! Satz 2 nimmt Bezug auf Satz 1 (»Diese Verpflichtung besteht auch dann, wenn (1) … **oder** (2) …«).

Im Unterschied zur ersten Variante von Satz 1 (»ohne rechtlichen Grund«, der von Anfang an nicht vorhanden war) fällt in Satz 2 der (ursprünglich vorhandene) rechtliche Grund für eine Leistung später weg.

Auch der Anspruch aus § 812 I 2, 1. Var. hat drei

Voraussetzungen:

Lernhinweis: Die folgende Nummerierung der Tatbestandsvoraussetzungen entspricht dem unter → Rn. 374 aE abgedruckten Prüfungsschema.

(1) S muss »etwas erlangt« haben. 377

■ Was hat S erlangt? (Geben Sie die Antwort zunächst wieder selbst und begnügen Sie sich nicht damit zu sagen, S habe »das Auto« erlangt, sondern geben Sie eine juristisch fundierte Antwort! Was hat S, **rechtlich** gesehen, wirklich erlangt? Erst denken, dann lesen!)

▶ S hat nicht nur »das Auto« erlangt, sondern Besitz und Eigentum an diesem (vgl. § 929 S. 1)!

(2) Dies muss durch eine »Leistung« des V geschehen sein.

■ Ist dies der Fall? (Nachdenken!)

▶ V hat bewusst und zweckgerichtet das Vermögen des S vermehrt, indem er in Erfüllung des Schenkungsvertrags[431] dem S das Auto übereignet hat (§ 929 S. 1). Auch die zweite Voraussetzung für den Anspruch ist erfüllt.

(3) Der rechtliche Grund für diese Leistung muss »später weggefallen« sein!

378 Die Überlassung des Autos an S erfolgte aufgrund einer wirksamen »Handschenkung« gem. § 516 I, sodass die Leistung des V zunächst mit rechtlichem Grund erbracht wurde.

Der rechtliche Grund könnte aber später dadurch weggefallen sein, dass V die Schenkung widerrufen hat. Dann müsste der Widerruf wirksam sein.

Nach § 530 I kann eine Schenkung widerrufen werden, wenn sich der Beschenkte durch eine schwere Verfehlung gegen den Schenker groben Undanks schuldig gemacht hat.

Das Vorliegen dieser Voraussetzung ist in einer Gesamtwürdigung unter Berücksichtigung auch des Verhaltens des Schenkers zu beurteilen.[432]

V hat sich nach den Beschimpfungen und der Handgreiflichkeit seines Sohnes korrekt verhalten, indem er offenbar auf die Trunkenheit des S Rücksicht nahm und ihm am nächsten Tag Gelegenheit zu einer Entschuldigung gab. Indem S diese Gelegenheit nicht wahrgenommen, vielmehr eine neue Beleidigung ausgesprochen hat, hat er sich groben Undanks schuldig gemacht.

379 Gemäß § 531 I erfolgt der Widerruf der Schenkung durch Erklärung gegenüber dem Beschenkten. Diese Erklärung hat V gegenüber S abgegeben. Der Widerruf der Schenkung ist somit wirksam.

Folglich ist der zunächst wirksame Schenkungsvertrag nunmehr unwirksam, sodass der rechtliche Grund für die Leistung des V (später) weggefallen ist.

Rechtsfolge:

Gemäß § 812 I 2, 1. Var. (auf den § 531 II verweist) verlangt V daher zu Recht die Herausgabe des Autos.

IV. § 812 I 2, 2. Var. (Leistungskondiktion)

380 Die gleiche Rechtsfolge (Herausgabe des Erlangten) soll schließlich gem. § 812 I 2, 2. Var. eingreifen, wenn der mit einer Leistung bezweckte Erfolg nicht eintritt (§ 812 I im Hinblick auf diese Variante nochmals ganz lesen!).

---

431 → Rn. 145–150.

432 BGH BeckRS 2005, 13945 = FamRZ 2006, 196; NK-BGB/*Dendorfer* § 530 Rn. 3.

Ein solcher Fall liegt zB vor, wenn jemand einem anderen einen Schuldschein (vgl. dazu auch die §§ 371, 952) unterzeichnet, um ein Darlehen zu bekommen, das dann aber nicht ausgezahlt wird. Er kann diesen Schuldschein gem. § 812 I 2, 2. Var. wieder herausverlangen.

C. Die Sondertatbestände der Eingriffskondiktionen des § 816

I. Entgeltliche Verfügung eines Nichtberechtigten

Lesen Sie § 816 I 1! Die Bedeutung dieser Vorschrift verdeutlicht der nächste Übungsfall:

Übungsfall 23

Norbert Neumann (N) macht Urlaub auf Sylt und mietet sich dort bei dem Fahrradvermieter Bertold Bike (B) ein wertvolles Fahrrad, mit dem er sich auf der Insel trimmen will. Den vielen Schweiß, den er dabei verliert, holt er sich abends in Form geistiger Getränke in Sylts »Schickeria-Lokalen« wieder zurück. Als er gegen Ende des Urlaubs feststellt, dass er nahezu »pleite« ist, meint er, er habe sich genug getrimmt, verkauft das Fahrrad für 1.000 EUR an den gutgläubigen Egon Eigen (E) und übereignet diesem das Rad.

B erfährt rechtzeitig davon und verlangt von N Herausgabe des Erlöses von 1.000 EUR. Zu Recht?

Die Skizze verdeutlicht dieses »Dreiecksverhältnis«: 381

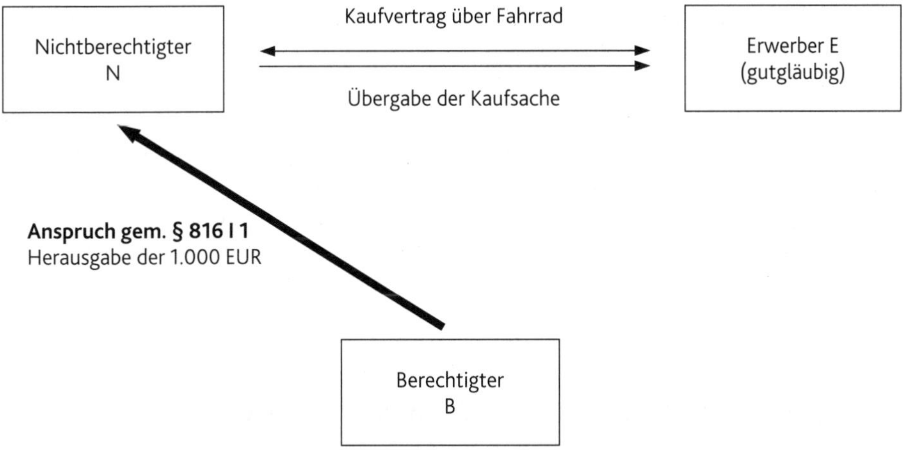

B könnte gegen N einen Anspruch auf Herausgabe der 1.000 EUR gem. § 816 I 1 haben.

Dafür müssen zwei **Voraussetzungen** erfüllt sein:

Lernhinweis: Die folgende Nummerierung der Tatbestandsvoraussetzungen entspricht dem unter → Rn. 382 aE abgedruckten Prüfungsschema.

(1) N müsste als Nichtberechtigter eine Verfügung getroffen haben.

- ■ Welche Verfügung kommt in Betracht?
- ▶ Die Eigentumsübertragung an E gem. § 929 S. 1. N war jedoch nicht Eigentümer, sondern B, sodass N als Nichtberechtigter verfügte.

(2) Die Verfügung müsste dem Berechtigten – B – gegenüber wirksam sein.

■ Wie kann die Verfügung eines Nichtberechtigten »allgemein« (vgl. BGB Allgemeiner Teil!) wirksam werden? (Wenn Sie es nicht sofort wissen, suchen Sie im Index unter den Stichworten »Verfügung« und dann »Nichtberechtigter« bevor Sie weiterlesen!)

▶ Von der »Verfügung eines Nichtberechtigten« spricht der Gesetzgeber in § 185: Danach kann die Verfügung wirksam werden durch Zustimmung (Einwilligung gem. § 185 I iVm § 183 S. 1 oder Genehmigung gem. § 185 II 1 iVm § 184 I) des Berechtigten. Lesen Sie diese Vorschriften, um sich den Unterschied zwischen Einwilligung und Genehmigung (Oberbegriff: Zustimmung!) wieder in Erinnerung zu rufen!
Beides liegt nicht vor.

Dennoch könnte die Verfügung des N wirksam sein, und zwar aufgrund einer Vorschrift des Sachenrechts: Lesen Sie § 932 I 1! Das Fahrrad ist B auch nicht gem. § 935 »abhandengekommen«, da er als Vermieter freiwillig den Besitz dem Mieter N überlassen hat![433]

382 Die Verfügung des N, der (als »Nichteigentümer« ist er Nichtberechtigter) gem. § 929 S. 1 das dem B zustehende Eigentum an dem Fahrrad auf E übertragen hat, könnte gem. § 932 I 1 wirksam sein, wenn E von der Nichtberechtigung des N nichts gewusst hat bzw. in gutem Glauben war, dass N Eigentümer des Fahrrads war. Zur Annahme, dass E gem. § 932 II (lesen) nicht in gutem Glauben war, gibt es keinen Anlass; E hatte keinen Grund, an der Eigentümerstellung des N zu zweifeln. Vielmehr konnte E gem. § 1006 I 1 vom Eigentum des N ausgehen. E wurde folglich gem. §§ 932, 929 S. 1 gutgläubig Eigentümer des Fahrrads, sodass die Verfügung des Nichtberechtigten wirksam war.

Die Voraussetzungen von § 816 I 1 sind erfüllt. **Rechtsfolge** ist, dass B gegen N einen Anspruch auf Herausgabe des tatsächlich »durch die Verfügung Erlangten« hat, dh, er kann die 1.000 EUR herausverlangen. Natürlich liegt der Gedanke nahe, dass N die erhaltenen 1.000 EUR von E bereits verbraucht hat. Dass und warum er sich darauf nicht berufen kann, werden Sie gleich noch unter → Rn. 390 erfahren.

Prüfungsschema

Entgeltliche Verfügung eines Nichtberechtigten gem. § 816 I 1

I. Voraussetzungen:
1. Entgeltliche Verfügung eines Nichtberechtigten (zB nach § 929)
2. Die Verfügung ist dem Berechtigten (= Anspruchsteller) gegenüber wirksam (zB nach § 932 oder gem. § 185 II)

II. Rechtsfolge:
Herausgabe des durch die Verfügung Erlangten (= die tatsächlich erlangte Gegenleistung) durch den Nichtberechtigten

433 **Dazu mehr in *Wörlen/Kokemoor* »SachenR« Rn. 123.**

II. Unentgeltliche Verfügung eines Nichtberechtigten

Lesen Sie nun § 816 I 2! Ein Fall des § 816 I 2 läge vor, wenn N in Fall 23 dem E das Fahrrad nicht aufgrund eines Kaufvertrags (entgeltlich), sondern (unentgeltlich) aufgrund einer Schenkung iSv § 516 übertragen hätte. **383**

■ Überlegen Sie selbst, worauf und gegen wen der Anspruch in dieser Fallabwandlung gerichtet ist!

▶ Sofern die Voraussetzungen von § 816 I (Sätze 1 und 2) erfüllt sind, richtet sich der Anspruch des Berechtigten (B) nicht gegen den nichtberechtigt Verfügenden (N), sondern gegen denjenigen, der durch die Verfügung etwas erlangt hat (E). B hat danach einen Anspruch auf Herausgabe des Fahrrads gegen E gem. § 816 I 2!

Das ist auch nur »recht und billig«: E hat für das Fahrrad, das im Eigentum von B stand (!), nichts bezahlt!

Prüfungsschema

Unentgeltliche Verfügung eines Nichtberechtigten gem. § 816 I 2

I. Voraussetzungen:
1. Unentgeltliche Verfügung eines Nichtberechtigten; Anspruchsgegner = Bereicherter (unentgeltlicher Erwerber)
2. Die Verfügung ist dem Berechtigten (= Anspruchsteller) gegenüber wirksam

II. Rechtsfolge:
Herausgabe des unentgeltlich erworbenen Gegenstandes durch den Bereicherten (Erwerber) an den Anspruchsteller

III. Leistung an einen Nichtberechtigten

Die »schwierigste« Anspruchsgrundlage des Bereicherungsrechts dürfte § 816 II sein (lesen!). Dazu lösen wir **384**

Übungsfall 24

Norbert Naumann (N) hat gegenüber Sigbert Schuldlos (S) eine Forderung aus Kaufvertrag in Höhe von 1.000 EUR und schuldet dem Bodo Borg (B) ebenfalls 1.000 EUR aus einem Darlehensvertrag. Als B das Darlehen zurückverlangt, tritt N seine Forderung gegen S gem. § 398 an B am 1.6. ab, ohne dem S etwas davon zu sagen. S überweist am 5.6. seine Kaufpreisschuld an N. Am 9.6. fordert B unter Hinweis auf die durch N erfolgte Abtretung den S auf, an ihn 1.000 EUR zu zahlen. S weigert sich, da er bereits an N bezahlt hat.

Welchen Anspruch hat B gegen N?[434]

434 **Kommt Ihnen dieser Fall bekannt vor? – Richtig! Er ist nahezu identisch mit Übungsfall 28 in *Wörlen/Metzler-Müller* SchuldR AT, Rn. 428. Lesen Sie daher dort noch einmal Sachverhalt und Lösung von Übungsfall 28, bei dem nur die Frage zu beantworten war, ob S die Zahlung zu Recht verweigert. Übungsfall 24 ist hier sozusagen die Fortsetzung davon.**

Zum besseren Verständnis des Falls eine grafische Skizze:

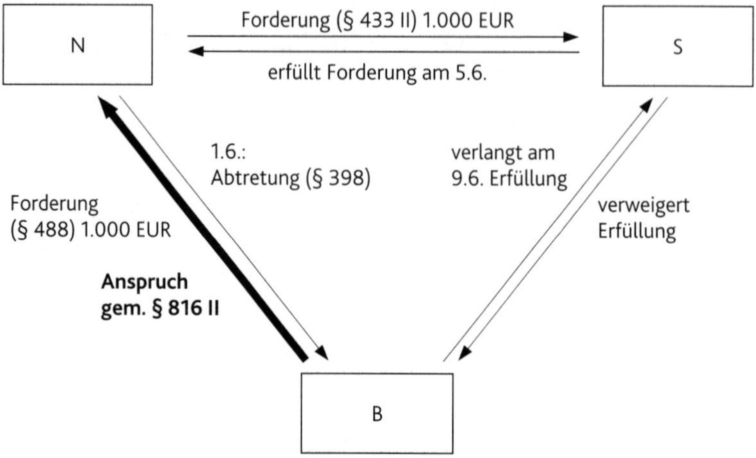

- ■ Da es sich um einen Beispielsfall für § 816 II handelt, können Sie den ersten Satz unserer Falllösung gleich selbst formulieren (versuchen Sie es, bevor Sie weiterlesen!).
- ▶ »B könnte gegen N einen Anspruch auf Herausgabe der 1.000 EUR gem. § 816 II haben«.

Dann müssten folgende Voraussetzungen erfüllt sein:

(1) An jemanden (= N) müsste eine »Leistung« bewirkt sein.
(2) Der Leistungsempfänger (= N) müsste bezüglich der Annahme der Leistung Nichtberechtigter gewesen sein.
(3) Die Leistung an den Nichtberechtigten (= N) müsste dem Berechtigten (= Anspruchssteller = B) gegenüber wirksam sein.

Stellen wir fest, ob diese drei Voraussetzungen vorliegen!

385 (1) Da S an N durch Überweisung seine Kaufpreisschuld bezahlt hat und damit »bewusst und zweckgerichtet« das Vermögen des N vermehrt hat, hat er an N eine Leistung bewirkt.

(2) N war bezüglich der Annahme dieser Leistung Nichtberechtigter, wenn N am 5.6. nicht mehr Inhaber der Kaufpreisforderung war.

- ■ Trifft das zu?
- ▶ N hatte seine Kaufpreisforderung am 1.6. gem. § 398 S. 1 an B abgetreten – (§ 398 S. 1 lesen!).
- ■ Welche Rechtsfolge tritt ein?
- ▶ Rechtsfolge der Abtretung ist, dass mit dem Abschluss des Abtretungsvertrags gem. § 398 S. 2 B anstelle des N Gläubiger dieser Forderung wurde. Das bedeutet, dass N die Zahlung als Nichtberechtigter annahm.

Die zweite Voraussetzung von § 816 II ist also auch erfüllt.

386 Von dieser Abtretung hat allerdings der Schuldner (S) nichts gewusst. Das Gesetz sieht eine Benachrichtigung des Schuldners über die Abtretung – wie Sie wissen – auch nicht vor.

■ Welche Überlegung lag dem zugrunde?

▶ Jemand, der eine Forderung abtritt, tut dies in der Regel, weil er selbst gerade nicht liquide, also zahlungsunfähig, ist. Da mangelnde Liquidität durchaus geeignet ist, den geschäftlichen Ruf einer Person zu mindern, muss der Gläubiger einer Forderung seinen Schuldner nicht über die Abtretung informieren. Andererseits muss dann der Schuldner geschützt werden, wenn er – wie in unserem Fall – seine vermeintliche Schuld an seinen ursprünglichen Gläubiger bezahlt. Weil er von der Abtretung nichts wusste, wäre es unbillig, dass er an den Gläubiger nochmals zahlen müsste. Diesen Schutz gewährt das Gesetz dem Schuldner bekanntlich[435] in § 407 I (lesen).

(3) Die Leistung an den Nichtberechtigten N könnte gegenüber B wirksam sein, 387
wenn S durch die Zahlung an N von seiner Leistungspflicht frei geworden ist. Da S, als er an N leistete, von der Abtretung der Forderung an B nichts wusste und nichts wissen konnte, muss B als neuer Gläubiger der Forderung die Leistung des S an den bisherigen Gläubiger gem. § 407 I gegen sich gelten lassen. Das bedeutet, dass die Leistung des S an N dem B gegenüber wirksam ist.

Somit ist auch die dritte Voraussetzung von § 816 II erfüllt. B kann die Herausgabe des Geleisteten, der 1.000 EUR, von N verlangen.[436]

Prüfungsschema

Leistung an einen Nichtberechtigten gem. § 816 II

I. Voraussetzungen:
1. Leistung an einen Nichtberechtigten (= Anspruchsgegner)
2. Die Leistung ist dem Berechtigten gegenüber wirksam (gem. §§ 407 f. oder aufgrund Genehmigung des Berechtigten)

II. Rechtsfolge:
Herausgabe des Geleisteten durch den Nichtberechtigten

D. Umfang des Bereicherungsanspruchs

Für den Umfang des Herausgabeanspruchs, der nicht immer so klar erkennbar ist wie 388
im letzten Fall, gilt § 818 (Abs. 1 lesen!).

Vereinfacht ausgedrückt heißt das, dass der Bereicherte all das herauszugeben hat, um das sein Vermögen durch die ungerechtfertigte Bereicherung vermehrt worden ist, dh, er muss das tatsächlich Erlangte herausgeben. In Fall 21 war dies die Aufwendungsersparnis, die identisch ist mit dem »Wertersatz«, den der Bereicherte gem. § 818 II leisten muss – (Abs. 2 lesen). **Typisches Beispiel für § 818 II**, das in Lehrbüchern immer wieder aufgeführt wird, ist folgender Fall:

Dem armen Poeten B wird infolge einer Anschriftenverwechselung zu Weihnachten 389
eine Gans ins Haus geschickt. Nachdem B im Glauben an einen edlen Spender den Festbraten mit seiner Familie verzehrt hat, stellt sich die Verwechselung heraus.

435 Vgl. *Wörlen/Metzler-Müller* SchuldR AT Rn. 427 ff.

436 Zum Üben empfehle ich Ihnen hierzu die Durcharbeitung von Fall 15 in *Wörlen/Schindler* Anleitung Rn. 343 ff.

B kann die Gans nicht herausgeben; er hat deshalb gem. § 818 II grundsätzlich ihren Wert zu ersetzen. Allerdings ist hierbei sogleich § 818 III zu beachten (lesen!).

Aus § 818 III ergibt sich, dass der Empfänger nur insofern bereichert ist, als er Aufwendungen erspart hat. Sog. »Luxusaufwendungen«, dh Aufwendungen, die der Bereicherte normalerweise nicht gemacht hätte, fallen nicht darunter.[437]

■ Was bedeutet diese Vorschrift für unseren Poeten? (Lassen Sie Ihre Phantasie spielen!)

▶ Ob und inwieweit B noch bereichert ist, hängt davon ab, was er eigentlich ursprünglich als Weihnachtsessen zu sich nehmen wollte: Wenn der arme Poet ohne die »zufällig ins Haus geflogene« Gans mit seiner Familie nachweislich nur Bockwürstchen gegessen hätte, ist zwar der Wert der Gans (zumindest äußerlich…) fortgefallen, aber B ist noch tatsächlich bereichert um den Ersparniswert, dh um den Kaufpreis der Würstchen; diesen hat er dem Entreicherten herauszugeben.

390 Insoweit trägt der Entreicherte grundsätzlich ein Risiko. Allerdings ist der Wegfall der Bereicherung zugunsten des bereicherten Schuldners nur zu berücksichtigen, wenn der Schuldner auch schutzwürdig ist.

Dies ist nicht der Fall, wenn der Bereicherte weiß, dass er etwas ohne rechtlichen Grund erhalten hat; dann weiß er (muss es zumindest wissen!), dass er das Erlangte wieder herausgeben muss, und darf es nicht einfach verbrauchen, um sich auf den Wegfall der Bereicherung – dabei gilt übrigens der Grundsatz »Geld hat man!« – gem. § 818 III zu berufen. Dies gilt bereits, wenn der Bereicherte nur damit rechnen muss, dass er das Erlangte eventuell herausgeben muss; so zB wenn er auf Herausgabe verklagt wurde. Das ergibt sich aus § 818 IV (lesen!): »Rechtshängigkeit« (vgl. dazu die §§ 253 I, 261 I und III, 696 III ZPO) bedeutet, dass ein Anspruch durch Klage bei Gericht geltend gemacht und die Klage dem Beklagten zugestellt wurde. In diesem Fall entfällt für den Bereicherten nicht nur die Möglichkeit, sich auf den Wegfall der Bereicherung zu berufen, sondern er muss das, was er möglicherweise rechtsgrundlos besitzt, besonders sorgfältig behandeln.

391 Tut er dies nicht, haftet er verschärft nach den »allgemeinen Vorschriften«. Damit verweist § 818 IV auf »§ 292« (»allgemeine Vorschriften« in § 818 IV unterstreichen und § 292 am Rand notieren!). Lesen Sie § 292 nicht; merken Sie sich nur, dass der (ungerechtfertigt) Bereicherte gem. § 818 IV iVm § 292 (und §§ 989, 987, auf die wiederum § 292 verweist) verschärft dafür haftet, wenn er den Bereicherungsgegenstand, den er besitzt, beschädigt oder zerstört, bzw. dass er eventuell daraus gezogene Nutzungen an den Berechtigten (mit)herausgeben muss!

Das Gleiche gilt gem. § 819 I (lesen) für den »bösgläubigen« Empfänger einer ungerechtfertigten Bereicherung sowie gem. § 819 II bei Verstoß gegen ein gesetzliches Verbot (§ 134) oder gegen die guten Sitten (§ 138).

E. Weitere Bereicherungstatbestände

392 regeln die §§ 813 I, 817 S. 1 und 822, mit denen wir uns im Rahmen dieses Grundrisses aber ebenso wenig befassen wollen wie mit Feinheiten wie »Saldo-« oder »Zweikondiktionentheorie« zu § 818. Hierzu finden Sie etwas in der »Literatur zur Vertiefung«.

437 NK-BGB/*Linke* § 818 Rn. 45 mwN.

Lesen und lernen Sie zur Zusammenfassung die folgende

Übersicht 20 393

Ungerechtfertigte Bereicherung
§§ 812 ff.

Ausgleich einer ungerechtfertigten Vermögensverschiebung durch Herausgabeansprüche

Leistungskondiktion
§ 812 I

- Anspruchsgegner hat etwas erlangt
- Vermögensverschiebung durch Leistung des Anspruchstellers
  - Fehlen des rechtlichen Grundes, § 812 I 1, 1. Var.
  - späterer Wegfall des rechtlichen Grundes, § 812 I 2, 1. Var.
  - Nichteintritt des bezweckten Erfolges, § 812 I 1, 2. Var.

Nichtleistungskondiktion

Subsidiär (keine Leistung)
- Anspruchsgegner hat etwas erlangt
- in sonstiger Weise auf Kosten des Anspruchstellers, § 812 I 2, 2. Var.
- ohne Rechtsgrund

Verfügung eines Nichtberechtigten, § 816 I

Leistung an einen Nichtberechtigten, § 816 II

Rechtsfolgen, §§ 818 f.

- Herausgabe des tatsächlich Erlangten, der Nutzungen, Surrogate § 818 I
- Falls nicht möglich: Wertersatz (auch Aufwendungsersparnis), § 818 II
- Keine Herausgabe bei Wegfall der Bereicherung, § 818 III außer verschärfte Haftung
  - bei Rechtshängigkeit des Bereicherungsanspruchs, § 818 IV
  - bei Bösgläubigkeit des Empfängers oder bei Verstoß gegen ein gesetzliches Verbot oder gegen die guten Sitten, § 819 I und II

394 Und abschließend »auf einen Blick«:

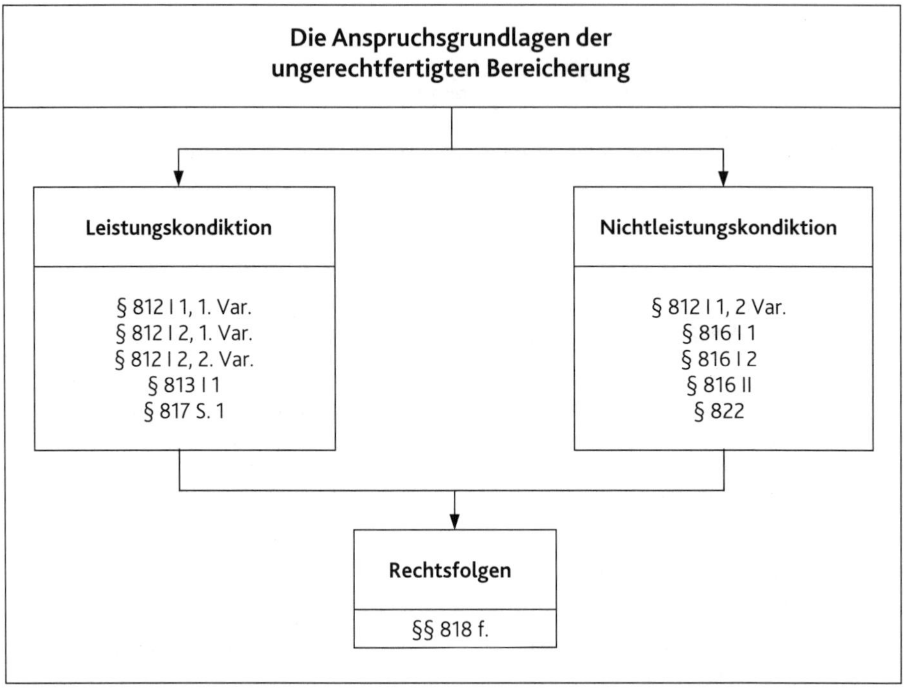

Literatur zur Vertiefung (→ Rn. 370–394): *Alpmann und Schmidt* SchuldR BT III, 3. Teil; *Bayreuther/Arnold*, Der praktische Fall – Bürgerliches Recht: Rückabwicklung einer rechtsgrundlosen Verfügung durch einen minderjährigen Nichtberechtigten, JuS 2003, 769; *Brox/Walker* SchuldR BT §§ 39–43; *Conrad*, Die bereicherungsrechtliche Rückabwicklung nach Anfechtung wegen arglistiger Täuschung (§ 123 I Var. 1 BGB), JuS 2009, 397 ff.; *Esser/Weyers* SchuldR BT I §§ 47–52; *Fikentscher/Heinemann* SchuldR §§ 101–105; *Führich* WirtschaftsPrivR Rn. 647 ff.; *Hirsch* SchuldR BT §§ 43-52; *Hombrecher*, Die verschärfte Haftung Minderjähriger nach § 819 I BGB – Der Flugreisefall (BGH NJW 1971, 609 = BGHZ 55, 128), JURA 2004, 250; *Hombrecher*, Bereicherungshaftung nach gesetzlichem Eigentumserwerb im Mehrpersonenverhältnis – Der Jungbullenfall (BGHZ 55, 176), JURA 2003, 333; *Jülch*, Der Bereicherungsausgleich im 3-Personen-Verhältnis nach § 816 II BGB, JA 2013, 324; *Jülch*, Obligatorische Schwäche dinglichen Rechts am Beispiel von § 816 I 2 BGB, JA 2012, 316; *Köhler*, Dritthaftung gem. § 816 I 2 BGB oder § 822 BGB nach Rücktritt, JuS 2013, 769; *Looschelders* SchuldR BT §§ 51–55; *Lorenz*, Bereicherungsrechtliche Drittbeziehungen, JuS 2003, 729 und 839; *Lorenz/Cziupka*, Grundwissen Zivilrecht: Bereicherungsrecht – Grundtypen der Kondiktionen, JuS 2012, 777; *Medicus/Lorenz* SchuldR BT §§ 132–139; *Medicus/Petersen* Grundwissen §§ 26–28; *Petersen*, Die Leistung an einen Nichtberechtigten, JURA 2010, 281 ff.; *Röthel*, Der Anspruch auf Herausgabe des Erlangten, JURA 2012, 844; *Röthel*, Bereicherungsausgleich für Nutzungen, JURA 2013, 1110; *Röthel*, Bereicherungsausgleich wegen Verfügung eines Nichtberechtigten (§ 816 BGB), JURA 2015, 574; *Röthel*, Der Wegfall der Bereicherung (§ 818 Abs. 3 BGB): Eine Einführung, JURA 2015, 922; *Schade* WirtschaftsPrivR Rn. 386 ff.; *Schildt*, Konkurrenzprobleme im Bereicherungsrecht, JuS 1995, 953; *Thier*, Grundprobleme der bereicherungsrechtlichen Rückabwicklung gegenseitiger Verträge, JuS 1999, L 9; *Tommaso/Weinbrenner*, Bereicherungsrechtliche Mehrpersonenverhältnisse nach § 822 BGB, JURA 2004, 649; *Wandt* GesetzlSchuldverh §§ 9–12; *Würdinger*, Die bereicherungsrechtliche Rückabwicklung bei einem Widerspruch des Zahlenden im Einzugsermächtigungsverfahren, JuS 2007, 418.

3. Kapitel. Unerlaubte Handlungen/Deliktsrecht

A. Einführung

Unter einer »unerlaubten Handlung« iSd §§ 823–853 versteht man einen widerrechtlich (dh ohne »Rechtfertigungsgrund«) und schuldhaft (vorsätzlich oder fahrlässig) vorgenommenen Eingriff in ein vom Gesetz geschütztes absolutes Recht bzw. Rechtsgut einer Person, durch den diese einen Schaden erleidet. Man bezeichnet die unerlaubte Handlung auch als Delikt, was sich aus dem lateinischen »delictum« (= Vergehen) herleitet; das Recht der unerlaubten Handlung wird aufgrund dessen auch als »Deliktsrecht« bezeichnet. Häufig erfüllen Delikte zugleich einen Straftatbestand des Strafgesetzbuchs (StGB); allerdings ist die Strafbarkeit nicht Voraussetzung für ein zivilrechtliches Delikt, das zum Schadensersatz verpflichtet. 395

Gegenstand und Zweck des zivilrechtlichen Deliktsrechts ist der Ausgleich bzw. die Wiedergutmachung von Schäden, die durch eine unerlaubte Handlung eingetreten sind. Dabei kann eine unerlaubte Handlung sowohl in einem Tun als auch in einem Unterlassen bestehen. Letzteres zB, wenn eine Rechtspflicht zum Handeln oder zum Vermeiden einer unerlaubten Handlung besteht. Beispiel dafür ist die »Verkehrssicherungspflicht«, dh die allgemeine Rechtspflicht, im (insbesondere Rechts-)Verkehr Rücksicht auf die Gefährdung anderer zu nehmen. Die Streupflicht bei Schnee und/oder Glatteis ist beispielsweise besonders zu erwähnen. Der Ausgleich wird dadurch erreicht, dass der Schädiger dem Geschädigten den entstandenen Schaden zu ersetzen hat. Grundvorschrift des Rechts der unerlaubten Handlung ist § 823 I (lesen).

Neben den Rechtsgütern Leben, Körper, Gesundheit und Freiheit ist auch das Eigentum geschützt. Dabei handelt es sich um sog. »absolute Rechte«.

■ Was ein absolutes Recht ist, müssten Sie aus der Einführung in das BGB noch wissen. (Überlegen Sie!) 396

▶ Ein absolutes Recht ist ein Recht einer Person, das ihr gegenüber jedermann zusteht.

■ Welche Rechte sind von den absoluten Rechten zu unterscheiden und worin besteht der Unterschied?

▶ »Relative Rechte« sind Rechte einer Person, die sich nicht gegen jedermann, sondern nur gegen bestimmte Personen richten, die zu dem Rechtsträger in einer bestimmten Beziehung (Relation) stehen. Relative Rechte folgen in der Regel aus Schuldverhältnissen, wie zB Kauf-, Mietvertrag usw. Rechte aus einem Kaufvertrag kann der Käufer nur gegenüber dem Verkäufer geltend machen, nicht aber gegenüber jedem Dritten.

Der Aufzählung der in § 823 I genannten Rechtsgüter und dem Eigentumsrecht folgt die Erwähnung »sonstiger Rechte«. 397

Das bedeutet, dass damit ebenfalls nur »absolute Rechte«, die (wie auch das Eigentum) gegen jedermann wirken, gemeint sind.

■ Haben Sie eine Vorstellung, welche Rechte unter diesen Begriff fallen können?

▶ Darunter fallen zB Namensrechte (vgl. § 12), Firmen-, Patent-, Warenzeichen- und Urheberrechte, Aneignungsrechte wie Jagd- und Fischereirechte, das »Recht am eingerichteten und ausgeübten Gewerbebetrieb«. Erforderlich ist eine unmittelbare Beeinträchtigung des Gewerbebetriebs durch einen betriebsbezogenen Eingriff (zB Unterbrechung der Stromzufuhr), durch den dem »Inhaber« eines solchen Betriebs ein Schaden entsteht.[438]

Auch das Anwartschaftsrecht (zB des Vorbehaltskäufers), das wir als eigentumsähnliches Recht bereits kennen gelernt haben, fällt hierunter und ebenso der Besitz. Dieser ist nach zutreffender hM dann gleich einem absoluten Recht nach Abs. 1 geschützt, soweit er dem Besitzer eine »eigentumsähnliche« Stellung verleiht.[439]

Merke: Das Vermögen ist kein absolutes (und in § 823 I geschütztes) Rechtsgut, zumal es die Aktiva einer Person darstellt und auch relative Rechte (zB Forderungen aus Schuldverhältnissen) erfasst. Das Vermögen wird aber durch § 263 StGB erfasst – einem Schutzgesetz iSd § 823 II.

B. Der Grundtatbestand des § 823 I

398 Welche Voraussetzungen für einen Anspruch auf Schadensersatz aus § 823 I im Einzelnen erfüllt sein müssen, soll der nächste kurze Übungsfall verdeutlichen, der als Schulbeispiel in mehr oder minder abgewandelter Form in einer Vielzahl von Lehr- und Lernbüchern erscheint.

Übungsfall 25

Bei einer Schlägerei im Wirtshaus zertrümmert Siggi Schubser (S) einen Bierkrug auf dem Kopf des Bodo Brumm (B). B muss zum Arzt und die Wunde nähen lassen.

Welche Ansprüche hat B gegen S?

■ Was wird der »Beschädigte« B in erster Linie vom Schädiger S verlangen?

▶ Ersatz für Arztkosten (und: evtl. »Schmerzensgeld«). Anspruchsgrundlage für die Arztkosten könnte § 823 I sein, mit anderen Worten:
»B könnte gegen S einen Anspruch auf Ersatz der Arztkosten gem. § 823 I haben«.

■ Was wäre in einem Gutachten zu tun, wenn wir die mögliche Anspruchsgrundlage gefunden haben?

▶ Prüfung der Voraussetzungen dieser Anspruchsgrundlage!

Man prüft die **Voraussetzungen von § 823** in folgender Reihenfolge:

1. **Tatbestandsmäßigkeit** der Handlung des Anspruchsgegners = objektive Rechtsgutverletzung
2. **Widerrechtlichkeit** bzw. Rechtswidrigkeit dieser Handlung
3. **Verschulden** des Anspruchsgegners
4. **Schaden** des Anspruchstellers

I. Tatbestandsmäßigkeit

1. Positives Tun

399 ■ Was muss geschehen sein, damit S den Tatbestand des § 823 I verwirklicht hat?

438 Ausführlich hierzu BeckOK BGB/*Spindler* § 823 Rn. 108 mit Beispielen.
439 Vgl. Palandt/*Sprau* § 823 Rn. 12 f.; HK-BGB/*Staudinger* § 823 Rn. 52.

- S müsste durch eine Handlung eines der von § 823 I geschützten Rechtsgüter bzw. Rechte des B verletzt haben.

S hat sowohl den Körper als auch die Gesundheit des B verletzt. Außerdem wird verlangt, was aus dem Gesetz nicht direkt hervorgeht, aber eigentlich selbstverständlich ist, dass die Handlung (**positives Tun**) des Schädigers ihm zuzurechnen ist und für die Rechtsgutverletzung ursächlich gewesen sein muss. Man nennt diese Ursächlichkeit »**haftungsbegründende Kausalität**«. In unserem Fall bestehen an der Ursächlichkeit des Schlags mit dem Bierkrug für die Kopfverletzung keine Zweifel. S hat tatbestandsmäßig eine unerlaubte Handlung begangen.

2. Unterlassen

Die Rechtsgutverletzung, die dem Schädiger zuzurechnen ist, kann nicht nur durch positives Tun, sondern auch durch **Unterlassen** verursacht werden. Ein zurechenbares Unterlassen kann den Tatbestand einer zum Schadensersatz führenden unerlaubten »Handlung« insbesondere dann erfüllen, wenn der Schädiger eine sog. **Garantenpflicht verletzt** hat, weil er aufgrund einer Garantenstellung eine Rechtspflicht zum Handeln hatte. 400

Diese Garantenstellung kann sich zum einen aus einer unmittelbar auf das verletzte Rechtsgut bezogenen Schutzpflicht ergeben (sog. »**Beschützergarant**«). Beispiele dafür sind Pflichten aus natürlicher Verbundenheit (zB Ehegatte, nahe Angehörige), aus tatsächlicher Gewährübernahme (zB Erzieherin, Babysitterin) oder aus Gesetz (zB §§ 1353, 1626 – lesen!).[440]

Zum anderen kann sich die Garantenstellung daraus ergeben, dass der Unterlassende eine Gefahrenquelle eröffnet hat oder für eine Gefahrenquelle verantwortlich ist (sog. »**Überwachungsgarant**«). Paradebeispiel hierfür ist die »**Verkehrssicherungspflicht**«. Damit bezeichnet man die Pflicht dessen, der die Gefahrenquelle eröffnet hat oder unterhält, die notwendigen und zumutbaren Vorkehrungen zu treffen, um Schäden anderer zu verhindern. Wer zum Beispiel als Hauseigentümer Grund und Boden dem Verkehr für Menschen eröffnet, hat ihn in gefahrlosem Zustand zu halten etwa durch Beleuchtung bei Nacht oder durch Streuen bei Glatteis.[441]

Zur Verkehrssicherung zählen alle Maßnahmen, die ein umsichtiger und verständiger, in vernünftigen Grenzen vorsichtiger Mensch für notwendig und ausreichend hält, um andere vor Schäden zu bewahren. Wichtige Kriterien sind dabei die Wahrscheinlichkeit des Eintritts einer Rechtsgutsverletzung und die Wertigkeit der bedrohten Rechtsgüter. Bei ernsthaften Gefahren für Leben, Körper und Gesundheit anderer sind daher wesentlich umfangreichere Schutzvorkehrungen zu treffen als bei fern liegenden Gefahren für geringwertige Sachen.

> **Merke:** Für die Rechtsgutsverletzung kausal ist jede Handlung, die nicht hinweggedacht werden kann, ohne dass der Erfolg (= die Rechtsgutverletzung) entfällt. Bei Unterlassungen ist die Kausalität gegeben, wenn die Handlung nicht hinzugedacht werden kann, ohne dass der Erfolg entfällt.

440 Vgl. *Alpmann und Schmidt* SchuldR BT IV Rn. 146.
441 Vgl. dazu *Brox/Walker* SchuldR BT § 45 Rn. 35.

II. Widerrechtlichkeit

401 Die Handlung des S müsste widerrechtlich gewesen sein. Dies ist der Fall, wenn dem S kein »Rechtfertigungsgrund« zur Seite steht.

Mit dem Begriff der »Widerrechtlichkeit« ist der – überwiegend im Strafrecht verwendete – Begriff der »Rechtswidrigkeit« identisch. Die Feststellung der Widerrechtlichkeit hat die Aufgabe, über die Normwidrigkeit bzw. das Unrecht des schädigenden Verhaltens zu befinden.[442]

Das Unrecht und damit die Rechtswidrigkeit des Verhaltens sind ausgeschlossen, wenn die Rechtsordnung das Tun durch einen Rechtfertigungsgrund ausnahmsweise und ausdrücklich gestattet.

Als zivilrechtliche Rechtfertigungsgründe kommen in Betracht:

- Notwehr (§ 227),
- Notstand (§ 228 und § 904),
- Einwilligung des Verletzten; ansonsten wäre jeder operative Arzteingriff eine widerrechtliche unerlaubte Handlung in Form einer Körperverletzung! Auch die »mutmaßliche« Einwilligung kann nach der Rechtsprechung ausreichen, wie zB die Operation eines Bewusstlosen
  und
- Selbsthilfe (§ 229).

Lesen Sie die genannten Vorschriften alle durch und vergleichen Sie § 228 genau mit § 904!

■ Worin sehen Sie den wesentlichen Unterschied zwischen diesen beiden Notstandsformen? (Lesen Sie die Paragrafen nochmals und überlegen Sie!)

▶ Man bezeichnet den Tatbestand des § 228 als »defensiven Notstand«, wogegen § 904 den »aggressiven Notstand« beschreibt: Während § 228 die Beschädigung oder Zerstörung einer Sache rechtfertigt, wenn von dieser Sache eine Gefahr droht, rechtfertigt § 904 die Zerstörung oder Beschädigung einer Sache, um eine Gefahr abzuwehren, die von einer anderen Sache droht!

Mit diesem Wissen können Sie auch den folgenden drastischen Fall lösen:

Auf einem Spaziergang durch ein Wohnviertel rast ein zähnefletschender und geifernder Rottweiler (= sehr kräftige, aggressive und bissige Hunderasse[443]) auf Sie zu. Um sich der Bestie zu erwehren, haben Sie keine andere Möglichkeit, als die nächstbeste Gartenzaunlatte abzubrechen, mit der Sie das Tier tierarztreif schlagen…

■ Aus welchen Vorschriften ergeben sich Rechtfertigungsgründe für Ihr Handeln?

▶ Die »Beschädigung« des Hundes ist nach § 228 gerechtfertigt, die Beschädigung des Gartenzauns nach § 904!

Wenn in einem Sachverhalt (den Sie als Klausurfall lösen müssten) keiner dieser Rechtfertigungsgründe ersichtlich ist, brauchen (dürfen!) Sie diese zur Wissensaus-

442 Vgl. Palandt/*Sprau* § 823 Rn. 23.

443 Dass Tiere zivilrechtlich bisweilen als Sachen eingestuft werden, wissen Sie – falls nicht, vgl. *Wörlen/Metzler-Müller* BGB AT Übungsfall 1 vor Rn. 45.

breitung auch nicht »aufzählen«! Dann schreiben Sie nur das, was auch für unseren Übungsfall zutrifft:

Ein Rechtfertigungsgrund für das Handeln des S ist nicht ersichtlich, sodass auch die zweite Anspruchsvoraussetzung von § 823 I erfüllt ist.

III. Verschulden

Damit S in Fall 25 zum Schadensersatz verpflichtet ist, müsste er »vorsätzlich« oder »fahrlässig« gehandelt haben. **402**

Damit wiederholt § 823 I die Begriffe, die § 276 I 1 Hs. 1 als allgemeine Voraussetzungen für die »Verantwortlichkeit des Schuldners« verwendet. Das BGB definiert die Fahrlässigkeit in § 276 II (nachlesen!), allerdings nicht den Vorsatz. Deshalb müssen wir uns merken (und können das leider nicht im Gesetz nachlesen): Vorsatz ist das Wissen und Wollen des rechtswidrigen Erfolgs im Bewusstsein der Rechts-(Pflicht-)widrigkeit.

Beachte: Im Unterschied zum Strafrecht, für das die Schuldtheorie (vgl. § 17 StGB) maßgeblich ist, erfordert der Vorsatz im Privatrecht damit das Bewusstsein der Rechts- bzw. Pflichtwidrigkeit

»Fahrlässigkeit« kann in verschiedenen Verschuldensgraden vorliegen: § 276 II definiert die »mittlere« oder »einfache« Fahrlässigkeit. »Grob fahrlässig« im Sinne des BGB (vgl. zB § 300, das diesen Begriff – ohne ihn zu definieren – verwendet), handelt, wer die im Verkehr erforderliche Sorgfalt in besonders hohem Maße außer Acht lässt. »Leicht fahrlässig« handelt, wer dies nur in sehr geringem Maß tut ... Wenn § 823 I »fahrlässiges« Handeln als Haftungsgrund ausreichen lässt, bedeutet das, dass auch leichteste Fahrlässigkeit hierfür genügt. Bei tatbestandsmäßiger, rechtswidriger unerlaubter Handlung wird demnach für jedes, auch für das geringste Verschulden gehaftet!

Der Umfang der Haftung hängt also nicht vom Grad des Verschuldens ab.

Dass dies manchmal sehr hart sein kann, zeigt etwa folgendes Beispiel:

Aufgrund eines leichten Versehens des Siggi Schussel (S) fällt von seinem Balkon im vierten Stock ein schwerer Blumentopf auf die Straße und tötet den Passanten Paul Pech (P), der eine Ehefrau und vier Kinder, für die er unterhaltspflichtig ist, hinterlässt.

■ Überlegen Sie, welchen Schaden S ersetzen muss! Lassen Sie Ihre Phantasie spielen und suchen Sie im Recht der unerlaubten Handlungen (§§-Überschriften lesen) nach einer Lösung! Was ist passiert? Wie lässt sich das rechtlich qualifizieren?

▶ Wenn Sie die Überschriften der Vorschriften des Rechts der unerlaubten Handlungen überflogen haben, müssten Sie auf die §§ 844 und 845 gestoßen sein! (Beide Vorschriften durchlesen!)

Das kann also ganz schön teuer werden! Dem Schädiger hilft dann nur noch eine gute Versicherung. Entscheidende Bedeutung hat der Grad des Verschuldens bei der unerlaubten Handlung des Schädigers im Versicherungsrecht: **403**

Vorsätzlich herbeigeführte Versicherungsfälle sind durch § 103 VVG in der Kfz-Haftpflichtversicherung ausgeschlossen, eine Leistungspflicht des Versicherers entfällt also. Der Haftpflichtversicherer haftet allerdings für alle Arten der Fahrlässigkeit. § 103 VVG geht als Spezialregelung der Haftpflichtversicherung der allgemeinen Regelung des § 81 VVG vor, wonach in der Schadensversicherung vorsätzlich herbeigeführte Versicherungsfälle ausgenommen sind und bei grob fahrlässig herbeigeführten der Versicherer seine Leistung kürzen kann[444] (so zum Beispiel in der Kaskoversicherung). Hier bleibt dem Versicherungsnehmer der (volle) Versicherungsschutz nur bei (normal oder leicht) fahrlässigen Handlungen erhalten.[445]

Im Übungsfall 25 (→ Rn. 398) bestehen am Verschulden des S keine Zweifel; S hat vorsätzlich gehandelt!

IV. Schaden

404 Schließlich muss dem B durch die unerlaubte Handlung des S ein Schaden entstanden sein, und zwar muss die Handlung des S für diesen Schaden ursächlich sein (= »**haftungsausfüllende Kausalität**«).

- Ist diese Voraussetzung in unserem Fall erfüllt?
- Es ist ganz offensichtlich, dass B durch die Kopfverletzung und die dadurch anfallenden Arztkosten einen Schaden erlitten hat. Ebenso klar ist auch die Ursächlichkeit der Handlung des S für den Eintritt dieses Schadens.

Merke:

	haftungs- **begründende** Kausalität		haftungs- **ausfüllende** Kausalität	
Handlung	⟶	**Rechtsgutsverletzung** zB Körperverletzung Gesundheitsverletzung	⟶	Schaden

Die haftungsbegründende Kausalität besteht zwischen der Handlung und der Rechtsgutsverletzung, die haftungsausfüllende Kausalität zwischen der Rechtsgutsverletzung und dem Schaden.

Dass die Ursächlichkeit aber nicht immer so eindeutig feststellbar ist wie hier, zeigt die Abwandlung unseres Übungsfalls, die wir uns ansehen wollen, bevor wir nochmals zum Ausgangsfall zurückkehren, um uns mit den Rechtsfolgen zu befassen.

444 § 81 II VVG: »Führt der Versicherungsnehmer den Versicherungsfall grob fahrlässig herbei, ist der Versicherer berechtigt, seine Leistung in einem der Schwere des Verschuldens des Versicherungsnehmers entsprechenden Verhältnis zu kürzen.«

445 In der Kfz-Haftpflichtversicherung sind die Risikoausschlüsse, die der Versicherer mit dem Versicherungsnehmer vereinbaren kann, gesetzlich in § 4 KfzPflVV geregelt. Die Versicherer dürfen von dieser gesetzlichen Regelungen zwar zugunsten des Versicherungsnehmers abweichen, die meisten Versicherer schöpfen die gesetzlich zulässigen Möglichkeiten zur Risikobegrenzung jedoch voll aus. So wird die oben aufgezeigte Rechtslage in A.1.5.1 AKB 2015 deklaratorisch wiedergegeben.

V. Adäquater Kausalzusammenhang/Schutzbereich der Norm

1. Adäquanz

Übungsfall 26 (Abwandlung zu Fall 25)

Siggi Schubser (S) hat mit dem Krug so fest zugeschlagen, dass der Arzt den Bodo Brumm (B) ins Krankenhaus einweisen musste. Dort wird die Verletzung des B endgültig geheilt, doch steckt er sich bei seinem Nachbarn an, der einen Grippevirus eingeschleppt hat. B muss deshalb zwei weitere Wochen im Krankenhaus bleiben.

Muss S auch für den daraus entstandenen Schaden haften?

■ Prüfen Sie den Fall so durch, wie Sie es bei Fall 25 gelernt haben: Formulieren Sie die Anspruchsgrundlage und stellen Sie fest, ob alle (vier) Voraussetzungen für den Anspruch des B gegen S erfüllt sind! Was könnte im Unterschied zum vorigen Fall zweifelhaft sein? 405

▶ Es ist nicht mehr so klar, ob eine tatbestandsmäßige, widerrechtliche und schuldhafte Handlung des S für den infolge der Ansteckung eingetretenen Schaden ursächlich war.

■ Wie würden Sie diese Frage intuitiv beantworten?

▶ Nach streng logischen Grundsätzen muss man diese Frage wohl bejahen: Ohne den Schlag mit dem Bierkrug des S wäre B nicht zum Arzt und nicht ins Krankenhaus gekommen. Wäre er nicht ins Krankenhaus gekommen, hätte er sich nicht angesteckt. Bei nur logischer Betrachtungsweise würde diese Ursachenkette allerdings kein Ende nehmen und man könnte schließlich auch noch die Eltern des S haftbar machen; denn wenn sie S nicht in die Welt gesetzt hätten, hätte S den B auch nicht verletzen können.

Für die rechtliche Verantwortung des Schädigers muss der logischen Ursachenkette deshalb eine Grenze gesetzt werden!

Im Zivilrecht ist darum nur die Handlung für den eingetretenen Schaden ursächlich bzw. kausal, die vom Standpunkt eines objektiven Beobachters geeignet ist, unter normalen und vorhersehbaren Umständen diesen konkret eingetretenen Schaden herbeizuführen; anders ausgedrückt: Der Erfolg der schädigenden Handlung darf nicht außerhalb aller Wahrscheinlichkeit liegen, sondern Handlung und Erfolg müssen in einem angemessenen bzw. adäquaten Kausalzusammenhang stehen. Man nennt diese theoretische Einordnung des Kausalzusammenhangs »**Adäquanztheorie**«[446]. Der »Filter der Adäquanz« ist heute allgemein als Ausgrenzung derjenigen Kausalverläufe anerkannt, die dem Verantwortlichen billigerweise rechtlich nicht mehr zugerechnet werden können.[447] 406

In unserem Fall, der von der Rechtsprechung in ähnlicher Form schon öfter zu entscheiden war, wird die Kausalität derjenigen Handlung, die den Krankenhausaufenthalt unmittelbar erforderlich machte, auch bezüglich der dort folgenden Infektion noch bejaht, da die Ansteckungsgefahr in Krankenhäusern erheblich größer ist als andernorts.

446 *Wandt* GesetzlSchuldverh § 16 Rn. 133 mit Beispielen.
447 BGHZ 79, 259 (261) = NJW 1981, 983.

Der Schadensersatzanspruch des B gegen S aus § 823 I ist auch in Fall 26 in vollem Umfang begründet.

2. Schutzzweck der Norm

407 In Übungsfall 26 hat sich gezeigt, dass die **Adäquanztheorie** der logischen Kausalzusammenhangkette (die auf der sog. **Äquivalenztheorie**[448] aufbaut, welche vornehmlich im Strafrecht von besonderer Relevanz ist) durchaus ein Ende setzen kann. Sie kann aber für sich gesehen, namentlich wenn man auf den »vernünftigen« objektiven Beobachter abstellt, nicht immer zu befriedigenden Ergebnissen führen. Die Adäquanztheorie wurde daher von Lehre und Rechtsprechung durch die sog. **Normzwecktheorie** ergänzt. Entscheidend bei der »**Lehre vom Schutzbereich der Norm**«, die besondere Bedeutung im Hinblick auf § 823 II (Verletzung eines Schutzgesetzes; dazu → Rn. 417 ff.) hat, ist, ob die vom Schädiger verletzte Norm gerade die Verhinderung des eingetretenen Verletzungserfolgs bzw. des weiteren Schadens erfasst.

Literatur zur Vertiefung (→ Rn. 395–407): *Alpmann und Schmidt* SchuldR BT IV, 1. Teil, 1. Abschn.; *Armbrüster*, Grundfälle zum Schadensrecht, JuS 2007, 411; *Becker*, Die Bedeutung des allgemeinen Persönlichkeitsrechts im Deliktsrecht, JuS 1998, L 9; *Brox/Walker* SchuldR BT §§ 44, 45; *Däubler*, Die Reform des Schadensersatzrechts, JuS 2002, 625; *Deckert*, Grundprobleme und Einzelfragen zum Delikts- und Schadensrecht, JuS 1998, L 1, 17, 25 und 33; *Deutsch/Ahrens*, Deliktsrecht, 6. Aufl. 2014, § 14; *Diederichsen*, Der deliktsrechtliche Schutz des Persönlichkeitsrechts, JURA 2008, 1 ff.; *Führich* WirtschaftsPrivR Rn. 652 ff.; *Hirsch* SchuldR BT §§ 53–56; *Hombrecher*, Entschädigung in Geld bei Verletzung des Allgemeinen Persönlichkeitsrechts – Der Herrenreiterfall (BGHZ 26, 349), JURA 2004, 549; *Kötz/Wagner*, Deliktsrecht, 12. Aufl. 2013, Rn. 93–222; *Looschelders* SchuldR BT §§ 57–60; *Mäsch/Gotsche*, Unfallträchtige Wochenend-Fahrt (Examensklausur), JURA 2007, 779; *Medicus/Lorenz* SchuldR BT §§ 143–147; *Medicus/Petersen* BürgerlR §§ 24–25; *Medicus/Petersen* Grundwissen § 24; *Metzler-Müller* PrivatRFall 346 ff. sowie Fall 13; *Mohr*, Rechtswidrigkeit und Verschulden im Deliktsrecht, JURA 2013, 567; *von Pechstaedt*, Zivilrechtliche Abwehrmaßnahmen gegen Stalking, NJW 2007, 1233; *Rauscher*, Die Schadensrechtsreform, JURA 2002, 577; *Röthel*, Grundstudium ZR, Unerlaubte Handlungen: Eine Einführung, JURA 2013, 95; *Schade* WirtschaftsPrivR Rn. 396 ff.; *Staake/von Bressensdorf*, Grundfälle zum deliktischen Schutz des allgemeinen Persönlichkeitsrechts, JuS 2015, 683, 777; *Staudinger/Schmidt*, Marlene Dietrich und der (postmortale) Schutz vermögenswerter Persönlichkeitsrechte, JURA 2001, 241; *Wandt* GesetzlSchuldverh §§ 14–16.

C. Rechtsfolgen – Umfang des Schadensersatzes

I. Anwendung der allgemeinen Regeln

408 Rechtsfolge des Anspruchs ist, dass S dem B den entstandenen Schaden ersetzen muss. In welchem Umfang Schadensersatz zu leisten ist, ist in den §§ 823 ff. nicht gesondert geregelt; denn es gilt nichts anderes als bei allen Schadensersatzansprüchen, die aus anderen (zB § 280 I ggf. iVm III und §§ 281, 282, 283 oder 311a II 1) Anspruchsgrundlagen begründet sind. Für die Feststellung des Schadensumfangs gelten die einschlägigen Vorschriften des »Allgemeinen Schuldrechts«!

- Welche sind dies? (Wenn Sie sich nicht mehr erinnern, blättern und suchen Sie im Gesetzestext bzw. im Index, um sich in der Handhabung des Gesetzes zu üben!)

448 Vgl. dazu nur *Brox/Walker* SchuldR BT § 45 Rn. 28.

▶ Wenn Sie dies getan haben, haben Sie sicherlich die §§ 249 ff. gefunden. Lesen Sie § 249!
Das bedeutet (§ 249 I), dass der Geschädigte so zu stellen ist, wie er ohne Eintritt des schädigenden Ereignisses gestanden hätte.

Beachte: § 249 I ist keine Anspruchsgrundlage, sondern regelt als **Rechtsfolge** eines schon bestehenden Schadenersatzanspruchs (hier gem. § 823 I) den **Umfang** des zu leistenden Schadenersatzes.[449]

■ Was kann B von S danach verlangen?
▶ Arzt- und Krankenhauskosten.

II. Schmerzensgeld

■ Woran könnte man im vorliegenden Fall, in dem B an Körper und Gesundheit verletzt wurde und insofern auch einen immateriellen Schaden hatte, weiterhin denken? 409
▶ An die Zahlung von Schmerzensgeld!

Gemäß **§ 253 I** kann ein immaterieller Schaden nur in den durch das Gesetz bestimmten Fällen ersetzt werden.

Ein solches Gesetz war vor der Schadensersatzreform § 847 aF, der »Schmerzensgeld« gewährte, wenn durch eine **unerlaubte Handlung** Rechtsgüter wie Körper, Gesundheit oder Freiheit verletzt wurden. § 847 aF wurde durch das am 1.8.2002 in Kraft getretene Schadensersatzrechtänderungsgesetz aufgehoben und durch **§ 253 II** (lesen!) ersetzt.

Aus dem Wortlaut von § 253 II ergibt sich, dass auch Rechtsverletzungen, die **nicht** in einer unerlaubten Handlung bestehen, zB vertragliche Pflichtverletzungen, zum Ersatz von Schmerzensgeld führen können.

Strittig ist dabei, ob § 253 II eine eigene Anspruchsgrundlage oder nur eine Rechtsfolgenregelung darstellt.

So will eine Meinung[450] in § 253 II eine selbstständige Anspruchsgrundlage sehen, die neben den Anspruch auf Ersatz von Vermögensschäden trete und nicht etwa ein bloßer Rechnungsposten innerhalb des Gesamtanspruchs sei.

Dieser Auffassung kann nicht gefolgt werden: Sowohl die wörtliche (grammatische) als auch die systematische Auslegung[451] dieser Vorschrift sprechen dagegen. 410

Zum einen folgt aus der Formulierung »**Ist** wegen einer Verletzung … Schadensersatz zu leisten …«, dass der Gesetzgeber eine andere Anspruchsgrundlage voraussetzt, aufgrund derer Schadensersatz zu leisten ist. Ist eines der in § 253 II genannten Rechtsgüter verletzt, gilt für den **Umfang** des Schadens, dass (neben Vermögensschäden) auch der immaterielle Schaden durch Schmerzensgeld auszugleichen ist.

Zum anderen spricht auch die systematische Stellung von § 253 II innerhalb der **Rechtsfolgen**regelungen der §§ 249 ff. gegen die Annahme einer eigenen Anspruchsgrundlage. Vielmehr erweitert § 253 II den **Umfang des Schadensersatzes**, wenn die

449 **Ausführlich hierzu: *Wörlen/Metzler-Müller* SchuldR AT Rn. 367 ff.**
450 Palandt/*Grüneberg* § 253 Rn. 4.
451 Zur Gesetzesauslegung vgl. *Wörlen/Metzler-Müller* BGB AT Rn. 168–172.

Voraussetzungen einer anderen, haftungsbegründenden Norm (»Anspruchsgrundlage«) erfüllt sind (zB § 280 I, § 823 I oder II).[452]

Die Erweiterung des Schmerzensgeldersatzes durch § 253 II auch auf vertragliche Schadensersatzansprüche wirkt sich insbesondere bei der Einschaltung von Gehilfen aus. Wenn die Voraussetzungen für eine deliktische Haftung wegen des beim Handeln eines »Verrichtungsgehilfen« (→ Rn. 424 ff.) möglichen »Exkulpationsbeweises« (→ Rn. 427) nicht vorliegen, muss der Geschäftsführer gar nicht haften. Liegen aber die Voraussetzungen für eine vertragliche Haftung des Geschäftsführers für den »Erfüllungsgehilfen« nach § 278 vor, bei dem eine Exkulpation nicht möglich ist, muss der Schädiger nach § 253 II auch den immateriellen Schaden ersetzen.[453] Nach der alten Fassung des aufgehobenen § 847 wäre eine Schmerzensgeldzahlung bei einer nur vertraglichen Haftung nicht möglich gewesen.

411 In den Fällen 25 und 26 sind die Voraussetzungen für eine Schmerzensgeldzahlung von B an S erfüllt.

■ Welche nahe liegende Frage beantwortet § 253 II allerdings nicht? Versetzen Sie sich in die Lage des Anspruchstellers! Was wollen Sie vom Richter wissen?

▶ Sie wollen wissen, was der Richter als »billige Entschädigung« für die erlittenen Schmerzen gewährt! Über die Höhe des Schmerzensgelds sagt § 253 II indessen nichts aus!

»Billige Entschädigung« bedeutet, dass die Festsetzung in das Ermessen des Richters gestellt ist. Entscheidend für die Bemessung ist vor allem das Maß der physischen und psychischen Schmerzen, die dem Verletzten zugefügt wurden.

Weitere Bemessungsgrundlagen sind zB die persönlichen Vermögensverhältnisse des Verletzten und des Schädigers, die Größe, Dauer, Heftigkeit der Schmerzen, die Dauer der stationären Behandlung, der Arbeitsunfähigkeit sowie der Trennung von der Familie und anderes mehr.

In der Praxis gibt es als Hilfe für die richterliche Entscheidung sog. »Schmerzensgeldtabellen«. In ihnen ist eine Vielzahl von Gerichtsentscheidungen aufgeführt, wobei jeweils die Art und Schwere der Verletzungen sowie Alter, Geschlecht und berufliche Stellung des Verletzten angegeben sind und schließlich der Betrag, der von den Gerichten im jeweiligen Fall zuerkannt wurde.[454]

Von welchen Erwägungen sich der Richter bei der Festsetzung des Schmerzensgeldes leiten lassen soll, richtet sich nach Ansicht des BGH nach der Doppelfunktion des Schmerzensgelds: In erster Linie soll es dem Verletzten einen Ausgleich für die immateriellen Einbußen verschaffen, die er durch die Verletzung erlitten hat. Neben dieser **Ausgleichsfunktion** (die jedem Schadensersatzanspruch immanent ist) soll das

---

452 Wie hier auch Jauernig/*Teichmann* BGB § 253 Rn. 4; NK-BGB/*Huber* § 253 Rn. 2; BeckOK BGB/*Spindler* § 253 Rn. 7; jurisPK-BGB/*Vieweg* § 253 Rn. 23; MüKoBGB/*Oetker* § 253 Rn. 15 f. mwN; *Looschelders*, Schuldrecht Allgemeiner Teil, 12. Aufl. 2014, Rn. 1051.

453 *Brox/Walker* SchuldR BT § 52 Rn. 13.

454 ZB *Slizyk*, Beck'sche-Schmerzensgeld-Tabelle, 11. Aufl. 2015; *Hacks/Wellner/Hacker*, SchmerzensgeldBeträge, 33. Aufl. 2015. Beispiel: Hals-Wirbel-Schleudertrauma nach Auffahrunfall (sog. HWS-Syndrom): Im Jahr 2002 gewöhnlich noch 1.000 DM, inzwischen üblicherweise 600 EUR Schmerzensgeld.

Schmerzensgeld auch eine **Genugtuungsfunktion**[455] erfüllen: Für das, was der Schädiger dem Geschädigten angetan hat, schuldet er ihm Genugtuung.[456]

III. Verdienstausfall (Erwerbs- und Fortkommensschaden)

Da wir unsere Fälle nicht nur klausurmäßig lösen wollen oder müssen, sondern sie **412**
benutzen wollen, um das Recht (hier = der unerlaubten Handlungen) kennen zu lernen, dürfen wir uns auch die Frage stellen »Was wäre wenn?«

■ Was wäre zB, wenn B berufstätig wäre? Könnte B von S gegebenenfalls auch seinen Verdienstausfall ersetzt verlangen? Wenn ja, aufgrund welcher Vorschrift?

▶ Eigentlich genügt dazu schon § 249 I! Danach ist der »alte« Zustand ist herzustellen.

Außerdem folgt der Ersatz von Verdienstausfall auch aus § 842 (lesen!), der angesichts der allumfassenden Vorschrift von § 249 I eigentlich überflüssig wäre. In dieser Vorschrift (und den §§ 843–847) hat das Gesetz bei Angriffen gegen die Person Art und Umfang des zu ersetzenden Schadens geregelt, wobei die §§ 249 ff. teilweise ergänzt, teilweise auch nur konkretisiert werden. § 842 selbst wird von der hL lediglich als Klarstellung dahin verstanden, dass die genannten Nachteile Vermögensschäden iSd §§ 249 ff. sind.[457]

IV. Mitverschulden des Geschädigten

Während der Grad des Verschuldens für den Umfang der Haftung nach den §§ 823 ff. **413**
keine Bedeutung hat, kann sich andererseits eine Haftungsminderung ergeben, wenn den Geschädigten an dem Eintritt des Schadens ein Mitverschulden trifft.

Dies folgt aus § 254 (ganz lesen!).

Beispiel 1: Wenn ein Autofahrer einen Fußgänger auf dem Zebrastreifen anfährt und dieser dadurch verletzt wird, liegt in der Regel eine allein vom Fahrer verschuldete unerlaubte Handlung vor.
Nähert sich dieser Fahrer aber in vorschriftsmäßig niedrigem Tempo vorsichtig dem Zebrastreifen und ein Fußgänger läuft sozusagen im letzten Augenblick leichtsinnig, obwohl die Fußgängerampel »Rot« zeigt, über die Straße und wird von dem Autofahrer verletzt, muss der Richter zwischen dem Verhalten des Autofahrers und dem des Fußgängers abwägen und bei der Festsetzung des Schadens gem. § 254 das Mitverschulden des Geschädigten berücksichtigen (= § 254 I).

Beispiel 2: Ein Bankkunde benötigt dringend die Ausführung einer Geldüberweisung noch am selben Tage, weil ihm anderenfalls ein Patent verloren geht.
Unterlässt er den Hinweis der Dringlichkeit, trifft ihn ein Mitverschulden an dem durch den Verlust des Patents entstandenen Schaden (= § 254 II 1, 1. Var.).

Beispiel 3: Der Geschädigte ist nach einem Verkehrsunfall berechtigt, sich auf Kosten des Schädigers einen Mietwagen zu nehmen.
Ist sein beschädigtes Auto ein »Trabant« gewesen, muss er sich ein gleichwertiges Fahrzeug, darf sich nicht etwa einen »Rolls-Royce« mieten. Tut er es dennoch, verstößt er gegen seine »Schadensminderungspflicht« (= § 254 II 1, 2. Var.).

---

455 **»Ausgleichsfunktion« und »Genugtuungsfunktion« sind Schlagworte, die gerne in mündlichen Prüfungen »abgefragt« werden.**

456 So schon BGHZ 18, 149 = BeckRS 1955, 30402368.

457 BGHZ 26, 77 = NJW 1958, 341; Jauernig/*Teichmann* § 842 Rn. 1; Palandt/*Sprau* § 842 Rn. 1.

414

Prüfungsschema

Grundtatbestand der unerlaubten Handlung gem. § 823 I

I. Voraussetzungen:

1. Tatbestandsmäßigkeit
   a) Verletzung eines der in § 823 I genannten absoluten Rechte
   b) Ursächlichkeit der Handlung für die Rechtsgutsverletzung – haftungsbegründende Kausalität
   ggf. Adäquanztheorie
2. Widerrechtlichkeit
3. Verschulden (Vorsatz oder Fahrlässigkeit); evtl. Verschuldensfähigkeit (§§ 827, 828)
4. Schaden
   Ursächlichkeit zwischen Rechtsgutsverletzung und Schaden – haftungsausfüllende Kausalität
   Adäquanztheorie

II. Rechtsfolge:

Schadensersatz; Umfang des zu ersetzenden Schadens: §§ 249 ff., ggf. §§ 842 ff.

Wir wollen uns das bisher zum Recht der unerlaubten Handlung Gelernte anhand der Übersicht 21 (Teil 1) ansehen, bevor wir weitere Vorschriften aus dem Recht der unerlaubten Handlung kennen lernen.

Übersicht 21 (Teil 1)

415

Unerlaubte Handlungen (Deliktsrecht)

Gesetzliche Regelung:
§§ 823–853

Zweck

Ausgleich und Wiedergutmachung von Schäden.
Unerlaubte Handlung (Delikt; lat. delictum = Vergehen) = widerrechtlicher und schuldhafter Eingriff in ein vom Gesetz geschütztes absolutes Rechtsgut, durch den ein Schaden entsteht.

Erläuterungen zu einzelnen Anspruchsvoraussetzungen

Tatbestandsmäßigkeit der Handlung des Schädigers
Menschliches Verletzungsverhalten (Tun oder Unterlassen)

Verletzung eines der in § 823 I genannten **absoluten** Rechte
Eigentumsverletzung: Verlust, Sachentziehung, Substanzverletzung (zB Beschädigung der Sache) …

»sonstige Rechte«:
- zB Namens- (§ 12), Firmen-, Patent-, Urheber-, Warenzeichenrechte, Anwartschaftsrecht,
- berechtigter Besitz,
- Recht am eingerichteten und ausgeübten Gewerbebetrieb,
- allgemeines Persönlichkeitsrecht

nicht geschützt: Vermögen

Unterlassen:
= nur relevant, wenn der Unterlassende gegenüber dem Geschädigten eine Pflicht hat, die Rechts(gut)verletzung zu verhindern aufgrund
- gesetzlicher oder vertraglicher Schutzpflicht
- Verkehrs(sicherungs)pflicht

Widerrechtlichkeit
liegt vor, wenn kein Rechtfertigungsgrund (zB §§ 227, 228, 229, 904, Einwilligung) ersichtlich ist

Verschulden
umfasst regelmäßig
- Vorsatz (= Wissen und Wollen des Erfolgs und Bewusstsein der Rechtswidrigkeit)
  und
- Fahrlässigkeit = Außerachtlassung der im Verkehr erforderlichen Sorgfalt, § 276 II

bei § 826: Vorsatz ist Voraussetzung

Schaden
Vermögensschaden
Immaterieller Schaden

Handlung muss für den eingetretenen Schaden ursächlich (kausal) gewesen sein (**haftungsausfüllende Kausalität**).

Eine Handlung ist für den eingetretenen Erfolg (Schaden) kausal, wenn sie vom Standpunkt eines objektiven Beobachters geeignet ist, unter normalen Umständen diesen Erfolg herbeizuführen, dh, der Erfolg darf nicht außerhalb jeder Wahrscheinlichkeit liegen, sondern Handlung und Erfolg müssen in adäquatem (angemessenem) Kausalzusammenhang stehen. = »**Adäquanztheorie**«

zusätzlich auch: **Normzwecktheorie** (dh der eingetretene Schaden muss vom Schutzbereich der Norm erfasst werden)

Umfang des zu ersetzenden Schadens

Es gelten die §§ 249 ff.! Außerdem: §§ 842 ff.

§§ 842–851

Personenschäden

§§ 842, 843
unmittelbar Geschädigter

§§ 844, 845
mittelbar Geschädigter

§ 846: Mitverschulden des Verletzten

Sachschäden

§§ 848–851

Literatur zur Vertiefung (→ Rn. 395–414): *Alpmann und Schmidt* SchuldR BT IV, 2. Teil, 1.–3. und 5. Abschn.; *Brox/Walker* Allgemeines Schuldrecht, 39. Aufl. 2015, §§ 29–31; *Brox/Walker* SchuldR BT § 44 Rn. 7–14; *Coester-Waltjen*, Die Naturalrestitution im Deliktsrecht, JURA 1996, 270; *Coester-Waltjen*, Ersatz immaterieller Schäden im Deliktsrecht, JURA 2001, 133; *Fikentscher/Heinemann* SchuldR §§ 106 ff.; *Führich* WirtschaftsPrivR Rn. 316 ff.; *Glasmacher/Pache*, Geldentschädigungsanspruch bei Persönlichkeitsrechtsverletzungen, JuS 2015, 303; *Hacks/Wellner/Hacker*, SchmerzensgeldBeträge, 33. Aufl. 2015; *Hirsch*, Schadensersatz nach Verkehrsunfall – Reparaturkosten oder Wiederbeschaffungsaufwand?, JuS 2009, 299; *Katzenmeier*, Die Neuregelung des Anspruchs auf Schmerzensgeld, JZ 2002, 1029; *Looschelders* SchuldR BT § 69; *Medicus/Petersen* BürgerlR § 33; *Metzler-Müller* PrivatRFall 194 ff.; *Mohr*, Berechnung des Schadens nach der Differenzhypothese, JURA 2010, 327 ff.; *Mohr*, Berechnung des Schadensersatzes im Wege der Kompensation und Anrechnung eines Mitverschuldens, JURA 2010, 808 ff.; *Mohr*, Grundlagen des Schadensersatzrechts, JURA 2010, 168 ff.; *Mohr*, Normativer Schadensbegriff und Berechnung des Schadensersatzes nach den Grundsätzen der Naturalrestitution, JURA 2010, 645 ff.; *Mohr*, Zurechnung von mittelbaren Verletzungsfolgen, JURA 2010, 567; *Neuner*, Das Schmerzensgeld, JuS 2013, 577; *Pöschke*, Art und Umfang des Schadensersatzes – die Systematik der §§ 249 ff. BGB, JA 2010, 257; *Röthel*, Grundstudium Zivilrecht, Unerlaubte Handlungen: Eine Einführung, JURA 2013, 95; *von Sachsen Gessaphe*, Verbesserter Opferschutz im Straßenverkehr und beim Schmerzensgeld, JURA 2007, 481; *Schade* WirtschaftsPrivR Rn. 203 ff.; *Slizyk*, Beck'sche Schmerzensgeld-Tabelle, 11. Aufl. 2015; *Spancken/Schneidebach*, Die Berechnung des zu ersetzenden Schadens anhand der §§ 249 ff. BGB – Ein Leitfaden, JuS 2012, 298; *Wandt* GesetzlSchuldverh §§ 22–23.

D. Sondertatbestände

Neben der Grundvorschrift des § 823 I enthält das Recht der unerlaubten Handlung noch eine Reihe von »Sondertatbeständen«, deren Verwirklichung ebenfalls zum Schadensersatz verpflichtet. Auf eine – dogmatisch sinnvolle – Unterteilung in »verschuldensabhängige«, »nicht verschuldensabhängige« und »sonstige Sondertatbestände« verzichte ich in diesem engen Grundrissrahmen und nenne nur die gängigsten, die ein »Einsteiger« mE kennen sollte. In der Übersicht 23 (→ Rn. 472) erhalten Sie einen Überblick. **416**

I. Verletzung eines Schutzgesetzes iSv § 823 II

Lesen Sie § 823 II 1! **417**

»Schutzgesetze« sind zB die meisten Vorschriften des Strafgesetzbuchs, mit denen Sie sich aber nicht ausführlicher beschäftigen müssen. Wenn das Strafrecht nicht zu Ihrem Lehrstoff gehört, hätten Sie zB in unseren Fällen 25 und 26 in einer Klausur nicht prüfen und feststellen müssen, dass S auch den Straftatbestand der Körperverletzung (§ 223 StGB) erfüllt hat und der Anspruch des B sich außer auf § 823 I auch auf § 823 II iVm § 223 StGB stützen ließe. (Wenn in Klausuren § 823 II iVm einem Strafgesetzparagrafen zu prüfen ist, wird Ihnen der Inhalt der strafrechtlichen Vorschrift regelmäßig mitgeteilt.)

Sie müssen wissen, dass die beiden Absätze von § 823 zwei verschiedene Anspruchsgrundlagen darstellen, die nebeneinander eingreifen können. Unter einem Schutzgesetz iSv § 823 II versteht man jede Rechtsnorm, die nicht nur die Allgemeinheit schützt, sondern unmittelbar den Schutz eines Einzelnen bezweckt. Schutzgesetze sind unter anderem auch Vorschriften der StVO und des StVG.

Im Zusammenhang mit § 823 II 1, in dem es um die Verletzung eines Schutzgesetzes **418**
geht, wurde die für die Feststellung der Ursächlichkeit zwischen schädigender Handlung und eingetretenem Schaden geltende Adäquanztheorie noch ergänzt. Neben dem adäquaten Kausalzusammenhang muss darüber hinaus festgestellt werden, ob der verursachte Schaden noch im Schutzbereich der verletzten Vorschrift bzw. der verletzten »Norm« liegt (= sog. »**Normzwecktheorie**«).

Was dies bedeutet, verdeutlicht man sich am besten an einem Beispiel:

§ 263 StGB stellt den »Betrug« unter Strafe. Zugleich ist § 263 ein Schutzgesetz iSv § 823 II 1. Dh, zivilrechtlich ist der Betrüger dem Betrogenen zum Schadensersatz verpflichtet. Das Rechtsgut, das von § 263 StGB geschützt werden soll, ist das Vermögen, das (→ Rn. 397) nicht unter die in § 823 I genannten »sonstigen Rechte« fällt!

■ Zwischenfrage: Warum nicht? Wie hatten wir die »sonstigen Rechte« iSv Abs. 1 klassifiziert?

▶ Als »absolute Rechte«, wie das dort genannte Eigentum, im Gegensatz zu den »relativen Rechten«, die nur zwischen zwei bestimmten Parteien eines Schuldverhältnisses gelten.

Ein relatives Recht ist zB auch eine Kaufpreisforderung.

■ Wie würden Sie den Begriff »Vermögen« definieren? Was gehört alles dazu? (Überlegen Sie!)

▶ Unter Vermögen wird im Zivilrecht regelmäßig die Gesamtheit der »Aktiva« verstanden, die einem Rechtssubjekt zustehen. Dies sind alle Rechte, sowohl absolute, dingliche Rechte wie das Eigentum oder Anwartschaftsrechte als auch ein Erbrecht oder Forderungen aus Schuldverhältnissen. Da vom »Vermögen« somit auch »relative Rechte« umfasst werden, kann das Vermögen kein sonstiges, »absolutes«, Recht iSv § 823 I sein!

419 Doch zurück zu § 823 II und zum Schutzbereich der Norm § 263 StGB. Geschützt werden sollen durch § 263, wie angedeutet, reine Vermögensschäden. Wenn der Geschädigte durch den Betrug einen Vermögensschaden von 10.000 EUR hat, muss der Schädiger diesen gem. § 823 II 1 iVm § 263 StGB ersetzen.

Wenn der Geschädigte vor lauter Schreck über den Vermögensverlust einen Schock bekommt und deswegen Arztkosten aufwenden muss, ist dieser Schaden nicht mehr gem. § 823 II 1 iVm § 263 StGB zu ersetzen, da er nicht mehr unter den sog. »Schutzbereich der Norm« des § 263 StGB fällt! Diese **Normzwecktheorie** gilt nicht nur bei Verletzung eines Schutzgesetzes iSv § 823 II, sondern darüber hinaus bei allen Schadensersatzansprüchen (→ Rn. 407).

420 So ist zB auch bei einem Anspruch aus § 823 I stets zu erwägen, ob der geltend gemachte Schaden innerhalb des Schutzzwecks der verletzten Norm liegt. Zu prüfen ist, ob die Norm, gegen die der Schädiger verstoßen hat, den Zweck hatte, gerade eine Rechtsgutverletzung der eingetretenen Art zu verhindern. Dies hat der BGH zB verneint, als aufgrund einer ärztlichen Untersuchung nach einer Körperverletzung eine bis dahin verborgene Krankheit entdeckt wurde, die dazu führte, dass der Geschädigte früher pensioniert wurde und dadurch einen weiteren Schaden erlitt.[458]

Sofern ein Verstoß gegen ein Schutzgesetz auch ohne Verschulden möglich ist, soll die Schadensersatzpflicht aus unerlaubter Handlung nur eintreten, wenn Verschulden vorliegt (§ 823 II 2). Der Grundsatz der Verschuldenshaftung erfährt nur durch wenige Einzelvorschriften Ausnahmen bzw. Einschränkungen. Einige davon sollen Sie abschließend noch kennen lernen.

Prüfungsschema

Schadensersatz wegen Verletzung eines Schutzgesetzes gem. § 823 II iVm Schutzgesetz

I. Voraussetzungen:
1. Tatbestandsmäßigkeit: Verletzung eines Schutzgesetzes (zB StGB)
2. Rechtswidrigkeit
3. Verschulden
4. Schaden

II. Rechtsfolge:
Schadensersatz; Umfang §§ 249 ff., ggf. §§ 842 ff.

458 BGH NJW 1968, 2287. Weitere Nachweise bei Palandt/*Grüneberg* Vorb vor § 249 Rn. 29–31.

II. Haftung des Grundstücks- bzw. Gebäudebesitzers

Übungsfall 27

Passant Peter Pech (P) parkt sein Auto an einer Parkuhr in einer bewohnten Straße. Durch einen Windstoß löst sich ein Dachziegel vom Haus des Hauseigentümers Hugo Huber (H) und zerstört die Windschutzscheibe und Kühlerhaube vom Auto des P. P muss dafür 2.000 EUR Reparaturkosten aufwenden.

Kann P von H Ersatz dieses Schadens verlangen?

■ Kommt ein Schadensersatzanspruch des P gegen H aus § 823 I in Betracht? Überlegen Sie, in welcher Reihenfolge die vier Anspruchsvoraussetzungen zu prüfen sind, und prüfen Sie die erste, bevor Sie weiterlesen! 421

▶ H müsste durch eine unerlaubte Handlung (Tun oder Unterlassen) eines der in § 823 I genannten Rechtsgüter des P verletzt haben. Im vorliegenden Fall ist das Eigentum des P verletzt worden. Dafür war weder ein Tun noch ein Unterlassen des H ursächlich, sondern ein Windstoß. Es fehlt schon an der Tatbestandsmäßigkeit, insbesondere an der haftungsbegründenden Kausalität einer unerlaubten Handlung des H.

Da es nicht billig (»gerecht«) erscheint, dass P den Schaden tragen soll, hat der Gesetzgeber dies in der Sondervorschrift des § 836 berücksichtigt (§ 836 I lesen!). 422

Voraussetzungen für diesen Anspruch aus **§ 836 I** sind:

1. Einsturz eines Gebäudes oder Ablösung eines Teils davon.
2. Dadurch Tod oder Verletzung eines Menschen oder Beschädigung einer Sache.
3. Einsturz oder Ablösung erfolgte aufgrund fehlerhafter Errichtung oder Unterhaltung durch Grundstücksbesitzer.

Beachte: Falls Grundstücks- und Gebäudebesitzer nicht identisch sind, haftet gem. § 837 der Gebäudebesitzer!

■ Prüfen Sie, ob diese Voraussetzungen im vorliegenden Fall gegeben sind!

▶ Die Subsumtion des Sachverhalts unter die Voraussetzungen (1) und (2) hat Ihnen sicher keine Schwierigkeiten bereitet. Fraglich ist, ob auch die dritte Voraussetzung erfüllt ist.
Dies ist aus dem Sachverhalt nicht ersichtlich.

Wichtig ist zu wissen, dass diese Voraussetzung schon erfüllt ist, wenn der Gebäudebesitzer nicht nachweisen kann, dass er die im Verkehr erforderliche Sorgfalt beachtet hat. Notfalls wird in der Praxis ein Sachverständigengutachten herangezogen. 423

Grundsätzlich wird bezüglich der Tatbestandserfüllung von § 836 I 1 ein Verschulden des Grundstücksbesitzers vermutet. Von dieser Verschuldensvermutung kann er sich aber gem. § 836 I 2 entlasten (Satz 2 nochmals lesen!).

Als Ergebnis unseres Ausgangsfalls können wir festhalten, dass der Anspruch des P gegen H aus § 836 begründet ist, wenn H nicht nachweisen kann, dass er bezüglich der Errichtung oder der Unterhaltung die im Verkehr erforderliche Sorgfalt beachtet hat.

III. Haftung des Geschäftsherrn für Verrichtungsgehilfen

Übungsfall 28 (Abwandlung von Fall 27)

Wie wäre es, wenn sich der Dachziegel nicht durch einen Windstoß, sondern durch eine Unachtsamkeit des Gesellen Gustav Gans (G), der von seinem Arbeitgeber, dem Dachdeckermeister Manfred Maier (M), mit Dachdeckerarbeiten beauftragt war und deshalb auf dem Hausdach »herumging«, gelöst hätte?

■ Welche Anspruchsgrundlage kommt in diesem Fall in Betracht? Gegen wen kann P möglicherweise Ansprüche geltend machen? Überlegen Sie selbst!

424 ▶ Zunächst ist an einen Anspruch des P gegen den Gesellen G aus § 823 I zu denken.

Prüfen wir dessen Voraussetzungen:

(1) Tatbestandsmäßigkeit?

G hat durch eine Handlung die Verletzung des Eigentums des P verursacht; die haftungsbegründende Kausalität liegt vor.

(2) Widerrechtlichkeit?

Keine Rechtfertigungsgründe ersichtlich!

(3) Verschulden?

Unachtsamkeit = Fahrlässigkeit! (Lesen Sie nochmals § 276 II!)

(4) Schaden?

Reparaturkosten für das beschädigte Eigentum (Auto) = 2.000 EUR. Die fahrlässige Handlung war dafür auch kausal: Es liegt nicht außerhalb der Wahrscheinlichkeit, dass ein herabfallender Dachziegel ein auf der Straße parkendes Auto beschädigt (Adäquanztheorie, → Rn. 406 f. nachlesen!).

Rechtsfolge: Schadensersatz durch G. Umfang: § 249 I = Naturalherstellung!

425 Nehmen wir an, Geselle G ist nicht in der Lage, den Schaden zu bezahlen, weil er nicht genügend liquide Mittel hat.

■ An wen würden Sie sich als Geschädigter wenden?

▶ An den Meister M, für den G tätig wurde.

■ Welche Anspruchsgrundlage kommt für P in Betracht? Überfliegen Sie die Vorschriften der §§ 823 ff. …

▶ Die Überschrift über Übungsfall 28 lautet: »Haftung des Geschäftsherrn für Verrichtungsgehilfen«! Fast identisch ist die Überschrift von § 831, den Sie sicher gefunden haben. Lesen Sie Abs. 1!

Anspruchsgrundlage für P gegen M ist § 831 I 1, der eine Haftung für vermutetes Verschulden festlegt! Prüfen wir die

1. Voraussetzungen von § 831 I 1

426 Damit der Schadensersatzanspruch des P gegen M begründet sein kann, müssen vier Voraussetzungen vorliegen, die wir sofort auf unseren konkreten Fall bezogen untersuchen:

(1) G müsste Verrichtungsgehilfe des M sein. Merkmal des Verrichtungsgehilfen ist die weisungsgebundene Tätigkeit für einen anderen, den »Geschäftsherrn«. Im Verhältnis Geselle – Meister ist dieses Merkmal gegeben.
(2) G müsste dem P widerrechtlich (nicht schuldhaft![459] – der Geschäftsherr haftet für sein eigenes Verschulden) einen Schaden zugefügt haben, dh, G müsste tatbestandsmäßig und widerrechtlich eine unerlaubte Handlung iSd §§ 823 ff. begangen haben.[460] Dass dies geschehen ist, wurde oben bei der Kurzprüfung des Anspruchs aus § 823 I gegen G bejaht.
(3) G müsste die unerlaubte Handlung »in Ausführung der (weisungsgebundenen) Verrichtung« verübt haben. Diese Voraussetzung ist erfüllt, da G in Erfüllung eines Arbeitsvertrags mit M handelte.

Beachte: Wenn G anlässlich seiner Dachdeckerarbeiten bei H (zB in der Mittagspause) einen Diebstahl begangen hätte, wäre dies nicht mehr »in Ausübung der Verrichtung« geschehen, sondern »bei Gelegenheit« dieser Verrichtung. § 831 I kann dann nicht angewendet werden!

(4) Dem Anspruchsteller (P) müsste ein Schaden entstanden sein, für den die unerlaubte Handlung (des G) ursächlich war (»haftungsausfüllende Kausalität«). Auch diese Voraussetzung ist gegeben, wie bereits oben (= Anspruch gegen G aus § 823 I) festgestellt.

2. Rechtsfolgen

Da alle Voraussetzungen erfüllt sind, ist ein Anspruch des P gegen M aus § 831 I 1 grundsätzlich begründet. 427

Zum besseren Verständnis der rechtlichen Beziehungen eine grafische Skizze:

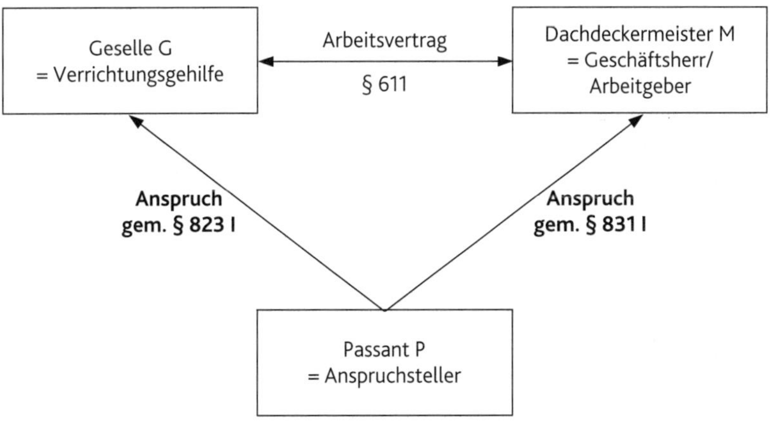

Allerdings hat M die Möglichkeit, sich für das nach § 831 I 1 vermutete Verschulden gem. § 831 I 2 zu entlasten – lesen!

Dieser sog. »Entlastungsbeweis bzw. Exkulpationsbeweis« ist zum einen erbracht, wenn der Geschäftsherr nachweisen kann, dass er seinen Gehilfen zB aufgrund guter

459 Was sich aus dem Wortlaut von § 831 I ergibt; so auch BGH NJW 1996, 3205 (3207); BeckOK BGB/*Spindler* § 831 Rn. 23; jurisPK-BGB/*Matusche-Beckmann* § 831 Rn. 67; NK-BGB/*Katzenmeier* § 831 Rn. 31; Palandt/*Sprau* § 831 Rn. 8.
460 *Brox/Walker* SchuldR BT § 48 Rn. 4.

Zeugnisse und guten Leumunds sorgfältig ausgewählt bzw. eingestellt hat und dass der Geselle schon jahrelang äußerst gewissenhaft und zuverlässig gearbeitet hat. Anders ausgedrückt: Der Exkulpationsbeweis ist erbracht, wenn der Geschäftsherr nachweisen kann, dass ihn bezüglich der Tätigkeit des Verrichtungsgehilfen kein »Auswahl- und Überwachungsverschulden« trifft.

Zum anderen ist der Exkulpationsbeweis iSd § 831 I 2 erbracht, wenn der Geschäftsherr nachweisen kann, dass der Schaden auch bei Anwendung der im Verkehr erforderlichen Sorgfalt entstanden wäre (= Kausalzusammenhang zwischen Auswahl- bzw. Überwachungsverschulden und Schaden darf nicht vorhanden sein).

428 Da unser Fall hierzu keine Angaben enthält, würde man in einer Klausur zB nach Prüfung der Voraussetzungen von § 831 I 1 als Ergebnis Folgendes festhalten:

»P hat gegenüber M einen Anspruch auf Schadensersatz gem. § 831 I 1. Dieser Anspruch entsteht allerdings nicht, wenn M sich gem. § 831 I 2 exkulpieren kann, dh insbesondere, M müsste nachweisen, dass ihn bezüglich seines Gesellen G kein Auswahl- oder Überwachungsverschulden trifft«.

In der Praxis wird dem Geschäftsherrn der Entlastungsbeweis häufig gelingen, sodass der Geschädigte auf einen Schadensersatzanspruch gegen den – in der Regel finanzschwächeren – Gehilfen aus § 823 I angewiesen ist.

Prüfungsschema

Haftung für den Verrichtungsgehilfen gem. § 831 I

I. Voraussetzungen:
1. Verrichtungsgehilfe – weisungsgebundene Tätigkeit
2. tatbestandsmäßige und rechtswidrige unerlaubte Handlung (§§ 823 ff.) des Verrichtungsgehilfen
3. Schadenszufügung in Ausübung der Verrichtung
4. Schaden
5. keine Exkulpation durch Geschäftsherrn gem. § 831 I 2
   a) Widerlegung der Vermutung des (eigenen) Auswahl- und Überwachungsverschuldens
   b) Widerlegung der Kausalitätsvermutung zwischen der vermuteten Sorgfaltspflichtverletzung und dem Schaden

II. Rechtsfolge:
Schadensersatz (Umfang §§ 249 ff., ggf. §§ 842 ff.), falls Exkulpation nicht möglich

3. Verhältnis von § 831 I zu § 278

429 Sofern Sie bei der Lektüre des Begriffs »Verrichtungsgehilfe« an den »Erfüllungsgehilfen«[461] gedacht haben, war das durchaus nahe liegend, aber nur, um sich die wesentlichen Unterschiede zwischen diesen beiden Gehilfentypen bzw. bezüglich der Voraussetzungen und Folgen ihres Auftretens für den »Geschäftsherrn« zu verdeut-

461 Vgl. dazu *Wörlen/Metzler-Müller* SchuldR AT Übungsfall 26 (Rn. 397).

lichen! Lesen Sie dazu Übersicht 21 (Rn. 408) in *Wörlen/Metzler-Müller* »Schuldrecht AT« und vergleichen Sie diese mit nachstehender Übersicht 21 (Teil 2):

Übersicht 21 (Teil 2)

Haftung für den Verrichtungsgehilfen 430

§ 831 I

A. Bedeutung:
Eigene Anspruchsgrundlage gegen den Geschäftsherrn

B. Voraussetzungen:
- setzt kein bestehendes Schuldverhältnis voraus
- setzt voraus, dass Verrichtungsgehilfe für den Geschäftsherrn weisungsgebunden tätig wird und dabei eine tatbestandsmäßige und widerrechtliche unerlaubte Handlung begeht
- lässt (im Gegensatz zu § 278) Entlastungs- (Exkulpations-)beweis zu

C. Rechtsfolge:
begründet Haftung des Geschäftsherrn für eigenes (vermutetes) Verschulden (»Auswahl- und Überwachungsverschulden«)

IV. Gefährdungshaftung

1. Begriff

Während das Recht der unerlaubten Handlungen grundsätzlich vom (ggf. vermuteten) Verschulden ausgeht, sieht das Gesetz eine Haftung auch für solche Fälle vor, in denen der Schaden durch eine zwar rechtmäßige, aber für andere mit möglichen Gefahren verbundene Tätigkeit verursacht wird.[462] 431

Diese »Gefährdungshaftung« ist namentlich eine Reaktion des Rechts auf die Gefahren der Industriegesellschaft.[463] Auslöser für diese Haftung ist allein schon die von der bloßen Inbetriebnahme einer Einrichtung ausgehende Gefährdung. Der Halter dieser Einrichtung (auch: der Halter eines sog. »Luxustiers« – im Gegensatz zum Haustier, das zB von einem Landwirt von Berufs wegen zur Erwerbstätigkeit benötigt wird (vgl. § 833) – haftet ohne Verschulden, wenn durch den Betrieb der Einrichtung (oder: durch das Tier) andere einen Schaden erleiden, da es dem Geschädigten im Regelfall nicht möglich oder zumutbar ist, ein Verschulden des Halters nachzuweisen.[464]

2. Haftungstatbestände

Die wichtigsten Vorschriften, die eine Gefährdungshaftung begründen, sind: 432

- § 7 I StVG = »Haftung des Kfz-Halters« (und ggf. des Fahrers)
- § 1 I HPflG = »Haftung des Bahnunternehmers«

462 Vgl. *Brox/Walker* SchuldR BT § 54 Rn. 1.
463 *Deutsch/Ahrens* DeliktsR Rn. 7.
464 Vgl. *Creifelds* »Gefährdungshaftung«.

- §§ 33 ff. LuftVG = »Haftung des Halters eines Luftfahrzeugs«
- §§ 25 ff. AtomG = »Haftung für Kernanlagen«
- §§ 89 f. WHG = »Haftung für Änderung der Wasserbeschaffenheit (Gewässerverunreinigung)«
- §§ 29 ff. BJagdG = »Haftung für Wildschäden«
- §§ 114 ff. BBergG = »Haftung für Bergschäden«
- § 833 S. 1 = »Haftung des Tierhalters«
- §§ 1, 2, 6 UmweltHG = »Anlagenhaftung bei Umwelteinwirkungen und Haftung für nichtbetriebene Anlagen«
- § 32 I GenTG = »Haftung des Betreibers gentechnischer Arbeiten«
- § 84 AMG = »Haftung für Arzneimittelschäden«

V. Haftungsminderung und Haftungsausschluss bei beschränkter oder fehlender Verschuldensfähigkeit

433 Die Haftung eines Schädigers für eine unerlaubte Handlung setzt neben deren Tatbestandsmäßigkeit und Widerrechtlichkeit ein Verschulden (→ Rn. 402) voraus. Das bedeutet, dass der Schädiger überhaupt verschuldensfähig, dh im Recht der unerlaubten Handlungen: »deliktsfähig« ist. **Deliktsfähigkeit** ist die Fähigkeit, unerlaubte Handlungen mit Verantwortlichkeit für deren Folgen vorzunehmen.[465]

Dabei ist zu unterscheiden zwischen (voller) Deliktsfähigkeit, **bedingter** Deliktsfähigkeit und Deliktsunfähigkeit.

1. Deliktsunfähigkeit

434 Gemäß § 827 S. 1 ist die Haftung ausgeschlossen von Personen, die im Zustand der Bewusstlosigkeit oder in einem die freie Willensbestimmung ausschließenden Zustand krankhafter Störung der Geistestätigkeit einem anderen einen Schaden zufügen. Gleiches gilt für Minderjährige unter sieben Jahren (§ 828 I). Lesen(!) Sie auch § 827 S. 2!

435 Mit § 828 II soll die Verbesserung der Rechtsstellung von Kindern bei Unfällen im Straßen- und Bahnverkehr erreicht werden: Nach § 828 II 1 ist die **Haftung** (insbesondere für Mitverschulden iSv § 254) **von Kindern unter zehn Jahren ausgeschlossen**. Gemäß § 828 II 2 gilt dies nicht bei **Vorsatztaten** von Kindern zwischen sieben und zehn Jahren.

Mit § 828 II ist neueren Erkenntnissen der Entwicklungspsychologie Rechnung getragen worden, nach denen Kinder frühestens ab Vollendung des 10. Lebensjahres im Stande seien, die besonderen Gefahren des motorisierten Straßenverkehrs zu erkennen oder sich den Erkenntnissen entsprechend zu verhalten, insbesondere weil die Fähigkeit zur richtigen Einschätzung von Entfernungen und Geschwindigkeiten fehlt sowie kindliche Eigenheiten einem verkehrsgerechten Verhalten entgegenstehen.[466] Der Gesetzgeber hat diese Erkenntnis allerdings nur auf den Straßenverkehr beschränkt. Die Haftungsprivilegierung greift nicht ein, wenn sich keine typische Überforderungssituation des Kindes durch die spezifischen Gefahren des motorisierten

465 Vgl. schon *Wörlen/Metzler-Müller* BGB AT Rn. 58.

466 So etwa die Begründung des Entwurfs zum Schadensersatzrechtsänderungsgesetz, BT-Drs. 741/01.

Verkehrs realisiert hat – so zum Beispiel, wenn das Kind mit einem Fahrrad oder Kickboard gegen ein ordnungsgemäß parkendes Kraftfahrzeug gestoßen ist. Für diesen Fall muss es haften.[467] Aber: Lässt ein achtjähriges Kind auf dem Bürgersteig sein Fahrrad los, damit es von alleine weiterrollt, und rollt das führungslose Fahrrad auf die Fahrbahn gegen das zu diesem Zeitpunkt vorbeifahrende Kraftfahrzeug, so handelt es sich um einen Unfall mit einem Kraftfahrzeug iSd § 828 II 1, der zu einer Haftungsprivilegierung des Kindes führt.[468]

Dies nur als Information. Zu einer Würdigung oder Hinterfragung dieser Vorschrift bleibt in diesem Einführungswerk kein Raum.[469]

2. Bedingte Deliktsfähigkeit

Bei Minderjährigen zwischen sieben und achtzehn Jahren wird gem. § 828 III darauf **436**
abgestellt, ob der Minderjährige, der einem anderen einen Schaden zufügt, bei der Begehung der unerlaubten Handlung die zur Erkenntnis der Verantwortlichkeit erforderliche Einsicht[470] hatte.

VI. Haftung mehrerer Schädiger

1. Verantwortlichkeit von Teilnehmern und Beteiligten, § 830

Gemäß § 830 ist jeder Teilnehmer einer unerlaubten Handlung dem Geschädigten für **437**
den vollen Schaden verantwortlich. Voraussetzung dieser **selbstständigen Anspruchsgrundlage** ist die Teilnahme an einer tatbestandsmäßig, rechtswidrig und schuldhaft begangenen unerlaubten Handlung iSd §§ 823 ff., und zwar als

- **Mittäter** – vgl. § 25 II StGB: bewusstes und gewolltes Zusammenwirken zur Herbeiführung des Verletzungserfolgs,
- **Anstifter** – vgl. § 26 StGB: derjenige, der vorsätzlich einen anderen zu dessen vorsätzlich begangener rechtswidriger Tat bestimmt hat,
  oder
- **Gehilfe** – vgl. § 27 StGB: derjenige, der vorsätzlich einem anderen zu dessen vorsätzlich begangener rechtswidriger Tat Hilfe geleistet hat.

Für den Geschädigten ergeben sich oftmals Beweisschwierigkeiten in Bezug auf die einzelnen Tatbeiträge sowie deren Kausalität. Dieses Problem hat der Gesetzgeber in § 830 I 2 gelöst: Sollte nicht zu ermitteln sein, wer von mehreren Beteiligten den Schaden durch seine Handlung verursacht hat, trifft jeden Beteiligten die volle Haftung für den eingetreten Schaden. Allerdings muss bei jedem Beteiligten ein haftungsbegründender Tatbestand gegeben sein; nur der Nachweis der Ursächlichkeit seines Verhaltens muss nicht erbracht werden.[471]

---

467 BGH NJW 2005, 137 sowie NJW-RR 2005, 327.

468 BGH NJW 2008, 147.

469 Bei Interesse: *Oechsler*, Die Unzurechnungsfähigkeit von Kindern in Verkehrssituationen, NJW 2009, 3185 ff.; *Lang*, Beteiligung von Kindern an Verkehrsunfällen, r + s 2011, 409; *Oechsler*, Die Haftung Minderjähriger – alle Fragen geklärt? – Eine Betrachtung »unserer Kleinen« zwischen zehn und 14 Jahren, r + s Beil. 2011, 63.

470 Vgl. dazu *Wörlen/Metzler-Müller* BGB AT Rn. 59 zur Haftung von Fritzchen in Übungsfall 2 (Rn. 52).

471 Vgl. Palandt/*Sprau* § 830 Rn. 7 mwN.

2. Gesamtschuldnerschaft, § 840

438 Bei der Haftung mehrerer Personen ist zwischen dem Außenverhältnis und dem Innenverhältnis zu unterscheiden.

■ Was ist unter diesen Begriffen zu verstehen?
▶ Das Außenverhältnis betrifft die Haftung des «unerlaubt Handelnden« gegenüber dem Geschädigten, das Innenverhältnis die Haftung der einzelnen Schädiger untereinander.

a) Außenverhältnis

Täter einer unerlaubten Handlung, die nebeneinander verantwortlich sind, haften gem. § 840 dem Geschädigten als Gesamtschuldner. So Mittäter, Anstifter, Gehilfen (§ 830 I, II); Beteiligte (§ 830 I 2), Nebentäter nach §§ 823 ff., auch wenn der eine vorsätzlich, der andere fahrlässig gehandelt hat; Geschäftsherr nach § 831 und Verrichtungsgehilfe nach §§ 823 ff.

Für unseren Übungsfall 28 (vor → Rn. 424) verdeutlicht dies die folgende Skizze:

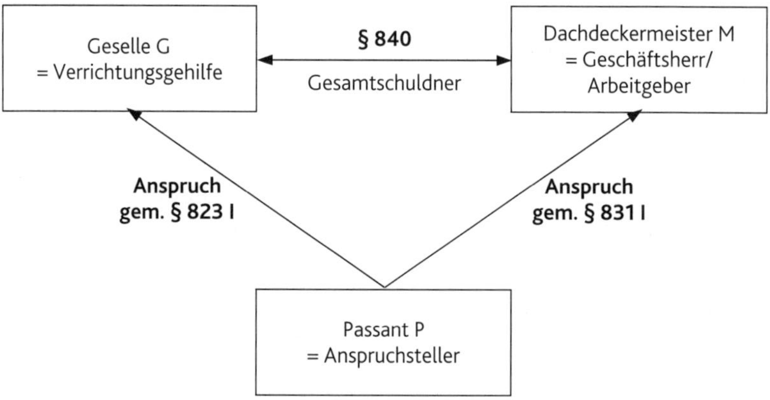

b) Innenverhältnis

Durch § 426 I wird ein Ausgleichsschuldverhältnis unter den Gesamtschuldnern begründet: Die Gesamtschuldner sind im Verhältnis zueinander zu gleichen Anteilen verpflichtet, sofern nicht das Gesetz etwas anderes bestimmt. Gesetzliche (abweichende) Regelungen sind in § 840 II und III für die Gesamtschuldner getroffen.

Beachte: Gemäß § 426 II geht, sofern ein Gesamtschuldner den Gläubiger befriedigt, die Forderung des Gläubigers gegen die übrigen Schuldner auf ihn über. Diese Vorschrift ist Beispiel für einen gesetzlichen Forderungsübergang; ein weiterer Fall hierfür ist zB § 774 (Bürgschaft → Rn. 348, 350).

Lesen Sie zum Abschluss des Rechts der unerlaubten Handlungen die zusammenfassende Übersicht 21 (Teil 3).

Übersicht 21 (Teil 3)

439

Sondertatbestände

• § 823 II	**Voraussetzung:** Schädiger verstößt gegen ein Gesetz, das den Schutz des Geschädigten bezweckt (sog. Schutzgesetz, zB StGB, StVG, StVO). Verschulden auch erforderlich, wenn Schutzgesetz ohne Verschulden verwirklicht werden kann.
• § 824	Kreditgefährdung
• § 825	Bestimmung zu sexuellen Handlungen[472]
• § 826	Sittenwidrige Schädigung **Voraussetzung:** Vorsätzliche Schädigung in einer gegen die guten Sitten verstoßenden Weise **Beispiel:** Arglistige Täuschung eines Vertragspartners; Ausnutzung wirtschaftlicher Machtstellung
• § 830	Mittäter und Beteiligte
• **§ 831**	**Haftung des Geschäftsherrn für Verrichtungsgehilfen**
• § 832	Haftung des Aufsichtspflichtigen (für vermutetes Verschulden – Entlastungsbeweis möglich)
• §§ 833, 834	Haftung des Tierhalters bzw. des Tieraufsehers (Gefährdungshaftung bei »Luxustier«; sonst: Entlastungsbeweis möglich)
• §§ 836–838	Haftung des Gebäudebesitzers bzw. des Gebäude-Unterhaltspflichtigen (für vermutetes Verschulden – Entlastungsbeweis möglich!)
• § 839	Eigenhaftung des Beamten bei fiskalischer Tätigkeit
• § 839 iVm Art. 34 GG	Haftung von öffentlich-rechtlichen Körperschaften für Amtspflichtverletzungen ihrer Amtsträger/
• § 840	Haftung mehrerer
Rechtsfolge	aller Sondertatbestände = Schadensersatz; Umfang: §§ 249 ff. ggf. §§ 842 ff.

Haftungsminderung, Haftungsausschluss: §§ 827, 828: Bewusstlose, Geisteskranke, Minderjährige

Literatur zur Vertiefung (→ Rn. 417–438): *Alpmann und Schmidt* SchuldR BT IV, 1. Teil, 2. und 3. Abschn.; *Brand*, Die Haftung des Aufsichtspflichtigen nach § 832 BGB, JuS 2012, 673; *Brox/Walker* SchuldR BT §§ 46–51; *Coester-Waltjen*, Die Anspruchsgrundlagen und Abgrenzungen bei Amtshaftung und Organhaftung, JURA 1995, 368; *Coester-Waltjen*, Beweiserleichterungen und Gefährdungshaftung, JURA 1996, 608; *Coester-Waltjen*, Die Haftung nach § 7 StVG, JURA 2004, 173; *Coester-Waltjen*, Die Haftung nach § 823 Abs. 2 BGB, JURA 2002, 102; *Fikentscher/Heinemann* SchuldR §§ 108–113; *Führich* WirtschaftsPrivR Rn. 670 ff.; *Kilian*, Die deliktische Verantwortlichkeit Minderjäh-

472 Lesen Sie § 825! Die bis 31.12.2001 geltende Fassung lautete: »Wer eine Frauensperson durch Hinterlist, durch Drohung oder unter Mißbrauch eines Abhängigkeitsverhältnisses zur Gestattung der außerehelichen Beiwohnung bestimmt, ist ihr zum Ersatze des daraus entstehenden Schadens verpflichtet.«
Die antiquierte »Frauensperson« ist also ebenso wie die antiquierte »Beiwohnung« gestrichen. Nimmt man die Neufassung wörtlich, so sind Frauen schutzlos geworden, da hier nur von **dem anderen** die Rede ist und **ihm** ist der »daraus« entstehende Schaden zu ersetzen? Möglicherweise stand das neue LPartG (→ Rn. 164) bei dieser Fassung Pate?

riger nach § 828 BGB nF, ZGS 2003, 168; *Lochte/Handjery*, Das Verschulden im Rahmen des Amtshaftungsanspruchs …, JuS 2001, 1186; *Looschelders* SchuldR BT §§ 62–72; *Medicus*, Tod als Schaden, ZGS 2006, 103; *Medicus/Lorenz* SchuldR BT §§ 149–158; *Medicus/Petersen* Grundwissen § 25 IV; *Metzler-Müller* PrivatRFall Fälle 15 und 16; *Meysen*, Der haftungsrechtliche Beamtenbegriff am Ziel?, JuS 1998, 404; *Müller*, Beteiligungshaftung bei Konkurrenz mit einer Zufallsursache – BGH NJW 2001, 2538 –, JuS 2002, 432; *Raab*, Die Bedeutung der Verkehrssicherungspflichten und ihre systematische Stellung im Deliktsrecht, JuS 2002, 1041; *Röthel*, Gefährdungshaftung, JURA 2012, 444; *Röthel*, Kraftfahrzeughalter und Tierhalter, JURA 2014, 1124; *Schade* WirtschaftsPrivR Rn. 404 ff.; *Schoch*, Amtshaftung, JURA 1988, 585 und 648; *Schreiber*, »Kinder haften für ihre Eltern« – zum Mitverschulden des gesetzlichen Vertreters –, JURA 1994, 164; *Schreiber*, Die Haftung bei Verkehrsunfällen, JURA 2007, 594; *Schubmehl/Rabbe*, Neunjähriger im Geschäfts- und Straßenverkehr (Übungsklausur Zivilrecht), JURA 2008, 853 ff.; *Staudinger/Schmidt*, »Gutes Reiten, schlechtes Reiten …«, JURA 2000, 347; *Vogel*, »Höhere Gewalt« und Haftungsbeschränkungen im StVG nach der Schadensersatzrechtsreform, ZGS 2002, 400; *Wandt* GesetzlSchuldverh §§ 17–19.

E. Produzentenhaftung und Produkthaftung

I. Begriff und Wesen

440 Beide Begriffe beziehen sich auf die Haftung des Herstellers (Produzent) einer Ware (Produkt), die entweder von ihm selbst an den Endverbraucher oder, was häufiger der Fall ist, über Zwischenhändler vertrieben wird.

1. Produzentenhaftung

441 Der Begriff »Produzentenhaftung« weist auf eine persönliche Verantwortlichkeit des Produzenten, also auf ein Verschulden hin.

Die Frage nach der Haftung des Produzenten stellt sich regelmäßig dann, wenn dieser ein Produkt in den Verkehr gebracht hat und dem Verbraucher durch die Benutzung des Produkts ein Schaden entstanden ist.

Eine **vertragliche Haftung** des Herstellers (aufgrund einer vertraglichen Pflichtverletzung) scheidet in den meisten Fällen aus, da zwischen Hersteller und Endverbraucher in der Regel keine vertraglichen Beziehungen bestehen, sofern Letzterer das Produkt nicht direkt vom Hersteller bezogen hat.

Das Dreiecksverhältnis zwischen Hersteller, Verkäufer und Käufer verdeutlicht folgende Skizze:

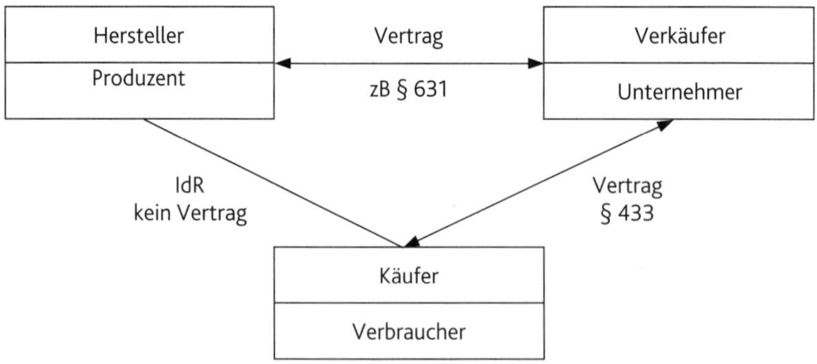

Ein **Schulbeispiel für** die **seltene vertragliche Produzentenhaftung** ist folgender vom BGH[473] entschiedener Fall (sog. »Ziegelsteinurteil«):
Ein Bauunternehmer bestellte direkt bei einem Ziegelwerk sog. Gittersteine mit einer Druckfestigkeit von 350 kg je cm². Nach Lieferung und Verarbeitung der Steine stellte sich heraus, dass diese nicht die geforderte Druckfestigkeit aufwiesen. Der Bauunternehmer ließ daraufhin das mit diesen Steinen errichtete Mauerwerk abbrechen und mit druckfesten Steinen neu errichten. Wegen der daraus entstandenen Kosten verlangte er Schadensersatz vom Inhaber des Ziegelwerks.
Der BGH gab der Klage statt, weil das beklagte Ziegelwerk die Druckfestigkeit der Steine dem Bauunternehmer vertraglich zugesichert habe und der Schaden Folge des Fehlens der zugesicherten Eigenschaft gewesen sei (sog. verschuldensunabhängige »Produzentengarantie«).

Die **vertragliche Haftung des Produzenten** kommt nur in Betracht, wenn der Verletzte Vertragspartner in den Schutzbereich des Vertrages einbezogen ist. Für außenstehende Dritte ist eine vertragliche Anspruchsgrundlage daher nicht gegeben.

Die Vorschriften des Deliktsrechts sind grundsätzlich ebenso wenig auf die Produzentenhaftung zugeschnitten. Als allgemeine Haftungsgrundlage kommt die Verschuldenshaftung aus § 823 in Betracht, die von der Rechtsprechung durch die Umkehr der Beweislast hinsichtlich des Verschuldens erleichtert worden ist: Steht fest, dass das Produkt einen Fehler hatte, hat sich der Produzent insofern zu entlasten, als er darlegen muss, dass er den Fehler nicht vorhersehen oder vermeiden konnte.[474] **442**

Ein **Schulbeispiel** für die **deliktische Produzentenhaftung** ist das sog. »Hühnerpesturteil« des BGH.[475]
Die Klägerin betrieb eine Hühnerfarm und ließ ihre Hühner von einem Tierarzt gegen Hühnerpest impfen. Kurz danach brach auf der Farm die Hühnerpest aus, die zum Tod fast aller Hühner führte. Den Impfstoff hatte der Tierarzt von dem beklagten Produzenten bezogen. Eine Untersuchung des noch vorhandenen restlichen Impfstoffs ergab, dass dieser bakterielle Verunreinigungen und reaktivierte Hühnerpestviren enthielt, die den Ausbruch der Hühnerpest verursacht hatten. Auf welche Weise es im Betrieb des beklagten Produzenten zu der bakteriellen Verunreinigung und der damit verbundenen Reaktivierung der Viren gekommen war, konnte nicht aufgeklärt werden. Insbesondere blieb unaufgeklärt, ob der Schaden letztlich auf ein fehlerhaftes Verhalten des Produzenten oder seiner Mitarbeiter oder auf unvorhergesehene Ereignisse zurückzuführen war. Die Hühnerhalterin klagte auf Schadensersatz gegen den Produzenten.
Der BGH gab der Klage statt, da der Produzent nicht dargelegt hatte, dass ihn kein Verschulden an der Herstellung des fehlerhaften Impfstoffs traf. Der Leitsatz der BGH-Entscheidung lautet:
»Wird jemand bei bestimmungsgemäßer Verwendung eines Industrieerzeugnisses dadurch an einem der in § 823 I BGB geschützten Rechtsgüter geschädigt, dass dieses Produkt fehlerhaft hergestellt war, so ist es Sache des Herstellers, die Vorgänge aufzuklären, die den Fehler verursacht haben, und dabei darzutun, dass ihn hieran kein Verschulden trifft.«

2. Produkthaftung

Der Begriff »Produkthaftung« bezieht sich auf das fehlerhafte Produkt und weist auf eine objektive verschuldensunabhängige Haftung hin. **443**

473 Vgl. BGH FHZivR 12 Nr. 1085 = VersR 1966, 241 = DB 1966, 147.
474 *Deutsch/Ahrens* DeliktsR Rn. 376.
475 BGHZ 51, 91 = NJW 1969, 269 = VersR 1969, 155.

Diese Produkthaftung wurde nach dem Vorbild der »products liability« aus dem anglo-amerikanischen Recht in das Produkthaftungsgesetz übernommen:[476] Um einen größtmöglichen Verbraucherschutz zu erreichen, setzte der deutsche Gesetzgeber (wie so oft mit einiger Verspätung) die EG(-Rats)-Richtlinie 85/374/EWG v. 25.7.1985 um. Am 1.1.1990 trat das »Gesetz über fehlerhafte Produkte« (ProdHaftG) in Kraft.

444 Dieses Gesetz ordnet eine **verschuldensunabhängige Haftung** des Herstellers für Produktschäden an (vgl. § 1 I 1 ProdHaftG) und begründet eine Gefährdungshaftung[477] des Herstellers für fehlerhafte Produkte. Dadurch brachte das Produkthaftungsgesetz teilweise eine Verbesserung für den Verbraucher gegenüber der Verschuldenshaftung nach den §§ 823 ff. Diese behält aber weiter ihre Bedeutung, da das Produkthaftungsgesetz zB die Haftung bei Tod und Körperschäden auf einen Höchstbetrag begrenzt und bei Sachschäden eine Selbstbeteiligung des Geschädigten vorsieht.

II. Produzentenhaftung nach §§ 823 ff.

1. Rahmentatbestand

445 Für die deliktische Produzentenhaftung, die aus den § 823 I und II iVm einem Schutzgesetz, § 831 und § 836 hergeleitet wurde, hat die Rechtsprechung einen Rahmentatbestand gebildet: Der Hersteller eines Produkts, das einen Fehler aufweist, haftet auf Ersatz des dadurch verursachten Schadens, wenn er nicht beweisen kann, dass ihn an dem Fehler bzw. dessen Auswirkungen kein Verschulden trifft.

Eine Haftung des Herstellers setzt dabei voraus, dass ihm ein Verhalten zuzurechnen ist, welches die Rechtsgutverletzung und den dadurch entstandenen Schaden verursacht hat. Dies ist der Fall, wenn das Produkt einen Fehler aufweist, für den ein Produzent typischerweise einstehen muss. Dann ist in dem Inverkehrbringen **eine objektive Pflichtverletzung** zu sehen, die den Tatbestand einer unerlaubten Handlung erfüllt.[478] Dabei bedürfen folgende Begriffe einer kurzen Erläuterung:

a) Hersteller

446 Hersteller ist der Produzent des Endprodukts, eines Teilprodukts oder eines Grundstoffs. Auch ein Zulieferer ist somit als Hersteller anzusehen. Importeure und andere sog. »Quasi-Hersteller«,[479] die ein fremdes Produkt im eigenen Namen vermarkten (zB durch Anbringen eines Warenzeichens) fallen dagegen nicht unter den Begriff des Herstellers, der nach Deliktsrecht als Produzent haftbar ist.[480]

---

476 Für Interessierte am anglo-amerikanischen (hier: englischen) Recht sei der Hinweis auf den klassischen Fall »Donoghue v Stevenson« (1932!) erlaubt (unter anderem zu finden bei Smith & Keenan's English Law, 15. Aufl. 2007, Fall 264, und außerdem in *Wörlen/Balleis/Angress,* Introduction to English Civil Law – for German Speaking Lawyers and Law Students, Vol. 2, 4. Aufl. 2011, 29 ff.), in dem das House of Lords darüber zu befinden hatte, wer für die (Schock-)Schäden zu haften hatte, die eine Konsumentin erlitt, nachdem sie Ginger-Ale aus einer undurchsichtigen Flasche genossen hatte, in der sich eine tote Schnecke befunden hatte.

477 So auch *Wandt* GesetzlSchuldverh § 21 Rn. 71; aA *Kötz/Wagner*, Deliktsrecht, 12. Aufl. 2013, Rn. 612 ff., wonach es sich um eine – in den Produktfehler inkorporierte – Verschuldenshaftung handelt.

478 **Zur Prüfungsreihenfolge der Anspruchsvoraussetzungen der Produzentenhaftung bei § 823 I → Rn. 466 ff.**

479 Zur deliktischen Haftung des Quasi-Herstellers vgl. Palandt/*Sprau* § 823 Rn. 180.

480 Vgl. *Deutsch/Ahrens* DeliktsR Rn. 372.

b) Produktfehler

Als Fehler wird die mangelhafte Beschaffenheit des Produkts angesehen, das deshalb für den vorgesehenen Zweck nicht oder nur mit Gefahr für den Endverbraucher oder andere eingesetzt werden kann. Ein Produkt ist demnach fehlerhaft, wenn es nicht die Sicherheit bietet, die berechtigterweise erwartet werden konnte. 447

c) Verschulden

Für die deliktische Haftung ist Verschulden Voraussetzung. Konnte der Hersteller den Fehler nicht erkennen oder verhindern, haftet er nicht. Während normalerweise der Geschädigte das Verschulden des Schädigers beweisen muss, verlangt die Rechtsprechung (→ Rn. 442: »Hühnerpesturteil«)[481] zur deliktischen Produzentenhaftung, dass der Hersteller beweisen muss, dass ihn hinsichtlich des Produktfehlers kein Verschulden trifft (Beweislastumkehr). 448

d) Kausalzusammenhang

Der Fehler muss für den eingetretenen Schaden kausal gewesen sein. Außerdem muss der Geschädigte zu dem Personenkreis gehören, der gegen die Folgen des Fehlers geschützt werden soll. Schließlich muss der Schaden im Schutzbereich des Gebots der Fehlerfreiheit liegen. Dazu gehört zB bei mit Breitbandantibiotika vermischtem Fischfutter auch der Schaden aus der Beschlagnahme von Futtermitteln.[482] 449

2. Typische Haftungsgründe

a) Konstruktionsfehler

Ein Konstruktionsfehler liegt vor, wenn der Hersteller nicht alle möglichen und erforderlichen Sicherheitsvorkehrungen getroffen hat, um zu gewährleisten, dass derjenige Sicherheitsgrad erreicht wird, den die im entsprechenden Bereich herrschende Verkehrsauffassung für erforderlich erachtet.[483] Dabei ist der Sicherheitsstandard einer Vergleichsgruppe heranzuziehen, die Fehlerhaftigkeit des Produkts kann sich daher nicht allein aus der Risikoträchtigkeit eines Bauteils ergeben, solange die Gesamtfunktionsfähigkeit des Produkts gegeben ist.[484] Typischerweise betreffen solche Fehler nicht nur einzelne Stücke, sondern die ganze Serie. 450

Die objektive Pflichtwidrigkeit und das Verschulden des Herstellers werden bei einem Konstruktionsfehler, der einen Schaden verursacht, vermutet. Allerdings kann sich der Hersteller dahingehend entlasten, dass es sich um einen sog. Entwicklungsfehler handelt, der bei dem In-Verkehr-Bringen des Produkts nach dem damaligen Stand von Wissenschaft und Technik nicht erkennbar war.[485] Evtl. kommt in einem solchen Fall eine Haftung wegen Verletzung der Produktbeobachtungspflicht (→ Rn. 453) in Betracht.

Beispiele:

- Ein Klapphocker, der nur mit einer einfachen Feststelleinrichtung konstruiert wurde, ist fehlerhaft. Bricht jemand, der darauf sitzt, mit dem Hocker zusammen, haftet der Hersteller für den durch die Verletzungen entstandenen Schaden.[486]

481 Eine Vielzahl von klassischen BGH-Urteilen zur Produzentenhaftung zit. *Sossna* JURA 1996, 587.
482 *Deutsch/Ahrens* DeliktsR Rn. 375 mit Hinweis auf BGHZ 105, 346.
483 BGHZ 181, 253 = NJW 2009, 2952.
484 BeckOK BGB/*Spindler* § 823 Rn. 494 mwN.
485 Vgl. *Looschelders* SchuldR BT Rn. 1264.
486 OLG Celle FHZivR 24 Nr. 2488 = VersR 1978, 258.

- Ein schadensursächlicher und haftungsbegründender Fehler wurde verneint, als ein Traktor durch den Auspuff glühende Kohleteilchen ausstieß, die einen Wald in Brand setzten.[487]

b) Fabrikationsfehler

451 Ein Fabrikationsfehler liegt vor, wenn nur einzelne Exemplare eines Produkts aufgrund eines planwidrigen Fehlverhaltens eines Arbeiters oder der Fehlfunktion einer Maschine beim Herstellungsprozess, der ansonsten ordnungsgemäß verlief, mangelhaft sind. »Pfusch gehört nicht auf den Markt, weil er Abnehmer und Dritte gefährdet.«[488]

Beispiele:
- In einem Betonwerk waren Arbeiter bei der Herstellung von Spannbetonfertigteilen mit der Einspannung von Armierungsstäben beschäftigt. Beim Einsatz einer Spannkupplung platzte deren Hülse und der herausschießende Draht verletzte einen Arbeiter tödlich.
  Die Berufsgenossenschaft, die den Hinterbliebenen des Getöteten Entschädigungsleistungen zu erbringen hatte, verklagte den Hersteller der Spannkupplungen und einen seiner Kommanditisten, der als verantwortlicher Geschäftsführer in dem Unternehmen für die Produktion von Werkzeugen für Spannbetonteile zuständig war.
  Der BGH dehnte im »Spannkupplungsurteil« in Weiterentwicklung des »Hühnerpesturteils« die Beweislastumkehr zulasten des Produzenten auf Personen aus, die »in dessen Produktionsbereich als Produktionsleiter eine herausgehobene und verantwortliche Stellung haben.«[489]
- Haftpflichtig ist zB auch ein Abfüller von Flaschen, der keine Berstdrucksicherung durchgeführt hat.[490]

c) Instruktionsfehler

452 Ein Instruktionsfehler liegt vor, wenn der Hersteller die Verwender seines Produkts pflichtwidrig nicht auf die Gefahren hingewiesen hat, die sich trotz mangelfreier Herstellung aus der Verwendung ergeben können. Ein solcher Instruktionsfehler kann in unverständlichem Technikerdeutsch der Gebrauchsanweisung bestehen (»den Nippel durch die Lasche ziehen«)[491]!

Beispiele:
- Im sog. »Estil-Urteil« hat der BGH[492] zu der Frage Stellung genommen, in welcher Weise der Hersteller eines Arzneimittels (Kurznarkotikum »Estil«) über die Gefahren zu informieren hat, die mit dessen Gebrauch verbunden sind. So hatte der Hersteller von »Estil« es versäumt, darauf hinzuweisen, dass es nicht verwendet werden darf, wo Vene und Arterie (zB in der Ellenbeuge) eng zusammenliegen, und war daher schadensersatzpflichtig.
- In diesen Zusammenhang gehört auch das sog. »Baby-Bottle-Syndrom«: Hersteller und Vertreiber (»Quasi-Hersteller«) von Flaschen mit Schnullern haben auf die Gefahr des »Dauernuckelns« und möglicher Zahnschäden hinzuweisen.[493] Dieser Hinweispflicht wurde bei einem süßen Kindertee nach Auffassung des OLG Hamm[494] wie folgt durch einen fettgedruckten und schwarz umrandeten Hinweis auf der Teeverpackung Genüge getan:

---

487 BGH BeckRS 1971, 30383629 = VersR 1971, 453 – vgl. hierzu auch das berühmte *»Schwimmerschalterurteil«*, BGHZ 67, 359 = DB 1977, 299 = NJW 1977, 379 = VersR 1977, 358 = JZ 1977, 342: Dieses Urteil zeigt unter anderem, dass die Zuordnung eines Fehlers als Konstruktions- oder Fabrikationsfehler »schwimmend« sein kann.

488 *Deutsch/Ahrens* DeliktsR Rn. 378; zum Fabrikationsfehler bei einem PC s. Fallbeispiel bei *Benning/Oberrath* Computer/InternetR 31.

489 »Spannkupplungsurteil«, BGH NJW 1975, 1827 = JuS 1975, 736.

490 OLG Frankfurt FHZivR 31 Nr. 585 = VersR 1985, 890.

491 *Deutsch/Ahrens* DeliktsR Rn. 379.

492 BGH NJW 1972, 2217 = VersR 1972, 1073.

493 BGH NJW 1999, 2273 = MDR 1999, 611.

494 BGH NJW-RR 1993, 633.

»Wichtige Hinweise: Flasche selbst halten und nicht dem Kind als Nuckelfläschchen überlassen; häufiges oder andauerndes Umspülen der Zähne, zB vor dem Einschlafen, kann Karies verursachen. Nach der abendlichen Zahnpflege sollte grundsätzlich nichts Süßes mehr gegessen oder getrunken werden.«

d) Produktbeobachtungsfehler

Den Hersteller trifft die Pflicht, seine Produkte sowohl auf noch nicht bekannte schädliche Eigenschaften hin zu beobachten als auch sich über deren sonstige, eine Gefahrenlage schaffende Verwendungsfolgen ständig zu informieren.[495] Bei gefährlichen Entwicklungen des Produkts hat er es zurückzurufen oder wenigstens vor den Gefahren zu warnen.[496] Von Rückrufaktionen kann man hin- und wieder in der Kfz-Branche hören oder lesen.[497] 453

Beispiele:
- Der Hersteller von Bausätzen für Überrollbügel ist nach Aufdeckung eines möglichen Fehlers verpflichtet, in neuen Montageanleitungen deutlich auf die richtige Montageart aufmerksam zu machen.[498]
- Auch eine Vertriebsgesellschaft des Herstellers ist zur Warnung der Erwerber und Benutzer über Gefahren der vom Produzenten hergestellten Motorräder verpflichtet.[499]

III. Produkthaftung nach dem Produkthaftungsgesetz

Wie bereits erwähnt (→ Rn. 444) hat das Produkthaftungsgesetz zum 1.1.1990 eine verschuldensunabhängige Haftung des Herstellers eingeführt, um den Verbraucher zu schützen, für den die moderne Warenproduktion mit ihren Lieferketten kaum überschaubar ist. Nach § 16 ProdHaftG ist das Gesetz nur auf Produkte anzuwenden, die seit dem 1.1.1990 in den Verkehr gebracht worden sind. 454

1. Voraussetzungen

a) Rechtsgutverletzung

§ 1 I 1 ProdHaftG setzt voraus, dass **durch den Fehler eines Produkts ein Mensch getötet, sein Körper oder seine Gesundheit verletzt oder eine Sache beschädigt** wird. 455

Die **Beweislast** für den Fehler, den Schaden sowie für den Kausalzusammenhang zwischen Fehler und Schaden **trägt** nach § 1 IV 1 ProdHaftG **der Geschädigte.**

Bei einer **Sachbeschädigung ist die Haftung** gem. § 1 I 2 ProdHaftG insofern **eingeschränkt**, als es sich bei der beschädigten Sache **um eine andere Sache** als das fehlerhafte Produkt handeln muss.

Für Fehler an dem Produkt selbst gilt daher das allgemeine Leistungsstörungsrecht iVm der Sachmängelhaftung beim Kauf- oder Werkvertrag.

Die »**andere Sache**« muss darüber hinaus **gewöhnlich für den privaten Ge- oder Verbrauch bestimmt** und hierzu von dem Geschädigten hauptsächlich verwendet worden sein (§ 1 I 2 Hs. 2 ProdHaftG). Geschützt wird also nur der private Verbrau-

---

495 *Alpmann und Schmidt* SchuldR BT IV Rn. 395 f. mit Beispielsfällen aus der Rspr.
496 *Deutsch/Ahrens* DeliktsR Rn. 380.
497 Vgl. dazu den instruktiven Klausurfall von *Scheffer*, »Die geborstenen Kardanwellen«, JURA 1998, 653.
498 BGH NJW-RR 1986, 902 = VersR 1986, 653.
499 Sog. »*Honda-Urteil*«, BGH NJW 1987, 2009 = VersR 1987, 312 = BB 1987, 717.

cher iSv § 13 (nochmals lesen!), der allerdings nicht mit dem Käufer des Produkts identisch sein muss (vgl. unten Übungsfall 29, → Rn. 463).

b) Produkt

456 Produkt iSv § 2 ProdHaftG sind **alle beweglichen Sachen**, auch wenn sie nur einen Teil einer anderen beweglichen oder einer unbeweglichen Sache bilden, sowie **Elektrizität**. Steine eines Bauwerks zB, die sich aufgrund eines Fehlers, der ihnen anhaftet, aus dem Bauwerk lösen und dabei Schaden verursachen, sind also auch Produkte im Sinne des Gesetzes. **Naturerzeugnisse** stehen den hergestellten Produkten ohne Rücksicht auf eine stattgefundene erste Verarbeitung gleich.[500]

c) Fehler

457 Der **Fehlerbegriff** iSv § 3 ProdHaftG ist **ausschließlich unter Sicherheitsgesichtspunkten** zu sehen.

Ein Produkt ist demnach nach § 3 I ProdHaftG fehlerhaft, wenn es nicht die Sicherheit bietet, die unter Berücksichtigung aller Umstände berechtigterweise erwartet werden kann (lesen Sie § 3 ProdHaftG ganz!). Als sicherheitsgefährdende Fehlertypen kommen alle bereits unter → Rn. 450–453 genannten Fehler in Betracht.

d) Hersteller

458 Lesen Sie zunächst § 4 ProdHaftG ganz durch! Danach ist als **Hersteller** zunächst haftbar, wer das **Endprodukt**, einen Grundstoff oder ein Teilprodukt herstellt. Darunter fallen auch Zulieferer. Ebenso ist derjenige haftbar, der eine Bezeichnung angebracht hat, die ihn als Hersteller ausgibt (= »**Quasi-Hersteller**« nach § 4 I 2 ProdHaftG). Von § 4 II ProdHaftG werden **Importeure** erfasst. Zum Ersatz verpflichtet ist schließlich gem. § 4 III ProdHaftG auch der **Lieferant**, wenn der Hersteller des Produkts nicht festgestellt werden kann und der Lieferant dem Geschädigten seinen eigenen Vorlieferanten nicht genannt hat.

Mehrere Hersteller haften gem. § 5 ProdHaftG als **Gesamtschuldner**.

2. Rechtsfolgen

a) Schadensersatz

459 Unter den Voraussetzungen von § 1 I ProdHaftG ist der Hersteller verpflichtet, dem Geschädigten den durch den Fehler des Produkts entstehenden Schaden an den geschützten Rechtsgütern zu ersetzen. Unter diesen **Schaden** fällt somit **nicht** der **reine Vermögensschaden**. Das **Vermögen** als solches ist hier, wie auch in § 823 I, **kein geschütztes Rechtsgut**.[501]

b) Umfang des Schadensersatzes

460 Den Umfang der Ersatzpflicht bei der **Tötung eines Menschen** regelt § 7 ProdHaftG (lesen). Danach können Ansprüche wegen Kosten der Arzt- und Krankenhausbehandlung, Minderung der Erwerbsfähigkeit und Vermehrung der Bedürfnisse während der Krankheit entstehen (§ 7 I 1 ProdHaftG), die nach § 1922 I (lesen) auf den oder die Erben des Getöteten übergehen. Außerdem sind nach § 7 I 2 ProdHaftG

500 Palandt/*Sprau* ProdHaftG § 2 Rn. 2.
501 MüKoBGB/*Wagner* ProdHaftG § 1 Rn. 3.

Beerdigungskosten zu ersetzen sowie nach § 7 II ProdHaftG Unterhaltsansprüche, die gegen den Getöteten bestanden.

§ 8 S. 2 ProdHaftG erweitert den Umfang des Schadensersatzes bei **Körperverletzungen** auch auf Schmerzensgeld.

Im Falle der **Sachbeschädigung** sieht § 11 ProdHaftG eine **Selbstbeteiligung** in Höhe von 500 EUR vor, enthält aber keine Höchstbetragsregelung. Diese ist in § 10 ProdHaftG für **Personenschäden** zu finden, die gem. § 10 I ProdHaftG bis zu einem **Höchstbetrag** von 85 Millionen EUR ersatzfähig sind.

Bei **Mitverschulden** des Geschädigten (vgl. § 254) bei der Entstehung des Schadens gilt die Haftungsminderung gem. § 6 ProdHaftG (lesen).

3. Ausschluss der Ersatzpflicht des Herstellers

§ 1 II ProdHaftG stellt dem Hersteller eine Reihe von Exkulpationsgründen zur Verfügung, für deren Vorliegen er im Bestreitensfall gem. § 1 IV 2 ProdHaftG die Beweislast trägt. Stichwortartig zusammengefasst sind dies die folgenden Gründe: 461

- Der Hersteller hat das Produkt nicht in den Verkehr gebracht

  Beispiel: Das Produkt wurde ihm gestohlen.

- der Fehler ist erst nach Inverkehrbringen entstanden

  Beispiel: Das Produkt wurde fehlerfrei hergestellt und abgefüllt und wurde erst auf dem Transport unsicher.

- das fehlerhafte Produkt ist weder für Verkauf noch Vertrieb hergestellt worden

  Beispiel: Eine Hausfrau bereitet eine Speise zu, die verdorben ist und bei ihren Gästen zu Gesundheitsschäden führt.

- der Fehler beruht darauf, dass das Produkt im Zeitpunkt des Inverkehrbringens zwingenden Rechtsnormen (= Gesetze im materiellen Sinn,[502] nicht DIN-Normen oder VDE-Vorschriften) entsprochen hat, oder

- der Fehler konnte nach dem Stand von Wissenschaft und Technik vom Hersteller bei Inverkehrbringen des Produkts nicht erkannt werden. Dem Hersteller soll somit nicht das Entwicklungsrisiko aufgebürdet werden.

  Beispiel: Eine in einem kosmetischen Artikel enthaltene Chemikalie ist krebserregend. Im Zeitpunkt des Inverkehrbringens des Artikels konnte das vom Hersteller nach dem Stand von Wissenschaft und Technik nicht erkannt werden. Dieser Haftungsausschluss gilt nur bei einem Konstruktionsfehler, nicht bei einem Fabrikationsfehler.[503]

4. Anspruchskonkurrenzen

Aus § 15 I ProdHaftG ergibt sich, dass das **AMG** für die Arzneimittelhaftung gegenüber dem ProdHaftG **lex specialis** ist. 462

502 Vgl. dazu *Wörlen/Metzler-Müller* BGB AT Rn. 6.
503 *Deutsch/Ahrens* DeliktsR Rn. 393 mit Hinweis auf BGHZ 129, 353 = NJW 1995, 2162.

Ansonsten sind aufgrund von § 15 II ProdHaftG sämtliche vertraglichen und außervertraglichen (insbesondere deliktischen) Anspruchsgrundlagen neben dem ProdHaftG anwendbar.

■ Testen Sie Ihr (bisheriges) Wissen und überlegen Sie, welche Vorschriften das sein könnten!?

▶ In Betracht kommt – neben den Anspruchsgrundlagen des ProdHaftG – ein Anspruch wegen Verletzung einer Vertragspflicht (§ 280 I), aus §§ 823 ff. sowie aus der Gefährdungshaftung.

Diese Haftung »außerhalb« des ProdHaftG ist in den Fällen relevant, in denen das **ProdHaftG nicht eingreift**, weil zB

- die durch ein fehlerhaftes Produkt beschädigte Sache zum beruflichen oder gewerblichen Bereich des Geschädigten gehört, denn der Anspruch nach dem ProdHaftG setzt voraus, dass die Sache gewöhnlich für den privaten Ge- oder Verbrauch bestimmt ist; vgl. § 1 I 2 ProdHaftG
  oder
- Ersatz auch in Höhe des Selbstbeteiligungsbetrages von 500 EUR (vgl. § 11 ProdHaftG) verlangt wird
  oder
- bei der Körperverletzung der Schaden den in § 10 ProdHaftG genannten Höchstbetrag von 85 Millionen EUR übersteigt.

463 Nach so viel Theorie sollten wir einen Teil davon wieder einmal auf einen praktischen Fall anwenden:

Übungsfall 29

Ingo Iltis (I) importiert Feuerwerkskörper aus Taiwan, die durch Einzelhändler vertrieben werden. Der zehnjährige Fritz (F) kauft bei Volker Vogel (V) zu Silvester 2015 eine Zehnerpackung »Feuerteufel«, auf der sich außer dem Hinweis, dass die Abgabe an Personen unter 18 Jahren erlaubt sei, auch eine recht unverständliche Bedienungsanleitung in »deutsch-chinesischer« Sprache (»bevol Feuelwelk anblennen, elst ins Fleie lennen?[504]«) befindet. Damit sollte vor der Benutzung der Feuerwerkskörper in geschlossenen Räumen gewarnt werden. Durch Inbrandsetzen eines »Feuerteufels« im Wohnzimmer des Nachbarn Norbert Nebenan (N) beschädigt F durch ungeschicktes Hantieren, bei dem er sich schmerzhafte Verbrennungen an der Hand zuzieht, die Wohnzimmercouch des N (Sachschaden: 1.000 EUR). Sowohl die unverständliche Bedienungsanleitung als auch die Ungeschicklichkeit des F sind für den Schaden des N ursächlich.

1. N verlangt von I Schadensersatz nach dem ProdHaftG. Zu Recht?
2. I weist auf das Mitverschulden von F hin.
3. F will von V Schmerzensgeld.

(A) Anspruch des Nachbarn N gegen den Importeur I

464 (I) N könnte gegen I einen Anspruch auf Schadensersatz von 1.000 EUR gem. § 1 I ProdHaftG haben.[505]

504 Bevor Sie das Feuerwerk anbrennen (anzünden), erst ins Freie rennen (gehen) …

505 Der Fall wird im Folgenden gutachtlich aufgebaut, aber nicht gutachtlich ausformuliert gelöst. Zur Verkürzung wird der in Klausuren unerwünschte Urteilsstil verwendet (vgl. dazu *Wörlen/Schindler* Anleitung Rn. 15 ff. oder *Metzler-Müller* PrivatRFall 33 ff. – Gutachten formulieren).

(1) Da die Feuerteufel zu Silvester 2014 in den Verkehr gebracht wurden, ist das **ProdHaftG** gem. § 16 **anwendbar.**
(2) Eine **Rechtsgutsverletzung** iSv § 1 I 1 ProdHaftG liegt in der Sachbeschädigung der im Eigentum des N befindlichen Wohnzimmercouch. § 1 I 2 ProdHaftG steht dem nicht entgegen.
(3) Die Feuerwerkskörper sind ein **Produkt** iSv § 2 ProdHaftG.
(4) Die Feuerwerkskörper sind **fehlerhaft**, da die Bedienungsanleitung unverständlich war (Instruktionsfehler) und die Feuerwerkskörper nicht die Sicherheit boten, die man berechtigterweise erwarten konnte (§ 3 I ProdHaftG).
(5) Als Importeuer ist I **Hersteller** gem. § 4 II ProdHaftG.
(6) Ein **Haftungsausschlussgrund** nach § 1 II oder III greift zugunsten des I nicht ein.

Zwischenergebnis: Der Anspruch des N gegen I gem. § 1 I ProdHaftG ist dem Grunde nach gegeben. Allerdings muss N gem. § 11 ProdHaftG 500 EUR selbst tragen, sodass er letztlich nur 500 EUR verlangen kann!

(II) Fraglich ist, ob I sich auf die **Haftungsminderung** gem. § 6 ProdHaftG berufen kann. **465**
(1) Dann müsste F **zu dem von § 6 I ProdHaftG erfassten Personenkreis** gehören. Da zwischen I und N keine (vertragliche) Sonderverbindung besteht, ist F nicht als Erfüllungsgehilfe[506] (§ 278 iVm § 254 II 2) bei der Schadensvermeidungspflicht des N aus § 254 I anzusehen. Somit greift § 6 I ProdHaftG nicht zugunsten des I ein.
(2) Die Haftung des Herstellers (I) wird insbesondere nicht gemindert, wenn der Schaden – wie hier – durch einen Fehler des Produkts und zugleich durch die Handlung eines Dritten (F) verursacht worden ist (§ 6 II 1 ProdHaftG).

Ergebnis: N kann von I 500 EUR Schadensersatz gem. § 1 I iVm § 11 ProdHaftG verlangen.

(B) Anspruch des F gegen den Verkäufer V

(I) Ein Anspruch des F gegen V auf Schadensersatz mit Zahlung von Schmerzensgeld könnte sich aus § 823 I iVm § 253 II und den Grundsätzen über die Produzentenhaftung ergeben. **466**

Beachte: § 8 S. 2 ProdHaftG ist zwar »lex specialis« zu § 253 II, jedoch nur dann, wenn sich der zugrunde liegende Schadensersatzanspruch aus dem ProdHaftG ergibt.

(1) **Tatbestandsmäßigkeit**
(a) F muss zunächst eine Verletzung des Körpers oder der Gesundheit erlitten haben, welche mit den schmerzhaften Verbrennungen an der Hand vorliegt.
(b) Das **zurechenbare Verhalten** des Herstellers, der ein fehlerhaftes Produkt in den Verkehr bringt, liegt bei einem Verkäufer, der die Ware nicht selbst hergestellt und in den Verkehr gebracht hat, grundsätzlich nicht vor. Verkäufer fallen aber insoweit unter die Produzentenhaftung, als sie **verkäuferspezifische Untersuchungs-, Instruktions- oder Beratungspflichten haben**. **467**
(c) Da Feuerwerkskörper ein erhebliches Gefahrenpotential besitzen, muss ein Verkäufer damit rechnen, dass zehnjährige Kinder damit Schaden anrichten können und die Abgabe an Kinder unterlassen. Unterlässt er die Abgabe der Feuerwerks-

506 F ist auch nicht Verrichtungsgehilfe des N iSv § 831, da er (im Umgang mit Feuerwerkskörpern) nicht den Weisungen des N unterworfen ist.

körper – wie hier – nicht, hat er eine Verkehrssicherungspflicht verletzt und damit eine **objektive Pflichtverletzung begangen**, sodass der Tatbestand des § 823 I erfüllt ist.

(2) **Widerrechtlichkeit**

Da keine Rechtfertigungsgründe ersichtlich sind, handelte V auch widerrechtlich.

(3) **Verschulden**

468 Damit V die Verkehrssicherungspflicht zumindest fahrlässig verletzt hat, müsste die Gefahr, die tatsächlich von den Feuerwerkskörpern ausging, für ihn hinreichend erkennbar sein. Der BGH hat in einem ähnlich gelagerten Fall[507] ein Verschulden des V abgelehnt. Zwar hat der Importeur seiner Instruktionspflicht mit dem Hinweis, dass die Feuerwerkskörper, deren Abgabe an Personen unter 18 Jahren erlaubt war, nur im Freien zu verwenden seien, nicht genügt. Daraus habe sich aber für V die tatsächliche Gefahrenlage nicht ergeben. V habe auch nicht aus anderen Gründen Anlass zu der Annahme gehabt, dass die Feuerwerkskörper ein für zehnjährige Kinder allgemein relevantes Gefahrenpotential aufweisen.

Auch sei V nicht im Hinblick auf Kenntnisse, die er über F hatte oder hätte haben müssen, gehalten, von einem Verkauf der Feuerwerkskörper an F Abstand zu nehmen.

Ergebnis: Danach ist der Anspruch des F gegen V gem. § 823 I iVm § 253 II mangels Verschuldens des V nicht begründet[508].

Die unterschiedliche Haftung für Schäden, die unmittelbar oder mittelbar durch fehlerhafte Produkte entstanden sind, ist in der folgenden Übersicht 22 zusammengefasst.

Übersicht 22

469

Haftung für Schäden durch fehlerhafte Produkte			
	Produkthaftung	**Produzentenhaftung**	**Vertragliche Haftung**
Gesetzliche Regelung	ProdHaftG	§§ 823, 831, 836 analog	§§ 434 ff., (§ 437 Nr. 3!), §§ 474 ff.
Geschützter Personenkreis	Jeder Geschädigte (§ 1 I 1 ProdHaftG); Beachte aber: § 1 I 2 ProdHaftG!	Jeder Geschädigte	Käufer (Verbraucher)
Anspruchsgegner/ Haftender	Hersteller (§ 4 ProdHaftG)	Hersteller	Verkäufer (Unternehmer)
Verschulden	nein	ja (§ 823 I)	nein; bei Schadensersatz: ja (§ 280 I 2)
Schäden am Produkt selbst	nein (§ 1 II 2 ProdHaftG)	nein	ja (§§ 434, 437 Nr. 3)
Schäden an anderer Sache	ja – nur falls: § 1 I 2 ProdHaftG	ja (alle)	ja (§§ 437 Nr. 3, 280 I)

507 BGHZ 139, 79 = NJW 1998, 2905.

508 Dagegen wendet *Möllers* JZ 1999, 24 (28) ein, dass der BGH damit eine bisherige minderjährigenschutzfreundliche Rspr. aufgab. Die Rspr. hat schon für weit ungefährlichere Gegenstände die Gefahr des nicht bestimmungsgemäßen Gebrauchs und eine damit verbundene Haftung bejaht. Mit guten Gründen könnte man im vorliegenden Fall daher auch Fahrlässigkeit aufseiten des V annehmen.

Haftung für Schäden durch fehlerhafte Produkte			
Personenschäden	alle	alle	alle (§§ 437 Nr. 3, 280 I)
Schmerzensgeld	§ 8 S. 2 ProdHaftG	§ 253 II	§ 253 II
Selbstbeteiligung	ja: § 11 ProdHaftG = 500 EUR bei Sachschäden	nein	nein
Haftungshöchstgrenze	ja: § 10 ProdHaftG = 85 Mio. EUR bei Personenschäden	nein	nein

F. Haftung für Umweltschäden

Große Bedeutung hat das Prinzip der Gefährdungshaftung nicht nur für die Produkthaftung, sondern auch im Recht des Umweltschutzes erlangt.[509] Das Umweltrecht steht grundsätzlich unter dem »Primat des Öffentlichen Rechts«: Die staatliche Abwehr von Umweltgefahren und die Gefahrenvorsorge werden überwiegend als ordnungsrechtliche Aufgaben gesehen, die mit den traditionellen Instrumentarien öffentlich-rechtlicher Ge- und Verbote, Erlaubnisvorbehalte, Sanktionsandrohungen (Bußgelder, Strafen) zu bewältigen seien.[510] 470

Im Rahmen dieses Schuldrechtsgrundrisses soll dazu nur ein kurzer Hinweis auf das Umwelt**privatrecht** gegeben werden: Das Umweltprivatrecht hat mit seinen nachbarrechtlichen und anderen Abwehr- und Schadensersatzansprüchen (vgl. §§ 906, 907, 1004; 823; § 22 WHG) vornehmlich den Schutz der privatnützigen Interessen des Einzelnen auf dessen Initiative hin zu wahren. Die genannten nachbarrechtlichen Bestimmungen und deliktischen Anspruchstatbestände ebenso wie die (→ Rn. 432) erwähnten Gefährdungshaftungstatbestände bieten bei Umweltschäden allesamt keine befriedigende haftungsrechtliche Handhabe.[511] Neben diesen Regelungen trat daher das **Umwelthaftungsgesetz** (UmweltHG) v. 10.12.1990 (BGBl. I 2634) in Kraft, das demjenigen einen Schadensersatzanspruch gewährt, der durch Umwelteinwirkungen – wie Stoffe, Erschütterungen, Geräusche oder andere Einwirkungen, die sich über die Umweltmedien Boden, Luft und Wasser ausgebreitet haben – eine Verletzung von Leben, Körper und Gesundheit oder einen Sachschaden erlitten hat.[512] Für diese Schäden begründet das Umwelthaftungsgesetz eine Gefährdungshaftung des Betreibers bestimmter umweltbelastender **Anlagen.** Besondere Bedeutung kommt daher hier der Beweislast zu: Ist eine Anlage nach den Umständen des Einzelfalls geeignet, den entstandenen Schaden zu verursachen, wird grundsätzlich vermutet (§ 6 I 1 UmweltHG), dass der Schaden durch diese Anlage verursacht ist. Diese sog. »Vermutungsklausel« soll die regelmäßig bestehende Beweisnot des Geschädigten erleichtern.[513] 471

509 Vgl. *Medicus/Lorenz* SchuldR BT Rn. 1394.
510 *Schimikowski*, Umwelthaftungsrecht und Umwelthaftpflichtversicherung, 6. Aufl. 2002, Rn. 1.
511 Vgl. *Schimikowski*, Umwelthaftungsrecht und Umwelthaftpflichtversicherung, 6. Aufl. 2002, Rn. 3–5.
512 *Brox/Walker* SchuldR BT § 54 Rn. 62 f.
513 Näheres zur »Haftung für Umweltrisiken« finden Sie bei *Schimikowski* (Fn. 510) mit einer Vielzahl von Hinweisen auf weiterführende Spezialliteratur.

472 Einen zusammenfassenden Überblick über die Anspruchsgrundlagen des Delikt-rechts gibt die folgende

Übersicht 23

Anspruchsgrundlagen des Deliktsrechts

Verschuldenshaftung		Gefährdungshaftung/ Haftung ohne Verschulden
Schuldhaftes Handeln = Voraussetzung	**Vermutetes Verschulden**	
§ 823 I Verletzung absoluter Rechte § 823 II iVm Schutzgesetz (sofern dieses Verschulden voraussetzt) § 824 Kreditgefährdung § 825 Bestimmung zu sexuellen Handlungen § 826 vorsätzliche sittenwidrige Schädigung § 830 I 1, II Haftung von Mittätern und Beteiligten § 839 Amtspflichtverletzung	§ 823 II iVm Schutzgesetz (sofern dieses kein Verschulden voraussetzt) § 831 Haftung für Verrichtungsgehilfen § 832 Haftung des Aufsichtspflichtigen § 833 S. 1 Haftung des Tierhalters für Haustier § 834 Haftung des Tieraufsehers §§ 836–838 Haftung bei Gebäudeeinsturz	§ 833 S. 1 Haftung des Tierhalters für Luxustier § 7 I StVG Haftung des Kfz-Halters (und ggf. des Fahrers) § 1 I HPflG Haftung des Bahnunternehmers §§ 33 ff. LuftVG Haftung des Halters eines Luftfahrzeugs §§ 25 ff. AtomG Haftung für Kernanlagen §§ 89 f. WHG Haftung für Änderung der Beschaffenheit von Wasser (Gewässerverunreinigung) §§ 29 ff. BJagdG Haftung für Wildschäden §§ 114 ff. BBergG Haftung für Bergschäden §§ 1, 2, 6 UmweltHG Anlagenhaftung bei Umwelteinwirkungen und Haftung für nichtbetriebene Anlagen § 32 I GenTG Haftung des Betreibers gentechnischer Anlagen § 84 AMG Haftung für Arzneimittelschäden § 1 ProdHaftG Haftung für Produktfolgeschäden

G. Ersatz von Drittschäden

Im Deliktsrecht ist Geschädigter und damit grundsätzlich (gesetzliche Ausnahmen = §§ 844, 845) allein Ersatzberechtigter derjenige, dessen Rechte, Rechtsgüter oder ggf. auch Vermögen durch eine unerlaubte Handlung verletzt worden sind. 473

Schadensersatz als Folge eines (leistungs-)gestörten Vertrags kann grundsätzlich nur der Vertragspartner bzw. beim Vertrag zugunsten Dritter (oder mit Schutzwirkung für Dritte) der Begünstigte verlangen.

Allgemein gilt im Schadensersatzrecht der »Grundsatz der Subjektbezogenheit des Schadens«: Verletzter und Geschädigter müssen dieselbe Person sein; trifft der Schaden eine andere Person als den Verletzten, kann der Geschädigte mangels einer Anspruchsgrundlage regelmäßig keinen Ersatz verlangen.[514]

I. Drittschadensliquidation

Von diesem Grundsatz wird durch das Rechtsinstitut der sog. **Drittschadensliquidation** eine Ausnahme gemacht. Die Drittschadensliquidation wurde von der Rechtsprechung und Lehre zur Regelung des unbefriedigenden Zustands geschaffen, bei dem jemand einen Anspruch gegen einen Schädiger hat, ohne selbst einen Schaden zu haben. Der Schaden liegt **zufällig** bei einem Dritten, der jedoch keinen Anspruch gegen den Schädiger hat. Die Geltendmachung eines Anspruchs im Wege der Drittschadensliquidation hat (»prüfungssystematisch geordnet«) vier Voraussetzungen: 474

(1) Anspruch gegen den Schädiger, 475
(2) zufällige Schadensverlagerung vom Anspruchsinhaber auf den Geschädigten (wobei der Schädiger damit rechnen konnte oder musste, dass dieser Schaden beim Anspruchsinhaber eintritt),
(3) Geschädigter hat keinen Anspruch gegen Schädiger und
(4) zwischen Geschädigtem und Anspruchsinhaber muss eine Interessenverknüpfung bestehen!

Dazu folgendes **Beispiel:**

Übungsfall 30

Karlo Kaufgut (K) bestellt bei Privatier Viktor Vollmer (V) Ware. V übergibt die Ware vereinbarungsgemäß dem Toni Turbo (T) zum Transport. Während des Transports verschwindet die Ware spurlos, weil T vergessen hat, die Plane des Lastwagens richtig zu befestigen. V verlangt von K zu Recht Bezahlung der Ware. Kann K von T Schadensersatz verlangen?

514 Vgl. *Deutsch/Ahrens* DeliktsR Rn. 623.

476 Die Situation bei der Drittschadensliquidation verdeutlichen wir uns anhand einer Skizze:

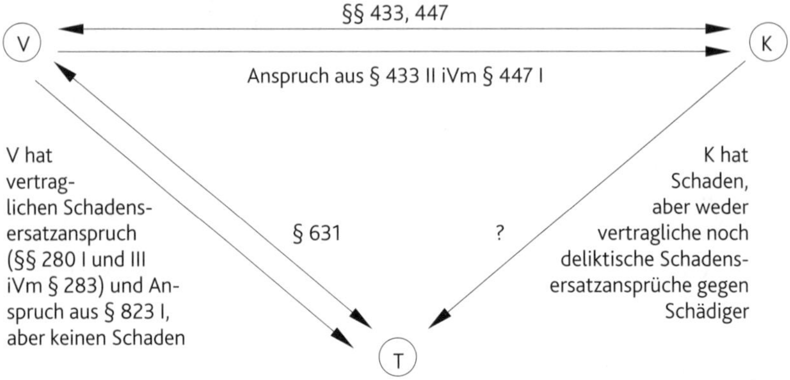

V hat gegen T einen Schadensersatzanspruch aus dem Transportvertrag und aus § 823 I (**warum?**[515]), ohne selbst einen Schaden zu haben, da er nach Aushändigung der Ware an T wegen Übergangs der Preisgefahr auf K gem. § 447 I seinen Anspruch auf Bezahlung des Kaufpreises aus § 433 II behält. K muss also zahlen, ohne die Ware zu erhalten. Der Schaden verlagert sich daher aus der Sicht des T **zufällig** von seinem Vertragspartner V auf K. Zwischen K und T bestehen keine vertraglichen Beziehungen, und da K das Eigentum an der Ware noch nicht erlangt hat, hat er auch keinen Anspruch aus § 823 I.

Aufgrund des Kaufvertragsschlusses bestand zwischen dem Geschädigten K und dem Anspruchsinhaber V auch eine Interessenverknüpfung. Somit sind die Voraussetzungen für die Drittschadensliquidation erfüllt. Rechtsfolge ist, dass V den Schaden des K bei T geltend machen kann und diesen Anspruch dann nach § 285 I als »stellvertretendes commodum« für die untergegangene Ware an K abtreten muss. Aufgrund dieses »Tricks«[516] kann K mit dem abgetretenen Anspruch Schadensersatz von T verlangen.

II. Änderung durch die Schuldrechtsreform

477 Durch die Neuregelung des Verbrauchsgüterkaufs (§§ 474 ff.) zum 1.1.2002 hat das Institut der Drittschadensliquidation erheblich an Bedeutung verloren. Bei der überwiegenden Zahl der Kaufverträge des täglichen Lebens handelt es sich um Verbrauchsgüterkäufe, da meistens ein Verbraucher eine bewegliche Sache von einem Unternehmer kauft (vgl. schon → Rn. 97). Die Anwendbarkeit des § 447 I wird durch § 474 IV beim Verbrauchsgüterkauf eingeschränkt: Die Gefahr des zufälligen Untergangs und der zufälligen Verschlechterung geht beim Verbrauchsgüterkauf nur dann bereits mit der Auslieferung an die zur Versendung bestimmte Person auf den Käufer über, wenn dieser die vorgenannte Person oder Anstalt mit der Ausführung beauftragt hat und der Unternehmer dem Käufer diese Person oder Anstalt nicht zuvor benannt hat. In diesem Fall ist der Beförderer der Sphäre des Verbrauchers

515 **Weil die Ware beim Verlust (vor Übergabe an K) noch im Eigentum des V stand!**
516 Vgl. *Medicus/Petersen* BürgerlR Rn. 838.

(= Käufer) zuzurechnen. Ansonsten bleibt es bei der in § 446 getroffenen Regel. Danach tritt der **Gefahrübergang erst mit der Übergabe** der Sache an den Käufer (oder wenn dieser im Annahmeverzug ist) ein und nicht bereits mit der Auslieferung an die zur Versendung bestimmte Person.

Wird die Ware also unterwegs durch Zufall zerstört, muss der Käufer den Kaufpreis beim Verbrauchsgüterkauf entgegen § 447 nicht zahlen und hat somit keinen Schaden. Das Problem der Drittschadensliquidation stellt sich (wie in Fall 30) daher nur noch bei den Kaufverträgen, die kein Verbrauchsgüterkauf iSv § 474 sind.

■ Welche Kaufverträge sind das?
Lesen Sie § 474 I und notieren Sie sich, welche Kaufverträge über welche Sachen zwischen welchen Vertragspartnern nicht von § 474 I erfasst werden.

▶ Antwort: Lesen Sie nochmals → Rn. 98!

III. Sonderregelung im Handelsrecht

Übungsfall 30 lässt sich durchaus als Schulbeispiel für die Drittschadensliquidation bezeichnen. Geht man davon aus (was man allerdings im Rahmen einer Klausurlösung tunlichst unterlassen sollte, wenn der Sachverhalt dazu keine näheren Angaben enthält), dass die meisten bei einem Versendungskauf eingeschalteten Transportpersonen **Frachtführer** im Sinne des Handelsrechts sind, hat das Institut der Drittschadensliquidation nach der Handels- und Transportrechtsreform bereits seit dem 1.7.1998 an Bedeutung verloren: 478

Die §§ 407 ff. HGB (lesen Sie § 407 HGB) sind anwendbar, wenn der Transport von Waren und Gütern gewerblich (auch bei Kleingewerbe, vgl. § 407 III HGB) erfolgt. Nach der Regelung des § 421 I 2 HGB (lesen!) kann sowohl der Absender (Verkäufer) als auch der Empfänger (Käufer) den Schadensersatzanspruch aus § 425 I HGB (lesen!) direkt gegen den Frachtführer geltend machen. Die wesentliche Voraussetzung der Drittschadensliquidation, dass der Geschädigte (Käufer) gegen den Schädiger (Frachtführer) keinen eigenen Anspruch hat, ist somit entfallen! Mit der Formulierung in § 421 I 3 HGB dahingehend, dass es keinen Unterschied macht, ob der Empfänger oder der Absender im eigenen oder fremden Interesse handelt, ist der Grundsatz der **Drittschadensliquidation im Gesetz** verankert worden.[517]

Literatur zur Vertiefung (→ Rn. 439–478): *Alpmann und Schmidt* SchuldR BT IV, 1. Teil, 4. Abschn.; *Bredemeyer*, Das Prinzip »Drittschadensliquidation«, JA 2012, 102; *Brox/Walker* SchuldR BT § 54 Rn. 28–52; *Brüggemeier*, Der Unglücksschinken (Examensklausur), JURA 2007, 536; *Fikentscher/Heinemann* SchuldR § 107 Rn. 1599–1625; *Führich* WirtschaftsPrivR Rn. 684 ff.; *Graf von Westphalen*, Neue Aspekte der Produzentenhaftung, MDR 1998, 805; *Honsell*, Produkthaftungsgesetz und allgemeine Deliktshaftung, JuS 1995, 211; *Hübner/Sagan*, Die Abgrenzung vom Vertrag mit Schutzwirkung zugunsten Dritter und Drittschadensliquidation, JA 2013, 741; *Janssen*, Die Zukunft des »weiterfressenden Mangels« nach der Schuldrechtsreform, VuR 2003, 60; *Katzenmeier*, Entwicklungen des Produkthaftungsrechts, JuS 2003, 943; *Landrock*, Das Produkthaftungsrecht im Lichte neuerer Gesetzgebung und Rechtsprechung, JA 2003, 981; *Looschelders* SchuldR BT § 61; *Looschelders*, Neuere Entwicklungen des Produkthaftungsrechts, JR 2003, 309; *Medicus/Lorenz* SchuldR BT § 86; *Medicus/*

517 Vgl. MüKoHGB/*Czerwenka* § 421 Rn. 24.

Petersen BürgerlR Rn. 650 ff.; *Medicus/Petersen* Grundwissen § 25 III; *Möllers*, Verkehrspflicht des Händlers beim Vertrieb von gefährlichen Produkten, JZ 1999, 24; *Schroeter*, Die Haftung für Drittschäden, JURA 1997, 343; *Steckler/Tekidou-Kühlke* WirtschaftsR D/036 und D/066; *Timme*, Produkthaftung: Eigentumsverletzung bei Verarbeitung mangelhafter Zulieferteile – BGHZ 138, 230 (»Transistoren-Urteil«), JuS 2000, 1154; *Wandt* GesetzlSchuldverh § 21.

Sachverzeichnis

(Die Zahlen beziehen sich auf Randnummern.)